费青文集

上册

白晟 编

商务印书馆
2015年·北京

本书出版得到北京市中盛律师事务所的支持

费青（1907—1957）

费青外祖父杨敦颐（粹卿），是乡里的"士绅"，有坚实的国学基础，对文字学有很深的研究，曾应商务印书馆之邀，参加《辞海》的编撰工作。

费青外祖母。

①费青父亲费璞安(1879—1969),曾在科举中取得生员资格,1905年赴日本留学,专攻教育学,回国后在家乡兴办新学,曾被选为吴江县议会议长,后出任江苏省教育厅视学,一生致力于教育。

②费璞安70岁时(1948)留影。

费青母亲杨纫兰（1880—1927）毕业于上海务本女学，是一位受过良好教育，敢于开风气之先的女性。20世纪初，她在家乡吴江县开办了松陵镇第一蒙养院（幼儿园）。图为蒙养园里杨纫兰在教孩子们唱歌谣。

费青的母亲杨纫兰1911年在吴江县松陵镇住宅门前与长子费振东（1902—1975，毕业于上海南洋大学——上海交通大学前身，生前曾任政务院华侨事务委员会委员、文教宣传处处长，全国政协委员，民盟中央常委、民盟中央文教部部长）、女儿费达生（1903—2005，苏州丝专毕业，九三学社社员，曾任江苏省丝绸工业局副局长、苏州丝绸工业专科学校副校长、苏州丝绸工学院副院长、江苏省第一、二、三、四、五届人大代表、苏州市政协副主席等职，被誉为"蚕魂"）、三子费青、四子费霍（1908—1966，大专毕业，生前在上海市政工程局任工程师）及五子费孝通（1910—2005，著名社会学家、人类学家、民族学家、社会活动家，中国社会学和人类学的奠基人之一，第七、八届全国人民代表大会常务委员会副委员长，中国人民政治协商会议第六届全国委员会副主席）合影。最前面的是费青，时年4岁。

费青与姐姐费达生、弟弟费霍合影（约1928年），时年21岁。

庚寅年(1950)3月费璞安与内弟杨千里(天骥)合影。

1929年春与同学摄于东吴法科校场（右起第1位）。

1932年初冬摄于北京北海公园。

1938年摄于苏门答腊，自题"是最健康的时候"。

1932年初冬与叶前辈于北京北海公园。

与五弟费孝通摄于清华大学。

费青1940年售予西南联大（后转入北京大学、北京政法学院）的个人藏书。

1946年与妻子叶笃摄于北京中老胡同北大宿舍。

费青摄于东吴大学法学院,时任教务长兼法律系主任。

1941年叶笃摄于上海(费青时任东吴大学法学院教授、法律系主任)。

1935年费青（前三排左一）、曾炳钧（前二排右一）、钱学森（前五排左二）、赵九章、夏鼐、张模光斗等20名庚款留美学生抵达美国分手前于所乘轮船前合影。

1948年费青（前排）和部分法学院同事樊弘（后排左一）、芮沐（后排右三）、汪瑄（后排右一）等与外宾在北海公园合影。

1948年北京大学法律学系毕业纪念，前排左一为费青，左二为蔡枢衡，左三为芮沐，左四为郑天挺（时任秘书长），左五为郑华炽（时任教务长），左六为周炳琳（时任法学院院长），左七为胡适（时任校长），右五为冀贡泉，右四为贺麟（时任训导长），右三为纪元（北平市地方法院首席检察官、兼职讲师），右二为李士彤，右一为汪瑄。

1949年北京大学法律学系毕业纪念，前排左一为汪瑄，左三为楼邦彦，左四为费青，左五为冀贡泉（时任法学院院长），右五为汤用彤（时任校务委员会主席），右四为刘志敫，右三为芮沐，右二为黄觉非，右一为纪元（北平市地方法院首席检察官、兼职讲师）。

1949年4月怀抱独子费平成（时3个月大）。

1949年7月与费平成（时6个月大）。

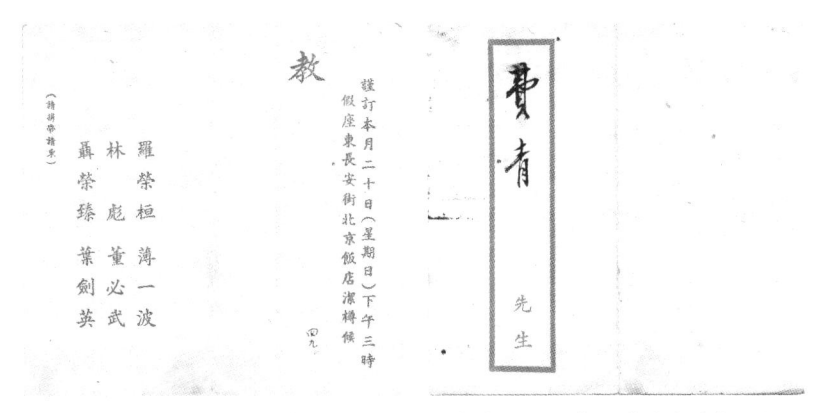

罗荣桓、薄一波、林彪、董必武、聂荣臻、叶剑英邀请费青参加会议函（1949年2月10日）。

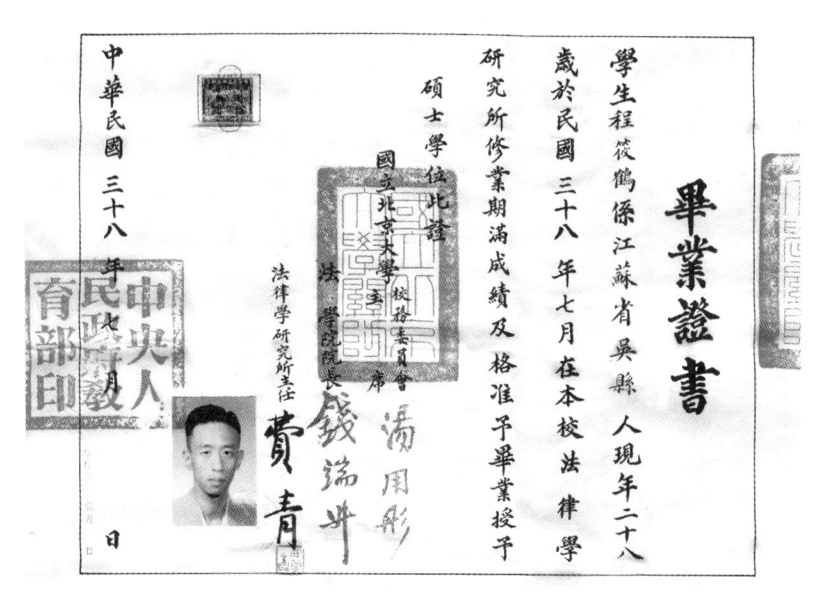

1949年7月费青签名的程筱鹤硕士研究生毕业证书，时任北京大学法律系教授、法律学研究所主任。

① 1949年全家与五弟费孝通摄于中老胡同。
② 1949年9月潘汉典为费平成摄（童车为徐悲鸿所赠）。
③ 1951年7月独子费平成摄于中老胡同（背景为吴之椿教授门前栅栏）。

1949年9月与由沪来京的潘汉典、硕士研究生程筱鹤（与潘汉典系东吴大学本科同学）及法律学系助教李由义摄于北京中老胡同。

1950年前后费氏三兄弟（费振东、费青、费孝通）摄于中老胡同。

1949年10月19日毛泽东主席签署的任命书（中央人民政府最高人民法院委员）。

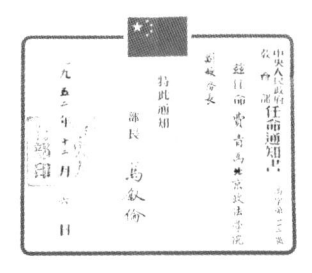

1950年6月27日政务院人事局任命通知书。

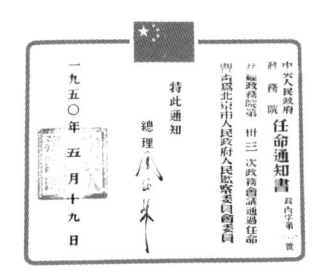

1952年12月6日教育部长马叙伦签署的任命书（北京政法学院副教务长）。

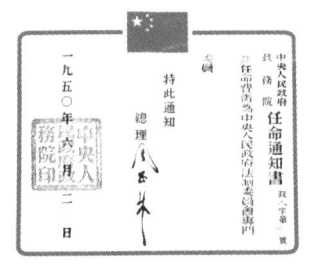

1950年5月19日周恩来总理签署的任命书（北京市人民政府人民监察委员会委员）。

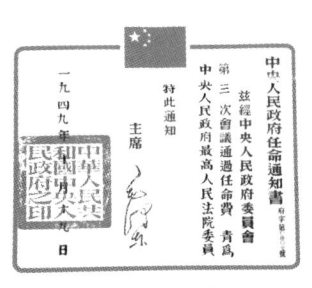

1950年6月2日周恩来总理签署的任命书（中央人民政府法制委员会专门委员）。

1950年9月19日费青手术前全家与王艮仲等摄于北京协和医院。

1950年费青与十一舅父杨锡璆等摄于北京市东城区弓弦胡同。

费青手术后致刘哲民函
（1950 年 10 月 19 日）。

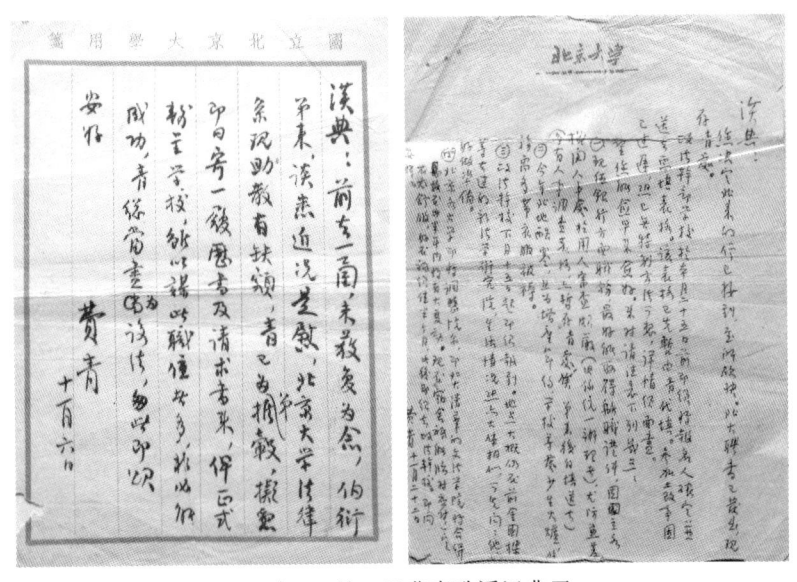

1950 年 11 月 6 日费青致潘汉典函。

1951年10月姊丈郑辟疆先生来京开政协一届全会三次会议与费氏三兄弟合影于中老胡同。

1951年10月姊丈郑辟疆先生与费氏三兄弟全家合影。后排左起分别为费青、费孝通、孙留云（费振东夫人）、郑辟疆、费黎（费振东之女）、费振东、孟吟（费孝通夫人），前排左起分别为王嘉珍（费宗惠表姐）、费宗惠（费孝通之女）、费皖（费振东之子）、费平成（费青之子）、叶笃（费青夫人）。

52年秋全家摄于中老胡同。

1953年初夏与潘汉典同游北海公园时摄。

①② 1955 年春摄于无锡大萁山疗养院。

③ 1953 年费平成摄于北京大学民主广场。

费青致大哥费振东函及信封（1955年12月7日）。

哲民兄：

弟等于昨日由沪安返京，锡大算由华东疗养院，行前以诸事匆忙，未及告别先歉。至沪于二月又廿九，复携下致，实深感激，承住医院及入园园竟未能一次造谒畅晤，内人後亦以孩对有不适，疏惹欲造莫谢，殊深歉憾。

弟此次重莅疗养以三个月为期，节逹此後仍拟北返参加工作，想必後先令暂晋在北京晤，专此

敬颂

捷祺！

弟 费青
十二月十四日

费青致刘哲民函（1955年12月14日）。

1956年2月费青妻子叶笃、独子费平成看望费青后与费青父亲费璞安、弟弟费奇摄于苏州拙政园。

1956年5月13日叶笃与同事参观官厅水库时所摄（内有李国铭等北京政法学院工作人员）。

1957年5月28日二姐费达生夫妇、五弟费孝通前往疗养院看望费青。

大哥费振东、四弟费霍前往疗养院看望费青。

1957年8月11日于北京嘉兴寺殡仪馆举行费青教授追悼会，由费青大哥费振东主持。

周恩来总理送了花圈，北京政法学院党委书记、副院长刘镜西致悼词，北京政法学院院长办公室主任侯冠儒参加了追悼会。

北京市副市长、中共中央统战部副部长邢西萍致悼词。全国政协等单位、邢西萍等个人送了花圈。

治丧委员会成员王昃仲、潘汉典等参加追悼会。

叶筼工作中，摄于1959年3月北京政法学院医务室。

1961年，费青二姐费达生与姐夫郑辟疆合影。

1970年费青妻子叶筠照。

1966年费青妻子叶筠与独子费平成摄于飞龙桥住所。

1964年春节费青父亲费璞安与二姐费达生摄于苏州市政协联欢会上。

目 录

难忘恩师费青 ··· I
《费青文集》序 ··· V
庆贺《费青文集》出版 ···································· XI

上 册

第一部分　法学文选

国际法上"情势变迁"原则之研究 ····················· 3
法律不容不知之原则 ······································ 23
捷克斯拉夫总统马萨烈克（President Masaryk of Czechoslovakia）······ 33
西弗黎氏论法国政治 ······································ 46
《法律哲学现状》译后语 ································· 73

谒施塔姆勒氏记	83
纪念派拉克氏（Sir Frederick Pollock）	93
几种法律否定论之检讨	101
英国的法治制度与人身自由	112
悬崖沉思	120
惨案的法律解决	125
告诉状	129
侦探与侠义	163
人民心目中的五五宪草	167
人民应该立刻注意宪法问题	173
从人民立场批评五五宪草	177
评宪草修改原则——责任行政及司法独立	196
监察院休矣！	200
美国宪法上的言论自由	204
从法律之外到法律之内	209
谁守卫了美国宪法？	227
宪法与宪政	235
从法律平议人权保障	237
皮尔逊强奸案翻案事答问	244
论狂妄政治	249
国际私法上反致原则之肯定论	255

今年"五四"话法律 ………………………………………… 280
悼念民主法律战士伊曼纽尔·布洛克 …………………… 283

第二部分 政 论

民不畏死,奈何以死惧之! …………………………………… 291
首先必须言论自由 …………………………………………… 294
美国应赶快退出中国 ………………………………………… 296
纪念"一二·一" ……………………………………………… 298
这次和平攻势的原因在哪里? ……………………………… 300
人与人之间基本关系的瘫痪 ………………………………… 304
过了"五四"看时局 …………………………………………… 307
一句公道话有多少效力? …………………………………… 314
学校诚然不是租界 …………………………………………… 319
回忆 感想 展望 ……………………………………………… 328
起码的权利 …………………………………………………… 330
我们为什么要反对特种刑事法庭 …………………………… 332
"生生不息" …………………………………………………… 334
《新建设》发刊词(1949年9月8日) ………………………… 338
迎接人民政治协商会议(1949年9月22日) ………………… 341

3

庆祝中华人民共和国成立（1949年10月6日）·················· 344

第三部分　译　著

中日战争目击记——亦名《龙旗下》（一）（二）·············· 349
大战后世界政治之推演及其前途························· 423
现代经济学·· 437

下　册

法律哲学现状······································· 451
关于犹太人问题····································· 580
黑格尔法律哲学批判导言······························ 625

第四部分　文艺作品

一、诗　词·· 651

二、小品文 ··· 655
三、挽　联 ··· 684

第五部分　自传、书信、讣告及墓碑碑文

一、自　传 ··· 689
二、书　信 ··· 704
三、讣　告 ··· 721
四、墓碑碑文 ··· 724

第六部分　忆费青

父亲费青与叔叔费孝通 ····································· 730
从中老胡同三十二号所想到的 ······························· 736
费孝通先生谈费青（青哥） ································· 743
我的叔叔费青 ··· 750
忆费青 ··· 759
忆费青教授 ··· 762
怀念费青先生和《中建》半月刊 ····························· 763

太平洋战争时期的中国比较法学院 …………………………… 766
东吴大学与中国比较法学院的关系 …………………………… 773
"孤岛"时期的东吴法学院 …………………………………… 776

第七部分 画 作

附 录

费青先生年谱 ……………………………………………… 825
不该遗忘的法科学人费青 ………………………………… 851
后 记 ……………………………………………………… 872

难忘恩师费青

潘汉典

费青师逝世56年之后，汇集了费青师大部分作品的《费青文集》终将付梓，欣喜之余，百感交集。与费青师交往的历历往事一幕幕呈现在眼前。

70多年前的1940年秋季，我刚考入东吴法学院。开学不久，费青师因病从昆明西南联大远道返沪，归母校长法律系。第一学期，费青师就带病为我们开设了哲学概论（实为法哲学）课，把我们引进了哲学与法学交融的园地，我们的法学阶梯也由此而升。其后，费青师又陆续为我们开设了民法总则、民法债编总则和民法债编分则等课程。在有着深厚英美法传统的东吴法学院，能够像费青师这样讲授地道大陆法的教授并不多见，钦佩之余更切身感受了比较法的魅力。

难忘太平洋战争后的1942年年初，国家遭受战乱的同时，我个人生活也遇到困境：我母亲病逝于香港，我的学费也因故无力缴纳面临失学。此时，是费青师主动伸出援手，建议我复学并促成学校减免我的学费，我自己兼任中小学教师并寄居在我父亲生前做律师时的当事人家里，才得以完成学业。

1943年秋，费青师再度入川（应邀入复旦大学任教，此前曾于1929年赴国立成都大学任教），临行前曾在我的一个扇面上赋诗一首："作客思归经数年，不辞道远穷廻川，移山须学愚公志，避世何能阮籍眠。对泣怀伤虚岁月，枕戈情重渺云天，深知力薄成空抱，权遣烦心丝万年。"其惆怅纠结的内心世界表露无遗。

我来北京工作也与费青师直接有关。1949年北京解放后，费青师与张志让先生筹办《新建设》杂志，费青师曾致函相邀，这是我第一次来北京。从1950年11月至1951年11月，费青师曾连续六次给我写信，力邀我到北京大学法律系任教。是费青师的盛情邀请和周到安排，促使我下决心做出了人生的重大选择。同样在时任中国政治法律学会研究部副主任的费青师的建议和推荐下，我调到该学会研究部工作。费青师还与费师母一起参加了我与夫人王昭仪的结婚典礼。几乎可以说，我自己人生的重大活动都与费青师密切相关。

费青师前往无锡疗养院时，我曾送行。1957年曾听费师母说过费青师病情好转，不久将回京工作。没想到突如其来的"反右"、特别是费青师五弟——著名的社会学家费孝通教授成了

《人民日报》点名的"大右派"并在人大会议上发言"向人民伏罪"及随后其大哥费振东也被打成"右派",体弱多病的费青师遭此重大打击,再也没能起来。

当年(1957年)8月11日在北京嘉兴寺举行的费青师追悼会的场面犹在眼前,转眼间费青师已离开我们半个多世纪了。费青师是一位挚爱祖国和劳动人民的爱国教授、毕生献身于民主事业和教育事业的法学家,是中国现代法学发展史上不可或缺的重要一代的优秀代表。反映费青师政治法律研究成果和思想与心声的《费青文集》得以面世,庆幸何似,谨志贺忱!

衷心祝愿费青师毕生奋斗谋求的中华民族复兴和人民民主与法治事业日益发展!

2013年8月26日于北京东总布胡同中国社会科学院寓所

时年93周岁

《费青文集》序

黄 进

法大同事白晟博士在编辑完成《潘汉典法学文集》后，一鼓作气，接着编辑《费青文集》，并叮嘱我为后者作序。尽管一直很忙，我还是毫不犹豫地应承下来了。我之所以答应这件事，主要是基于以下两点考虑：一是费青先生在1952年参与筹建中国政法大学的前身——北京政法学院，随后担任学院的二级教授、副教务长，为这所大学的初创以及新中国的法学教育和法制建设做出了突出贡献，直至1957年他英年早逝。他是法大的先贤。二是费青先生是一位国际私法专家。1934年，他参加清华大学第二届"庚款"留美公费考试，考取了总共录取20名之中仅录取1名的国际私法门，后转赴德国柏林大学法学院研习国际私法。学成归国后，先后在西南联大、云南大学、东吴大学、复旦大学和北京大学讲授和研究国际私法。他是我的学界前辈。作为中国政法大学校长和国际私法学人，我想，向读者介绍费青先生和推介《费青文集》，就是我应该做的事情。

坦率地说，在写序之前，我对费青先生的了解非常有限，仅限于上述这些。为了便于我写序，白晟博士将《费青文集》的初稿及相关资料用电子邮件发给了我，供我参考。利用暑假，我翻阅了文集初稿及相关资料，还真引发我不少感慨，时有"惊艳"的感觉。

像费青先生这一辈的法学家，在他们在世时我曾接触过几位，主要是向他们讨教，比如，我的导师韩德培先生，还有李浩培先生、王铁崖先生、倪征燠先生等。就他们的人品、学识和成就而言，说他们这一辈法学家是中国近现代法学界的"异数"，当不为过。看了费青先生的著述和生平资料，可以说更加加深了我对他们的这个印象。在我看来，他们有一些深深打上时代烙印的共同特点：一是饱经风霜，阅历丰富。他们历经清朝、民国、新中国三个时代，又游学中外，任教于国内多所大学，时代风起云涌，个人大起大落，一生跌宕多姿，事迹可圈可点。二是学养深厚，学贯中西。他们所在的家庭不算十分富裕，但都能供他们求学，有诗书传家传统，因此，他们从小就受到良好的教育，中学基础扎实。后又因其聪颖好学，在全国学子激烈的竞争中考取公费留学，在国外大学受到系统的法学教育，大多懂几门外语，对西方国家的文化尤其是对其法治有深刻的理解，西学功底坚实。三是不限一隅,涉猎甚广。他们既是法学某一领域的专家、权威,又是学术大家或杂家。比如,费青先生的研究和著述,不仅涉及法学,而且还涉及时政、政治学、经济学、文学等领域。就是在法学领域,他也没有囿于国际私法,在法哲学、国际公法、宪法等领域也有贡献。至于教学,其涉足的领域就更广了,他先后在不同的大学教授过国际私法、国际公法、罗马法、英美法、法理学、民法、诉讼实务等,甚至还上过哲学概论、社会发展史这样的课程。四是关心时政,热心公益。他们所处的时代多为战乱、动乱或变革的时代,社会、国家和世界不断在发生着巨大的变迁。他们没有"躲进小楼成一统,管他春夏与秋冬",而是关心时政,热心公益,以读书人的良知和学识,为社会的进步、国家的发展和世界的和平鼓与呼。费青先生在东吴大学读书期间就积极参与学生会的活动,曾作为江苏省的学生代表秘密到当时的革命策源地广州参加全国学生代表大会。上世纪 40 年代中后期,昆明发生了"一二·一惨案",费青先生代表西南联大教授会办理诉讼事宜,还发表了洋洋洒洒的檄文《民不畏死,奈何以死惧之!》。北京发生"沈崇事件"后,费青先生也是北大处理这一案件的法律顾问委员会成员,还在北大教授的集体抗议书上签了名。还要提到的是,费青先生在大学为教,因从小落下支气管哮喘病,身体一直不是很好,但他先后出任过东吴大学法学院副教务长、法律系主任、教务长,北京大学校务委员会委员、法律系主任,北京政法学院副教务长等校内公益性职务,为法学教育的赓续辛勤耕耘、呕心沥血,堪称"鞠躬尽瘁,死而后已"。五是与时俱进,良知未泯。面对"中国处于三千年未有之大变局",可以肯定地说,中国的读书人有过犹豫,有过彷徨,有过摇摆,也有过激动。孙中山先生曾说:"世界潮流,浩浩荡荡,顺之则昌,逆之则亡。"以天下为己任的中国读书人在这样的大变局面前能无动于衷吗?显然不可能。从费青先生他们这一辈法学家的身上我们不难看到这一点。他们的著述,或有时而不章;他们的言行,或有时而可商。但我们看到,他们始终恪守了做人的道德底线,坚守了读书人的良知和理性,敢讲真话、实话,讲真心话而不讲假话。在当下,这正是我们后辈应该学习和传承的。

最后应该肯定的是,白晟博士摒弃功利,历时数年编辑《潘汉典法学文集》和《费青文集》,精神可嘉,成效可赞,难能可贵。这不仅是为法大做的一件有价值的学术工作,也是为中国法学界所做的一件有意义的事情。据我所知,《潘汉典法学文集》出版后深受法学界同道赞赏和好评,故《费青文集》付之梨枣,值得期待。我们都知道,我们需要未来,但我们不能忘记过去。不了解过去,会以为我们超过了前人。其实,我们有可能在重复走前人走过的路,甚至没有达到他们曾经达到的高度。如果有时间,或

《费青文集》序

者在没有时间时挤出点儿时间,我建议读者翻翻类似《费青文集》这样的书,看看费青先生这一辈法学家走过的路,考究一下他们的所思、所言、所为,或许你会有意想不到的收获和感悟。

是为序。

2013 年 8 月 11 日星期日于京城蓟门

庆贺《费青文集》出版
费青之子费平成

我是费青的儿子,却对我的父亲知之甚少。只因父亲1957去世时我年仅7岁,加之那时社会动荡,母亲为人谨小慎微又体弱多病,在我13岁时,就因脑溢血瘫痪在家远离政治。直到我30岁前后走入社会,接触到一些父亲的生前友好,才逐渐悟到父亲生前是我国法学界知名人士之一。想着为他做点什么。

1987年,父亲生前的一位研究生袁文找到我,提出要为我父亲写一本《传》。他花了将近一年的时间,在我的陪同下,走访了包括我叔父费孝通、王良仲、潘汉典在内的十几位父亲生前的亲朋好友、同学同事以及他所教过的学生。收集了一些父亲生前的有关资料和照片、画作。但由于他的能力有限,身体状况不佳,这本《传》至今未能面世。

2012年9月我应邀出席《潘汉典法学文集》首发式。在那里见到了父亲的高材生潘汉典叔叔,和潘叔叔的研究生——也是

《潘汉典法学文集》的主编白晟博士。

在潘叔叔的建议下,白晟博士欣然接受了编辑一本《费青文集》的艰巨任务。说其"艰巨",就是现有的资料支离破碎,收集到的父亲生前的文章、译著现存不足10篇;亲朋好友"忆费青"的录音稿5至6篇,而且未加修整;原最具希望的父亲半个世纪前历经转手得以保存的"国际私法"、"法理学"等讲义遗稿(近30万字)竟不知去向。这样一个"烂摊子",如果是一般人早就放弃了。

可是白晟博士不是一般人,他的那股坚忍不拔的精神深深地感动了我。自接受任务之日起,他就马不停蹄、不分昼夜地寻访搜集有关"费青"的线索和资料。不论是网上搜寻,还是登门拜访;不论是去图书馆、报刊社,还是跑旧货市场、钻旧书摊,只要有一线希望,他便会一追到底。

为了核准我父亲的出生日期,他不但核对了八宝山父亲墓碑上的碑文、查对了中国政法大学的历史档案,还到民主同盟北京市委和景山派出所查找父亲自己填写的入盟申请和户籍表格,并将所有有关"费青生日"的资料进行比对,最后结合费孝通和袁文的回忆,准确地推断出费青教授的出生日期:1907年10月9日(农历八月二十二日)。

为了核对我父亲追悼会的准确日期和出席人员,他查阅了当年的《人民日报》、《北京日报》和《光明日报》，终于找到了"费青教授逝世"的讣告，并核对追悼会的部分照片，确认了部分出席人员。

通过他的不懈努力，最后搜集到我父亲生前的"法学文选"28篇、"政论文章"16篇、译文（含译著）7篇、文艺作品10篇、书信9篇、画作60余幅、老照片60余张，总计40余万字。而这40余万字，是由白晟博士在电脑上一字一句敲打出来的。其中的心血、汗水、信念和毅力，不言而喻。

我发自内心地钦佩白晟博士，衷心感谢他为我父亲，也为我国法学界，做了一件富有法律政治研究和促进中国法治的大事。

《费青文集》终于出版了，这是一件值得中国法学界庆贺的事。我在这里再一次感谢潘汉典叔叔、白晟博士以及为出版本文集付出辛勤劳动的朋友们。

费平成

完稿于 2013 年 6 月 3 日

上 册

第一部分

法学文选

国际法上"情势变迁"原则之研究[1]

一、引言

十七年[2]7月7日国民政府外交部颁布宣言:

"国民政府为适合现代情势,增进国际友谊及幸福起见,对于一切不平等条约之废除,及双方平等互尊主权新约之重订,久已视为当务之急。此种意志,迭经宣言在案,现在统一告成。国民政府对于上述意旨,应即力求贯彻。除继续依法保护在华外侨生命财产外,对于一切不平等条约特做下列之宣言:

---

[1] 原文载《法学季刊》1929年第4卷第1期。本文曾收录于何勤华、李秀清主编的《民国法学论文精粹》(国际法律篇),法律出版社2004年版,华东政法学院法制史专业硕士研究生游云庭参与本文的编辑整理。本书收录时以原文为准,部分参考游云庭编辑版的内容,在此致谢。——编者注
[2] 指民国十七年,即1928年,下同。——编者注

（一）中华民国与各国条约之已届满期者，当然废除，另订新约；

（二）其尚未满期者，国民政府应即以正当之手续解除而重订之；

（三）其旧约已期满而新约尚未订定者，应由国民政府另订适当临时办法，处理一切。

特此宣言。"

对于条约已废止国家，在新约尚未成立前，且定有临时办法七条：

"（一）本办法各条所称外国及外人，专指旧约业已废止而新约尚未订立之各国及所属人民；

（二）对于驻华外国外交官，应予以国际公法赋予之待遇；

（三）在华外人之身体及财产，应受中国法律之保护；

（四）在华外人应受中国法律之支配及中国法院之管辖；

（五）由外国或外国人民输入中国及由中国向外国输出之货物所应征之关税，在国定税则未实行前，照现行章程办理；

（六）凡华人应纳之税捐，在华外人应一律照章缴纳；

（七）凡未经上列各条规定之事项，应依国际公法及中国法律处理之。"

这种外交步骤，在我国外交史上是开了一个新的纪元，尤其在惯施高压的列强的眼中，所以当时就受到很烈的反对。在各国答复我国废约宣言的照会里，多责我国政府背弃条约义务，蔑视国际信义，一时形势很是恶劣。到了现在，去时已有六个[①]月，我们正可回头去看看我们外交上的成绩，再来定我们此后的方针。

在前二日的申报上载有已签订条约的各国的一览表：

国名	签订日期
中美	7月25日
中德	8月17日
中挪	11月12日
中比	11月22日
中意	11月27日
中丹	12月12日
中葡	12月19日
中荷	12月19日
中英	12月20日
中瑞	12月20日
中法	12月22日

在此11条约中，我国得到了订约各国对于我国关税自主的

[①] 原文为"阅"，径改。——编者注

承认。此外西班牙更有日内签订同样条约的确实消息。如此，则与我国关税有关系的国家内，仅一个日本尚没有承认我们的自主权。然日本在外交上的孤立，和受我国抵货的影响，实也没有持久反对的可能，所以在关税自主的问题上，我国外交至少是成功的。

但我国不平等条约的内容，绝不就是关税一种，试看我们在其他方面所有的成绩如何。在本已放弃了领事裁判权的国家如俄、德等外，比、意、丹、葡，在新约上已有条件的允许将其领事裁判权取消。虽国人对此有不满意的怀疑，在大体上我们也不能不说是外交上的一种成功。不过在此四国之外，领事裁判权的取消，连有条件的允许尚没有得到。他如租界的收回、内河航行权的撤销、租借地的收回、外兵入驻权的取消，以及其他一切在条约上及条约外所负片面义务的解脱，可谓一点没有动手。

从上述的情形看来，我们的成功是极渺小的。不过渺小的成功，是大成功的初步。我们更应坚持着7月7日宣言的精神，向前努力。我们法律学生，就请对于政府所采之外交手段，做一点法律上的研究，在国际法上找一种根据，也算尽我个人的努力。

二、本论

7月7日宣言为对于已到期的条约予以废止，对于未到期的以正当手续解除而另订之。所谓到期的条约有依其自身的条款而效力终止者，这在国际法上是没有多大问题的。不过在解释条款时，二缔约国难免有不同之处，或竟有强词夺理的下一种武断的解释。例如这次日本对于其与我国于光绪二十一年（1896）所订通商行船条约之强词主张其继续有效。第二种有依情势变迁一原则而予以废止者，可参考外交部王①致送意大利公使的照会：

"……查前清同治五年九月十八，即西历 1866 年 11 月 26 日，中乂②两国全权大臣在北京签订了友好通商航行条约，距今已六十余年。其间中乂两国之政治经济商务情形，或已根本发生变迁，或已完全不复存在。考该约所载之各项规定，其性质与订约时情形有密切之关系。今此种情形既已更易，则为中乂两国之共同利益计，该约不应继续存在。彰彰明甚。且查该约第 26 条载有按期修改之规定，即其明证。因此，国民政府认为该约于本年 6 月 30 日期满后，应即废止……"

对于未到期的条约，我们本来也可以根据情势变迁原则予以废

---

① 原文如此，疑为"外交部长"。——编者注
② 原文如此，指乂，即意大利。——编者注

止。不过为谨慎起见，宁可采取普通外交步骤，要求修改，例如对于英美二国即是由这种步骤办理的。然一考于条约未到期前即行要求修改之理由，则恐仍不外乎因情势变迁，该约不宜继续有效罢。

可见情势变迁原则实为我们所采手段之根本理由，而列国的反对，也是对此最甚。所以我们可认定这原则为我们研究的目标。先请用客观之眼光把这原则的渊源、学说、实例，分项研究，然后再来考量我们这次的外交手段是否合法。

甲、渊源与地位

情势变迁原则（REBUS SIC STANTIBUS）在罗马法中向占重要地位。依此原则，任何契约均含情势变迁的解除条件，因契约的意义与订约时的情势有密切的关系，一旦情势转变了，契约就失了他原有的意义和法律上的效力。这种国内法上的原则，经过了12世纪一辈罗马学者**注释法学派**[①]（Glossatories）者[②]之后，才渐渐地渗入国际法的范围内。[③]

条约是国家间的契约，他对于缔约的两造有一种束缚力，除了依合法条件解除外，绝不容一造单独任意的废止。解除条约合法条件，约分下列数种：

[①] 中文译名及生卒为编者所加，以黑体字标注，下同。——编者注
[②] 原文如此。——编者注
[③] Oppenheim: *International Law*, 3rd Edition, p. 689, note 2.

（一）条约所规定的事件已经成就。

（二）依条约内的条款而解除。

（三）同意解除。

（四）外界之阻力，如：

  1. 缔约国之被并；

  2. 条约目的物之失灭；

  3. 对于该条约不相容之道德或社会观念发生。

（五）一条约国违反契约，则他缔约国有解除约条之权。

（六）情势变迁，则任何条约国均有解除条约之权。[1]

这六种条件内，惟第六种最是聚讼纷纭，莫衷一是。因为一方见到条约的意义和效力与缔约时的情形实有密切的关系，设情势变了，而一缔约国受到非缔约时所预计的损失，则该条约国实不得不享有废止该条约的权利。但他方面因所谓情势，所谓变迁，没有一定的标准，于是缔约国不难利用这个原则为护盾，而任意拒绝履行条约上的义务。历来国际法学家的主张多不外权衡这二方面的利害，而设法来定一个公正的标准。

乙、学说

当 1625 年国际法鼻祖荷兰**格劳修斯**（Hugo Grotius,

---

[1] Fenwick: *International Law*, p. 339.

1583—1645）将其名著《战争与和平法》问世，就承认了情势变迁为解除条约的一种合法条件，不过他顾到了滥用的危险，所以就加以限制，一定须"当时的情势显然为该条约约因的一部"，于是它的变迁，才能将条约废止。①他的同国人**宾刻舒克**（Bynkershoek，1702—1737）则持反对态度，坚决地否认一缔约国有废止条约的权利。②瑞士法学家**瓦特尔**（Vattel，1714—1767；1749③）之主张与**格劳修斯**很相似，他说："所谓情势须指该条约所为订立者而言，设此等情势有所变迁，始可由一缔约国爽其初约。"④在此时期，国际法本身尚在哲学派时代，学者好自理想上求问题之解答，故对于此问题，其限制亦最严。

降及 19 世纪中叶，证实派国际法学兴，同时国家主义正崛起于欧洲，于是学者多为积极的主张。在大陆各国，德有**赫夫特**（Heffte，1796—1880；1844）及**布伦奇**（Bluntchi，1808—1881；1868）主张凡条约与人民的权利及安宁相背驰，或足以阻止国运之发达者，均得由一缔约国废止之。⑤嗣后**特赖奇克**

---

① Grotius：*De Jure Belli et Pacis*（English translation），BK Ⅱ，Chap. ⅩⅥ，§ⅩⅩⅤ.
② Bynkershoek：*Quaestiones Juris Publicae*，Lit. Ⅱ，Chap. Ⅹ.
③ 此年份为原文，应是相关著作发表的时间，下同。——编者注
④ Vattel：*Droit des Gens*（English translation），BK Ⅱ，§296.
⑤ Heffter：*Völkerrecht*，§98，1944; Bluntchi，*Das Moderne Vökerrechte*，§§415，456，1868.

(Treitschke,1834—1896)更扬其波,至谓当条约将一国之前途为抵押时,该国即不应受该约之束缚,并主张国内政治的变化亦可为废止前此所订条约之理由。①此则失之过滥,适为前述一派之反动。

法、意学者持论较中,如**沃特福叶**(Hautefeuille,1805—1875)谓"凡条约含有无偿的割让,或抛弃一种重要国权者如独立权之一部等,则该条约不复有效"。②**邦菲尔斯**(Bonfils,1835—1897)③谓"当条约之原因消灭,该条约亦当然失效,因两国经济政治等利益之变迁,可使条约变为无用或竟有害"。④意人**菲奥雷**(Fiore,1837—1914)亦谓"条约而与一国自动之发展相反,或阻其天赋权力之行使者,即为无效"。⑤

英国国际法学者**霍尔**(Hall,1835—1894;1880),他很顾到一缔约国废止条约的危险,所以在讲完了几种当然解除的条件之后,就说"任何缔约国,不能于缔约时所计及之条件外任意否认条约之效力,而在他方面,则当为该条约有效之默认条件

---

① Treitschke: *Polictics*, I.28, II.597(trans. by Dugdale and De Belli).
② Hautefeuille: *Droitet Devoirs des Nations Neutres*, cited by Hall, §119.
③ 原文 Bonfil,似为 Bonfils,径改。——编者注
④ Bonfil: *Mauuel der Droit International Publique*, §857.
⑤ Fiore: *Nouveau Droit International*, Part. I, Chap. IV.

有变迁时,约该条约即失其效力",他更列举三种所谓契约之默认条件:

(一)缔约国均有遵守条约之义务,故当一造违约,则他造有废止该条约之权;

(二)该条约须继续与缔约国之自存权相谐合,除缔约国于缔约时自愿放弃其自存权外,设条约因时间或其他关系而对于一缔约国之自存权相左时,则该缔约国即可将条约废止。

(三)缔约国对于条约之目的物须继续有其自由,除非其自由为订约时所放弃者。

他更进而否认其他条件,且讥菲奥雷之主张为过甚。[①]

承霍尔之绪者有**韦斯特莱克**(Westlake, 1828—1913)、**劳伦斯**(Lawrence, 1800—1881)及**奥本海默**(Oppenheim, 1858—1919)。

韦斯特莱克承认情势变迁原则在法律上的效力,不过很是小心。所以他结论说:"最难的问题还在决定什么条件是默认的,是重要的,一缔约国废止条约的权利,虽不能说在现时国际法上已完全确立,但亦已不能完全否认。总之,在行使此权利时须具有

[①] Hall: *International Law*, 5th Edition, 1880, pp. 351—361.

第一部分　法学文选

甚深之道德责任心。"①

劳伦斯将一造单独废止条约的条件，分为二种：一是威胁，惟仅限于对元首或缔约代表所加切身之威胁为限；二是情势变迁。他说："虽在法律上言，条约义务为永远的，除非经合法的解除手续；但事实上终须消灭，譬如现在没有人再去溯到**明斯特**（Münster）②或**乌得勒支**（Ultrecht）条约，很少人还愿意去回到拿破仑倒后维也纳会议所决定的条约。当情势变了，一切为了他而有的条约也就过时了。至于在什么时候或何种条件下始得否认条约的问题，则属于道德为多，规而属于法律为少，我们不得不就各个特殊情形以为判断。"他进而否认关于此点的划一的成说。③

奥本海默虽为德国人，但其学说多宗英国学派，其巨著《国际法》亦作于其剑桥大学教授任内，他对于情势变迁一问题，讨论独详，根本以霍尔所主张国家之自存及发展为行使废止条约之要件，且举例以限其范围，如一国政府之变动或政体之改换均不得认为情势变迁；更为免除此原则之危险，特提出实际的办法，当一缔约国遇有情势变迁，不得不废止旧约时，应先向对造提出废止之要求；设遭拒绝，或更无其他国际法庭可为最后判决者，

---

① Westlake: *International Law*, p. 285.
② 原文为 munster，似 münster，径改。——编者注
③ Lawrence: *The Principle of International Law*, 7th Edition, p. 302.

13

然后乃得自动的废止之。[1]

美国学者惠顿（Wheaton，1785—1848）以为情势变迁一原则，当条约存在的理由消失时，即可适用，因他的履行已属不可能或须产生过当的损失。[2]

芬威克（Fenwick，1880—1971）对于此问题，先用批评的态度研究各家的立说，在结论中则指出这问题主张的分歧，实无一定的成规可援。近世既无国际行政机构以保护弱国的权利，致强国可一逞其霸力以订立威胁下的条约，更以国际法对于民族单位的划分，无公平久远的规定，仅为暂时的调置，故条约之以情势变迁而须废止者很多，我们所得认以为取去之准绳者惟国际间之信义而已。[3]

国际法学到了近年已入社会学派的时代，一方注意于国际间的实际情形，一方仍立有理想的目标，所以不愿规定一种一定不变的成法，而注重于各个案件之特殊情形，最后之准绳还在国际间的道德和信义。

丙、实例

学说乃根据于事实者，我们现在可回过头来看看国际间在运

---

[1] Oppenheim, *International Law*, 2nd Edition, Vol. I, pp. 683—693.
[2] Wheaton's Com. Am. Law, p. 161.
[3] Fenwick, *International Law*, pp. 344—349.

用这原则时的实况。

1870年俄国否认1856年巴黎条约关于黑海中立和对于俄国在黑海内巡置兵舰加以限制的条款,而它否认的根据就是当时的情势已与缔约时大异,因为多瑙河流域的小国受列强的指使已组成联盟,而海上铁甲舰战术亦已有了变化。当时列强对于俄国的行为虽难免不满,但在普法战争完了各国召集伦敦会议(1871),却一方面承认了取消黑海的中立,一方面又发了一个宣言:

"这是国际法上最重要的一条原则,就是无论何国,除了得到对方缔约国的同意,决不能抛弃条约上的义务,或加以修改。"

俄国并且也在这宣言上签了字。对于这个宣言,后来在学者间有很多的批评。[①]

1887年俄国复知照各国,声明其对于1878年柏林条约第59款关于Batoum港之规定撤回承认。[②]

1908年匈奥联邦国将1878年柏林条约所给予占据与治理的**波斯尼亚**(Bosnis)及**黑塞哥维亚**(Heszegovia)二国吞为己有,他的理由不外乎条约的规定已不合于当时的情势,如**保加利亚**(Bulgaria)和**东鲁米利亚**(Eastern Roumelia)已互相并合,

---

① Oppenhaim:*International Law*, 3rd Edition, Vol. I, p. 692.
② Oppenhaim:*International Law*, 3rd Edition, Vol. I, p. 639.

土耳其且崛起于东南,巴尔干的风云更是变化莫测。这种理由在当时列强的眼中或可认为充分,但匈奥联邦国采取了断然的手段,不免对于1871的宣言有背违之遗憾。①

同年保加利亚更否认1878年柏林条约而宣布独立。②

在美国的"胡珀诉美国"(Hooper v. United States. 22 Ct. Cl. 408)一案内,**索赔法院**(Court of claimes)判决美国政府对于1778年美法商约之否认为合法,即根据其理由于情势变迁一原则者。且更援引1884内务大臣Frelinglinyen为美政府否认美英间**克莱顿－布尔沃条约**(Clayton-Bulwer Treaty)致驻中美公使霍尔氏一函,内云"该条约的原因既已消失,其目的物亦将永难达到",是则亦以情势变迁为其否认之理由也。③

自欧战之起而此原则之援用更多。

1914年德国战事发动,即不顾1839年比利时中立公约;1915年希腊拒绝履行与塞尔比亚在1913年所订立之攻守同盟条约;1914年土耳其宣布取消一切不平等条约;1917至1918④俄国苏维埃政府迭次宣布取消一切密秘条约及债务;多以情势变迁

---

① Lawrence: *Principle of International Law*, 7th Edition, p. 365.
② Fenwick: *International Law*, p. 348.
③ Scott's: *Cases on International Law*, p. 433.
④ 原文为"一六",疑误,径改。——编者注

为理由。①

从这许多实例里我们得到一种感想，就是弱国可用这原则来求他们的解放，强国也可借口这原则来背弃他们条约上的义务，所以在没有国际机关可以就各个案件判决其是否合于这原则以前，这原则终含有多量的危险性。

欧战终了，国际联盟成立，关于这原则的确立，似很有希望。联盟约法第19条更明白规定：

"联盟议会可随时忠告联盟盟员，对于业已不适用之条约，或其继续不已将危及世界和平之国际状态者，重加考虑。"

当时的一般弱国，久处于不平等条约束缚下，像顿见了天日，觉得他们前途的希望。但是事实上什么样呢？我们可举几件实例来看。

1920年11月1日国际联盟议会开会，**玻利维亚**（Bolivia）代表根据联盟约法第19条将玻利维亚与**智利**（Chile）于1904年10月20日所订条约提出，并说明该项条约系借武力压迫而成，并且此条约的结果，玻利维亚被完全剥夺了入海的通路，此种情形可为妨碍世界和平的极大危险，所以希望国际联盟能将该条约

---

① 最近案例可参考 Rubus Sic Stantibus, in *The American Jaurnal of International Law*, April Issue, 1927 & Soviet Treaties and International Law, in *The American Jaurnal of International Law*, Oct. Issue, 1928。

予以修改。①

当讨论该提呈是否列入议会议程时，智利代表**爱德华**（M. Edward）当即动议拒绝，他说，"我们对于这种要求而予以讨论，即足以对于此后的国际条约造一种最有害的先例，所以我们不得不予玻利维亚的要求予以绝对而立刻的拒绝"，更根据19条他说，"联盟仅有劝告之权，而劝告更须得全体盟员的一致同意，因为第5条第一节规定：

'除本约法或本条约另有明白规定者外，凡议会或董事部开会时之决议应得联盟列席于会议之盟员全体同意。'"

当时一般在战后得到特别权利的国家多表同情于智利代表，争辩很是激烈，结果由主席宣告搁议，更聘请法学专家意大利**塞洛吉**（M. Scialoja）、哥仑布**乌鲁蒂亚**（M. Urrutia）和加史他立**加德佩**（M. De Peralta）为专门委员，研究在第19条中联盟议会所有的权限。

1921年9月2日会议中三专家将意见书提出：

"在此情形下玻利维亚的请求不合法，因国际联盟自身不能修改条约，而条约修改实惟由缔约国行之。

---

① Annex to 20th Meeting of League, League of Nations Assembly Records, p. 595.

联盟的劝告仅能行之于条约变为不能应用之时,例如缔约国的情状已经物质上或道德上之激变,使该约之应用不复可能,或有国际间的关系足危及世界之和平者。

议会当此种案件发生时,即应判决其是否属于上述情形之一。"

议会当即采纳了这种意见,而19条的意义也就此确立。所以国际联盟关于此点所有的权限,实甚狭小。设能真的根源于事实与公理而为判断,也只能造成一种舆论,而决不能强制条约的废止。①

1925年9月11日我国代表朱兆莘也根据第19条向联盟会议提出请求书,请其注意我国所受不平等条约压迫的情形,并希望他们援助。结果议会就议决了一个议案:

"议会对于中国代表所提出请注意于中国国际关系之请求,实深表同情,并希望将在中国举行之有关系各国之会议可解决一切问题,而早日得有满意的结果。"②

对于这个空泛的决议我们是深表不满的,不过须知联盟会议本身的权限,也不允许他有更切实的决议,我们也不应对于联盟

---

① League of Nations Assembly Act, Vol. Ⅱ, 15th Plenary Meeting, Sept. 7. 1921.
② Verbatim Record of the 6th Assembly of the League of nations, 14th Plenary Meeting, Sept. 11.1925.

过存奢望。

三、结论

国际公法到了现在尚不是一种成文的法律,所以我们不得不就国际习惯、国际条约、国际会议之协定、国际及各国法院的判决例、法学家的学说等渊源,来寻求国际法。对于情势变迁一原则要求国际法上的根据,也不得不就上列几种渊源内找寻。先看国际习惯,则在上述许多实例里,各国确已据用了这原则来行使他们废除条约的权利,但要归纳一条在何种条件下才可行使的原则,则因各个情形的纷歧,实是不可能。国际条约虽可说多包含情势变迁的默认条件,然对此而有明文规定或进而规定此原则之内容,则是没有的。国际会议之协定,则我们已说过列强在1871年伦敦会议的宣言,他绝对否认了这原则的存在。对于这宣言,我们可不看后来学者对他所下的攻击,只要看他们列强虽一方发了这宣言,一方却承认了俄国据用这原则而对于黑海中立条约宣言废止,已可见这宣言在法律上地位的低微。国家联盟约法第19条虽给予联盟以极有限的权力,但根本上终承认了情势变迁可使条约不复适用,其继续不已且危及世界和平之虞。国际法庭对于这问题尚没有判例,各国法庭的判例如上述美国的索赔法庭("胡珀诉美国"案)则已正式承认了这原则在法律上的地位。在以上的几种渊源里，我们都不能于此原则内容加以确定，不得已，只能就诸家学说来求一个解答。依上述许多学说里，我们可概括其条件如下：

（一）缔约时的情势必为条约的原因；

（二）情势变迁后条约与一国之自存权相左；

（三）情势变迁后条约与一国之发展相左；

（四）于废止条约时不背国际间的信义。

具备了这四种条件，于是一条约国乃能行使其废止条约的权利。

我们现在可以根据这四种条件，来评量我国这次所采废约的手段是否合法。

所谓缔约时的情势必为缔约的原因，乃指因了缔约时的情势，才订定了这条约之谓。我国所有的不平等条约，除了一部分系在强暴胁迫下所订定，他的废止乃合于以力抗力原则，不在本文讨论的范围以内，其他条约都为了当时的特殊情形而订立的，譬如领事裁判权的承认，乃为当时中国法律和司法制度上的缺陷，这就是为该条约原因的情势，若一旦这情势变了，则该条约当然可废止。

无论何人不能否认，我国在五六十年以前所有政治、经济、社会，以及国际关系上的种种情势，到今日已有了激烈的变迁；

更不能否认的,就是这种情势的变迁已使旧有的条约,如协定关税、领事裁判权、内河航行权、租界、驻兵与警察权等,消极的阻止了我国的发展,积极的危害了我国自存权。

至于国际间的信义,则我们的废约既为根据于合法的条件,即为合法的步骤,决不能说有悖于信义,何况我国已屡次在巴黎和会、国际联盟及华盛顿会议里表示改善我国国际关系的愿望,结果因列强的拒绝和敷衍,乃不得出于废约一途,亦深合于奥本海默所提出的办法,所以在我国一方讲,可说是义至仁尽了。

所以我坚定的说,我们这次的废法是合乎国际法的。

十七年岁底脱稿

法律不容不知之原则[1]

凡人违反法律，不能以不知法令为避免其责任之理由，是即所谓法律不容不知之原则，为各国法律所从同者。盖设以不知法令得为违法者避免责任之理由，则不啻奖励其不知，而使法律等于具文，其有悖于立法之本意者甚显。然一考实情，法律至近世，其繁缛不特逸乎常人所可知。即习于法者，亦难于穷其全豹。故英美法律不责律师以尽知法令。[2]准是以言，则法律不容不知之原则，实有违于恒情。为特先考各国法律关于此点之规定，再研其理由之所在，庶几利害得失可得而言也。

---

[1] 原文载《法学季刊》1929 年第 4 卷第 2 期。本文曾收录于何勤华、李秀清主编的《民国法学论文精粹：基础法律篇》（法律出版社 2003 年版），华东政法学院法制史专业硕士研究生刘洋参与本文的编辑整理。本书收录时以原文为准，部分参考刘洋编辑版的内容，在此致谢。——编者注

[2] 伯郎一案内（Bryants' Case 24, N. H. 149），有以律师不知法令，诉请法庭停止其执行职务。法庭判谓"虽法庭盼律师程度之提高，然不尽知法令，究不能为停止其执行职务之理由。盖法令上并无此项规定也。"而法令上所以不责律师以尽知法律者，实亦因事实上之不可能。见 Costigan: *Cases on Legal Etaics*, p. 144.

私法之鼻祖，首推罗马。考罗马帝优司悌尼史《学说汇纂》（*Digest Justinian*）有"不知事实非不知者之过失；不知法律，则为不知者之过失"之规定。①故设某甲自知为某遗嘱上之继承人，而不知法庭给予继承人之所有权，则时效之继续，将为不利于此继承人者。②惟对此法规，亦有例外。凡特种人民如兵士妇女及未满25岁者，除关于万民法（Jus Gentium）及有得法律上指导之可能者，得以不知法令为避免其责任之理由。③及罗马晚世，则凡无过失之法律上错误，亦一列受例外之保护也。④

晚近大陆法系诸国，若法、德、日及我国，咸受罗马法之影响。惟除于刑法明文规定者外，⑤其趋势有置重于实际上之情形，

---

① 见 *Digest* xxii 6.9。
② 见 *Digest* xxii 6.1，参考 Holland: *Jurisprudence*, 12th Edition, p. 109。
③ 见 *Digest* xxii 6.9，参考 Holland: *Jurisprudence*, 12th Edition, p. 111。
④ 见朝阳大学讲义罗马法（应时述）第212页。
⑤ 日本刑律第77条第四款"不得以不知法令为无犯罪之故意"。
　　我国刑法第28条"不得因不知法令而免除刑事责任但因其情节得减轻本刑二分之一"。
　　关于此二条法规有一足以注意之点。即兹所谓"法令"者，系仅指刑罚法令而言，不知其他法令不得谓为有犯罪之故意。（前大理院判例四年上字三号）例如甲、乙两夫妇于结婚未久即意见不合。厥后为协议之离婚，实行别居，两无异言。乙如自以为既行离异可自由续求配偶，未向户籍吏呈报即与丙男结婚。乙女不知民法中有离婚从呈报户籍吏起发生效力（第一次草案1361条）之规定。兹乙女所误认者，系民法法规，而非刑罚法。故不适用上二条规定，不构成重婚罪。参考王觐编《中华刑罚论》第一卷第248页。此则与英美相异。参考后第2页第二节。

而不苛责人以绝对知法之责任者。①

英美法系国家，对于此原则之奉行，有远过于大陆法系诸国。在"皮尔皮诉伦装"一案中（Bilbie v. Lumbey），有某保险者，知有足以抗辩其赔偿责任之某种事实，然不知其法律上之权利，致

---

① 大陆法多采成文法制，与英美法之采判例法者相异。而成文法令之自何时始发生效力，亦即自何时而不容人民不知此法令，则各国均以法令颁布之日起发生效力。关于所谓颁布，法国民法有特殊之规定。其第一条"法律由大总统颁布而施行于全法兰西全国。各地以自其得知此颁布时起发生效力。大总统所为之颁布在其政府所在之州，以其翌日为已知。其在他州则从颁布之首都与各州首府间距离以一日十美利阿米突（每美利阿米突合一万米突）之路程，累计其日数，其翌日为已知。"嗣后更规定以法令之登入政府公报为其颁布。此种制度，恒为英美学者所讥笑。其言曰："法人以责人以不能知之法令为不合正义，故特使愈远于首都者愈迟其知法之时日。然须知事实上人民岂真有捧读此政府公报者。有之惟千万分之一耳。则法人所斤斤虑者，不啻为大沙堆中之一二细粒。其愚孰甚。且更足引起各州间法律效力上之纠纷。"参考 J. C. Gray: *The Nature and Source of Law*, p. 164。 英制则成文法令之有效时间始自其制定之日，而不经颁布。 勃莱克史东（Blackstone）曾为之解释曰："法律视英国每个人民为议会之一员。因所出席之议员，为其所推举之代表故也。是以议会所制定之法令，不必更颁布于人民。"（见 Blackstone's Commen, 185 及 Austin: *Jursiprudence*, 4th Edition,Vol. II ,p. 542.）此制之成立实始于爱德华皇第三时，"国家诉谦吉史探主教"一案（Rev. v. Bishop of Chichester）。此案之起诉，乃根据于一成文法令。被告律师以此法令未经颁布为抗辩。审判长柴璞（Sir Robert Thorpe）判谓"法令虽未公布，然一经议会制定，人民即有知之责。因议会本为代表全国人民者。"参考 J. C. Gray: *the Nature and Source of Law*, p. 162。英国判例中，甚且有根据于行为以后所制定之成文法令而定罪者。盖一切成文法律，恒视为该议会会期起始时所通过。如 Attorney General v. Panter, 6 Bro., p. 489 及 Latters v. Holmes, 4 T. R. 660 等案。参考 Holland: *Jurisprudence*, 12th Edition, p. 110。

误付其保险金。后特提起诉讼以追还此项金额。审判长哀伦伴系（Lord Ellenborough）询问原告律师，"凡人确知其自愿付金时之一切事实，特后以不知法律，而能据此为追还之理由者，有否前例可援。"原告默然无以对。审判长乃驳斥其诉而宣判曰："凡人均推定为已知法令。不然，则不知法令将无往而不为抗辩之理由矣。"①在"勃里斯裴痕诉大克莱"一案中（Brisbane v. Dacres），审判长哀伦伴系亦判谓"国有船船长既依习惯对于海军军官给付以运费三分之一，以后即不得以法律无此给付之责任，而诉求追还。盖凡人均推定为知法故也。"②

在"国家诉歌特拿和奸罪"一案中（State v. Goodnow），③某妇人以见弃于丈夫已有五载，且其丈夫又另娶他妇，乃欲改嫁于某乙。事前曾偕某乙同往就询于地方法官，法官认彼等于法律上有结婚之可能，且特为之证婚。彼二人信之而结为夫妇。然其后仍以和奸罪定谳。亦因其误认法律，不得为避免责任之理由。④自此案观之，可知法律不容不知之原则，在英美法中乃同一

---

① 参考 Heynes: *Outlines of Equity*, Lecture 5。见 Pound: *Readings on the History and System of the Common Law*, p. 469。
② 参考 Holland: *Jurisprudence*, 12th Edition, p. 109。
③ 参考 H. And E. :*Report*, p. 556。
④ 参考 H. T. Terry: *The First Principle of Law*, 9th Edition, p. 123。

适用于民法及刑法。①更以英美法特重前例。推其极,致有过分之弊。如此案判决之有乖正义,实甚显然。故学者间每多持反对之主张。②

然英美法亦非不知此原则之易滋谬果。故于衡平法上有纠正之法规。最著之判例为"朗斯唐诉朗斯唐"一案(Landowne v. Landowne)。该案原告为已死某甲之长兄之子,以对于死者遗产之受遗权问题,与其叔父某乙,即死者之弟有所争辩。乃偕往就教于一小学校长名休氏者。该校长于教士备忘录一书中寻得关于此问题之法律如下:"土地不能向上只能向下"。更尽其解释之能事。而决定死者之弟有受遗权者。于是叔侄间同意分有土地,立有契据做证。嗣后原告诉请将契据废止。审判长金氏(Lond King)准其所请。该契据之成立,乃根据于误解法律所致,且进而谓"不知法令不容宽恕之原则,仅可用于公法,如刑法是,然

---

① 参考 Salmond: *Jurisprudence*, 7th Edition, p. 427, note c。有云:"此原则不独限于刑事及民事责任,且推及于其他一切法律。例如误认为法律时所给付,不若误认为事实时之可以追还。"
② 例如派拉克(F. Pollock)曾引"马丁召儿诉番克男"一案 Martindate v. Falkner(18462C. B. 707, 69R. R. 602, 611.)中,审判长梅痕(Maine J.)之言"我国本无凡人须知法律之推定。有之,亦将大悖于情理"而认为此种推定为过甚其辞。实际上仅不常认不知法律为避免责任之理由耳。参考 F. Pollock: *A First Principle of Jurisprudence*, p. 163。

在民法案中，则此原则即不能援用。"①虽金氏所述意见，非尽合于现行法规，然衡平法顾及各案之特殊情形，更揆诸情理以为判断，则胜于普通法庭。尤对于无过失之误解法令，恒予以殊等之宽恕也。②

释此原则之理由者，人各异其说。罗马优帝学说汇纂有云："对于事实之错误为不能避免，而对于法律之错误则反是。盖法律有定衡，人所共知。抑亦所可知而应知也。凡人错认法律，致其行为违法，则此人所以应任其咎，非因其行为，实以其误认法律之过失为可咎耳"。③

英国大法学家勃莱克史东（Blackstone）亦持相似之主张：

---

① 参考 Hayes: *Outlines of Equity*, Lect. 5。见 Pound: *Readings on the History and Systems of Common Law*, p. 40 及 Holland: *Jurisprudence*, 12th Edition, p. 109, note 4。

② 英美法系习惯法。而习惯法须经法院之判决案，始形成立。故就习惯法而言，凡人须知法律，不啻曰凡人须知判决案。然下级法院之判决案，可由上级法院推翻。于是而发生一甚有趣味之问题，即凡人根据于下级法院判决案而为行为。当该判决案为上级法院推翻时，是否为误认为法律，而应任其咎。此则在英美判例及学说上殊多纠纷。盖其根本问题，即在法院之判决案，是否自身为法律。抑仅为法律之表证。依前说，则下级法院之判决，于其被推翻前，仍不失为法律。故人根据之而有所行为，不能认为有法律上之错误。依后说，则下级法院虽有判决，然法律固不若是者。故上级法院特为推翻之。则人而根据之有所行为，即不啻误认法律，自应任其咎。在理论上以后说为较通。如勃莱克史东（Blackstone）即主张之。然在实际上，则殊乖常情。故判例多主前说。参考 Holland: *Jurisprudence*, 12th Edition, p. 70 及 Gray: *The Nature and Source of Law*, p. 228、256、258。

③ *Digest*, xxii 6.2, 参考 Austin: *Jurisprudence*, Vol. I, p. 479。

"凡具知识之人,不独对于法律为可知,且亦应知而推定为知也。"①

此种理由之不能成立,以奥斯丁(John Austin)辩之最切。其言曰:"此理由之错误,在将'所知'、'可知'与'应知'相混。设谓法律为'可知'或'应知',余亦承认之。设谓法律为凡人所知,则其谬误无容置辩。至以误认法律之不容辞咎,乃由于人有知法之责,则不啻以问题之自身为理由。盖何为而有知法之责,实仍未解决也。"②霍尔姆斯(Justice Holmes)亦云:"或谓法律不仅命吾人不为某种行为,且命吾人以知此命令。然以此原则之理由,实亦未然。盖据此理由以言,则对于第二命令之违犯,非同于第一命令之违犯,其处分亦应有别。而一考实际,则凡违犯第二命令者,仍受违犯第一命令之处罚也。"(按即违犯知法之命令时,仍依其主行为而处罚也。)③

亦有以法律恒与人之善恶观念相一致。故人即不知其行为为违法,亦知其行为为罪恶。则法律所以罚其罪恶,故不必其知此法律也。况误认法律之范围而恣意为恶,实更所罚有应得,④此说有

---

① 参考 Austin: *Jurisprudence*, Vol. I, p. 497 及 Holland: *Jurisprudence*, 12th Edition, p. 110。
② 参考 Austin: *Jurisprudence*, Vol. I, p. 498。
③ 参考 Holmes: *The Common Law*, p. 47。
④ 参考 Salmond: *Jurisprudence*, 7th Edition, p. 247。沙氏并非为此说之主张者。其于说明各种理由中,于此说申述颇详。惟未引原书原著为憾。

其一部分之真理。所缺陷者，法律非必尽与善恶观念相一致。刑法或尚多合此理论。一涉民法及其他法律，则更无所谓善恶观念矣。

奥斯丁为分析法学派鼻祖，对于法律上之基本原则，无不详析精研，穷其究竟。故对于法律不容不知之原则，亦有其独到之见解。其言曰："设不知法律准予为避免责任之理由时，则法院将立遇难于解决之问题，而失其执法持平之本责。盖法院须先考核当事人于其行为时是否不知法律，再审其不知法律是否为不得已，抑曾有知法之可能而惰于尝试。此等问题，均非仅恃外界证据所可证明。法庭非深究该当事人之过去历史，不能有适当之解决。然此为决不可能之事实。"[①]简言之，奥氏之理由，盖以不知法律在事实上无从证明，故法律不得不设此绝对之假定，而不容其不知。奥氏更引罗马法对于特种人民如妇女、未成年人、兵士在此原则之例外，以证明其理由之充足。其言曰："在证明一般人不知法律时，其所需之考验，为事实所不可能者。然在此等特种人民，则仅考验其性别、年龄、职业已足推定其不知法律为不得已者。"[②]

奥氏学说为一时学者所推崇。及霍尔姆斯（Justice Holmes）

---

① 参考 Austin's: *Jurisprudence*, Vol. Ⅰ, p. 498。
② 参考同前。

出,乃独斥其妄而创新说。在其《普通法》一书中,曾云:不知法律不得为违法时避免责任之理由,易辞言之,人皆推定为知法。故奥氏等尝以难于证明为其理由。然设为求得正义之故,须先明事实之真相。则虽于侦求事实之际有所困难,决不能因此而即置事实于不顾。况较此更难侦求之事实,亦多由当事人之辩证而得其真相。法律上更得使违法者负举证之责。由是观之,此种理由实未足为斯原则辩护,况吾人更感觉即使能证明不知法律为真实,仍不能认其为赦免责任之理由也。于是霍氏更进而求其理由:"此原则之真正理由,实与法律之不顾个人特殊性质及才能者相同。公共政策①恒为公益而牺牲个人。个人之义务固应均等,然犯罪之减灭,实更为重要。虽犯罪者恒有不知其行为为犯法,然设许此为赦免理由,即不啻奖励其不知,而与立法之本意相反。斯则对于个人之正义轻,而社会之利益重也。刑罚不能全依犯罪者所应得而定,亦须顾及社会公益所需要。"②霍氏立论,每以社会之利益与需要为根本。而社会之利益与需要,常与时代而变迁。故合于前时代之法律,或不复合于此时代,即不能继续发生效力。霍氏对于法律不容不知之原则,亦认为须随社会之情状而变迁。

---

① Public Policy.
② 参考 Holmes: *The Common Law*, p. 47。

惟于现今情状之下，则此原则实尚有存在之必要焉。①

以上诸说之仅具片面理由，无俟申述。即如霍氏之说，虽为最满人意者，然亦非绝对承认其无有例外。故沙尔蒙氏（Salmond）曾谓此原则不啻一种理想而不合于事实。②派洛克氏（F. Pollock）更否认此原则之存在。③埃玛氏（S. Amos）在其《法律科学》一书中④曾列举事实上所以避免此原则之方法。第一为对于特种人民之例外，如罗马法之对于兵士、妇女、未成年人是。第二为对于特种情形之例外，例如受人误述是。第三为刑罚之酌减，例如我国刑法所规定是。⑤

纵观以上所述乃知法律不容不知之原则，非若自然科学定律之由绝对性者，其理由既经过各时代各学者之盲试术而迄未抵于完善。其运用更受制于各种例外而未归划一。信哉。社会法学派之创法律相对性与归纳性也，盖深察乎人事之变化无穷，正义之时地各异，法律非得执一而不变。所贵于法者，惟人善于运用之耳。

---

① 参考 Holmes: *The Common Law*, p. 125。
② 参考 Salmond: *Jurisprudence*, 7th Edition, p. 427。
③ 见 P27 注②。
④ 参考 Sheldon Amos: *Science of Law*, p. 111。
⑤ 见 P24 注⑤。

捷克斯拉夫总统马萨烈克
(President Masaryk of Czechoslovakia)[①]

"Until philosophers, are kings, or the kings and princes of this world have the spirit and power of the philosophy, and wisdom and political leadership meet in the same man, …… cities will never cease from ill, or the human race."
　　——Plato

君劢先生于"中华民族之立国能力"一篇中,慨乎提出吾人惟凭知情意之真义,庶足挽目前之浩劫。斯言也,以吾国人之正醉心恬耳于唯物唯利论中,其被目为迂士之谈者,必矣。欲为阐释,莫若举例证之足以征信,读现代史,得一人焉,其环境遭遇,学识道德,其奋斗,其成功,更无不足予吾人以鼓励,以模范者:

---

① 原文载《再生》1932年第1卷第7期。

斯人非他,捷克斯拉夫总统马萨烈克是已。作马氏传。

　　捷克斯拉夫,大战后新兴之一中欧小国也。大战前"捷克（Czechs）及斯拉伐克（Slavoks）"仅系奥匈帝国治下之少数民族耳。然考史乘,在1620年前,捷克人固曾自建玻希米亚王国（Bohemia）,其查理第四（Charles Ⅳ）及乔治·坡叠布剌德（George Podiebrad）二王之勋功伟业,更曾炳耀史册。卒以1620年11月8日白山一战（Battle of White Mountain）,为奥匈军所屈,致罹亡国之祸。玻希米亚之为国名,随成为历史上之陈迹。虽然,捷克人所具之民族精神,固非哈布斯堡（Hapsburg）皇帝之铁蹄所得摧残覆灭者也。而此种精神之所由维系者,莫过于约翰·胡司（John Huss）及约翰·夸美纽斯（John Amos Comenius）二大哲人。胡司为捷克宗教改革家,首创宗教自由论,于1415年7月,以叛教罪被焚处死,其创论之深入捷克人心,至今不渝。夸美纽斯为捷克大教育家,身遭亡国之痛,流亡异域,一生尽瘁于捷克民族运动,其临死之言曰:"捷克之人民乎! 当震怒已过,汝等将复获自治之权,此余敢于上帝前确信者也。"捷克人民奉此遗言如圣经,其自信之深可见。捷克既已亡国,奥匈所以压迫虐待之者无以过,没收其财产,禁绝其宗教言语,焚毁其书籍,放逐杀戮其人民；昔日为三百万人口之盛国,至是所余不过八十万人,抑亦惨矣! 虽然,此诸痛苦，岂足以挠捷克志士之心哉？松柏经冬而愈坚，盖适足固其志耳。下此数世纪，代有杰人，尤以大历史家帕拉次岐（Palacky, 1798—1876）为最著。帕氏既成捷克史以昭示其民族精神，复承夸美纽斯遗教，以教育唤起国人。帕氏及后此诸人之努力，卒自建完全之学校系统。19世纪末，捷克教育普及，其不识字人民仅占全体百分之一而已。于此时也，谓捷克已具备复国之条件，亦无不可。然设无马萨烈克者出，具卓识，审时机，坚忍敢为，出奇制胜，则复国之成功，决未能若是之易且速也。历史者，人运物以成者也；条件虽备，而无有能运用此条件之人出，则事犹不能成；即侥幸以成，其质殆不可问；况历史因果，绵连无间，其所为后之因者，可必其败矣。

马萨烈克名托马斯（Thomas），后以娶加力克女士（Miss C. Garrique）为妻，故增名加力克（Garrique），其完全名为托马斯·加力克·马萨烈克（Thomas Garrique Masaryk）。父业马车夫。服役于哈布斯堡皇室所有之地产上。1850年3月7日，马氏生于摩拉维亚（Moravia）之边境霍同林镇（Hodonin）。幼读书勤奋颖悟，稍长习铁匠于维也纳，欲以是为业。而其小学教师，不忍天才埋没，力阻其父母，卒使改入师范学校。其学费以教课自给。继入维也纳大学，卒业后获助教席。其间曾一度赴德国之莱比锡，得识美人加力克女士。1879年与加女士订婚，旋渡美结婚。马氏之熟悉美事，盖由于是。1882年，升任新创布拉格之玻希米亚大学教授（Bohemia University of Prague）。此后32年中，除二度进入奥匈国会议席外（1891至1893及1907后），即致力于教育焉。

马氏为学，于哲学服膺于洛克（Locke）及休谟（Hume），政治学术推崇穆勒（John Staurt Mill），然亦未尝固步自封。凡德法俄意诸学派，无所不窥；更以其妻氏关系，得接近美之新兴学说。其律己教人，一以道德为归，平等、牺牲及爱国，为其公共道德之极则。对于青年，主斯巴达式之严格训练，复以身作则，平生戒绝烟酒。于宗教，取其精而遗其糟粕。对于当时教会之腐败，每挺身指摘，致遭教会之忌。1910年，教士308人联名起诉，指马氏为宗教之破坏者，夷考事实，马氏对于宗教，不特不事破坏，且以见于捷克民性素富感情，处此思想激变之世，一旦旧俗荡尽，深以放任难驯为虑，每思借宗教之力，以收化育之效。马氏之言曰："吾人应以寻求上帝之国及其正义为先，他物不难随之而得。"斯可见其对宗教之虔诚矣。

马氏爱真理，恶虚伪，仗义执言，不顾毁誉。时有犹太人名歇尔斯南（L. Hilsner）者，以违反宗教信条被诉杀人罪。马氏知其冤诬，出为辩护，卒出于罪，其结怨于全国教士不顾也。复有克拉洛凡·特佛（Krelove Dvur）诗歌，久由捷克人奉为最尊贵之民族文学，独马氏证其为伪造。当时一般爱国之士，群起向之攻讦，至目为民族之罪人。马氏坦然置之，谓爱国之道，决不能自

第一部分 法学文选

虚伪中得之。1909年，奥历史家弗利岑博士（Dr. Friedjung），根据奥匈政府所供给之文件，诋毁塞哥同盟会（Serbo-Croat Coalition），谓其领袖人物阴受塞国贿赂。该会即于哥罗西议会，向弗利岑博士提起毁谤名誉之诉。审理结束，发现奥匈政府之文件，系属伪造。马氏更亲赴塞京柏尔格拉德，觅得伪造文件之正本，并证明奥匈驻塞公使乃受外交大臣哀伦柴伯爵（Count Aehrenthal）之指使，而参与伪造。一时舆论喧腾，奥匈政府之威信，由是扫地。夫奥匈政府之所以出此者，盖欲为对塞侵略之借口，今其结果反若是。马氏之为此，盖别具深心者矣。而以教授之微，敢与政府大臣抗颜，其强项尤有足多者。

马氏于布拉格为教授32年，以其倾学望德，诱掖后进。凡捷克（Czechs），斯拉伐克（Slovaks），塞尔勃（Serbs），哥罗西（Croatiau），斯拉文（Slovanes），远至波兰、俄罗斯之青年，受其教者，无不感动发奋。尤以消除诸小民族间之隔阂，使能和衷共济，以共达解放之的，为功尤巨。奥德名儒鲍·汉门（Hermans Bahr）于1909年曾言："没有寻求诸小民族睦谊之促进者，则所遇均系马氏之徒。凡青年之曾入马氏课室者，归必挟其福音，倡导互助。马氏之徒已使达尔马提亚（Dauatia）之塞尔勃及哥罗西彼此团结，前此为一分崩碎裂之区，今已现光明之前途。——布拉格一孤独之斯拉伐人，其影响之大有如是者。斯人也，有谓

37

系合托尔斯泰（Tolstoy）与惠特曼（Walt whitman）二人兼之；亦有诋之为邪教徒；更有以苦行者目之；而其精诚奋励，则为任何人所共同首肯者也。"马氏一生卒志，为捷克及其他少数民族之独立解放，1914年之后然，1914年之前然，特其所用方法有异耳；前此潜移默化，为预备期；后此明枪显策，为实行期。

　　1914年6月28日，撒拉级伐（Sarajivo）一炸，欧陆风云，狂旋迅合。大战之后，陶然难免。马氏耽好和平，当时固仍冀其不血刃而纷争解。且自1913年夏复第二次巴尔干战事终了，马氏正尽力于塞尔维亚及宝加利亚①间邦交之修好。及奥塞宣战，继之以德俄、德法、德比、英德等，大战之局已定。马氏根本态度，即认定此次大战为捷克获得独立解放之唯一机会。特于如何利用此机会，具体之步骤应若何，则踌躇审慎，不敢即决。曾于1914年12月最后出亡前，三至荷兰、德、意、瑞士，以观察各国实况。时同盟协约势均力敌，胜负之数，难于先见。马氏计划之决定，实根据其对于此次大战所具见解。其言曰："自历史眼光观之，大日耳曼帝国主义（Pan-German Imperialism）席卷全球之雄心，实系罗马与希腊、西方与东方、欧洲与亚洲，及后罗马与拜占庭（Byzance）间世代敌对之延长耳。此不独为种族的，实系文化的

---

① 今保加利亚。——编者论

敌对。大日耳曼主义及其柏林巴格达（Berlin-Bagdad）线计划，特对于其传统的罗马日耳曼（Roman-German）信习，赋以较狭之军国主义（Chauvinistic）色彩而已。德奥二帝国，为中世纪神圣罗马帝国（Holy Roman Empire）嬗变而成，其携手以征服旧大陆，实不仅日耳曼与斯拉夫民族间之抗争，而系对于整个西方文化之抗争也。今详考捷克历史，吾人实亦西方文化之一部，其地位应为协约一方，故在余已详析欧洲状况，及预测战事经向后，即毅然决定对于奥匈积极反抗，深盼协约获胜而还吾自由。"

时马氏年64矣。平生怀抱，抑郁未展，祖国哀思，老而愈切，诵夸美纽斯之遗言，痛光复之无日；今乃天假以缘，大战突发，捷克前途，维此是系，马氏之奋袂兴起，乃必然之势矣。战端既开，捷克人民蠢然思动，其军人更有公然向奥匈叛变者，拘捕杀戮，日有所闻，马氏作答曰："彼等之罹惨战，乃余平日所倡民族说所使然，然则余岂忍袖手乎？"其徒裴乃斯博士（Dr. Edanrd Benes），更以举事来约，于是议乃定。裴乃斯博士，为查理大学讲师，及捷克商科学校经济教授，具爱国热忱，尤多干才，此后复国运动中，马氏依之为左右手，对于法国人物，尤所熟悉。后更得马氏徒史丹发尼克（Stefanik）投身参加，史氏为一青年天文学家，以民族运动流亡法国，在法颇负盛名。此三人者，各出其所长相团结，艰苦奋斗，卒成建国大业，抑亦伟矣。

复国运动之议既定，其步骤首在如何团结捷克人民，使一致行动。惟在奥匈政府监视下，只有出以秘密组织，而以国会中捷克议员为中心。时马氏行动，已渐启奥匈政府之疑窦，卒于1914年12月不得不弃家出亡，子病妻怨，未足稍馁其志。其次工作，即在唤起协约国朝野人士之同情，以获实际赞助。而其先决问题，尤在预断战事之是否将长期延宕，俾其宣传疏通之工作，得以从容进行。是则马氏以其对于欧洲诸国情形之洞悉，自始即料战事之非短时间可了，及麦痕一战，持久之局定，马氏之说乃验。捷克复国成功，马氏之卓识远略，盖有以使然矣。又一问题，为捷克对于俄国所应取之态度。当欧战之起，俄以大斯拉夫主义为号召，凡捷克斯拉伐克哥罗脱诸民族，均系斯拉夫之支派，其视俄为唯一之救主，乃势所当然。村妇市贩，莫不箪食壶浆，以待俄师之来临。独马氏深悉俄情，知其实力空言，尔无足恃，捷克前途，惟在获取全体协约国之同情助力，庶几有望。虽然，俄国之援助，固亦马氏深所希冀者，故当俄革命之未发，马氏对于捷克将来之政体，踌躇未敢宣布，盖以有忤帝俄为虑也。马氏既亡命，从事宣传联络诸工作。时协约国方面，对于大战之使命目的，尚无明确概念。马氏高瞻远瞩，凡当时世界政治、各国国情，以及战争意义，莫不了如指掌，更提出大战目的，应以解放被压迫民族，承认其自决权为依归。1914年10月，遇其友美太唔士报主笔西登华村（Seton-Watson）于鹿

40

特丹（Rotterdain），即以此意告之。西登即为草成备忘录，分送协约国政府。此后威尔逊之14要点，及大战终了实际所成就，均与马氏备忘录，大体相符。其识见议论之影响世界政治者何如！

马氏先至意，联络其朝野。1915年至瑞士，致力于组织及与各国侨民互通声气，筹划经费等事。是年终，去法英。在英由西登华村及施梯特（Wickham stud）之介绍，获金斯大学（Kings College）讲座。1915年10月19日之就任演说，即以少数民族问题及欧洲之危机为题，复得内阁总理哀史基施（Asquieth）主席之荣。此次演说，实为复国运动成功之初步。少数民族之解放自决，及奥匈帝之分裂诸说，始为世人所注意矣。

捷克国家会议（The National Council of Czechoslovakia）于是年成立于巴黎。以马氏为会长，史丹发尼克副之，裴乃斯为总秘书。于是中央组织之规模初备。1916年2月3日法总理白里安接见马氏，对于其奥匈治下少数民族之解放政策，表示同情。至是，捷克之复国运动，在欧洲外交上已获相当成功。虽然，当时捷克仅一无国土、无权力之空名耳。却徒恃外交以建国，特痴人梦想耳，马氏知其然，思自创武力，参加战争。时在俄捷克军人已有自编成军者，在法美之捷克侨民亦多自愿投效，为法国编入外国人部队中。惟此种散漫附庸之武力，实与捷克自身，不甚裨益。马氏详筹熟虑，始创议就协约国所俘奥匈军队中捷克军人，自编成军，参加战争。此议之成,须先获协约国方面对于捷克军人易帜之诚已有确信。是则又须马氏等外交上之手腕矣。彼等先自法起,塞俄意英美均次第说服,允许捷克被俘军人自组军队。惟依国际法,凡一国军人被敌国所俘,后向敌国投诚者,设再被本国俘虏时,即不能再获俘虏之待遇,杀戮刑罚,一惟本国为之。今捷克军人,去奥匈而投协约,不避杀戮之惨,其勇敢牺牲,盖有得于先哲及马氏之教矣。

塞尔维亚时有捷克俘虏二万五千人,为奥大将鲍底亚雷克(General Potiorek)于施脱洛夫(Straf)进攻所被俘者。此乃捷克成军之绝好机会。不幸麻干山(Mackersen)山洪暴发,捷克被俘军人死亡过半,生回法境成军者,仅四千人耳。在俄亦有大量捷克军人,时革命爆发,帝俄覆亡。马氏见机会之不可再失,乃于1917年5月亲身入俄,借其与俄临时政府人物旧谊,组织捷克独立军队,定取道西比利亚海参湾,再由海道返欧。乃不兼月而共产革命突起,目捷克军队为反动,力予阻挠,捷克军不得不出以抵抗,且战且向西比利亚东退。夫以一旅孤军,转战冰天雪地中,其经历之艰危,可以想见,其战绩勇略,尤腾震寰宇,捷克军人之雄名,为全球所警服。其所以促进复国运动之成功者,盖未可量也。

马氏由西比利亚[①]经日本东渡新大陆。于1918年5月5日抵

---

① 今西伯利亚。——编者注

支加哥①。29日美外交总长兰星颁宣言,同情于捷克等被压迫民族之独立运动。8月美日更协定援助西比利亚之捷克军队。法英亦已先后承认捷克军队为交战国之一,并其国家会议为最高代表机构。国家会议继即改组为捷克斯拉夫临时政府。10月18日,马氏代表临时政府,于美京宣告捷克斯拉夫独立成功。时奥匈正向协约国提出和议条件,及威尔逊总统承认捷克独立之照会到达奥匈,于是奥匈帝国对于捷克斯拉夫4世纪来所享之统治权即宣告终了焉。协约诸国,相继步美后尘,承认捷克之独立。

1918年11月,马氏由美返伦敦,已为一独立国之总统。12月21日,在万姓欢呼声中,有简朴之摩托车,缓缓入捷京布拉格,则马氏返矣。时马氏之感想为何如乎?其言曰"余喜乎?余乐乎?睹此欢欣之人民,灿烂之国旗,耀丽之彩饰,余作何想乎?艰重之工作,正待余肩负。余心所萦然不能一时或释者,即在如何复建吾祖国,使安康而健适。当午后余宣誓:'余将凭荣誉与良心,为吾共和国及同胞之幸福以服役,尊重法律',此念仍萦回脑际也。"

捷克人民感马氏创国之艰苦卓绝,至尊之为国父。其宪法内对于总统任期七年不得连任二次以上之规定,特为马氏明定例外。然马氏未曾自居功绩,其施政一以民主、平等、生计、教育、

---

① 今芝加哥。——编者注

道德为依归。十余年来,中欧新兴诸国,政潮澎湃,民生憔悴,独捷克兀然稳立,于民主主义力行不懈,任何政党,均一视同仁。共产党于邻邦,莫不屏之法律保障之外,独于捷克国会中,占席四十余,人民生计,亦日臻富庶,农田之改革,工业之提倡,一日千里,远至我国市场,凡捷克之机器及机制品,均占相当地位。马氏恒言"非政治的政治"(Unpolitical Political),盖认所谓政治者,非徒议会中之争辩,乃贵于道德、教育、生计等之实施。

马氏现年82岁,体魄犹健,公事之暇,以骑马读书自娱,遇布拉格之学童,每顾而勉之曰:"不牺牲之生命,非善美之生命也,"马氏成功之秘,其在是乎?其在是乎?

马氏之著述如下:

《催眠术》①(*On Hypnotion*),1880年;

《自杀与现代文明》(*Suicide and Modern Civilization*),1881年;

《或然性之计算及休谟之怀疑论》(*The Calculation of Probabilitgy and Hume's Scepticism*),1883年;

《归纳说之历史导论》(*A Historical Inroduction to the Theory of Induction*),1883年;

《巴斯噶》(*Blaise Pascal*),1883年;

---

① 原文无书名号,径加,下同。——编者注

《巴格尔之历史学说》(Buckles Theory of History),1884年;

《具体逻辑论集》(Essays on Concrete Logic),1887年;

《约翰·胡司》(John Huss),1890年;

《捷克问题,复国之努力期望》(The Cech Question, Efforts and Desires of National Ferival),1894—1896年;

《哈烈山克,政治复兴之努力与希望》(Karel Halicek Effort and Desires of the Political Awakening),1896年;

《马克思主义之哲学及社会学之基础》(The Philosophical and Sociological Foundation of Marxism),1898年;

《人道主义之理想》(Humanitarian Ideals),1901年;

《俄罗斯之历史及宗教哲学》(The Philosophy of History of Religion in Russia),英译作《俄罗斯之精神》(The Spirit of Russia),1913年;

《欧洲危机中之少数民族问题》(The Problem of Small Nation in European Crisis),1915年;

《世界之斯拉夫人》(The Slavs in the World),1916年;

《新欧洲》(The New Europe),1918年;

《建国记》(The Making of State),1925年。

二十一年十月二十九日于北平

西弗黎氏论法国政治[1]

大多数外国人想象法国政治,有似莎士比亚所谓,"一段疯人所讲的故事,呼声汹涌,结果却全若为零。"但著者对此,宁取歌德的见解,认为果真"甚至地狱也有他的法律",则法国的政治生活何以不能有他的规律呢?

——西弗黎:《法国国性的研究》(France: A Study in Nationality)序文。

一、介绍西弗黎氏

西弗黎氏(Ahdre Siegfried)是一个法国新进政治学家。他的成名是由于1927年《成年的美国》(America Comes of Age)一书,而更大的成功却是1930年论法国政治的《法国国性的研

---

[1] 原文载《再生》周刊第1卷第9期。

究》。他用了法国隽逸诙谐的文笔，将错综离奇的法国政治现象解释得头头是道；序文内好像过于自夸的一句话（见文首引语），吾们不得不承认他确实是做到了。为明了他对于法国政治的见解，吾们须得先认识西氏本人。这点却很可怜，因他尚是个新进，所以注意他学说的人尚不多，更不必说替他作传了。下面关于他个人的一点消息，乃是从他所著的书里，尤其是人家替他写的序文里，凑集得来的。

西弗黎氏出自法国亚尔萨斯的望族，他们累代以政治上的卓见闻名国内。西氏自己说：

"我于1898年（时西氏年23岁）卒业大学后，即有志献身政治舞台，所以设法在法众院内谋得一席位，但经过几次努力，终是不成功；在我自己的选举区里，大概我的倾向不能相合，而其他选区则多以外人相待。我终于抛弃了，但却已懂得这套把戏的规律，并且对他感到极大的兴味，因为我所遇到的，不是书本和公文，乃是活的人物。当时我就决定编著一本当时法国的心理和政治地理，经过五年的工作，才出版了一本《法国西部政治地图》(Table u Politique de la France de I'Ouest)。在我们的意见，这是五六卷丛书里的第一卷，其余几卷将次第论及国内其他部分。但当时正值

1914年，大战打断了我的工作。"

——《法国国性的研究》序文。

西氏于卒业大学时，曾遍游加拿大、美国、墨西哥、澳洲、纽西兰、中国、日本、印度等处。此后任巴黎政治学院（L'Ecole Libre des Sciences Politiques）教授，更屡次到海外，尤注意英国及其殖民地的政情。大战中，一度服务于英国军队，继任法国政府派赴加拿大、澳洲及美国的鲍氏使团（The Mission under General Pau）的总秘书。战后，任法外交部经济专家，参加国联的许多会议和勃鲁塞尔、鲍斯洛那、日内瓦的协约国会议，1925年，应法国社会博物院（Musee Social）的聘约，赴美国考察战后政情，当时他曾遍历美国的各州。归国后著《成年的美国》一书，备受法美诸国的重视。

西氏于研究盎格鲁-撒克逊民主政体的精神和方法中，发现他们以社会合作为政治组织的基础，实适和拉丁文明的消极的个人主义相对照。他更认为这种对照的底层，是基督新教和旧教的思想不同。西氏学说的根基就建在这点发现上。他认为对于活的政治现象，须得捉住他深在的底层，才能了解；而所谓底层，则包含形成整个文化的诸种因素。《成年的美国》已是根据这根本概念所写成，到《法国国性的研究》，此意乃阐发无遗。

我们试想一个早年备受挫折,转而潜心研究的人,当他在海外流浪中,忽得证实了蕴在心而未敢遽信的见解,及重返故土,举目一望,旧时习见的乱草瓦砾,都变成了足为证据的绝好材料,这时他所充涵着的满腹经纶,只要一有机会,自然的就会写成了锦绣文章。西氏当时的情境,正是如此。听西氏自己的话罢:

这种比较,加了我在外国所得的新经验,使我重燃了对于本国政治的兴味;这里更待说明,自从那时我自谓将成为未来政治舞台上的好身手以来,我对于本国政治的观察,从未有一天间断过。所以当美国威廉城政治学会(Williamstown Institute of Politics)请我去演讲法国政治,我立即欣然应命。

——注同前。

这演讲后来就用《法国国性的研究》的标题出版。
西氏所著书籍之由英文写成或有英译者,有下列几种:
《加拿大种族问题》(*The Race Question in Canada*)(英文写成),1907 年由 Eveleigh Naah London 出版;

《纽西兰的民主政治[①]》(*Democracy in New Zealand*)(英文写成),1914年由伯恩斯(E. V. Burns)译成英文,由 G. Bell &Sons. London 出版;

《战后的英国》(*Post-War Britain*)[法文写成,法文本原名《今日的英国》(*L. Angleterre d'aujourd' hui*)],1924年由 H. H. 亨明(H. H. Hemming)译成英文,由 E. P. Dutton 出版;

《成年的美国》(*America Comes of Age*)(法文写成),1927年由 H. H. 亨明(H. H. Hemming)及多丽丝·亨明(Doris Hemming)译成英文,由 Jonathan Cape 出版;1930年列入 The Life and Letter Series 出版;

《法国国性研究》(*Rrance, A Study in Nationality*)(英文写成),1930年由 Yale University Press 出版;

《英国的危机》(*England's Crisis*)(法文写成),1931年由 H. H. 亨明(H. H. Hemming)及多丽丝·亨明(Doris Hemming)译成英文,由 Jonathan Cape 出版。

二、法国国性

西氏政治学说的基础既如上述,我们可先看他所见到的法国

[①] 原文缺"治"字,径加。——编者注

政治的底层，即所谓国性，究竟是怎样的。现在先引一段我们中国人所特别感兴味的话：

"中国人的见解，认为为了扶养我们自己年老的父亲，而从国家偷些东西，是很正当的。法国人，在内心里，对此是同意的。因为依他们良心的主张，家庭当然比国家尤为重要，对于社会所负的责任倒像很穷远渺茫。"

——前引书第28页。

这段话表示的意义是：法国的社会重心，和中国一样，并不是在政治。他们都有比政治更深更稳的重心。说他是家庭罢，也对，不过只是他的一方面。一般的法国人没有一个不重视他的家庭：小小的一所满栽着花草的住宅，真成了他的宫堡，外人轻易很难在他家里吃得到一顿午餐。公事完了，他就回到自己的小园地里，种植着花木，绝不会像英国人一般的忙着球戏。他的希望只求能有一注不很大的财产，一个小本营业，一笔稳定的进款，就很满足了。他好像天生就有储蓄的本能，至于国库亏空，却不很介意。换言之，他所乞求的是个人独立的生活。有时因了这种企求，使他成为缺乏同情心，妒忌，好计算，尤其是在结婚和养育儿女方面。这点却和我们中国的旧有国性完全相反了。所以法国人是一个老成自足的个人主义者。

　　西氏认为法国个人主义的国性，在18世纪已经铸定。他虽然经历世界情势的巨大变更，在大体上仍是兀然不动。这究竟什么缘故呢？在社会方面，因为法国虽受1世纪以来的工业革命的影响，而他的社会结构却至今仍以小农、工匠及中流阶级（Boureois）为主要成分。就农民言，依1921年的统计，在美国，占45%，英国20%，而在法国，则有54%。且法国农民与英美的大农主不同，多系些孤独的劳动者，占有小块田地，自耕自活。故在全国8,591,000农民中，有5,000,000为自耕农。就工民言，虽在大战后，大规模工业在法国尚未占重要地位。全国从事制造生产者6,181,000人，内中69%，或即4,027,000，为一定工资劳动者；其他19%，或即1,162,000，则为独立劳动者，11%，或即683,000，为劳动雇主。在工资劳动者中，仅774,000为在五百人以上的大工厂中工作的。在英国则90%为工资劳动者，6.3%为独立劳动者，3%为雇主。所以在法国，中世纪工匠的个性迄今还遗留着。他们对于自己的工作品，像农人对于土地一般，欣赏自傲，绝没有工厂工人厌恶工作的心理。西氏有一句隽妙的话：

"他们这样的融合在他们的工作里，有时在夜间还得梦到它,直至成为他们自身的一部分。"

——前引书第6页。

中流阶级本是极难加以定义的,西氏则定义为:一个有了些积蓄的人。因有了财产,他才能获得独立的生活和高显的社会地位,更能给他的家庭以一份遗产。中流者虽自成一阶级,但是他们的心理实为一切小农及工匠所同具的;而且,当小农和工匠已积了些钱,不也就是中流阶级了么?所以,中流阶级的心理很多是从小农的爱好土地,和工匠独立工作的意识所嬗变而来的。前面所讲到一般法国人的个人主义,实为中流阶级、小农和工匠所共有的。

除了社会原因外,法国的经营状况亦足以促成他的国性。大战前,法国是一个经济自足的国家。他虽有一个不安全的边界,但有很安全的经营状况。这经济的自足使他不愿管外事。大战后,情势已稍稍变易,不过就大体言,法国尚不必向国外去求取食粮,更不必向国外去寻求工业品市场。法国小麦自产百分之九十,英国则须输入三分之二。工业品,除丝织品输出百分之五十至七十五,及钢铁百分之四十外,其他织品输出三分之一,棉织物百分之三十五,内一半系运销本国殖民地者。英国则棉织物输出五分之四,钢铁三分之二,毛织物二分之一。法国名产妇女时装更不必到国外去寻市场,每年有大批外国人亲自到巴黎来购买。当一个国家对外无重大经济关系,他就自然地不甚注意国际事件。法国的情形就是这样。

这里可再引一段中法两国的比较,来结束法国国性。这是西氏所引马郎氏(Paul Morand)的话:

"中国人和我们间实具有最显著的相似点,他们都极端的节俭,对于破旧的用品,补了又补;他们一样的精于烹饪、谨慎和尊重礼貌;对于外国人都有根深蒂固的消极的厌恶;老年人具有不灭的活力。吾们能否说:一切古老的文化都多着相同之点呢?"
——前引书第11页。

法国固有的个人主义的文化,仅是兀然不变,可是世界的新潮流却正向着相反方向狂涌着。合作已代替了个人工作,纪律已代替了个人主义,效力已代替了自由。法国在这潮流之下,将怎样应付呢?西氏认为,在经济方面,法国迟早须适应这新环境;但在政治方面,他却说:

"但是我们不要忘了,这个民主政体虽像是平凡,但却充满了头脑和智慧,而且正活跃着无穷的可能性。因了这缘故,他才坚持着工业革命以前的理想,而成为政治的落后者。若是为了企图集合生产,而将个人毁灭,则法国亦将随之毁灭。反之,若个人将复获胜利,则法国亦将永久的发展。"

——前引书第 23 页。

三、法国的政治心理

法国政潮最是瞬刻万变,令人目迷;政治团体更是风云掩忽,疏散无常。这实是由于法国的个人主义是属于消极性的,而与盎格鲁－撒克逊的基督新教的个人主义常带有建设性者适相反。但是,在法国不定的政治团体底层,却另有久远稳固的基础。这基础就是法国人的生活方式:无论他们属于哪一党派,但对于某几种事物大家却都认为必需的,因这几种事物已深入了他们生命的内部。

"试看一个南方的工匠,在正午的树荫下吃着午餐,或是一个警士闲逸地饮着咖啡,你就得承认,在我们的空气里,常存在着一种东西,不容代替,或被带走。"

——前引书第 25 页。

政治既不是社会的重心，所以他绝不是用来帮助经济的。在法国，政党不能用实际利益问题来号召；除了几个专家外，一般人对于实际问题是不感兴味的。政治好像成了一个独立的东西。然则，政治在法国岂非没有存在的必要，或是没有生气了么？这却又不然。法国政治自有他自己的问题，只要一涉理论、理想，或是关于人的事件，全国人民就会立刻警觉起来；这些才是法国政治的灵魂。西氏有一段精彩的文字：

"最有趣味的是市议会中关于街名的辩论。当他们将表决墙上到底应贴上什么名字，还是 Boulevard du Marechal Foch，或是 Place Antcle France，或是 Rue Ferre，那真是激昂慷慨！这种激烈辩论简直对准各人的人生、政治和人物的观念。这辈喧嚣狂热的战士，没有一个不具有极高的想象力。结果呢？他们却和平地一起到咖啡店，街名大约仍是依旧！"

——前引书第 26 页。

读了这段文字，才能恍然于法国议会里的特殊情形。霞佛纳（Robert de Jourenel）曾说：

"我们的议员,对于法案的内容,倒不如对于终结辩论的议案来得注意。"

——前引书第 25 页。

法国人对于政治虽少有确立的具体主张,所以政党极不稳固,但他们却有坚定的政治倾向,而这种倾向是以他们整个人生观和对于某种社会秩序的本能的好恶为基础的。在法国人政治倾向的分野上,我们可以发现两座绝大的分水岭:第一是 1789 年的大革命,他分开了旧势力和自由个人主义;第二是资本生产制度的侵入,他分开了自由个人主义和集团主义。

1789 精神是根据于主权属于人民这一信念,他包含平等和个人的独立尊严。不过这里所谓平等并非共产党所主张的实质上的平等,西氏所引阿兰氏(Alain)用乡下人口吻所说的一段话,很足表示一般个人主义者的意见:

"吾们尽可让富人们坐了汽车在大路上跑,但不愿意他们向我说比我高贵。若是不平等是必然的,我仍喜欢听几声高呼着平等。"

——前引书 28 页。

法国革命迄今已一百五十多年，但他的精神尚未为每个法国人所接受。这精神本身是主张普选权而反抗统治阶级，所以这辈统治者，从前是包含皇室、贵族、主教，现在则为大地主、资本家、大官僚、沙龙，这形成了反对1789精神的旧势力。

法国教会是传统的趋向统治阶级，互相联结以反抗左派。教会势力有时因举办慈善事业而深入工人间，故与左派更相冲突。所以在法国政党内，反教会是一个极重要的分判。同时，基督旧教是法国的国教，在名义上，每个法国人都是旧教徒。然则，宗教和政治间的冲突，将怎样处置呢？在实际上，法国人却很容易地使宗教和政治各自守着不同的领域。在他们的思想自由而带有怀疑和狡猾的空气里，教会和民主政治却很能并行不悖。教徒和他的教会间好像存在着一种谅解，就是，他在私生活方面是完全自由的，这和德国人的虔诚敬畏的心理完全不同。西氏有一段谐谈的故事：

"最足为法国人代表的是些反教会派的国会议员。他的妻子是教会里最虔信的分子，女儿正在修道院里。耶纳先生就是这类的人物。一次，有人在政治会议里在这事上向他责难。他却很滑稽地答辩：'朋友，尊夫人一定很服从你，可是我却没有这般福气。'当时在场的人都笑了，他们都能体会耶纳先生的处境，并且很多还是同病相怜呢。若是一个反教会的法国人娶了一个漂亮的妻子，他认为让牧师去管束她，实在是不妨的。这是我们家庭生活的密秘，但是，像东方人一般，常情却不许吾们讨论。"

——前引书 30 页。

我们现在可以看出，和旧势力相反抗而拥护 1789 精神的，究竟是些什么人。这里第一是小农和乡村工匠，他们反抗的目标是教士和贵族。次为城市工人，他们在阶级斗争舶来前是最热心的共和主义者，即在今日，这精神还是遗留着。再次为低级官员、小学教师、邮务人员和低等的中流阶级。这辈人联合起来，狂呼着自由，终于形成法国政治上的最大力量。时至今日，他们背后虽已受着共产党的进攻，但因旧势力的继续存在，他们仍为拥护民主主义而搏战。这种情形，在没有旧势力的美国，和崇拜传统思想的英国，都是永远无从想象的。

这种精神的反映于政党，使他们永远的喊着"向左"，喊着"进步"。至于政策的实施，他们就不大置意，"向左，向左，——但不必再向前去！"他们本能地反抗纪律和权力。但在私人生活方面却很爱好秩序。他们是一辈很自知足的良民，政治上不妨"左"倾，而实际上则很保守。这是法国政治的大谜，也是法国政治的锁钥!

　　但是,工业革命后的生产方式,已挟着工人阶级政治的自觉,渐向法国侵入。1789年做革命先锋的工匠,虽此后已组织了社会党和劳工大同盟(Confederation General du Travail),但是他们的社会主义还脱不了19世纪的理想。到了今日的工厂工人,他们的精神才完全变了式样。他已抛弃了自由个人主义,而从事于阶级斗争。此外大城市里的低级公务员也投入了他们的阵线。在对方,中流阶级却渐向右倾,而和教会相联结。

　　在这种情势的激变中,一般主张自由主义的法国人民怎样呢?他们虽一方反抗着大资本家,同时却不愿为了马克思和列宁几个名字而牺牲他们宝贵的财产。最后,他们决定坚持着原有的消极地位,一方反抗着旧势力,另一方拒斥着社会革命。法国散漫而稳定的民主政治,就在他们的基础上,继续下去。

四、法国的政党政治

　　法国人政治心理的矛盾——在政治上是"左"倾,在社会上是右倾——决定了法国不安定的政党政治。左派政党虽是最合于一般法国人的政治倾向,可是因他们反抗权力的本性,所以要靠他们来建立稳固政府,如给养军队、维持秩序、通过税案,则是绝不可能的。在这些事情上,政府不得不求助于中央派和右派。左派首领,如赫里欧、班乐卫等,是常玩这套把戏的。

吾们或将问,为什么不全由右派去执政呢?但事实上却没有人能这般做。因为所谓右派,不仅包含"守旧",并且兼有"反动"的教会,所以单靠右派而得到政权的人不得不与后一派妥协,而他们却多是些出名的反对共和主义者,这时全国人民就会立刻起来把你打得粉碎。于是法国任何政府终处在这两难地位:若是依靠左派,就无从平衡预算,或至少与商业利益相冲突;若是依靠右派,就会触犯一般人们的民主信念。五十年来的法国政局,无非在这两个极端间往来摆动着。一般法国人的特性和法国的票选制,(第二次投票以较多数为当选)更难使中央党长期执政。当"左"倾势力高涨,中央派和右派就会团结起来,例如国民大联合(Bloc National Union Nationale)来把他推翻。但当重心已移到了右方,就有左派的平民或共和护国运动(Defense Laique Defence Republicdue)等运动出现,政治的钟摆又有一次的向左转。我们现在可以看看大战后法国政治的演进,更足以证实这种动向。

停战后的除夕,一般法国中流阶级所恐惧的,不是已过去的战祸,而是进逼的布尔什维克①。更以战后急需着的复兴建设,使专门人才比了政客多受一般人的重视。所以在1919年11月16日的选

---

① 原文为"雪",依通译径改。——编者注

举中，右派大遭失败，而由国民大联合（Bloc National）获胜。下院的右倾，打破了1871年以来的纪录（左派180席，中央派216席，右派221席）。政府采取的政策是拥护巴黎和约，严厉执行赔款。但鲁尔区域的占领和复兴建设的费用，终使法郎价格锐跌。这是促成左派同盟（Cartel de Ganches）的大原因。同时，占领鲁尔对于爱好和平者所引起的反感，大资本家势力膨胀的危险，以及政府裁减冗员政策所引起被裁人员的怨恨，顿使一般人民回返其民主主义的意识。1924年5月11日选举结果，左派大获胜利（左派328席，中央派80席，右派146席，共产党28席）。但这个表面上赤色的议会里，左派的328席中，却有41席是属于急进党的温和派；若减去了他们，则所余下左派的287席就不成为其大多数了。所以当该议会很顺利的通过了那些纯系政治性的案件之后，而开始讨论不利于资本家的财政政策时，急进党的温和派立刻就站在反对党地位。但政府若是想取得信任，而通过一种间接税的预算案，就必须放弃其平素的主张和本党的拥护。当时法郎尽是无情的低落，终于造成急进社会党史上最黑暗的一页，凯郁（Caillaux）内阁竟依靠了右派、中央派和左派同盟内少数党员，通过一间接税的预算案！左派的内阁既为本党所弃，后来右派亦不愿再予挈扶，法郎继续地跌值，举国遑遑，不可终日，于是朴荫凯雷乃应运而起。

朴荫凯雷的成功一半是靠他伟大的人格和当时万分危急的

时机，另一半是因为他的巧妙的政治手段。他具有法国传统的大政治家的风度，坚信共和，正直不阿，对于财政，则为保守者。因此之故，在政治上，他能得到一般人民的信仰；在财政上，又得了实业家的信托。他的政治手段是在延揽白里安和赫里欧二人入阁，这样他就取得了左派和和平论者的拥护，同时在财政上却用间接税来平衡预算和恢复法郎的信用。这个好像自相矛盾的巧妙政策竟使数月前叫嚣沸腾的议会，顿变得驯良可御。先以345票对135票通过了财政案。345票是包含了右派、中央派及一半左派。少数方面是社会党和社会激进党。这很明显表现了朴荫凯雷的国民内阁的重心乃在右派。不过因了他自己和赫里欧和白里安的三个名字，才能得到举国的拥护。

1928年的选举结果，607席中有440席宣言拥护朴荫凯雷和他稳定法郎已有成效的财政政策。但同时，因了战后疮痍，已渐复元，金融危机，已渐过去，于是左右党的分野又在底层逐渐形成。经了几次政治上的波澜，左派中有认所谓国民内阁不过是些反动派所设的圈套。于是有1928年10月激进社会党突然召回本党阁员之举，赫里欧亦在召回之列。赫里欧的去阁，顿使朴荫凯雷失去了左派的拥护，在政治上就此一蹶不振。但因他立意完成他的财政计划，于是不得不依靠中央和右派，例如批准战债的梅龙倍郎易（Mellon-Berenqer）法案。若是依照各派的素来主张,则左派本倡战债的和平解决,理应投赞成票,中央和右派的对外强硬主张,则理应投反对票,而实际上却以政治的关系,结果适得其反。这是法国政治上无可避免的矛盾。朴荫凯雷的遭遇更是法国政治的常轨。

"吾们好像始终努力于抵御危险。吾们先列队抵御'左'倾的危险。当这事已经成功,从前的危险也忘了,吾们就集中左方来抵御右倾的危险。无疑的,这种情形将反复进行,以至永远。"

——前引书76页。

法国政党除左派外,组织都极散漫,政策更不明确,这与英美政党的性质,完全不同。这是说明法国各派政党前,所必须牢记之点。法国政党可大别为左派、中央和右派三类,现在可略述各党的异同。

甲、左派

——除共产党外,有左派同盟(Cartel de Bauches)的组织。

(一)急进社会党(Radical-Socialists)——包括下级中流阶级,政纲为反抗武力、教会和资本家,最足代表一般法国人的心理，政治上"左"倾，实际上则保守。

（二）联合社会党（United Socialists）——名义上坚持马克思的革命主张，除了北部工业区的工人外有很多南方小地主加入的。这是由于政治上向左的好尚。结果使社会党成了民主性，且在议会中成了反教会的中心。

（三）共和社会党（Republicon Socialists）。

（四）法国社会党（French Socialists）。

（五）右派独立党（Independents of the Left）。

这三党除了代表议员的个人态度外，并不成所谓政党。他们包含有经验的政客，靠了"左"倾的主张获得了阁席，但又不愿太"左"倾了以见斥于右派。

（六）共产党——他是否能列在左派，很成问题，因他反对一切左派政党所具有的民主性质。他除了真正莫斯科式的党人外，更有许多不满现状的小地主等投他的票。

乙、中央派

——有共和联盟（Alliance Republicaine）和民主同盟（Alliance Democratique）的组织，但他不是一种一致的团体，因本身就分为"左"倾和右倾两派："左"倾派是主张共和和反对教会，右倾派则倾向教会和统治阶级。

（一）急进左派党（Gauche Radicale）——政治上是倾向左

派，而财产上则倾向右派，是中央派中最进步的。

（二）联合社会左派党（Gauche Unioniste et Sociale）——包含急进社会党里的离叛分子。

（三）民主社会行动党（Action Democratique et Sociale）——是最懂得怎样治理国家，但势力最弱。

（四）左派共和党（Republicains de Gauche）——包含最温和的共和主义者，和右派较"左"倾的游离分子，由此可见这党的名不副实，更表现法国人喜欢名义上"左"倾的癖性。

丙、右派

——以中流阶级和教会为中心。

（一）联合民主共和党（Union Republicaine Democratique）——除了对于教育外，他们的主张是和中央派多相同的。

（二）独立党——包含反共和的旧时贵族，他们的反动和前一党的保守不同。

（三）人民民主党（Democrotes Pepulaires）——他们一方面尽忠教育，他方面又拥护民主，所以很难称他是纯正右派。

五、外交关系

法国人经济的自足使他们不愿管外事；他们古旧的文明，更使他们爱好和平。一般人民对于外交政策一向很少闻问，所以从前几乎全操在几个外交官手里。他们弄出了乱子，例如1885年弗兰（Jules Ferry）造成了中法之战；1905年台儿加山（Delcasse）引起了唐桥（Tanqier）事件，国人会突然警觉起来，就把他们打下了台。

1894—1906年的特来福事件（Dreyfus Case）和当时渐获势力的国际主义及和平主义，却使外交问题进入了法国政治的领域。一方面是保守派、教会、军队，甚至所谓反动派，他们赞成对外战争；他方面是左派，他们反对战争。但是，右派之所以主战，并非真正酷嗜战争本身，乃因战争可以防止国际主义和和平主义，尤其可以产生权力和纪律，这不就是右派的政治主张么？左派的反对战争也因为他足以危害民主政治。所以，法国的外交政策无不以国内政治为出发点。法国人所注意的还是国内政治，外交问题是不得已才去管的。

大战除给法国以更多的不得已的外交问题外，对于一般法国人的态度并没有什么变更。这些问题可大别为四：

（一）安全问题；

（二）赔款及战债问题；

（三）和平组织问题；

（四）欧洲经济重建舞台。

这四个问题里，后三个全都是发生于第一个。而安全问题岂非已有一个世纪的历史了么？在法国国会里，我们可把右派的联合民主共和党及左派的急进社会党和社会党做代表：前者对于罗加洛条约和批准战债等多站在反对立场，后者则本能的赞成国联、德法协定等。这两派势力的交替消长，就形成屡变的法国外交政策。例如 1922 年格恩会议（Conference of Cannes）白里安倒台，朴荫凯雷得以第一次组阁。但两年后，以鲁尔占领而朴氏被倒，又回复了欧洲提携政策。所以法国外交政策是由两种原素所组成的：一是爱好和平，带着一些懒于多事的气味；二是绝对认为边界必须固守，不论须付出多少代价。

六、法国民主政治与盎格鲁 - 撒克逊民主政治之对照

法国民主政治的目的是在个人获得自由；在政治上抵抗专制，在思想上抵御教会。他们不愿受制于政府为名义的他人，至于这种政治是否能提高一般人的生活程度或实际上的成效，在他们是次要的问题。所以法国的民主政治和宗教一般，是一种心理状态，一种对自由的企望，是一种抵抗反动的不断努力。

我们能明了法国民主政治的真正目的，对于法国政治上好像难解的现象，才能豁然贯通。例如在下议院里，关于铁道问题的讨论，左派始终在主张增加工资，承认工人罢工权，国家经营，并力抵一切财政家。若这时有任何人出来说铁路须得良好管理，大

家就认为他守旧。左派的目的本来就不在良好管理。中央派认为铁路是公共企业,而左派只认为是政治。

益格鲁-撒克逊的民主政治适与法国相反。他们最要之点就在实际的社会成就。他们的目的是在增进人类的安乐和物质享受,对于思想自由并不十分顾到。这种观念是渊源于清教教义,这和法国的唯理态度全然不同。他们承认个人的权利,但同时却拖来了社会义务,这在法国是被认为有碍自由的。只要看见美国政府公共卫生部的权限广大,就会把法国人吓坏了。西氏引福纳尔(Fournol)的话说:

"这种制度(指公共卫生部)会来干涉你们的主义,打碎你们的个人自由。因了卫生、康健、种族、优生等等名义,政府视察员到你们家里来化验、计算、分析你们所吃的东西。他们来把你们的房间消毒,监督你们的习惯。这种法规的干涉个人自由,实是无从想象。但最奇怪的是有些国家竟真的会实行起来。"

西氏接着说:

"福纳尔所说是很对的,他不仅是我们政治的扩张,而是一种对于社会、习惯、人生及个人的相反的概念。这和法国的生活是绝不相容的,因他是根据于完全不相同的主义,尤其是根据另外一种价值标准。一方面所注重的是'思想的个人',他方面所注重的却是'生活的个人'。

最后,我们所希望于社会的,究竟是为个人,抑是为生产?这是唯名与唯实的对立。依前一说,你得牺牲效果,依后一说,就牺牲个人。人类的将来究将选择哪一说呢?若是他宁有好的设备、舒适和高的生活程度,那么答复一定是'胡佛',这是在美国,世界才改变了他的价值。

但是,若是人类始终着重个人、他的思想和他个人思想的权利,那么世界决不能由'真空除垢机'、'电气冰箱'、'算机'等议论所推移。法国的理想[①]主义的原动力苟不消灭,他将重获他以前的地位。我们对于政治的古旧和神秘的见解,虽在社会功能上似乎不够,但具有保障个人的本能和坚忍的决心。这里就涌着法国将永不抛弃的活力的源泉。"

——前引书 113 页。

---

① 此处原有"秘"字,后句缺"秘"字,系笔误,径改。——编者注

七、余语

读了西氏的《法国国性的研究》，吾们最先感到的是：他不像在郑重地讲政治，而是在写一首美丽的散文诗。单就这形式讲，我们不得不承认他是一部政治上的特出的作品。

西氏写这书的目的，不是在建议什么政策，乃是解释一种现象。西氏所用的解释方法，是先确定了他的根本观念，然后就事实的各方面予以证明。在证明时，西氏先从最底层，或最普遍的现象入手，然后渐次进入于较特殊，或较复杂的。他之所以能在最后一步把最杂乱不定的法国政党政治，解释得清晰入胜，就靠了这个由简入繁的方法。

西氏的根本观念是认为：政治现象，只有从他和其他社会现象的互相关系中，才能认识清楚。他不讲抽象政治制度，而讲具体的政治活动。在这政治活动中，他认为国民的基本好尚才是他的原动力，而这好尚乃是悠久的历史中种种社会原因，甚至自然原因所造成。在倏忽起灭的人物和政潮的表面下，他抉出了更深的底层，因他更深，所以更为稳定。于是，在对于许多好像绝无规律的现象，就从他们相互间，和其他事物间的更稳定的关系上，而发见他们的规律。

法国政治是否能追上近代的集合生产方式，是法国今后的最大问题。西氏对此没有多大发挥他自己的意见，可是在字里行间，他认为这是不可能的，至少是很困难的。个人自由和物质文明间的冲突，究竟将怎样解决呢？这不特是法国的问题，实在是全人类的出路。他虽只提到中国和法国间国性上的相似，可是中国的问题岂不也是一个古旧的文化不能适应新的环境么？

讲到中国，我们的处境比了法国更是困难万倍。原因不是在我们的国性比法国更是固旧，而是没有人能努力于国性的认识。政治，以至任何社会建设，都是从海外剽窃些表面的粉饰。我并非反对我们向外国去学他们的制度，以作参考，可是在运用的时候，尤须先了解我们自己的需要。在这广袤的中国，我们在旅行中所感到的，终觉他有一种基本的东西是各处相同的。他是"不容代替，或被带走"。然则，在这四围漆黑的环境里，在我们无法的挣扎中，我们还须学学西氏冷静的观察，先来认识认识吾们自己的国性罢！

《法律哲学现状》译后语[1]

　　这本小册子竟能在病困中断断续续地译完了。炉旁病起，从头校读，不免发现了很多不惬意的地方。但是病略好了，其他事务就一件一件的挤逼着来。再也找不出时间来详细修改。算了罢，它原是译者迻译法律哲学的初次尝试，就当它一件病中的纪念也好。在迻译本书之初，译者原怀着一篇大文章想借此一吐，现在译完了，离初译时已有整一年，以前想说的话，此时反觉无所可说。下面所写的只是一些零星散杂的说明和感想而已。

---

[1] 原文以"译后语"载霍金著《法律哲学现状》，曾以"翻译霍金氏法律哲学序言"为题发表于《再生》杂志1935年第1期。"译后语"与"序言"文字略有不同，收录时以"译后语"为准。霍金著《法律哲学现状》一书1937年由上海法学编译社编辑、会文堂新记书局再版发行，以此为底本的陈颐勘校本由中国政法大学出版社2007年出版。陈颐的勘校本除了将原文部分英文书名汉译外（以[ ]标识），增加了必要的脚注（注明"勘校者注"），收录时酌情收入（统一按商务印书馆编辑体例处理），并对勘校者陈颐及中国政法大学出版社致以谢意。——编者注

记得有一天和张君劢先生①闲谈,我说:"中国自己的法律史,早已整个地被切断了,现在的现行法是为了国家存续的不得已,或是为了收回法权的必要,才生吞活剥地从外面硬塞进来的。"君劢先生很感慨地接着说:"我国在其他任何方面,哪一样不是已像法律一般的整个地被切断了?但是我们终有一天将再造我们自己的历史。"

盲目地拒斥外来的法律,当然已不是"此后再造自己历史"

---

① 张君劢(1887—1968):原名嘉森,字士林,号立斋,别署"世界室主人",笔名君房,江苏宝山(今属上海市宝山区)人。近现代学者,被部分学者认为是早期新儒家的代表之一。1920年,应宝山县乡试,中了秀才。1906年考入日本早稻田大学修习法律与政治学。留学期间,参与发起梁启超主持的"政闻社"。1910年,张君劢于早稻田大学毕业,获政治学学士学位。回国应试于学部,取得殿试资格,次年经殿试被授予翰林院庶吉士。为暂避袁世凯的迫害,在梁启超的安排下,张君劢于1913年取道俄国赴德入柏林大学攻读政治学博士学位。1918年,张君劢等六人随梁启超去欧洲考察,之后留在德国师从倭铿学习哲学。他创办过政治大学、学海书院和民族文化书院,当过北京大学和燕京大学教授,是1923年"人生观论战"的挑起者和后来《文化宣言》的发起人,与丁文江、陈独秀和胡适打过笔墨官司,并先后有《人生观》《民族复兴之学术基础》《中华民国民主宪法十讲》《社会主义思想运动概论》《中国专制君主制之评议》《主国之道》《明日之中国文化》《新儒家思想史》等论著发表和出版,被公认是现代新儒家的重镇。他早年追随梁启超从事立宪活动,是政闻社的骨干人物,自20世纪30年代起,又先后组建过或参与组建过中国国家社会党、中国民主政团同盟和中国民主社会党,参加过两次民主宪政运动,是国防参议会参议员、国民参政会参政员、1946年政治协商会议代表,并起草过《中华民国宪法》。——勘校者注

的适当方法；但是实际上我们尤须反对的还在：既没有懂得外国法律的本意所在，和我国社会的真正需要，却只从外国法律的表面条文中，东抄西袭地来凑成几部法典，还敢厚颜地夸耀着说：这是我国自己的法律！我们若是一考这种法典的内容，不必说什么便民利国，就是各条文的字面意义，有时在逻辑还讲不通！石志泉[①]氏在所著《新民事诉讼法评论》的绪论中曾说：

"要之，新民事诉讼法之制定，亦如近数年颁行之其他各法典，以短促之时日，仓促成编，主义未及详细讨论，法文未遑从容整理，其不免有种种之疵累，无可讳言！"

诚慨乎言之矣！所以我们苟欲建立自己的法律，唯有一反前此舍本逐末的抄捷径办法，而先去设法明了一下在外国法律条文

[①] 石志泉（1885—1960）：1914 年毕业于日本东京帝国大学法律科，历任北平朝阳大学、国立法政大学、北平大学教授。曾任大理院推事（1915—1918）、法部民事司司长（1918—1919）、修订法律馆总纂（1919—1921）、修订法律馆副总裁（1921—1922）、司法部次长（1922）、司法储才馆馆长（1924）、司法行政部常务次长（1932—1934）、"司法院"副院长（1948—1950）、"总统府资政"（1950）、"中国民主社会党"副主席（1957—1960）。主要著作有：《民事诉讼条例释义》（1922）、《新民事诉讼法评论》（1932）、《民事诉讼释义》（1937）、《日本司法制度》（1956）、《民事诉讼法释义》（杨建华增订，1982）等。——勘校者注

背后的"主义"、"本意",或"哲学";然后再把它们来比较我们自己的需要和思想;纲领既得,才能进一步而详制条文。法律哲学原来是具有实用的!

近几年来,海内学者关于外国法律思想的译著,已在渐渐地多起来了。但是我总对他们有一个遗憾:我觉得他们所介绍来的大多是一些外国学者的结论,一些教科书式的结论。至于外国法学者怎样得到他们的结论,则介绍的很少。其实,所贵乎法律思想或法律哲学者,乃在它们的基本假设和立论方法,而不在它们的结论。我们所以读法律哲学者,更不是在学到它们的结论,而是在学到他们怎样去运用思维。等到我们能够自己运用思维了,那时才能创造我们自己的法律哲学。至于专学人家的结论,则至多能够一字不错地背诵人家的结论而已。

霍金氏(W. E. Hockig)这本小小的《法律哲学》(原名 *The Present Status of the Philosophy of Law and of Rights*)虽不是法律思想上的经典之作,但他仍不失为一本"原作",因为我们可以从这里而看出一个思想家怎样运用他自己的活泼思维,而来得到他自己的结论。霍金氏是一个哲学家,而不是一个法学家,所以这本书是从哲学讲到法律,而不像一般法律哲学著作的从法律讲到哲学。他这样的禀赋却告诉我们:法律不是一个与外界隔绝的莫测深渊,它正需要"人"的头脑去拆它一个穿。这本小书不仅能使不习法学的人知道怎样去思维法学问题；它更能鼓励专习法学的人，昂首天外，去运用自己的活泼泼的思维。译者所以选译这部书的动机就在这里。

霍金氏从1920年起任美国哈佛大学的阿尔弗雷德（Alford）教授职，其著作有下列几种：

《人类经验中上帝的意蕴》(The Meaning of God in Human Experience)，1912年；

《道德及其敌人》(Morals and It's Enemies)，1918年；

《人性及其改造》(Human Nature and It's Remaking)，1918年；

《人与国家》(Man and the State)，1926年；

《法律哲学与权利哲学》(Philosophy of Law and of Rights)，1926年（本译）；

《自我：身体与自由》(The Self, It's Body and Freedom)，1928年；

《哲学的类型》(Types of Philosophy)，1929年（本书曾由瞿菊农氏中译，国光书局出版，内有瞿氏序文，概述霍金氏哲学派别及特点，瞿氏为霍金氏门人，所述颇有足多者。本译读者有欲明了霍金氏哲学之一般背景者，可以参阅瞿氏书，兹不赘）；

《世界政治的精髓》(Spirit of World Politics)，1932年；

此外，霍金氏曾为调查美国在华传教事业事，来过我国，后于1932年和他人共同发表《传教事业再思考》（*Rethinking Missions*）一书。

本书所译的 *The Philosophy of Law and of Rights* 或是 *The present States of the Philosophy of Law and of Rights* 是1926年由美国 New Heaven［纽黑文］的 Yale University［耶鲁大学］所出版，内容分二部，上半部是霍金氏对于德国近代两位大法学家：柯勒和施塔姆勒①的学说的比较和批评；下半部乃是霍金氏自述他自己的法律哲学。译者对于霍金氏法律哲学里的基本假定和思维方法，是所极端赞成的，尤其是对于他的主张：法律是我们所希望的事物的一种假定。至于霍金氏法律哲学的结论，就是：法律须以发展各个人的能力为目的，则译者不能十分同意。译者认为：法律固须有一个法律以外的目的，但是这个目的也不能离得太远了，而使它和其他社会制度的目的，无从分辨。"发展各个人的能力"原是教育、科学等等的共同目的。但是法律既有了一个独自的存在，它一定还具有一个特殊的目的。这个目的是不能和"社会的存在"相分离的。我们先须有法律去维持一个社会的存在，然后才能有教育、科学等等去达到"发展各个人的能力"的

---

① 原文为"斯丹姆勒"，依通译径改。——编者注

目的。霍金氏在本书末节内,曾综述他对于"个人能力发展"和"社会的存在"间的调和论,但译者对此殊未能满意。译者觉得施塔姆勒的立说至少比柯勒和霍金氏妥当一些。柯勒原也堕入了上述的霍金氏的误点,他把法律的目的和教育、科学等的目的混一了。不过他比霍金氏更差一筹。因为霍金氏只说出一个起点,就是个人能力的发展,但对于究竟将发展到一个什么终点,则避而不说。老实说,谁能预见了人类最后的鹄的?这是霍金氏的聪明之点。但是柯勒则具有一个很强的胆量,他竟把当时从物质科学的惊人进步中所得的暗示,直接地视作人类发展或文化的最终鹄的,就是:"人类知识及控制自然的最高度"。但是他于讨论法律中各条特殊规定时,其实反多用了"巩固团结,使人类不至涣散成为各个人,……因为除了个人间的精诚的,或至少有效的集合活动外,整个巨大事业是没法成功的。"(本书第 58 页)①的一个标准。

无论施塔姆勒的用词怎样晦涩,但有一点我们至少能够了解,并且觉得应该同意的:法律的目的是在使社会能够存在。有了这最小度的社会的存在,然后我们始能掺入其他目的,例如柯勒所倡导的文化目的。译者认为人性中本存在着"社会性"的(Social)和"反社会性"的(anti-Social)二部分。人有"社会

---

① 此处指原书页码,因本文集重新编辑,页码不对应,下同。——编者注

性"的本性,所以有时需要同伴;但人更有"反社会性"的本性,所以我们有时更会有"礼法岂为我辈而设"的感觉。但社会既因人类共同生存的需要而存在了,它就不容我们一时喜欢,另一时不喜欢。当社会为我们喜欢时,它的存在当然不必靠任何外界的制裁;但当社会为我们不喜欢时,它就不得不靠人们根据理智所造出来的制裁,就是法律习俗等,来维持。法律更是以国家力量为后盾的一种制裁,所以它更具有绝对强制性。法律的目的是为了人类共同生存的必要,而来维持一个社会的生存的。施塔姆勒所谓正义,也不过是指法律真能做到这一步,因为现实法中有许多部分是和这个鹄的相背道而驰的。例如本书中所引亚诺特磨坊一案(第34页),是一个最好的例子。我们要做到社会的存在,就不外乎确立人和人间的关系,而这个关系更不外乎一个方式。有些人批评他这个方式太固定了;这个批评,施塔姆勒一定很首肯,因为他认为苟没有这个最小限度的社会结构方式,社会就根本不能存在。另有些人批评他的方式太空虚了;他一定会回答说:方式本不能独自存在,它还需要被掺入诸种实质事物;但这些实质事物却不容溢出这个方式,苟溢出了,就足以破坏社会的存在,于是法律就将加以禁止。法律与柯勒所谓社会文化的进步,原无直接关系,但它却先给社会一个存在,作为文化进步的基础。实际上,促进社会进步的是具有天才的个人,而具有天才的个人正是"反社会性"最强的人，他们都愿意逃出社会，他们更希望超越人生。法律对于这辈人，当他们没有越出社会存在的限度时，彼此固没有什么关系，但当他们敢于危及社会存在时，则法律就不能因他们是天才，或是文化的促进者，而予以宽免。在这点上，柯勒所主张的法律目的是绝对讲不通的。霍金氏虽很巧妙地避去了这个陷阱，但是他把法律的最后目的超越了社会存在，译者认为是不十分圆满的。社会和个人间的对立性，将永远继续存在下去；无论古今的哲学家怎样用尽脑汁想把二者调和，恐怕到底还是不能得到结果。法律的产生，原来就在这点社会和个人间的不容调和性上！

译者对于翻译很少经验，为弥补缺陷，特地多把原文注入。实际上，现在国内能读英文等外国语的人已很多了，这些原文的注入，一定能帮助他们多了解原义。并且，若是他们以前没有读过这本书的话，这并非因为他们读不懂原文，乃是因为这书在国内不容易得到，现在译成中文，至少可以使它普及一些。关于学术名词的华译的统一，译者认为唯有借海内从事翻译的人于翻译时注明原文，最好更说明所以如此翻译的理由，俾国人能加以批评而逐渐袭用。本书内有下述两个很重要的译词需略加说明：

一、Community 此词普通指占有一定区域的社会，故我国社会学者把它新译作"社区"（见燕大社会学会出版：《派克社会学论文集》）。唯在本书内则此词含义殊不然。其特殊意义得见于 Community of the will 一词中（见本书第 23 页）。这里 Community 的要素是在 Verbindung（译"结合"，第 27 页），故为意义显著计，译者特译作"团体"。但本书内亦有以 Community 作普通社会（Society）解者，例如第七节内所用的几个 communities，则又不得不译作"社会"。译者认为：与其牺牲真义以就字面的一贯，不如牺牲字面的一贯，以就真义。

二、Right 此词在本书内含有三义。用作形容词者作"正当"解。如第 18 页的 not right 译"不正当"。用作具体名词者作"权利"解，如本书原名内的 *Philosophy of Law and of Right*（《法律哲学及权利哲学》）。用作抽象名词者作"正义"解，如第 22 页之 right 译作"正义"。这里的 right（指抽象名词）系与施塔姆勒的 Justice 含义相同。例如 rightige recht 英译可作 right law 或 Just law；特以世人已习用 Just law 一词，而我国复已习译"正义法"，故本书内即以"正义"译 right，使符真义。复以此故，用作形容词的 right，有时以行文之便，亦译作"合于正义的"。它若 rightful 等依此类推。

末了，译本初稿，曾承同学冯君锦柏，详细校阅，特此致谢。

费青

二十三年冬于北平

谒施塔姆勒氏记[1]

忆去国之夕,叩别吴师德生先生于其再生庐(Renaissance),吴师谓余曰:"当代法学大师,为余平生所亲炙而服膺者,在美有霍姆斯氏(O. W. Holmes),在欧有施塔姆勒氏,今霍氏已归道山,施氏年迈,恐亦不久尘世,尔今去德,与施氏当亲往拜谒求教",并手贻介绍函一通。今余来柏林,忽忽半载,先以言语补习,继以校课羁身,卒卒无闲日暇。寒假中,始克先与施氏函约,及3月30日而往谒。当时所目击者,既已摄诸影纸,当时所耳聆者,尤应笔之于书,用以归报吴师,并为同好者飨。右记一通,系于拜谒当晚在旅邸立时草就者,本拟加以改作,始予发表,继

---

[1] 原文载《法学杂志》1936年第9卷第3期。原文为"许当姆勒",今依通译改为"施塔姆勒"。本文曾由陈颐博士以"费青:谒施塔姆勒氏记"为题刊载于"法史网"(链接:http://fashi.ecupl.edu.cn/article_show_full.asp?ArticleId=447,最后访问时间:2013—05—10)。——编者注

思文字所贵，首在传真，是记虽体例欠严正，文辞多俚杂，然当日情景，固跃然纸上，再事削足，徒成适履，用存其旧；或意有未尽处，再于记末略加注脚，是为序。

从柏林搭火车，向西南走三个钟头，始到凡城（Wernigerode）。凡城是哈兹山（Harz）的起点，城的一小部分已上了山坡。久住在平原城市里的人到此，会忽地领悟到明山秀岚所能给予人们的美感，有似撇下了臭蝇般的群氓，而仰见一两个崇高的人格，超然晤对在这个古美的山城里现在退休着年届八旬的施塔姆勒教授。

教授别业在梅汰街（Mettestr.），街底最高处，屋后群山为屏，一种清幽超绝气象，望之即知此中必有人物在也。余于午后四时半往谒，按铃后，由侍女导入客室，少顷，教授出，须眉如雪，而步履犹健。余先出吴师介绍函，并代致候忱，再道生平得获亲见教授为幸。时教授太太亦出见，年事较教授为轻，彼先问及吴师近况，并津津道及当年吴师从教授问学时琐屑，屋后玫瑰一盆，是吴师当年所赠，及今犹以"吴氏玫瑰花盆"为名。教授太太复述及今年2月25日是教授八十寿辰，贺客盈门，多是教授门生，有不远千里从国外特来祝寿者。余本带有摄影机，因恐再晚光线将不足，即敦请教授及教授太太先于廊下摄影，后偕教授至屋外街摄取住宅全影（照相附寄）。

摄影毕，由教授延入书室，室四壁满架图籍，架顶多大理石像。教授先问余于德国法律哲学有何心得。余答谓："在国内时，因不谙德语，故于德国法学著述，未能直接诵读，惟自英文译述，及吴师所口授，得略知德国法律哲学与英美法律哲学异同之点。英美法学以实效主义（Empiricism）为出发点，以'利益'、'幸福'等为批判标准。'利益'、'幸福'自身既无纯一标准，于是不得不创所谓'多原论'（Pluralism）。德国法律哲学则反是，常努力于最高单一标准的寻求。"至此教授忽击桌高呼曰："对了，我们所需要的是一个Begriff，一个可以把手来握取的Begriff，犹之我用手来握取这只茶杯一般。"此时教授忽问，"Begriff一字在中国语谓何"？余答谓"概念"；复问"此辞是否自古有之"？余谓"'概'与'念'二字系自古有之，惟连缀成辞则至近人始习用，但是他的意义仍是'概'与'念'二字的原义连缀而成。'念'是名辞，作Denken解，'概'系形容辞，作Gegenteil von Einzelnen解"。教授很得意地说："这正是Begriff一字的真义。Begriff的意义是'具有纯一性的思想'（einheitliches Denken）。法的任务，第一就在获得一个法律的概念，一个具有纯一性的思想，这概念自身须超于一切各个性的具体事物之上，于是始能'无往而不准'（allgemeingültig）。至于像英国Bentham辈所创最大多数的最大幸福，就始终没有走出这各个性的具体事物的圈子之外，无怪他们永远得不到结论。我们既有了一个法律的概念，然后再须寻求一个法律的 Idee，英文里叫 Idea，他是法律的目的，即是'正义'（Gerechtigkeit）。全部法律哲学只有这二个问题，一个是法律的概念，一个是法律的 Idee（这个字我不敢冒然翻译），再简单也没有了。"

"我还记得我当年在想法确立和解答这两个问题的时候，曾遍读哲法学家的著述，但总寻不到切当解答。有一天读到这位先生——这时他手指着书架顶上一个最大石像——的一本小册，我忽地恍然大悟，从此我自己再详细思维，终乃确立我自己的法律哲学。这位先生不是别人，就是**康德**（Immanuel Kant，1724—1804）。[①]再远溯上去，唯有希腊的哲学家，尤其是苏格拉底和其

---

① 施氏这样的尊重康德，是有他自内的原因的。我们只须真能窥见施氏法律哲学和康德哲学的关系，就已知道了施氏学说的关键，这里所谓"关键的知道"，便是施氏谈话中所谓"恍然大悟"。

在施氏前，法学始终没有走出具体经验的围子之外，自然法学论所创的几种古今不变的权利，所谓天赋人权，始终还是权利，始终还是在经验界，既在经验界，就不得不受历史变易性的统辖，于是天赋人权也丧失了他的"古今不变"性。近人每以施氏学说与自然法学论相比拟，例如所谓"具有变易内容的自然法"，这是最容易使人误解的一个解释，历史法学论对于自然法学论的攻击是完全不错的，但这攻击只成功于消极方面，就是指出"没有"所谓古今不变的自然法；在积极方面都提出一个"民族精神"（Volksgeist），想来给予法律现象一个根本解释。所谓"民族精神"的渺茫无据，尚不是历史法学论的最大毛病，他的最大毛病是在把法律置诸历史因果律之下，人的"意志"对他是无法左右的。这个毛病先被叶尔林氏（Ihering）看出了，他指出法律是脱不了人的"目的"的（Der Zweek in Recht, 1877）。换句话说，"人是利用法律来达到

第一部分 法学文选

（接上页）他所要达到的目的"。但是这所谓"目的"究竟是什么呢？耶氏就很不费力地从英国的"实效论"（Empirism）里找到他的答案，这"目的"是不外乎人的"幸福"或"利益"，于是所谓"目的"并不止一个，是有很多。这一种思想以后由庞德氏（Dean Pound）带到美洲，而形成所谓"利益称量论"（Balancing of Interest）。叶尔林氏在他的巨著《罗马法精神》一书里，还脱不了历史法学论的影响，他所论仍于法律的原因为多，于目的为少，无怪他的"法律目的论"不免流于浅薄，施氏对于叶尔氏的批评见《法律哲学读本》（*Lehrbuch der Rechtsphilosophie* 二版，43面注10）。

　　施氏的出场，历史法学论的气焰还极盛，所以他第一篇关于法律哲学的著作，1888年所发表的《关于历史法学论的方法》（*über die Methode des Gischichtlichen Rechtstheorie*），即是对于该学派的方法的批评。施氏认为自然法学论虽对于问题的解答未能圆满，但所提出的问题，就是："法律应该怎样？"是根本不错的。对于这个问题，用历史法学论的方法是绝对无法解答的。再推上一步，"法律究竟是什么？"一问题，也不是用历史法论的归纳法（Inductive Methode）所能解答的。同时他认为叶尔林氏的"目的论"只提出了问题，但对于问题本身，仍未解答。在这样各条路径都走不通的时候，正是施氏谈话中所谓："遍读哲法学家的著述，但总寻不到切当解答"，也正在这时被他找到了他的宗师康德，于是才"恍然大悟"。

　　我们现在应该知道，施氏从康德哲学里所"恍然大悟"的到底是什么东西呢？施氏在上述第一篇文章中说："你只读过了康德著作的最初一部没有"？康德在《纯理批判》（*Kritik der reinen Vernunft*，1781）一书里的根本思想如下。知识的产生虽与经验以具来，但是若只有外来的感觉，而人们没有内在的范畴（Kategorie）加以整理，则感觉自身是零乱颠倒的，绝不能成为知识的。这内在的基本范畴，便是时间和空间。有了这时间和空间的架子，感觉才能装进去而成为知识。这个架子，或是方式，或是范畴，虽只在经验已装进去后，我们才能觉察，但在逻辑上他是先经验而存在的，这个意义便是康德所谓的"先验"（a priori）。这方式自身既不在经验界，所以我们绝不能用处理经验的方法，例如科学方法，来处理。我们所能用的方法便是"批判方法"（Kritische Methode）。这方式既是在我们理性的里面或是"内在"的，所以他

（接上页）是无往而不准的,——我们绝不能想象离了时间和空间的经验。康德既用这批判方法解决了知识问题,他更进而用这个方法来解决人事问题（Kritik der Praktischen Vernunft）。施氏就更用这个方法来解决法律问题。

我们若是已能懂得上述康德的知识论,就不难领悟到施氏的法律哲学。施氏认为"法律"一概念,和一般知识一样,也有他的"方式"（Form）和"实质"（Stoff）两方面。"实质"可以千变万化,但是"方式"却存在我们的理性中。是"放之四海,准之古今"无往而不适的。方式是"先验的"（a priori）,所以他绝不能用处理经验的方法,像历史法学论所用的来处理他。譬如我们想用归纳方法来解答"法律是什么?"是绝不可能的。为什么呢?所谓"归纳",无非是想从各个事物的堆积中来获得一个一般概念,但在你"堆积"之前,先须"选定"哪种事物是属于"所须堆积"的。在这"选定"的时候,已脱不了一个标准。但是这个标准正是我们所要解答的。所以想用归纳方法来确立概念,是不啻以问题自身来解答问题。这里所可用的方法便是"批判方法",我们只有从我们内在的理性中去找寻这概念的"先验条件"。施氏对于法律的"概念"（Begriff）便是用这个方法来解答的。施氏所认"法律的概念"是:"一个不容违反的、自律的、由多数意见彼此互决而成的意志"（ein unverletzbar selbstherlich verbindende Wollen）。这个概念是法律所以成为法律,或是所以与社会上其他现象相区别的批判点。

法律既是一个意志,一个"要怎样",于是在这个概念里就包含了一个"目的",和一个"所要的"。这个目的就叫作 Idee。但是 Idee 却不即是 Begriff（概念）,他们根本的区别点便是施氏学说最高的成就。这在康德也没有弄清（参考《法律哲学读本》二版,34面）,因为康德把 Idee 和 Begriff 混杂了,于是认为法律的目的是可以创立几条完备的法律来达到的,这就是自然法学派的立论。（施氏在谈话中所谓:"从此我自己再详细思维,终乃确立我自己的法律哲学",以及"少读人家的书,多多自己思维",我们在这里可以体验到。）施氏则认为法律的"概念"是可以用批判方法,完全获得的,但是这 Idee 却是一个法律所努力向往的鹄的,他是永远不能完全达到的（参考《法律哲学读本》二版,34面和174面）。这鹄的是什么呢?这便是"一切具体法律事物的总和谐",因为这个概念不是上面所讲的"法律的概念",乃是这个"鹄的的概念",须适门徒柏拉图曾对于 Begriff 和 Idee 两概念，有清晰的见解，此后都被学者们愈弄愈不清，因之法律哲学在我之前始终没有确立。你若要治法律哲学，须先把这条门径认清了。"

我这时更问他，他对于我们中国法学学生有什么特殊教诲。他手指着书桌上一本书说："我现在是太老了，不能再从事写作了，这一本书就是我一生最后的一部著作。①这是从19世纪初年

（接上页）用于一切具体法律事物，所以他又不能用限于经验界的实效论来获得，系施氏在谈话里所引 Bentham 的立场。在这里施氏又用他的批判方法。用这个方法而得到的结论便是"一个纯粹的意志"。因为在法律的概念里已含有了"由多数意志互相决定的"条件，于是这个纯粹意志不得不是一个"具有自由意志的人的纯粹社会"。以此鹄的为准向便是所谓"正义"，合乎"正义"的，便是"正义法"。施氏既获得了这个最高的方法，于是再演绎他在实际上的如何运用，以证明他的立论不只是空谈，而是切于实用的。在他方面，施氏不特不认为如唯物论者所创——法律的受制于经济，他更证明任何经济现象已都不能逃出法律的方式之外。这些问题，我在这里恕不能详述，希望将来能够对此有较系统的译述。总之，施氏是一个"道地的"德国学者，他要"一拳打到底"。

"现在我是太老了"，但是施氏的法说却已成了法律哲学的基石。韶远（Sauer）教授在纪念康德二百周年生辰所写的"德国法哲现势的鸟瞰"一文内[见 Kant-Festschaift（Zu Kants 200, Geburtstag am 22. April 1924）der Internat. Vereinigung für Rechtsphilosophie, 124—152 面]说："正系现代任何忠于学问的哲学家，不得不先说明他自己和康德学说的同异，同样的任何现代治法律哲学者，必须先说明他自己和施塔姆勒学说的同异。"——原注

① 施氏说："我现在已不能再从事写作了"。我们现在可以把施氏一生关于法律哲学的重要著述列述于下：

一、1888年《关于历史法学论的方法》，这是一篇开山的文章，现已收集于

起一直到俾斯麦死的那年（1898）止，德国法律生活的叙述。我在这本书里想从德国民族的具体法律生活中，来说明我的法律哲学的基本原则。我就用这本书作为我对于贵国法学学生的第一个贡献。至于关于我法律哲学的原理，则我所著的《法律哲学读本》是最后一部综核简要的著作，你读了这书，就可窥见我学说的全豹，我就用来作为对于贵国法学学生第二个贡献。总之，我们所要努力寻求者，是一个最高的原则，他能放之四海，准之古今，无往而不适（Allgemeingültig! Allgemeingültig!）。"他说这最后一

（接上页）1925年所出版的《施氏法律哲学论文及演讲汇集》，这汇集计二卷，所集论文与演讲凡四十篇。

二、1898年《唯物史观下的经济与法律》，在这书里施氏说明经济是"实质"，法律是"方式"，二者合并而成他的社会一元论。

三、1902年《正义法论》，现已由 Husik 英译 *The Theory of Just Law*，入美国所出版的法律哲学丛刊内 Legal Philosophy Series。（陈颐的勘校本注明 "*The Theory of Just Law*" 应为 "*The Theory of Justice*"，"Legal Philosophy Series" 应为 "The Modern Legal Philosophy Series"，本书收录于此供读者参考并向陈颐致谢。——编者注）

四、1906年《法律与法学原论》（*Wesen des Rechtes und der Rechtswissenschaft*）。

五、1907年《法学原理》（*Theorie der Rechtsiversssenscheft*）。

六、1921年《法律哲学读本》（*Lehrbuch der Rechtsphilosophie*），这是在施氏谈话中所讲到的一部学说综述。

七、1928年《德国法律生活》第一集（*Deutsches Rechtsleben*, Bd. Ⅰ.），内含文章34篇，自1420起至1808年止；1932年《德国法律生活》第二集（*Deutsches Rechtsleben*, Bd. Ⅱ.），内含文章34篇，自1806起至1898年止。

——注于柏林大学法学图书馆

句话时,好像有无限的感愤。

我怕他说话太多会辛苦了,就道谢告辞,他笑着说:"你须知道,我一生是个教书先生,年纪虽大,谈起话来,一谈便是一大篇,还脱不了教书先生的本色,不怕自己辛苦,只怕人家不要听!"我们已走到书室门口,他忽然又站定了说:"我还有一句很重要的话对你说:你切莫多读书!"我听了真吃一惊,问他为什么?他说:"少读人家的书,多多自己思维,这是治学的方法,古来大学问家没有一个不是靠自己的思维而成功的。我记得一个瑞士的诗人曾作过一首诗,大意是说一个人打枪,为了要把自己打枪的姿势站得好看,反而把自己打枪的鹄的牺牲了。世界上多少学者,为要使看众看得好看,尽量去学他人的姿势,结果反把自己寻求真理的鹄的牺牲了。一个人做学问——何止做学问,便是做人也是这样——须全靠自己,至于旁人对你怎样,须一切置之不顾,这是我给你最后的忠告。"

回到旅邸,坐在餐室里靠壁的一只软椅上正在写这篇记事的时候,走来一位侍役,请我填写旅客单,无意中和他谈起我特地来此拜谒教授的事,他笑着说:"你特地这般远的来拜访这老先生吗?"——说时手指着我的坐位,"这个坐位,正是他差不多每天上我们这里来喝咖啡时所常坐的老位子,我倒还没有知道他的名声会这般大呢!"

二十五年三月三十日夜于凡城普鲁士宫旅邸

《法学杂志》本期内封附载了费青提供的施塔姆勒半身照、住宅全景及本期编者附记：

驰誉世界之德国法学者施塔姆勒（Rudolf Stammler）氏，年届八旬犹孜孜于法学之研究，其好学之精神，已足令人倾倒。本社前编辑费青先生，适在德国柏林游学之便，特专程赴凡城（Wernigerode）晋谒许公，畅谈之下，归撰"谒施塔姆勒氏记"一文，赐寄本社，用特登载本刊，以慰仰慕许公者之渴望。

纪念派拉克氏（Sir Frederick Pollock）[①]

"乾隆朝士不相识，何故飞扬入梦多！"——龚定盦

一

据英伦太唔士报的消息，该国法学耆宿派拉克氏，以91岁的高寿，已在前天（1月18日）与世长辞。

凡读过英国法的人，谁都知道派拉克在法学上所有的巨大贡献和已享的不朽地位。但他所值得我们纪念的，不，他所使我们爱慕歌咏的，并不只因他是个法学家，而却更因在他的风格品性中，我们还能见到一点可爱的前朝文物。

所谓前朝文物，原不必以英国为限；在现代文化的狂潮下，所被冲荡摧残者，本是无分国界的。譬如：当我们在苦读最新法

[①] 原文载《法学杂志》1937年第5—6期。

律条文或教科书的余暇，偶尔打开一部沈寄簃氏或薛允升氏的文集，我们会不自觉地发生两种向往之感。一是感到：在这里，我们至少还能看到一点古中华的遗辉，发现一点我们自己的种血。二是感到：在这里，字里行间所显示的，不仅是一个老练精到的法曹，同时更是一个文质并茂的博学之士。此种风格品性，乃是前朝文物中的产物，时至今日，已日就凋零，代之而起的，乃是一辈失却国性的专家。我们在这里，并不想评摘现代文化；我们更不否认在现代文化中产生的专家的有俾实用；但同时我们却确然感到前朝文物下的学者的可爱。

　　派拉克氏的所以使我们爱慕歌咏者，正因他还是一个英国的 man of old broad culture，一个"维多利亚朝的遗民"。

二

　　一个"维多利亚的遗民！"这是派拉克氏在他 84 岁时（1929）所开始写的一本感旧录中的自号。这书叫 *For My Grandson: Remembrances of an Ancient Victorian*，是派拉克生平最后一本著作，在 1934 才写成出版。一个学者，经了半个世纪以上的著述生涯，在他的暮年，不仅还来得及为他所手创的杂志写一篇五十周年的纪念文（详下文），并且更能从容地完成一部写给儿孙读的自传，这是学术界的无上幸事，更是人类史上罕有的际遇。在他这本自传里，派拉克氏已不复是个法学家，而是一个具有血肉的人。在这本自传里，我们不仅能看到派拉克氏的音容，更能见到一点他所亲历和依恋的故昔的盛时。

不愧为一个前朝的遗民，派拉克氏在学问上的成就是多方面的，多得会使我们在这个专门化时代中的人难以置信。他平时的文墨消遣是用拉丁文、希腊文、法文、德文、意大利文，当然也用古英文来写诗句，尤爱读印度梵文（Sanakrit）和波斯文的古籍。他不仅在数学上很有地位，而在他最早的著作中我们更能找到一部1880年所出版的《斯宾那沙①的平生和哲学》，虽是他在法学上，像我们在下文还要说到，是反对哲学派的。我们切莫想象派拉克氏是一个彬彬的书生，他原来更是一个击剑的好手，爬山的健足。

三

派拉克氏对于人类的贡献，当然以法学上为最大。但即在这里，他还始终显示着英国学者旧有的风格品性。我们只需一读他的 *A First Book of Jurisprudence*，就会觉到他的文笔，另有一种古雅的格调，他不仅在教你懂得，更是在供你欣赏，尤其

---

① 今译为斯宾诺莎。——编者注

对于现代终日被商品化的教科书所围困的法律学生，简直是性灵上的安慰。

派拉克氏的治学方法更保持着英国从**洛克**（Locke，1632—1704）、**密尔**（Mill，1806—1873）辈所传统下来的实证主义。他认为法学的对象绝不能超出经验，而法学上所谓经验，更是指人类社会，在实际上所已经适用或正在适用的法律。他个人兴趣尤集中于本国的普通法，他先从《年鉴》(*Year Book*)和其他最古的法源入手，依此渐入现代。在这点上，他是和他的老朋友**霍姆斯**（O. W. Holmes，1841—1935）相同的。

关于派拉克氏普通法的著作，我们可以找到他的：*Principle of Contract, Partnership, Torts, Land Laws*，和**赖特氏**（Wright）同著的 *Possession in the Common Law*。关于法律史方面则有：他和**梅特兰氏**（Maitland，1850—1906）同著的 *History of England Law before the Reign of Edward I*，和他为**梅因**（Maine，1822—1888）的《古代法》(*Ancient Law*)所作的一篇极有价值的序文和注解，他在 *Selected Essays in Anglo-American Legal History* 内和在 *Vinogeradoffs: Essays in Legal History* 内的论文，以及他的 *The Expansion of Common Law*。

在派拉克氏对于法律这样广博的研究结果，我们若去问他："法律到底是什么？"和"法律的目的到底是什么？"他的答复会使我们大失所望。对于第一个问题他大概会回答你：我一生关于法律的全部著作便是你问题的最简单的答复。用他自己的话来说：

"It has been usual for the writers commencing the expasition of any particular system of law to undertake, to a greater or less extent, philosophical discussion of the nature of law in general, and the definition of the most general notions of jurisprudence. We purposely refram from any such undertaking. The philosophical analysis and definition of law belongs, on our judgment, neither to the historical nor to the dogmatic science of law, but to the theoretical part of the politics……The matter of legal science is not an ideal resuit of ethical or political analysis; It is the actual resuit of facts of human nature and history." (Perface to his *History of England Law before the Reign of Edward I* .)

对于第二个问题，他的答复粗看好像很有希望，他说：

"Legal rules exist not for their own sake, but to further

justice and convenence in the business of human life; dialectic is the servant of their purpose, not their master. Reasonableness, no doubt, is the ideal of the Common Law and the words 'reason' and 'logic' go back to Latin and Greek words like or nearly like original import; nevertheless the field of reason, as we understand it in English, includes many things outside stick logical deduction."（Preface to his *Principles of Corract*, 9 Edition.）

但细一推究，他既已提出一个 justice，又提出一个 convenience，还不足够，更请出一个 reasonableness，尤其是一个"英国人所懂得的 reasonableness"。对于这几个字，他更没有确切定义。所确切的却只是他对于"逻辑"的极端仇恨。若是我们"不知趣"，再向他追问，什么叫"英国人所懂得的 reasonableness"？他大概又会叫我们去读他的全部著作，因为只有读完他著作的全部，才能懂得他所谓"英国人懂得的 reasonableness"的形形色色。

是不是派拉克氏没有本领回复我们这两个问题么？不是，决不是！那么，到底什么一回事？原来派拉克氏所反对的，正是我们这设问的方式。所谓"到底什么"，早就有一个假定；这假定便是：我们可以用一个简单的概念,来统括许多看似错综杂乱的现象。这个假定也正是派拉克氏,以至一切英国传统的学者所最反对的"逻辑"!派拉克氏们所认为问题的,乃是实际上各种法律事端;对于这些事端,他们确能很"合理地"(reasonable)、很"平允地"(just)各各依法解决。所谓"平允",所谓"合理",更是随时随地而异。至于再进一步,对于这些时地各异的"合理"、"平允"去获得一单纯概念,派拉克氏们便认为"大可不必",也是"事所不能"。在这里,我们已到他们和德国法学者最后的歧异点。德国法学者便专喜欢在这"再进一步"上做工夫。谁是谁非我们在这里也"大可不必"去顾问。但所可顺便提及者,则从骨子里讲,英国学者的态度实在和我们中国人的为人之道,很相暗合的。

言归正传,派拉克氏在著作之外,在法律上还有二种重要贡献,一是法典起草工作。他在1890年曾起草 *Partnership Act*,又为印度政府起草过几种重要法规。二是编辑工作。他在1885年和**霍兰德**(Holland,**1835—1926**)、**马克利**(Markley)等一同创办 *Law Quarterly Review*,他自己更担任总编辑,直到1919年。前年(1935)是该杂志五十周年纪念,像上文提及他还亲手撰了一篇纪念的文章。1891年起他更和**坎贝尔**(Campbell)和**桑德斯**(Saunders)发行 *The Revised Reports*。这汇集共有一百多卷,综括从 1785 年到现时的重要判例。从 1895 年到去年，他是 *Law Reports* 的总编辑。

　　派拉克氏的生年死日，读者可自己去推算。他的家谱爵位，以至学位官职等，我认为对我们绝无干系，均不赘。所引为憾事者，对于他的平生著作，不能完全和有系统地介绍。这件工作，在他人或极易举，而对于派拉克氏则特别困难，一方因为太多，同时也因范围太广，在 1934 年 *Law Quartlerly Review* 内，编者在介绍上述派拉克氏所著"For My Grandson"一文内也曾以派拉克氏未将自己平生著述作一目录，引为憾事，并且曾勖勉他的文孙，将来能成此大业。所以我们也很可以将此责任，卸在他的文孙肩上。不过有两本书，还可介绍一下。一是派拉克氏和梅特兰太太的通信汇集，名叫 *Etchingham Letters*，另一本是 1927 年出版的 *Outside the Law*。在这两本书里，我们能读到派拉克氏极隽妙诙谐的文笔，更能证明他确还代表着前朝文物。

几种法律否定论之检讨

我们常听人说："法律是骗骗人的！"在这句看似轻薄，实极沉重的话里，正隐藏着很多不同的含义。我们想在这里对于类似乎此的几种法律否定论，予以阐释和检讨。

一

这句话最彻底的含义是：根本否定法律的存在可能。若是我们认为社会现象是和自然现象同样地机械性的，人的一切行为，虽自以为可以自由决定，实则全受物质因果律所支配，则法律的基本假定——人可依主观的价值标准，来规律自己的行为——就根本不能成立。此态度在逻辑上是无可反驳的，因为人的意志是否自由，实超越了经验所能证明的范围。各人只有自凭信念来择

---

[1] 原文载《东方杂志》1944年卷第5期。

定立场。这和有人认为人生根本是个大梦，同样地无从证明，亦不容反驳。但实际上以此态度而否定法律者实在很少，正像实际上确认人生是大梦者也很少。

此态度虽在逻辑上无可反驳，但持此态度者想在日常行事上贯彻其态度，则将感到十二分困难，甚至于无法实验。譬如当敌机临近，持此态度者亦会跑防空洞，虽事后他也会将其动作委之于神经内某一机械作用，但当其跑之际，未尝不自觉可以主观地选择跑或不跑，以至于跑这个或那个防空洞。所谓意志自由原只是根据此将跑之际的一点自觉所设假定。可是在此假定上却已建起人类全部价值机构，如法律、道德等等。于是：机械论在理论上可持，而在实际行事上则不可。主观的选择和价值等观念，原只存于此后一境界，康德称之为"实践理性"（Praktische Vernnuft）者正以此。人，于悠然退处于纯客观的观察者地位之余，既不能不有所实际行事，如跑防空洞，于是主观的选择和价值等，便相逼而来，法律也就跟着搅扰我们的清闲。

二

第二种态度并不否定法律的存在可能，可是总觉得法律是要不得的。他们一方承认社会需要规范，可是又认为法律是一种要不得的规范。其他规范，如道德、礼教，实比法律高明得多，并且尽够系维社会了。此种主张是我国儒家用来反对法家和法律的。这里所谓法律，指以国家权力来执行的规范。权力一旦为治者所握，好的固可以执法，不好的却可滥用此权力，以图治者的私利，反而来破坏法律，且事实上治者滥用权力者多，而执法者少，因此，不如不要法律，治者也就无所借口而滥用权力。若是事实上法律已经存在，也得少予援用。孔子所谓："听讼吾犹人也，必也使无讼乎！"这是儒家一贯的主张。至于近代无政府主义，则更进一步而认为治者也可不必要，以其行恶多于行善。

此类主张的问题所在，乃是法律以外的他种社会规范是否足够？当社会停滞于某一形态中而系维该形态社会所需的规范，已逐渐为人民习惯，则仅恃道德和礼教的提示与制裁，或会逐渐足够。像我国过去停滞于农业社会形态一般。而儒家的主张，也可说正是此停滞的产物。但一旦社会形态起了变化，甚至像现在变化得极快，则只靠法律以外的他种规范，便感不足系维。而法律正是应付此种变化的最良工具，以其制定既简捷合理，而执行更是靠得住。至于治者滥用权力，则问题本身不在法律要得与否，而在如何规范此治者的权力，这反而增加了法律的需要。此是后话。

三

我国道教的反对法律，表面上好像和儒家一样，只是他更进一步，反对一切"人为"的规范，连道德在内。但在另一方面，我国的法家却又"出于道家者流"。这岂非互相矛盾吗？其实，道家一方面反对"人为"的法，另一方面却主张宇宙间存着"道"。这"道"字的含义，与希腊的斯多益克（Stoic）学派所提倡，及欧西于17至18世纪重复盛行的所谓"自然法"，正相契合。"道"及"自然法"不仅予自然界以规律条理，更予人类社会以行为的规范，人们只须遵依此"道"或"自然法"，社会自会跻于和谐太平之境。所以人的任务，是在发现此原已存在的"道"或"自然法"，而依之行事，不应该自作聪明而妄立"人为"的道德法律。道家更指出：人间一切罪恶，都是此自作聪明的"人为"道德法律所造成。

　　此说的问题乃在："自然法"究应如何发现？其内容究与"人为"法有什么区别？当希腊斯多益克学派的自然法说传入罗马，罗马的法学者便利用之以改革当时的法律。他们把当时严酷狭隘的市民法当作人为法，而以较合乎理性的万民法（Jus gentium）当作自然法，其结果乃造成罗马法的全盛，而成后世法律的典范。17至18世纪的自然法说，更结晶成为法国的人权宣言以致美国的联邦宪法。我国法家亦承道家之后，自谓他们所发见，实则，制定的法，正是道家所称的"道"。所谓法家出于道家者流以此。但不幸法家碰到了对头儒家，而后者复取得了政治上的支配地位，于是我国法家的成就,较之罗马与 17 至 18 世纪之自然法派便相形见绌了。

纵观此诸派所用以发现自然法的方法,多借人的理性。所谓理性,亦即当时一般社会的公平观念或价值标准。于是所谓"自然法"亦即合乎此观念或标准的法律。所以我国道家表面虽为反对法律,实则仅为反对已不合当时价值标准的法,而仍欲代之以合乎此标准的法律。

四

与上一节态度相同,即不否认法律本身的需要,而只是不满于现有法律的,其持论内容,可以各各不同,此有系于论者所立之价值标准维何。本文未便一一讨论。现只提出二句近时常常听到的批评法律的话,他们在表面上正相对立。一句是:"法律是强者压迫弱者的工具";另一句是:"法律是弱者束缚强者的工具"。先论前一句。

这里所谓强者,尤指经济上的强者,如马克思之说是。实则无论何时何地的人类政治组织,总免不了治者与被治者。从被治者看来,法律就成为治者统治被治者的工具,被治者既有所不满,于是法律就成为强者压迫弱者的工具。被治者此种口号,常为其革命的先声。等到被治者把治者推倒,以前被治者中少数人已跻于治者地位，于是在后此被治者看来，这辈少数人就成为强者，而自己便成为弱者。所以此口号永远可以存在，只是叫此口号者有不同而已。但此少数治者以前既不满于当时的法律，现在他们已做了治者，究竟将制定什么法律？或是：他们所认为应然的法律维何？此则须视此少数人是否代表一个阶级，或只是一家一姓。在后者，则干脆地不必变更法律，而坦白承认只是换了一个治者，如我国历史上朝代的变易。在代表一阶级的革命，则成为治者阶级的，当然可以重定有利于该阶级的法律，或更进而消弭强者与弱者相对立的主张，而制定有利于全民利益的鹄的。

可是问题并不如是简单，因如上所述，强者弱者的对立，原是治者不满于所处被治者地位而倡的口号，此不满可能完全脱离了物质上利益的原因，而产生自心理上的一种权力欲、支配欲，甚至变态的卑微感（inferior conplex）。我们看：历史上很多变乱的主动者，并不一定由于物质利益上的不满，而大多是由于心理上的原因。同时，人类社会既缺不了政治组织，在此组织里避免不了治者与被治者的分际。不问我们用什么名称来称此治者，实质上总是当时握有统治权力的少数人。所以政治上最后的问题，除了解决物质利益的分配外，还得顾及如何分配与限制治者的权力地位，以消弭此强者弱者相对立的心理成因。罗素近著《权力论》（*On Power*）一书内，于此有所论及。最后还是归结于

第一部分　法学文选

如何利用法律来驾驭权力,以达到真正民主的一个问题。

五

"法律是弱者束缚强者的工具"一语,可溯源到希腊的诡睿派,如柏拉图对话集里的高奇亚斯（Gongias）。而此说之获得有力论据,乃在达尔文的"物种起源"问世以后,到尼采的"超人论"及菲希特之"自我论"而登峰造极。依此说法,人类还正在进化中,所进化的自然历程是弱者为强者的前进而被淘汰。可是人类的近代文明正与此相反,尤其是道德法律,大多是帮弱者来束缚强者,使其不得前进。弱者所以能造成此种文明,乃因其常占多数,而强者为少数里的少数。文明是由多数人长期的奉行,始能成立。所以尼采称近代文明为没落的文明（Dekadenz）,以其为弱者的文明,反进化的文明。于是强者的使命乃在打破弱者所加之束缚而重走上进化的大道。希特勒自己虽不敢如是明言,但其政治的理念基础,实在于是。依此理论,好的法律,应为强者所制定,用来促进进化,造成超人。

此理论,尼采自谓是一切传统价值的重新估定,举凡恻隐、博爱、公平、正义等传统观念,均在推翻之列；他认为弱者应被牺牲,只有强者才是新价值的中立。所以我们已不能凭借上列传统价值观念,予以反驳。此理论中能成为问题者乃所谓强者与弱者，究根据什么标准来批判。他们的含义决非与上一节内相同，在该节内，被治者自称弱者，称治者为强者，其批判标准只是握有统治权力与否。但在本节内则其含义绝不如是。推尼采之意，当指体力及智力上的强者与弱者。此就个人言，尚可客观地判定：谁是强者，谁是弱者。但一旦此判定不以个人为单位，而以民族为单位，则其批判便难以客观化了。何况尼采的"超人论"，到了菲希特手里，确已脱离了个人色彩，而以民族为单位了。于是民族中谁是强者，谁是弱者，便很难言。再加上时间上的考虑：一个现在似乎弱的民族，隔不多年便能成为强的民族，则批判更难。结果是各民族莫不自认为最优秀的或是强者。至于到底谁强谁弱，最后唯有诉诸战争。因此，战争在此理论中是必然的，且是弱者民族被淘汰的必然过程。

我们跟踪此理论，既已到此，不妨再进一步，假定强者民族确已战争胜利，其他弱者民族，已全被淘汰，于是此后所发生的问题是：此民族内的个人间关系将如何？是否回到个人的"超人论"，而重演个人间的淘汰战争，而只剩少数的超人？然此乃绝不可能，因一个人绝不能生存。此理论到此亦就碰壁。所以此少数超人，甚至此整个强者民族，最后还得靠法律来组织，不问此政治组织的内容含有多少为柏拉图理想国中早已有过的强者弱者客观判定的方策，但既是政治组织，于是问题还是回到上节内所讨论的如何分配与限制治者与被治者间的权力关系，此分配与限制还须靠法律。于是无论此"超人论"的如何重估一切价值，归根结底，还是逃不了此法治或民主问题的如来手掌。然则我们又何必绕此大圈，经过最痛苦的淘汰战争，最后还是回来想法解决此自有人类社会以来早就发生的老问题呢？

以上是循着尼采等的理论，推至其极，以证明其无法贯彻。若退一步，我们还可以说：所谓强者弱者，在进化的历程中，过去固应以体力智力为批判标准，但进化到了人类，尤其具有高级文化的人类，这批判标准便过于简单了。进化的历程，我们也承认还得继续前进，凡不自努力的个人，以至民族，还得在被淘汰之列，所以这理论至少还足以给我们，尤其是我们民族，一个警告。但我们更认为人类高级文化的特质，即其所有利他、互助、自我牺牲、公平、正义等等道德观念，确已减少了个人间惨酷的斗争，既已用合理的和人为的方法，来代替了惨酷的自然方法，以促进进化。此合理的和人为的方法，是否能扩张适用于民族国家间，则迄今尤不能肯定，不然，这两次世界大战便不会发生。但从已存的趋势，以及从人类文化在减少个人间惨酷斗争上已有的成就来看，文化的力量，总会有一天扩及民族国家的关系上的。道德的真正意义，是在化小我为大我。小我间不斗争，才可使大我向外斗争。此大我现已扩及到民族国家，于是民族国家始能更有力地向外斗争。然而，此大我何以不能再扩大一步，包括全体人类，而使全体人类，再向外斗争呢？或可说，那时已没有了斗争的对象。其实，人类应向之斗争的对象正多着呢！譬如说，我们若能把这次大战所费的财力人力，用在人类与疾病的斗争上，用在人类与自身的愚昧的斗争上，不知将有怎样大的收获，不知将加速多少年的自然进化。但要使将来战争里所费的财力人力，能用在上述几种人类向外的斗争上，最重要的还在使道德力量能早日扩及于民族国家间。于是，在有高级文化的人类中，所谓强者弱者，不应仅以体力智力，还得以道德上的优劣，为批判标准。我们先须把道德上的劣者，予以人工的淘汰，于是人类才能进化到以全人类为大我的境界。这次世界战争的结果，如能真正做到淘汰道德上的劣者，则也就不失为一有意义或值得的战争。我们热诚的希望，真能如是。这里须附带说明：我们所须淘汰的，不仅是国际上的不道德和不守法者，我们更须淘汰国内的不道德和不守法者，才谈得上本节内所讨论的问题。所以，人类所应向外斗争的，不仅是对疾病，对愚昧，最重要的还是对不道德和不守法。

六

最后一种说："法律是骗骗人的"，乃是见到法立而不行，才慨乎言之的。像我国现在，法律是制定得相当完备的，从约法起以至全部民法，即比之各先进国，亦无逊色。但明眼人都看到：从最底层的地方政府，如各村、各乡、各县，渐推至上级机关，黑暗的荫翳，还常笼掩了灿烂的法律。或有人说：这是抗战的不得已。好像说：法律与战争是不相容的。这是一个极端错误的见解。战争对于国家民族间的道德法律，固是如此，但国内的法治，则对于对外战争正是相成相辅的。考之各国史乘，为了对外战争，才使国内上下，憬然于政治修明的必要。有了国内的政治修明，上下一心，对外战争才能获胜利。我国最高当局，早鉴及此，才在此抗战最后关头，诚意提倡宪政，更需要培养守法的习惯，上下督促，勇毅从事。

检讨了上列几种法律否定论，我们简单的结论是：法律的必需，是与人类社会同其始终。最合乎法律目的的体制是民主，所以民主就是法治。法治的实现，不只靠法律本身，尤靠上下守法的精神。

三十三年一月九日于北碚

英国的法治制度与人身自由[1]

一

外国的很多良政美制,一到中国,先是一阵热烈的随声附和,把几个名辞叫得烂熟。在此种政制的真义尚未被认清以前,这几个名辞,早成为"口头禅",既成为"口头禅",于是人人能言,人人厌听,可是又不得不如是说,真是何苦!我国历次基本法及草案上一大串的"人民……自由,非依法律不得……"早成为此种"口头禅"式的东西。

这现象也不足怪,也不是我国人民特别是制造"口头禅"专

---

[1] 原文载《宪政月刊》1944年第3期。本文曾以"英国宪政精神与人民基本权利"之题,署名"黄仲南"发表于《再生》杂志1944年第94期,本文集考虑到两文主要内容相同,故不再收录。——编者注

家。原因是：此种政制在欧西①偿付了几百年来无数人的奋斗争取，才换来此一条简短条文，或一个名辞。我们既未付此种代价，今乃侥幸抄袭得之，勿怪不能体会其意义与价值。本文想就宪法上保护人民一制，简述他在他的策源地英国的发生演进，及其实际的施行，以供国人实施宪政时的参考。

二

英国宪法学泰斗**戴西**（Dicey，1835—1922）有言："英国人民之权利，乃其宪法的渊源，而非宪法的产物。"此语含义有二：一谓英国宪法乃英国人民在争取权利的过程中所形成，二谓英国宪法乃以保护人民权利为其鹄的。于是英国宪法之精神，尽在于是，亦无不可。

英国人民所用以保护其权利之具体方法，为确立"法治制度"（Rule of Law）。其义为：

（一）凡人民未经通常法院依法律程序判决确有违法行为，不得加以刑罚，或使受身体上或财产上任何损害。

（二）无论何人均立于法律之下，不问其官职地位，均

---

① 原文有"及"字，似笔误，径删。——编者注

受制于国家通常法律，并受国家通常法院的管辖。

此二原则在今日英国不仅视为当然，且已行之若素。然一考彼邦人民过去为此原则的艰辛奋斗，并使我们憬然省悟：人民在政治上的福利，唯有借自己的努力，始能获致。英国历朝国皇，因与他国无殊，暴虐者多，而仁爱者少。英国人民最初掀起，迫令暴君签订《大宪章》（1215）乃最早确立上述"法治原则"的典章。然此后英皇之挟权势以蹂躏此宪章者，代不乏人。及17世纪斯道茨朝更是变本加厉，设立种种特别法庭，如历史上有名的"星座法庭"，及"高等特委法庭"，私刑酷审，惨绝古今。即对于通常法庭，英皇亦常借特权来相干涉。于是民不堪命，奋起反抗，迭有1628①之"权利请求书"及1689之"权利状"的制定。而对于保护人民基本权利的最具体成就，厥为1679之《人身保护法》（*Habeas Corpus Act*）。其内容规定：凡以刑事嫌疑被拘禁之任何人，得向法院要求发给"人身保护状"（*Writ of Habeas Corpus*）。此状命令拘禁此嫌疑犯之官吏，必须向法院陈述其拘捕理由，凡犯轻罚者准予保释，即犯重罚者亦必须于此移法院第一次开庭时审讯，不然，即准予保释。此法并课拒绝发给"人身保护状"之

---

① 原文为"一六六"，似笔误，径改。——编者注

法官以五百镑的罚金。1816年后将此种规定扩及一切非刑事性的拘禁。

"法治制度"（Rule of Law）的能够发生实效，尚需一先决条件，即所谓"国家通常法院"与"法律程序"必须能不受政府的干涉，亦即司法必须独立。关于此点，则英国历代法官之艰苦奋斗，实为一大成因。其尤著者为17世纪初大法官郭克（Coke）与英皇杰姆斯一世间关于英皇特权问题的抗争。抗争结果始认为英皇不立于法律之上，而不能凭其特权，变更法律及程序。到1770年的"皇位继承法"复确立司法官为终身职，不得由英皇随意免职。其免职须由上下两院联名申请，然事实上则法官迄未有如是免职的。至是：英国"法治制度"始完全实现。

三

现在我们可以看：此"法治制度"在英国究竟如何实施，是不是也像我国很多好的法律，只等于具文？尤其我们要看在战争时期，人民的基本权利，是不是同样受到保护？即或暂时加以限制，其限制的范围如何？

在第一次世界大战，英国国会为应付非常情形，曾制定《国防法》（*Defence of Realm Act*，1914），该法规定：对于有敌国种源（Enemy origin）的个人或团体之拘禁，得暂不适用《人身保护法》。但以英国人民之极端珍视此从艰苦中得来之《人身保护法》,更憎恶行政官吏之干涉司法,此国防法关于此点之适用,至为严慎。上议院法官萧氏(Lord Shaw)在1917年R. v. Halliday(Ex Parte, A. C. 200)一案中曾反对操法规以拘禁一已归化之外国人。1923年5月9日关于爱尔兰人名Art. O'Brien者一案(R. U. Secretary of State for Home Affairs;O'Brien, Exparte, 2 K. B. 361)尤为著名。该爱尔兰人以违反1920年所制定之《爱尔兰绥靖法》对爱尔兰自由邦有敌性行为,为英国内政部所拘禁。准备引渡于爱尔兰政府。当该爱尔兰人向英国法院请求发给"人身保护状"时,英国政府认为内政部之拘禁该爱尔兰人为违反《人身保护法》,即将该爱尔兰人开释,其理由如下:《爱尔兰绥靖法》已因1922年爱尔兰自由邦宪法法律之施行而失效。

1934年英国某市政府为误认某妇人为患神经病者而予以拘禁,卒给予750镑之损害赔偿,且由内政部代表政府及国会向该妇人表示深切歉意。1924年之英国内阁且以干涉某共产党人司法案件的嫌疑而被打击,卒至倒阁。

第二次世界大战发生,英国国会制定B字第18号法规(Regulation 18 B),赋予内政部以拘禁某种人民之特权。内政部长莫利逊(Morrison)于1942年11月向国会做一关此法规实施的详见报告。据此报告,内政部依法规所得拘禁的人凡三类:

一、有敌国种源（Enemy origin）的个人及团体，二、行动上属于危害国家之团体者，三、有危害国家之行为或准备为此等行为者。内政部依该法规所为拘禁，前后凡1,769人。内1,335人系被拘于1940年6、7两月，正英国局势最严重时期。总数内属第一类者凡902人；第二类者753人，全为英国法西斯党；第三类者114人。当莫利逊报告时，此外已被释放者凡1,106人；尚被拘禁者663人：内属第一类者375人，第二类者217人，第三类者71人。在此最后之71人中，14人为爱尔兰共和军队员或有关系人，其余系确可信其有暗事破坏，供敌情报，及其他助敌行为者。

对于此等被拘禁人，后设有咨询委员会，得向内政部提出关于各被拘禁人的建议。该委员会曾为1,567人向内政部提出建议，1,478人为内政部所接受。其未予者，57件属第一类，51件属第二类，1件属三类。内6件系委员会建议拘禁而内政部予以释放，其余反是。关于753件英国法西斯党人案则委员会与内政部间仅于31件有不同意见，咨询委员会询问被拘禁人时，程序至为公平，其记忆中常发见委员会每给予各被拘禁人以自新的机会。

四

上面讲过英国"法治制度"的第二义，即英国人民，不问官职地位，在法律前一律平等，又得析为三义：

（一）一切官吏，不问高卑，均须负法律上责任。

（二）任何人民，不问贵贱贫富，对于官吏所加非法损害，均得依通常法律请求赔偿。

（三）请求方法，系向国家通常法院提起诉讼。

于是在英国，人民对于官吏所提诉讼，不问其属于职务上行为或非职务上行为，均受国家通常法院所管辖，且依通常法律审判。此与大陆国家（我国亦然）对于此等案件另制行政法另设行政法院者相异趣。此在司法技术上或各有短长，而就官吏在法律无特殊地位一点上，则英国立法主义昭示的实更为明显。

在此次世界战争中，英国也有二种司法案件，足以表现英国平民得在通常法院向政府官吏提起诉讼，以获得法律保障。

1934年1月23日英国高级法院（Court of King's Bench）由法官霍列基（Justice Horridge）判决伊利亚斯诉帕斯穆尔（Elias v. Pasmore）一案。时值英国经济最疲，全国失业工人运动所发动之"向伦敦之饥饿进发"。1932年11月1日警察逮捕该运动主持人汉宁顿（Walter Hannington），以其于10月30日在特拉法尔加广场（Trafalgar Square）地方所为演说中曾对首都警察煽惑叛乱。警察于逮捕汉宁顿之际，曾取去若干属于全国失业工人运动之文件。此种文件，后即用于控诉伊利亚斯

（Elias）（亦即全国失业工人运动职员之一）煽惑叛乱一案中，作为证物。于是伊利亚斯、汉宁顿及其他二原告[①]在本案内向首都警察长特命查特爵（Lord Trenchard）及警探二人提起非法扣留文件要求损害赔偿之诉。法院经审讯后做出如下判决：警察之攫取文件，当时显系不法，但事后于审讯另一案件中用作证物，其不法得以补正。惟于该案终了后，仍将文件扣留，实属不当。除令被告交还文件外，后令赔偿原告损失30镑。

1942年2月英国孟却斯脱城救火人员自行组织公会，某新会员于填具入会表格之际，误将该项表格送交该城警察署。警察署长即将被告扣留，据云：其态度系认救火人员系警察组织之一部，不应自组公会，当公会秘书长对该警察署长提起诉讼，要求发还入会表格时，法院判令被告于相当期内将扣留文件发还原告，并给予损害赔偿。

上引例案，粗看都极平凡，但确能令我们看见：他们法律上如果规定，实际上便如何做到。人民自由，现在都被视作陈旧迂腐之误，然拳拳之意，窃谓宪政不欲实施则已，苟欲实施，唯有脚踏实地，自卑微起。我们更希望宪政能给予我们人民的身体自由以一个可靠的保障。

---

① 原文此处有"及"字，似笔误，径删。——编者注

悬崖沉思[1]

命运之骑，载负了整个人类的文明，正奔阅了千仞悬崖的绝顶。我们这辈寄生在这文明中的渺小旅客，俯视毁灭的深渊，有在眼底，而勒马的鞭索，却又不在我们手里。在这刹那间，我们的心情，会突然超越了极度的恐怖，而变为明静空澈。我们会重新思维到人世间几个基本问题。

我们了悟到：民主，不只是一个政治制度，而是一个人生态度。即是说：民主的人生态度是基础，而民主政治只是这人生态度的一个表现。

民主，在政治上最具体的表现，是在不用武力而解决问题。这在英国的政治上已是一个成功的事实。毋怪经过这惨酷的战争，全世界，至少在口头上，都已一致承认民主是消灭战争的唯

---

[1] 原文载《时代评论》1945年第5期，署名"费仲南"（系费青别名）。

一方法。我们只就这一点具体的表现来讲，民主已不只是一个政治制度，而实在需要一个人生态度来做基础。这人生态度，不特超越政治，甚至超越了传统的道德观念；他是我们每个人对于自己在这宇宙中所处地位的一种认识。

希特勒已经败亡，已成为我们和我们盟邦人士唾骂的标准对象。在这里我们不妨拿他来做个说明我们主张的标本。若是我们不太主观地来讲事实，败亡的希特勒却在现在一般德国人的心目中，已成为一个崇尚的民族之神。我们不必追溯他如何在魏玛宪法的旗帜里，逐渐取得德国人民的拥护，经过了几次全民投票的方式，最后取得了政权；这里须注意，是他对于自己所负神圣使命的疯狂自信，和他为此使命不择一切手段的坚决勇气。这些性格，岂不正好合乎传统道德观念下的英雄本色？我们也不就他所认定的目的，族国主义，来批评他，因为，即在战后族国主义依旧是世界政治里公认的基本原素。依此逻辑，我们除非依旧用武力来说明这人世间的一切，我们就得需要一个与希特勒式正相反的人生态度：就是不要把自己当作神圣。这个说来好像消极的虚怀若谷的人生态度，我们认为才是民主的真基础。

我们先承认了自己只是人类文明中一个渺小的寄生物，自己的知识能力，实在有限得不足道，才能彻悟到他人和我不同的主张，说不定也有真理。这个态度，其实早为中西哲人所见到。孔子所谓"知之为知之,不知为不知,是知也";苏格拉底也说:"真的智慧,乃在知道自己的无知",都是在说明这一点。这个态度,小试于物质,已造成了人类在自然科学上的惊人成就。自然科学在理论上的进步,乃正建筑在不断的修正已往的错误中。可是一涉人事,这态度便难于坚守,其最重大的原因乃是权力的麻醉性。

权力是执行众人间事的必要工具,本身绝无可议,但对当时握有他的人,他都具有一种最惊恐的麻醉作用。他会使独有他的人逐渐幻觉到自己过人的聪明才智。希特勒的成为"神圣希特勒"(Heil Hitler),只是一个常例。譬如你想恭维一个缺乏民主素养的执政者,虽明知他最长于此事,最好称颂他是个哲学家,因为这样才合成一个全知全能。若是权力的握有者,一旦受了这种麻醉,于是任何民主的法律①或制度,不被断毁,便成具文。因为法律和制度的能够生效,还靠背后的制裁力量,反则此力量正好握在他的手里。

反过来说,若是丘吉尔确是绝对自信唯有他的政策和才智才是救英国的唯一办法,其他办法都不行,则他为了英国,就应该当仁不让,而因少了几张选举票而下台。而事实上他都下台了,为什么?就因为:任凭他在竞选的演说中可以把反对党批评得一

---

① 原文为"法科",似笔误,径改。——编者注

无是处,而把自己的政策,辩护得天衣无缝,而他却明白:这不过是演说而已。事实上他又承认:反对党可能也有办法。于是选举一旦揭晓,他便能欣然坐到反对党的议席上,而一点不受良心上当仁不让的谴责。

或是你们会说,丘吉尔的所以不得不下台,还因为迫于英国已有制度的并不是他愿意如此做。这我们也承认。但可不要忘了:英国民主制度也是逐渐由人力建立起来,我们很可以在英国历史上追溯到该制度尚未十分巩固的一个时代,好像德国的魏玛宪法时代,一个执政者很容易擒住政权不放。对于他,我们就不得不用虚怀若谷的人生态度,来解释他的欣然下台。

但是整个人生态度的缺少或稀罕,并非只限于权力的握有者。我们只须看:小孩子、野蛮民族,以至未受教育的人,一言不合,可以立刻动武;这和用武力来解决政治,在本质上其实并没有什么不同,只是后者又有时多了一种"当仁不让"的道德自信(Rationatization)而已。我国北京政府时代,国会议员在开会时的打架,本来是常事。最近复旦大学里开什么庆祝会,结果是主席被打。凡是种种,更说明了:虚怀若谷的人生态度更是人类文化程度的指数。以此态度为基础的民主政治,确也是较高文化程度的表示。

我们主张虚怀若谷的人生态度,或不免太涉理想。这是因

123

为我们先假定了当今政治上的衮衮诸公，都有当仁不让的谋断之诚。以此为前提，我们这点沉思，才有个着落。若是只以好听的主义为幌子，而以自私自利为真目的，则我们只能自承认失言而已。

惨案的法律解决[①]

"一二·一"惨案,自发生迄今,已逐渐归结到法律解决一途上去。不仅殉难师生家属,受伤师生本人,昆明受到死伤威胁的全体学界,都已一致要求法律解决。即是本月7日蒋主席告昆明学界书中亦表示本案将依法解决。甚至地方军事当局亦已于本月4日导演过一幕军法官对于本案两个凶犯的公开审讯,据称也是法律解决。在我们这辈手无寸铁的小民,无论受了多大冤屈横暴,自己既不愿犯法越轨,除了静候法律解决外,还有什么办法?在政府最高当局方面,在惨案已经发生之后,诚欲严惩正凶,也只有依法解决的一途。所以,无论从哪一方面设想,法律解决已成为本案唯一的归结。

"法律解决"四个字,听起来干脆决绝,看上去威灵显赫,在

---

① 原文载《时代评论》1945年第7期。

费青文集

一般对他抱有无穷希望的小民看来，法律正是严正的像架机器，我们只须将冤屈从这边投进去，立刻就会有公平判决从那边跳出来。可是另有些曾亲尝过"法律解决"滋味的人却又说："法律解决的最好结果是将案件慢慢搁置起来，次一点的结果是捉住几个小喽啰或者替死鬼，最下的结果是对含冤的反咬一口"。我们对于这两个极端信任和极端不信任的态度，当然都不敢同意，但同时却也承认法律解决不是一件容易和简单的事。他的能否达到公平结果，实系乎许多先决条件的具备与否。果真不具备的话，则上述极端不信任者的说法，便一点也不过甚其辞，我们只须看看本月4日本地军法官对本案的审讯便会明白。

对于这些先决条件，最好是借引一段史实来说明。当段祺瑞做北京政府执政的时候，军警枪杀在北平天安门前请愿的徒手学生群众。当时任京师首席检察官的戴修瓒氏（前联大法律系教授）即向教唆杀人犯段祺瑞提起公诉并出拘票。以段氏当时权势之赫耀，但对他势力下的一个小小检察官，胆敢如是大不敬，竟莫可如何。在今日的我们，听了这段史实，谁都会引起无限的惊奇和感慨。那时是军阀时代，是我们素所痛骂的黑暗时代，但是还有这样一个强项不屈的司法人员，他知道什么是司法独立，什么是法律尊严。他的力量，一方固出于自己的人格，另一方也靠当时的舆论。那时全国报纸，不怕段氏的高压，还是把检察官的

第一部分　法学文选

起诉和出拘票的消息登载了出来，舆论复燃烧起了人民正义之火，迫使段祺瑞对小小检察官不敢逞凶。读者们！我们张眼看：现在的司法界，现在的舆论界成了个什么样子？我们还有什么资格来骂军阀时代的黑暗！

对于这次学生争取自由的合法运动，地方当局和奴隶舆论已一口咬定是有共产党从中主使或利用，甚至所投掷手榴弹的人也是受共产党利用。于是把一个纯粹法律案件拖进了政治漩涡，好像如此便能将正凶的法律责任烟幕掉了。可是这种伎俩，也早经段祺瑞使用过。他也曾说：当日在天安门前请愿的学生是有国民党从中主使，虽他还不够聪明，没有说：开枪的军警也是受国民党主使。但是那位小小的检察官，以至当时全国舆论，却分清了什么是法律，什么是政治，绝不许段祺瑞以政治烟幕来混淆法律责任。在今日的我们听了，又作何感想！高深的政治，好听的主义，我们小民根本就不敢问，我们只求任何政府能把我们小民当作人看。若是因为可能的杂有几个反对党在内，便可以把全昆明的学界格杀勿论，这不知又根据了什么政治？什么主义？何况共产党的要人不是正在重庆和国民党要人欢洽地商谈反对内战问题？若是这里的共产党应杀，甚至因为可能杂了几个共产党在内，全体昆明学界应杀，则为什么不先把在重庆宴席上的共产党要人杀了？我们小民真是无法理解。在我们看来，杀人者死，是一个纯粹的法律问题。若是硬要把政治问题拖进去，便会弄得一切无法理解。

若是我们确已有了强项不阿的司法官员，主持正义的舆论，更已把法律问题和政治问题分开，但法律解决还是一件不容易的事。有权力的人固不妨随便杀死几个人，但我们小民要依照法律步骤，来确定他们杀人的法律责任则是一件大难事。法律上一大基本原则：在没有被证明确有犯罪行为前任何人均推定为无罪。这原则本意是在保护人民，使法官不能轻易置之于罪。但当犯罪的是有权阶级，则该原则适足增加达到公平判决的困难。有权阶级既有力量杀人，他更有力量毁灭真证据，制造假证据。譬如上述本地军事法庭公开审讯所表现的，虽三尺童子亦能看得出他的不可靠。为了获得公平的法律解决，一方固有赖司法官员的尽力搜集证据，同时也靠人民，能挺身而出，据实作证。这是人民对于法律解决，除了主持公正舆论相督促外，所应尽力的途径。

这次惨案的法律解决，将为我国法治是否可能的试金石。我们虽对它感到万分的困难，但总犹希望政府和人民都能努力于上述几点，以达到公平的结果。至于为此次惨案导火线的当地军政当局所颁禁止集合言论等自由的违法命令，则解决比较简单，我们相信政府最高当局会自动的予以纠正处分。所以在本文内未予详论。

告诉状[1]

  1945年,"一二·一"惨案发生后,西南联大教授会立即发表抗议声明,并推举周炳琳、钱端升、费青等七教授组成法律委员会办理有关诉讼事宜,由法学教授、律师蔡枢衡和费青执笔撰写了两份"告诉状",经教授会通过后发出。一件呈国民政府军事委员会,控告关麟征、邱清泉等现役军人;另一件呈重庆地方实验法院,控告李宗黄、周绅等行政官员。

  ——原编者按

(一)联大教授会呈国民政府军事委员会告诉状

  为对于本案共犯军人部分提起告诉请求依法审判事。原云南

---

[1] 原文载云南省地方志编撰委员会编:《云南省志》(卷五十七 司法志),云南人民出版社2001年版。另见"一二·一"运动史编写组编:《"一二·一"运动史料选编》(上),云南人民出版社1980年版。

省政府委员前兼代主席李宗黄、云南省警备司令关麟征、第五军军长邱清泉等利用职务上之权力及方法，阻扰集会，妨害自由，聚众强暴，扰乱秩序，滥用权力，违法杀人，加侮辱伤害于教授，施毒打轰炸于青年，败法乱纪，罪大恶极，苟不依法严惩，岂仅死者含冤，生者衔恨，实是玷辱法纪，影响人心，昆明学潮，尤难解决。唯是被告等或主管行政，炙手可热，或军权在掌，叱咤风云。除李宗黄等非军人部分已另行状请最高法院依职权裁定移转管辖外，对于云南全省前警备司令关麟征、第五军军长邱清泉等军人及准军人，兹分被害事实及证据、罪名及被告两项详呈于下：

第一　被害事实及证据

1. 阻扰集会妨害自由之事实

先是国立西南联合大学、国立云南大学、中法大学及云南省立英语专科学校四校学生自治会联名召开时事演讲会，因欲集思广益，遂并欢迎校外人士参加。预定11月25日午后6时半假云南大学致公堂举行。期前临时变更会址，改用国立西南联合大学新校舍北区图书馆前为会场。因期前曾贴通告于校内集会，当日并有某报报导此项消息，事为关麟征、李宗黄等所悉，意欲禁止，李宗黄乃于是日午前向西南联大及云南大学当局有所表示。午后约4时以后，西南联大复接云南省政府与云南省警备总司令部会衔公函内开："查目前集会均须事先请准始得举行，顷悉联大、云大、中法、英专四大学学生自治会发起演讲会,于本日下午6时半在云大致公堂举行,欢迎各界人士前往参加。此种集会并未先行请准,应即停止举行,以免影响治安,希即转知贵校学生自治会遵照为荷。"等语,惟联大当局以平时开会,法所容许,校内演讲,虽以时事为题,仍系求知性质,不乏学术意味,本无应禁理由及合法根据,兼之当日午前已经联大当局面陈李宗黄表示并无阻止必要。况演讲地址原定云南大学,临时改至联大,亦非意料所及,矧集会时在黄昏,已非学校办公时间,抑亦不克禁止。该演讲会遂获按时开始,未遇阻碍。正进行中,发现新校舍区域已处于第五军邱清泉部军队包围中。随即枪声大作,火光四射,流弹纷飞,交通断绝。联大北区集会及寄宿学生数千人,顿感置身前线,陷敌重围。不仅行动已失自由,生命亦无保障,不复自觉其所践履实为爱好和平、增进知识之学府黉宫。幸军队目的仅在威胁,无意杀伤;益以被围人众类皆知识分子,当能忍辱镇静,专心研讨,坐待解围,无意发生冲突。待至深夜军队始行解围,恢复交通,城内赴会人士方得自由返寓,北区寄宿学生之行动自由及心理安宁亦告恢复。此项事实不仅当时与会者及北区寄宿学生数千人所身历目睹,且为昆明西北隅城墙内外居民所共知,彰明较著,不容否认。依据1926年上字第1247号判例之说明,毋庸证明即可认定。翌日昆市报纸虽传联大附近匪警之讯,揆事论理,苟非记载失实，即属存心造谣。盖果属匪警，则处包围中者理应为匪而非联大新校舍，且出动如许军队必系股匪来扰，然昆明为军警林立之地，联大新校舍毗连北校场军营，何来股匪胆敢自投罗网？若果为匪警，来自何地？去向何方？何人目击？何故竟未侵入一户劫去一物？以当晚枪声种类之繁多与稠密，何故军匪双方均无死伤，更无一匪就擒？且匪既撤退，军警理应追击，其追击又止于何处？军警剿匪，职责攸关，又何故不予穷追剿灭，听其逸去？凡此种种足见所谓匪讯，即系伪讯，其所谓匪，苟非指当晚包围新校舍之军队而言，则其所指实属子虚不待多言。

2．聚众强暴破坏秩序之事实

（1）中法大学被害事实

11月30日午后3时20分，三民主义青年团团员赵斌率领便衣30余人及无番号军人20余人，持棍闯入该校，撕毁标语，捣毁桌凳，并冲入学生自治会办公处所，破坏门窗桌凳，势甚凶猛。因学生退让，未加阻止，幸无死伤。破坏痕迹，一目了然，有像片可证。

（2）云南大学被害事实

11月30日下午2时，有服装不一之群众约30人，或穿便衣，或穿草绿色军服，或穿灰棉军服，或着长衫，或穿美军制服，手持木棍铁锤，冲入该校大门，捣毁张贴壁报之黑板及附近桌椅笔墨，并书写"赤匪"、"共产党"等荒谬字句于被毁处所,扬长而去。破坏痕迹,像片可证。

又12月1日午前约10时,有武装士兵50余人,后随装束不一、衣服不整、品类不齐者30余人,手持铁锤、木棍、扁担等物,擅入该校大门。门警无力阻止,大门内之校警岗亭及校舍之门窗均被捣毁,痕迹俱在,照片可证。

(3) 拓东路联大工学院被害事实

12月1日午后2时半,有身着长衫、西服、中山装、军服,头戴军便帽之群众200余人,手持木棍、扁担、砖石;穿军服者多在门外把风,另由一年约30,头戴呢帽,身穿法兰绒西服,鼻架眼镜,率领大部便衣及少数军服群众进入该院,扯下所悬党国旗,撕毁标语,捣毁会客室及校警室之窗户玻璃,破坏学校布告栏及布告牌,击破航空系门上玻璃,并曾闯入教授宿舍,打坏窗户玻璃,情真迹实。该院街邻×× [①]、×××、××、×××,学生×××,教授马大猷、刘恢先、钱钟韩均曾身历目睹,尽可质讯。

(4) 钱局街联大附中被害事实

12月1日午前11时许,有服装不一群众,或穿黑布长衫,

[①] 本文所指证人及一部分罪犯名字,因目前尚未至发表时期,故均以"×××"代之,请告鉴谅。——原《罢委会通讯》编者按

头缠白毛巾,或着灰色长衫,戴瓜皮帽,或着美军茄克,手持木棍或桌脚,侵入联大附中大门内,捣毁贴有标语之黑板,撕毁校内所贴标语,逗留约20分钟,始离该校向大西门而去。有×××当场目击,尽可质讯。

(5)龙翔街联大师范学院被害事实

骚扰联大附中之群众,出大西门,于12时左右到达联大师范学院门口,撕毁墙上标语,捣毁张贴标语之黑板,随即发喊举棒,侵入大门,用砖石捣毁办公室门上玻璃及门旁之布告牌,并进入学生宿舍院内,撕毁四周墙壁上所贴标语,闯进食堂,破坏桌凳、饭碗、食具,并以木棍砖石掷击学生,随即掷手榴弹三枚均经爆炸,弹坑三处,一目了然,照片可证。并有×××、×××当场目击。事后关麟征亦曾到场视察,确认非虚。

又11月30日下午2时许,有服装不一群众,偕同着灰色军服者约近百人,手持木棍出大西门,沿途撕毁标语(并张贴反罢课委员会标语),经龙翔街口,陆续到达该院,首由一身材矮胖,年约30左右,着黄色毛呢衣服,戴美军草绿色毛线帽之男子率领,口称"老百姓",并高喊"撕呀!打呀!"当经在场学生×××劝阻不听,将该院内黑板及板架毁损,并劫持其一部分,用作武器。继在门口耀武扬威,破口大骂,群呼口号扬长而去。有×××目击可证。此一伙群众,并经×××识别,即为12月

1日第二次捣乱该院投掷炸弹之群众,尽可质讯。

(6)环城北路联大新校舍被害事实

12月1日午前10时45分前后,遥见身着灰色棉军服三列纵队军人约数百人,即关麟征、邱清泉所辖军官队之一部,手持锄头、铁铲、木棒、石块等,由马路东端南菁中学方面向新校舍前进,高喊"打呀!杀呀!"斯时新校舍学生已知云南大学被打事实,情知不妙。当时新校舍北区大门关闭,并用物堵塞,以阻侵入。及军人行抵门前,一面冲打校门,同时用多数石子、砖头、瓦片掷入围墙,势如雨下,并夺取面店板凳、路旁摊贩扁担,以充武器。斯时其中有一军人声称"回去抬机关枪去"。语言未了,即有六七军人取道东路,飞奔而去。校门被继续攻打数分钟后,已经打破。当有四五军人由破门进入校内,旋复退出,隔墙对峙继续多时,其领队军官戚某立于门外电杆上,向内表示误会,双方进行交涉,停止进攻。旋有手榴弹一枚在门外爆炸,有新校舍内外×××、×××、×××、×××、×××、×××,袁复礼教授及××、×××、×××、××× 多数人所身历目睹,悉可质讯,并有照片可证。

3. 公然侮辱伤害教授之事实

(1)12月1日大队军人进攻新校舍北区大门之际,联大教授袁复礼适在门外,见势危急趋前劝解,在门前马路中心横遭殴辱，幸经×××、×××解救，始获脱险。被害人袁复礼教授记忆犹新，×××、×××在场可证。

（2）同日，拓东路联大工学院被众多暴徒侵入肆行强暴之际，一部分凶犯侵入教授宿舍，殴辱该院马大猷教授成伤，有医院诊断书可证，并为钱钟韩教授所目击。

4．多众强暴伤害之事实

（1）12月1日大队军人进攻联大新校舍之际，黄其道登梯与隔墙电杆上之军官总队官长模样人物交涉，请其下令停止强暴行为，被墙外军人飞石击中头部，跌落地上，有伤为证。

（2）魏立中立于校门内，距门约15米处为墙外军人飞石击伤面部。自左眼皮至鼻尖，伤口约长1寸，深宽各2分。事后施行手术，取出碎石，有伤痕及云南大学附属医院门诊记录可凭。

（3）罗纪行亦被军人由大门破洞飞石击伤头部，伤痕俱在。

（4）门外学生李德宁，因向军人劝导息争，并救护袁复礼教授，惨遭多数军人用扁担、木棍、铁锤、石子等共同乱殴，遇救未死。有医院记录及伤痕可证。

（5）陈琪亦于围攻时遭木棍击中头部，皮破血流。张君平被铁器击伤左肩关节。向大甘背手二部亦被击伤。张福元头、肩、大腿均被扁担打伤，曾经昏去。吴达志右腿打肿、何惠众口腔打肿，各有伤痕为证。

(6)刘杰立于新校舍门内左侧,当军人破门冲入之际,被木棍击伤左臂、右肩及腿部,右肩肿胀呈青紫色,左肩及左腿伤处流血不止,至今未愈,有伤为证。

(7)李德宁之友马振仪因救护李德宁,被军人用木棍击伤头部,血染内衣,当即倒地。背部、腿部亦受伤青肿,有伤痕、血衣及云大医院门诊记录可证。

(8)当军人进攻新校舍时,南菁中学教员于再及张人鹤均在北区门外,于再见军人蛮横,上前劝阻致被围殴。张人鹤见状趋前为于再解围,竟遭军人用板凳毒殴,经用手臂拦挡,遂伤手臂,后幸突出重围,未遭毒手。有伤可证。

(9)当进攻新校舍之际,非联大学生许鲸伯,适逢其会,道经校门马路,被棍伤头、腰,住云南大学附属医院就诊,尽可调查。

(10)12月1日,群众在本校师范学院投掷手榴弹炸伤多人,当经同学牛兆恒、高金堂等抬送云大医院。牛、高二人归途中在南菁中学附近,遭遇20余军人之截击,牛兆恒当被击伤左头顶部,高金堂背腹二部各受挫伤,皮面青肿,均有云南大学附属医院门诊记录及伤可凭。

(11)12月1日群众在联大师范学院投弹,弹片钻进缪祥慰左大腿膝盖骨内部,血管破裂,腿已由甘美、惠滇、云大三医院医生会诊锯去;李复业亦被弹片穿入左腰后部;杨莼腿部同时受伤。有×××目击,并有云南大学附属医院门诊记录可凭。

（12）群众在联大师范学院投弹时,有四暴徒用刺刀、木棍击伤李云头部并打伤右手、左腿。亦有云大医院门诊记录可证。

（13）11月30日午后2时,联大学生杨文浒在武成路遭遇流氓多人用垒球棒殴打,继以足踢,致伤背部两肋。有×××、×××、×××等人目击可证。

（14）同日,田振邦亦在武成路遭遇便衣暴徒打伤头部、胸部,有伤可验。

（15）11月30日午前9时半,云南大学女学生蒋怀明等五人在报国街遭遇流氓及军人一群用木棍、石块击伤蒋怀明身部及肩膀;木棍击伤王增华头、背及左腿,砖石打伤陈为灼臀部,事后送请该校附属医院治疗,记录伤痕,均其铁证。

（16）同日午前,云南大学女生刘美菊、男生秦学柳在光华街遭遇便衣及军人之拳殴,复被宪兵第十三团逮捕。用吉普车载赴该部,拘禁至下午1时始获释放（附近居民均目击可证）。

（17）同日午后3时半,云南大学学生邵椰祥在光华街福照街口,遭遇便衣及军人10余人,用铁棍、石块等击伤胸、背、腿部,立即倒地。旋被二军人拖往小西门方向,幸经同学救回,送该校附属医院就医。有医院记录及伤痕可证。

（18）同日午后4时,云南大学学生陈志让在正义路因救护被打同学,致使暴徒五六人用木棍、扁担围攻,击伤背部,伤势甚重。亦经送该校附属医院治疗,尽可调查。

(19)同日午后4时许,西南联大学生吕端樨、张天珉、何泽庆在南屏街美国新闻处门首遭遇一群暴徒之围攻,其中有身穿草绿哔叽军装之暴徒,公然开枪击伤何泽庆右臂;另一军人则用小刀刺伤张天珉右臂,伤口长约一英寸,深三四分。先后经美国新闻处职员及联大学生分别救护脱险,送往惠滇医院就诊,由该院外科主任开刀取出臂中子弹,包裹伤处出院回校。有惠滇医院记录及美国新闻处华籍职员×××、×××、×××、×××等目击可证。同时吕端樨则被左轮手枪柄击伤左上臂及胸部,木器打伤头部,有伤可证。

(20)同日午后2时许,张崇安因阻止暴徒捣毁联大师范学院院内壁报,被打二拳,踢二脚,疼痛不已,有×××目击可证。

5. 炸毙人命之事实

(1)军官队学员于12月1日进攻联大新校舍北区之际,有一队员取出手榴弹一枚,扯动火线,正欲投入北区大门内,被该军官队长戚某夺取在手。斯时南菁中学教员于再适在门外,见状上前劝阻,被戚某蛮力推拒,并将手榴弹投其身旁,于再被炸伤头部,耳内出血,卧倒北区墙外。旋经抬入云南大学附属医院就医,于当晚10时不治身死。有医院诊断记录及死者照片,并有

×××、×××先后目击可证。且陈尸西南联大图书馆时，关麟征亦曾到场视察，确认非虚。至于此项手榴弹之原持有人，本欲投向北区新校舍门内，因被戚某夺取，遂未果行。戚某曾亲自面告×××，尽可质讯。

（2）暴徒在西南联大师范学院共投三弹，一弹系由11月30日凶殴张崇安之短胖男子亲手投于该院广场西北角上。因四周无人，未有死伤，有××目击可证。其余二弹炸伤李鲁连头部，经送云南大学附属医院，施救无效，旋即身死。有该院记录及照片可凭。并有×××、×××目击被炸受伤情形，可资质讯。

（3）潘琰亦于此时被炸重伤，倒卧于二门右面白蜡树旁，复遭暴徒用刺刀戳伤胸腹。经送云大附属医院，医治无效，旋即毙命。受伤倒地时有×××目击，事后复有医院记录及照片可凭。

（4）同时炸伤者尚有昆华工校学生张华昌，伤在头部，倒卧于门外小柏树下，复为暴徒棍击背部，有×××目击，旋经送往云大附属医院就医。经该院医生宣告无救，复于当日午后5时许转送甘美医院求医，于抬送途中气绝身死。有云大医院记录，及甘美医院证明书并照片可凭。并有×××在场目击，可资质讯。

6. 违法审判草菅人命之事实

惨案发生后，关麟征提出无业流氓陈奇达、刘友治等三名，称系投弹犯人。由关麟征、李宗黄等合议审判，虽经被告自白罪行,而绝无佐证。军法会审之日,问官虽以曾有人目击投弹反诘被告陈奇达。然何人目击,既未据问官指出姓名,尤未令其当庭对质,乃竟草率判处陈奇达、刘友治死刑,执行枪决。有1934年12月11日云南省政府与云南省警备司令部会衔布告及记载公判详情并枪决事实之日报记载可证。

第二 本案被告及罪名

1. 11月25日,云南省政府与云南省警备司令部会衔致函西南联大,表示四校学生自治会召开讲演会,事前并未经呈准,不合手续,禁止开会之事实,各该机关主管人理应成立刑法第152条之罪,李宗黄、关麟征皆为正犯。盖平时集会,法所不禁。事先呈准之说,勿论是否事实,究属于理无据。足见此种干涉系属违法,关麟征利用职务上之权力及方法,妨碍集会,依据刑法第134条尚应加重其刑至二分之一。

2. 11月25日晚当讲演会已在西南联大新校舍北区举行之际,第五军邱清泉部实施包围,断绝交通,并开枪示威。此种情形显应成立刑法第125条、第302条及第304条之罪。除邱清泉及实施包围妨害自由之军队均为共犯外,关麟征应负教唆罪责。盖此种行动,凭事论理,均为当日午后李、关会衔禁止集会公函之延长,若无有力反证,安得谓非由于关麟征指使教唆。

3. 11月30日众多实施强暴,捣毁中法大学、西南联大师范学院及12月1日捣毁云南大学、西南联大工学院、师范学院、西南联大附中及西南联大北区新校舍文法学院之事实，在场实施之群众理应成立刑法第150条、第353条及第354条之罪。其中捣毁攻击西南联大文法学院者为驻北校场军官队之一部分。查军官队为关麟征、邱清泉所统率，兼之众多强暴，基于学生罢课，罢课由于非法阻扰集会。据此推论，此种罪行，关麟征、邱清泉显非无关。兼之12月1日午后2时许，暴徒曾经抢去工学院门警步枪二支，及至当日午后5时半关麟征亲到该院视察时，即对该院陶代院长表示：步枪二支已缴警备司令部云云，若非关麟征主使，暴徒何故向该部缴枪？该部何竟不将缴枪暴徒拿获？此项事实，不啻关麟征自白罪行。又12月1日捣毁联大附中之暴徒，途经大西门时，城上士兵报以微笑，亦足以引为军人暴徒本属一体之明证。此为×××所亲见，尽可传质。

4. 11月30日及12月1日，云南大学学生及西南联大学生多人分别在街头被暴徒袭击及刘美菊、秦学柳为宪兵十三团拘禁数小时之事实，理应分别成立刑法第309条的公然侮辱罪、第277条第一款之伤害罪及第302条之私禁罪、第150条之妨害秩序罪。其实施暴行及拘禁者皆为正犯无可怀疑。所应注意者此类强暴事实，一见再见，公然行之，到处行之，连续两日，警察不加干涉，宪兵抑且帮凶，若谓非关麟征之教唆，其谁敢信？矧罗纪行于 11 月 30 日在正义路所遇军队官员曾称彼此无仇恨，系因奉命不得不尔云云，尤足引为关麟征教唆铁证。

5. 12 月 1 日午后在南菁中学附近截击抬送西南联大师范学院炸伤同学赴云南大学附属医院后取道返校途中之牛兆恒、高金堂等之军官队员，应为刑法第 277 条第一项及第 150 条之罪名之实行犯。此类犯人，于实施暴行时，曾对×××声称："此次我们奉关总司令的命令，遇到你们联大这些赤匪，可乱打乱杀，所以我们有打死你们之权，所以我们有毙死你们之权。但是我是受过教育的人，今天可放你回去。"有×××可证。

又高金堂被打倒卧路旁时，被一暴徒搜出学生证正欲掷远离去，另一暴徒制止之曰：关司令说要学生证就不要人，要人就不要学生证等语。乃×××亲耳所闻，足见暴行伤害及妨害秩序，实关麟征暗中主使，依法关麟征应负教唆罪责。

6. 12 月 1 日在西南联大文法学院门前及师范学院内先后投掷炸弹杀伤人命事实，理应分别成立刑法第 271 条之罪，其在师范学院滋扰之一群实行犯，除多数既不识面而又不知名者外，其中周绅、××、×××、×××均当时在场。×××、×××、×××、×××、×××等所认识，尽可质询。该犯等应负实行杀人罪责，无待烦言。至于关麟征应负教唆帮助杀人罪责，亦无可疑。兹姑勿论李宗黄曾在中学校长会议席上有"不惜流血"之言，即就当时情形观察，当暴徒轰炸师范学院之际，大西门鼓楼上有军队四五十人反架机关枪或执美式冲锋枪、步枪，均以枪口对准该院。同时从大西门至龙翔街警察宪兵均布双岗，有×××、×××、×××、×××、×××、×××、×××等身历目睹，尽可调查。此类军警对于暴徒之肆意横行，招摇过市，视若无睹，不加干涉。关麟征等被视为投弹凶手之陈奇达、刘友治并非当场逮获，而系事后在东门外车站就逮。由此足见关麟征事先教唆临时帮助，其应负教唆帮助杀人罪责，理至显明。

7. 李宗黄、关麟征违法审判，宣告无业流氓陈奇达、刘友治二人死刑，从而请准执行，实应成立刑法第271条、第28条之共同杀人罪。盖炸毙人命如刑法第271条之罪，依理为普通刑法犯，亦即普通刑事犯，依据刑事诉讼法第1条应由法院审判。且陈、刘二人，均系无业流氓，并非现役军人，依据陆海空军审判法第1条，军法机关显无审判之权。无权审判之裁判，于法无效，理所当然。关麟征自为无效判决，据以请准执行，显系故意杀人，并不阻却违法。

综上所陈被害事实非只一端，有关人犯数以百计，考之被害情形，要属牵连案件，应由普通法律及军事机关分别审判。最高法院1929年非字第62号判决，早著明例。除非军人部分人犯李宗黄等已另行状请最高法院依职权移转管辖依法追究外,对于云南省前警备司令关麟征、第五军军长邱清泉及12月1日在大西门外站岗并执行拘禁之宪兵十三团宪兵,连同同日在大西门鼓楼助势以及11月25日晚实行包围联大之第五军军官及军官总队参加暴行之学员等,均系现役军人或准军人,其所犯刑法上之各罪,依陆海空刑法第1条第2项规定,应依刑法处以应得之刑。具状人以此等人犯,罪大恶极,过去万恶军阀所不敢为者,竟贸然为之,泰然处之。苟不严惩,国将不国。特根据陆海空军审判法第20条之规定,缕陈各节,提起公诉,伏恳钧会迅予调集证据,依法审判。岂仅生者感恩,死者衔环,滇省社会秩序,中国法治前途,均利赖之。

谨状

国民政府军事委员会

具状人 国立西南联合大学教授会

(二)国立西南联合大学教授会呈重庆实验地方法院告诉状

为请依职权裁定,准将本案共犯中非军人部分,移转管辖于重庆实验地方法院,以期公平而维治安事。原云南省政府委员前兼代主席李宗黄、云南省警备司令关麟征、第五军军长邱清泉等利用职务上之权力及方法,阻扰集会,妨害自由,聚众强暴,扰乱秩序，滥用权力，违法杀人，施毒打轰炸于学生，加侮辱伤害于教授，败法乱纪，罪大恶极。苟不依法严惩，岂仅死者含冤，生者衔恨，实是破坏法纪，影响人心，昆明秩序，尤难维持。唯是被告等或主管行政，炙手可热，或军权在握，叱咤风云。除军人部分应由军事委员会管辖外，李宗黄等非军人部分，若由昆明地方法院或云南境内其他同级法院管辖，揆情度理，法院殊无自由执行职务之余地。凭事论势，苟非偏袒不公，即难免变生意外。为此，状请钧院鉴核，适用刑事诉讼法第 10 条第 2 款，准依职权裁定，将本案共犯中非军人部分移转管辖于重庆实验地方法院，并陈：第一、被害事实及证据；第二、罪名及被告；第三、请依职权裁定移转管辖之理由三端如下：

第一　被害事实及证据

1. 阻扰集会妨害自由之事实

先是国立云南大学、中法大学、云南省立英语专科学校及本校四大学学生自治会，联名召开时事演讲会，求集思广益，并欢迎校外人士参加，定于 11 月 25 日午后 6 时半集会。原定假云南大学致公堂，临时改假本校新校舍北区图书馆前为会场。党政当局李宗黄，于是日午前特约本校及云南大学当局谈话。两校当局当即面告，此种开会，过去常有其事，向未发生事端，毋庸惊怪。午后 4 时以后，本校复接云南省政府与云南省警备司令部会衔公函，内开："查目前集会，均须事先请准，始得举行。顷悉云大、联大、中法、英专四大学学生自治会发起演讲会，于本日下午6时半在云大致公堂举行，欢迎各界人士前往参加。此种集会，并未先行请准，应即停止举行，以免影响治安，希即转知贵校学生自治会遵照为荷。"等语。本校认为，平时开会，法所容许，校内演讲，虽以时事为题，却属求知性质，含有学术意味，过去情形，一切良好，兼之当日午前已向李代主席说明，似无劝阻必要，初不意党政当局蓄意与教育界为难也。当晚演讲会正在进行中，忽然发现新校舍区域已被第五军邱清泉部队包围，交通断绝，随即枪声大作，火光四射，流弹纷飞，在联大北区参加集会及寄宿于此之学生数千人，顿感置身前线，陷入重围。不仅行动失去自由，生命亦无保障，不复自觉其所践履实为爱好和平、增进知识之学府黉宫。幸被围人士，类皆知识分子，尚能持以镇静，未生事端；待至深夜，始获解围。此一事实，不仅为当时与会者及北区寄宿学生数千人所身历目睹，且为昆明西北隅城内外居民所共知，彰明较著，不容否认。依据1926年上字第1247号判例之说明，毋待证明，即可认定。翌日，昆市报纸在统治下载出昨晚联大附近有匪警之讯，显属存心造谣，意图掩盖。果为匪警，被包围者理应为匪而非联大师生，且出动如许军队，若果为匪，必系股匪来扰。昆明为军警林立之地，联大新校舍与北校场军营毗连，何来股匪胆敢自投罗网？若果为匪警,来自何地？去向何方？报纸未予叙明。以当晚枪声种类之多,相接之密,何以军匪双方,均无死伤,更无一匪就擒？再匪既败退,军队理应追击,又止于何处？基此种种,所谓匪警,不攻自破。盖亦自知其包围学校干涉集会为非法行为,遂造作谣言,求掩饰于一时耳。

2. 聚众强暴破坏秩序之事实

（1）中法大学被害事实

11月30日午后3时20分,三民主义支团部某干事,率领便衣30余人及无番号军人20余人,持棍闯入该校,撕毁标语,捣毁桌凳,并冲入学生自治会办公处,破坏门窗桌凳,势甚凶猛,幸学生退让,得免死伤。破坏痕迹,一目了然,有像片可证。

（2）云南大学被害事实

11月30日下午2时,有服装不一之群众约30人,或穿便衣,或穿草绿色军服,或穿灰棉军服,或穿长衫,或穿美军制服,手持木棍铁锤,冲入该校大门,捣毁张贴壁报之黑板及附近之桌椅,并书写"赤匪"、"共产党"等字句于被毁处所,扬长而去。破坏痕迹,亦有像片可证。

又12月1日午前约10时,有武装士兵50余人,随后装束不一者30余人,手持铁锤、木棍、扁担等物,擅入该校大门。门警无力阻止,门内之校警岗亭及校警室之门窗均被捣毁,痕迹俱在，有照片可证。

（3）拓东路联大工学院被害事实

12月1日午后2时半，有着长衫、西服、中山装、军服，头戴军便帽不等之群众百余人，手持木棍、扁担、砖石，穿军服者多在门外把风，由一身材高大、穿黑衣服者，率领大部便衣及少数军服群众，进入该院撕毁标语，捣毁会客室及校警室之窗户，破坏学校布告栏及布告牌，击破航空系门上玻璃，并闯入教授宿舍，打坏窗户，情真迹实。该院街邻宋杰、魏文彬，校工魏嘉韩、刘凤庆，学生余田核，教授马大猷、刘恢先、钱钟韩，均曾身历目睹，可以质询。

（4）钱局街联大附中被害事实

12月1日午前11时许，有服装不一之群众，或穿黑布长衫，头缠白毛巾，或着灰色长衫，戴瓜皮帽，或着美军茄克，手持木棍或桌脚，侵入联大附中大门内，捣毁门窗黑板，撕毁校内所贴标语，并毁坏捐款箱，窃去捐款，向大西门而去。有王乃梁当场目击，可以质询。

（5）龙翔街联大师范学院被害事实

12月1日午前，骚扰联大附中之群众出大西门后，于12时左右，到达联大师范学院门口，撕毁墙上标语，捣毁张贴标语之黑板，随即发喊，举棒侵入大门，用砖石捣碎办公室门上玻璃及门旁之布告牌，并进入学生宿舍内，撕毁四周墙壁上所贴标语，闯进食堂，破坏桌凳、饭碗及其他食具，并以木棍、砖石掷击学生，随复投掷手榴弹三枚，均即爆炸，弹坑三处，一目了然，有照片可证。并有王乃梁、张崇安当场目睹，事后关麟征到场视察，亦确认非虚。

又11月30日午后2时许，有服装不一群众，偕同着灰色军服者约近百人，手持木棍，出大西门，沿街撕毁标语（并张贴反罢课标语），经龙翔街口，陆续到达该院。由一身材矮胖、30岁左右、着黄毛呢衣服戴美军草绿色毛线帽之男子率领，口称自己是老百姓，并高喊"撕呀！打呀！"当经在场学生吴锡光劝阻不听，遂将该院内黑板及报架毁损，并劫去一部分用作武器。旋在门口耀武扬威，破口大骂群众，呼口号扬长而去，有吴锡光目击可证。此一伙群众，并经张崇安识别，即为12月1日第二次捣乱该院投掷炸弹之群众。人证俱在，可以质询。

（6）环城北路联大新校舍被害事实

12月1日午前10时45分前后，遥见身着灰色棉军服之军人百余人，佩带第二军官总队符号，手持锄头、铁铲、木棍、石块等，由马路东端南菁中学门前向新校舍前进，高喊"打呀！杀呀！"斯时，本校新校舍学生已知云南大学被打之事实，情知不妙，当将新校舍北区大门关闭，并用物堵塞，以防侵入。该军人等行抵校门前,一面冲打校门,同时用多数石子、砖头、瓦片掷入围墙,势如雨下,并夺取校门外面商店之板凳及路旁摊贩之扁担,以充武器。其中有一军人声称,回去抬机关枪来扫击,当即有六七军人取道来路,飞奔而去。校门经继续攻打,数分钟后,终被打破,当有四五军人由破门处进入校内,遂发生互殴情事。有众多学生受伤,并有于再君被殴兼被弹片中伤毙命,详见下列各条。有新校舍内外黄其道、寻兆华、马振仪、李德宁、刘杰、王瑞沅、陈琪、张人鹤、袁复礼教授,及门前梅州食店店主安日华等多人身历目睹,悉可质询,并有照片可证。

3. 公然侮辱伤害教授之事实

(1) 12月1日,大队军人进攻新校舍北区大门之际,联大教授袁复礼适在门外,见情势危急,趋前劝解,在门前马路中心横遭殴辱,幸经李德宁、马振仪解救,始获脱险。被害人袁复礼教授记忆犹新,李德宁、马振仪在场可证。

(2) 同日,拓东路联大工学院被众多暴徒侵入,肆行强暴之际,一部分共犯侵入教授宿舍,殴辱该院马大猷教授成伤,有医院诊断书可证。同时,钱钟韩教授及牟光信教员亦被击受伤。均经当日下午5时以后,关司令前往查明证实。

4. 众多强暴伤害之事实

(1) 12月1日,大队军人进攻联大新校舍之际,黄其道登梯与隔墙电杆上之军官总队官长模样人物交涉，请其下令停止强暴行为，被墙外军人飞石击中头部，跌落地上，有伤为证。

（2）魏立中立于校门内，距门约15米处，为墙外军人飞石击伤面部。自左眼皮至鼻尖，伤口斜长约1寸，深宽各约2分。事后施行手术，取出碎石，有伤痕及云南大学附属医院门诊记录可凭。

（3）罗纪行亦被墙外军人由大门破洞飞石击伤头部，伤痕俱在。

（4）在门外之学生李德宁，因向军人劝导息争，并救护袁复礼教授，惨遭多数军人用扁担、木棍、铁锤、石子等共同乱殴，遇救未死，有医院记录及伤痕可证。

（5）陈琪亦于被围攻时遭木棍击中头部，皮破血流。张君平被铁器击伤左肩关节；向大甘背、手二部被击伤；张福元头、肩、大腿均被扁担打伤，曾经昏去；吴达志右眼打肿，何惠众口腔打肿，各有伤痕为证。

（6）刘杰立于新校舍门内左侧，当军人破门冲入之际，被木棍击伤左臂、右肩及腿部，右肩肿胀呈青紫色，左肩及左腿伤处流血不止，至今未愈，有伤为证。

（7）李德宁之友马振仪，因救护李德宁，被军人用木棍击伤头部，血染内衣，当即倒地；背部、腿部亦受伤青肿，有伤痕、血衣及云大医院门诊记录可凭。

（8）当军人进攻本校新校舍时，南菁中学教员于再及张人鹤均在校门外，于再被军人围殴，张人鹤见状，趋前为于再解围，亦遭军人用板凳猛击，用手臂拦挡，遂伤手臂，后幸突出重围，有伤可证。于再继被弹片中伤，以致身死，详见另条。

（9）当进攻新校舍之际，有非联大学生许鲸伯者适逢其会，道经校门外马路，被棍打伤头、腰，在云南大学附属医院就诊，可以调查。

（10）12月1日，群众在本校师范学院投掷手榴弹炸伤多人，当经同学牛兆恒、高金堂等抬送云大医院。牛、高二人归途中，在南菁中学附近与20余军人遭遇，遂被截击，牛兆恒被击伤左头顶部，高金堂背腹二部各受挫伤，皮面青肿，均有云南大学附属医院门诊记录及伤痕可凭。

（11）12月1日，群众在本校师范学院投弹，弹片伤及缪祥烈左大腿膝盖骨内部，血管破裂，已由甘美、惠滇及云大三医院医生会诊锯去。李复业亦被弹片穿入左腰后部，杨莼腿部受伤，有吴锡光目击，并有云南大学医院门诊记录可凭。

（12）群众在本校师范学院投弹时，有四暴徒用刺刀、木棍击伤李云头部，并打伤右手、左腿，有云南大学医院门诊记录可证。

（13）11月30日午后2时，本校学生杨文浒在武成路遭遇流氓多人，用垒球棒殴打，继以足踢，致伤背部、两肋，有陈鲁生、颜琳、金碧等人目击可证。

（14）同日，田振邦亦在武成路遭遇便衣暴徒，被打伤头部、胸部，有伤可证。

（15）11月30日午前9时半，云南大学女生蒋怀明等5人，在报国街遭遇流氓及军人群，用木棍、石块击伤蒋怀明背部及肩膀，用木棍击伤王增华头、背及左腿，用砖石打伤陈为灼臀部，事后请该校附属医院治疗，有记录及伤痕为证。

（16）同日午前，云南大学女生刘美菊、男生秦学柳，在光华街遭遇便衣及军人之拳殴；复被宪兵第十三团逮捕，用吉普车载送该部拘禁，至下午1时始获释放（附近居民目睹可证）。

（17）同日午后3时半，云南大学学生邵椰祥，在光华街、福照街口，遭遇便衣及军人10余人，用铁棍、石块等击伤胸背、腿部，立即倒地。旋被二军人拖往小西门方向，幸经同学救回，送该校附属医院就医，有医院记录及伤痕可证。

（18）同日午后4时，云南大学学生陈志让，在正义路因救护被打同学，致遭暴徒五六人用木棍、扁担围攻，击伤背部，伤势甚重，经送该校附属医院治疗，可以调查。

（19）同日午后4时许，本校学生吕端樨、张天珉、何泽庆，在南屏街美国新闻处门首，遭一群暴徒之围攻，其中有身穿草绿色哔叽军服之暴徒，公然开枪击伤何泽庆右臂；另一军人用小刀刺伤张天珉右臂，伤口长约一英寸，深三四分，先后经美国新闻处职员及联大学生分别救护脱险，送往惠滇医院就诊，由该院外科主任开刀，取出臂中子弹，包裹伤处，有惠滇医院记录及美国新闻处华籍职员郝诒纯、周云林、虞佩曹、孙桂云等目击可证。同时吕端樨被左轮手枪柄击伤左上臂及胸部，被木器打伤头部，有伤可证。

（20）同日午后2时许，张崇安因阻止暴徒捣毁联大师范学院院内壁报，被打二拳踢二脚，疼痛不已，有吴锡光目击可证。

5．炸毙人命之事实

（1）军官队学员于12月1日进攻本校新校舍北区之际，有一队员取出手榴弹一枚，扯动火线，准备投入北区大门内，被本校教授高崇熙所见，立劝该军官总队队长戚某加以阻止。该队长夺得手榴弹后，仓皇掷向南区校舍外，时南菁中学教员于再适在门外，先已被暴徒殴伤，复被弹片炸伤头部，耳内出血，遂卧倒北区墙外。旋经抬入云南大学附属医院就医，于当晚10时不治身死。有医院诊断记录及死者照片，并有寻兆华、张人鹤先后目击可证。陈尸本校图书馆时，关麟征曾到场视察，确认非虚。

（2）暴徒在本校师范学院共投三弹，其中一弹，系由11月30日凶殴张崇安之矮胖男子投于该院饭厅前庭之西北角，幸学生逃避，未有死伤，有张崇安目击可证。另二弹投掷于学生出来关门之时，遂有惨重之死伤。李鲁连头部受伤甚重，送往云南大学附属医院诊救无效，旋即身死。有该院记录及照片可凭，并有吴锡光、古兆珍目击被炸受伤情形，可资质询。

（3）女生潘琰，亦于此时被炸重伤，倒卧于二门右面白蜡树旁。暴徒见之，复用短刀扎伤其胸腹，经送云大附属医院医治无效，旋即毙命。受伤倒地时，有缪祥烈目击，并有医院记录及照片可凭。

（4）同时被炸者尚有昆华工校学生苟极中（原名张华昌），伤在头部，倒卧于门外小柏树下。暴徒见之，复以棍击其背部，有缪祥烈目击。经送往云大附属医院就医，经该院医生诊断，认为无救。于当日午后5时许，转送甘美医院就医，于移送途中气绝身死。有云大医院记录及甘美医院证明书并照片为证，并有张仲宇在场目击，可资质询。

6. 违法审判草菅人命之事实

惨案发生后，关麟征提出类似无业流氓陈奇达、刘友治、陈云楼者三名，称系投弹犯人，由关麟征、李宗黄等合议审判，虽经被告自白罪行，而绝无佐证，遂草率判处陈奇达、刘友治死刑，执行枪决。有1934年12月11日云南省政府与云南省警备司令部会衔布告，及记载公判详情，并枪决事实之日报记载可证。

第一部分 法学文选

第二 本案被告及罪名

1. 11月25日，云南省政府与云南省警备司令部会衔致函本校，表示四校学生自治会召开演讲会，事前未经呈准，不合手续，禁止开会之事实，各该机关主管人，理应成立刑法第152条之罪，李宗黄、关麟征皆为正犯。盖平时集会，法所不禁，校内集会，更无事先呈准之例，此种干涉，显属违法，李宗黄、关麟征利用职务上之权力及方法，妨碍集会，依据刑法第134条，并应加重其刑至二分之一。

2. 11月25日晚，当讲演已在本校新校舍北区举行之际，第五军邱清泉部施以包围，断绝交通，并开枪示威。此种情形，显应成立刑法第125条及第304条之罪。除邱清泉及实施包围、妨害自由之军队均为共犯外，关麟征、李宗黄应负教唆罪责。盖此种开枪行动，凭事论理，均为当日午后李、关会衔禁止集会公函之延长行为。

3. 11月30日聚众实施强暴，捣毁中法大学、本校师范学院，及12月1日捣毁云南大学、本校工学院、师范学院、新校舍北区文法学院及本校附中之事实，在场实施之群众，理应成立刑法第150条、第353条及第354条之罪。其中捣毁本校新校舍文法学院者为驻北校场军官总队之一部分，显系关麟征、邱清泉嗾使。而聚众强暴，殴杀员生，党政当局李宗黄实参加主持其事。盖李于中学校长联席会上,曾当众宣称:"对于罢课学生拟采用武力压制,不惜流血。"又声言:"决定组织反罢课委员会以资抵制。"稽之12月1日午后2时余,暴徒曾抢去工学院门警步枪二支。当日午后5时半,关麟征亲到该院视察时,即对陪同前往视察之查训导长及赵凤喈教授当面表示,步枪二支已缴入警备司令部。又谓"此类举动系反罢课委员会所为云云。"若非由李宗黄与关麟征共同主使,暴徒何故向该部缴枪?该部何不将缴枪之暴徒拿获?此项事实,不啻关麟征自认与李宗黄共同杀人。

又12月1日捣毁联大附中之暴徒,途经大西门时,城上士兵报以微笑,亦足引为党政军人员事先预谋之明证。此为王乃梁所亲见,尽可传质。

4. 11月30日及12月1日,云南大学学生及本校学生多人,分别在街市被暴徒袭击,及刘美菊、秦学柳为宪兵十三团拘禁数小时之事实,理应分别成立刑法309条之公然侮辱罪、第277条第一项之伤害罪及第302条之私禁罪、第150条之妨害秩序罪。其实施暴行及拘禁者皆为正犯,自无可怀疑。所当注意者,此类强暴事实一见再见,公然行之,到处行之,连续两日,警察不敢干涉,宪兵抑且帮凶。谓非由于李宗黄、关麟征之教唆,其谁敢信?矧罗纪行于11月30日在正义路所遇军队官员,曾称彼此并无仇恨,系因奉命,不得不尔云云,尤足引为李、关等教唆之铁证。

5. 12月1日午后,在南菁中学附近,截击抬送本校师范学院被炸伤同学入云南大学附属医院后取原道返校之牛兆恒、高金堂等之军官队员,应为刑法第277条第一项及第150条罪名之实行犯。此类犯人,于实施暴行时,曾对邱如珂声称:"此次我们奉关总司令的命令;遇到你们联大这些赤匪,可乱打乱杀。所以我们有打死你们之权,但是我是受过教育的人,今天可放你回去。"有邱如珂可证。又高金堂被打倒路旁时,被一暴徒搜出学生证,正欲掷还离去,另一暴徒止之曰:"关总司令说,要学生证就不要人,要人就不要学生证。"此乃高金堂亲耳所闻。足见暴行伤害,妨害秩序,实关麟征暗中主使。依法关麟征应负教唆罪,尤属显然。

6. 12月1日,在本校新校舍文法学院门前及师范学院内,先后投掷炸弹,杀伤员生之事实,理应分别成立刑法第271条之罪。其在师范学院滋扰之一群实行犯,除多数既不识面,又不知名者外,其中周绅、叶某等,有当时在场学生蒋永彬、王越峰、杨莼、朱树杰、崔向定、周建栋、冯应得、李岳嵩目击,可以质证。该犯等应负实行杀伤罪责,固无待烦言。李宗黄、关麟征之应负教唆帮助杀人罪责,自亦无可置疑。且无论李宗黄曾在中学校长会议席上有不惜流血之言,即就当时情形观察,当暴徒轰炸师范学院之际,大西门城楼上有军队约四五十人,或架机关枪,或执美式冲锋枪、步枪,均以枪口对准该院,同时从大西门至龙翔街,警察宪兵均布双岗，有刘朝荣、崔向定、张庭穆、何晓凤、彭开鑫、和万宝、王越峰等身历目睹。此类有维持治安责任之兵员，对于暴徒之肆意横行，招摇过市，视若无睹，不加干涉，显系事前奉关麟征、邱清泉等之命，做此布置，故意袖手旁观。又关麟征等视为投弹凶手之陈奇达、刘友治并非当场逮获，而系据称事后在东门外车站就逮。凡此均足见李宗黄、关麟征、邱清泉等事先教唆，临时帮助，其应负教唆帮助杀人罪责，理至显明。

7. 李宗黄、关麟征违法审判，宣告无业流氓陈奇达、刘友治二人死刑，从而请准执行，实应成立刑法第271条之罪。依理为普通刑法犯亦即普通刑事犯，依据刑事诉讼法第1条，应由法院审判。陈奇达、刘友治等二人，均系无业流氓，并非现役军人，依据陆海空军审判法第1条，军法机关显无审判之权。无权审判之裁判，于法无效。本校于12月5日，曾致函云南省政府及云南省警备司令部，请求将非军人之罪犯移送普通法院审判，而李宗黄与关麟征均置诸不理，仍据以请准执行，显系故意杀人，并不阻却违法。至于李宗黄既非军官又非军法官，揆之陆海空军审判法，显然无权参与军法会审。是李宗黄之参审，及同意宣告陈、刘二人之死刑并无法律根据。比之暴徒炸死员生四人，本质上并无不同，当然应负杀人罪责，并应依刑法第134条加重处罚。

第三　应该依职权转移管辖之理由

前述被害事实,非仅一端,有关人犯,数以百计,考之被害情形,要属牵连案件,应由军事机关及普通法院,分别审判。

钧院1929年非字第62号判决,早著明例。除云南省警备总司令关麟征、第五军军长邱清泉及12月1日在大西门外站岗,并曾执行拘禁之宪兵十三团宪兵,连同同日在大西门城楼助势,及11月25日晚实行包围联大之第五军军官和军官总队参加暴行之军官等,均系现役军人,或准军人,应由军法机关审判外,其他重要犯人李宗黄、周某、叶某等,及一部分暴徒,均非军人,应由普通法院审判。而李宗黄曾经兼代云南省政府主席,现任云南省政府民政厅长,与关麟征、邱清泉等同恶相济,一手造成此次罢课风潮,并进一步攻打学校,捣毁器物,闯入学校,炸毙学生,创历来学潮惨案之纪录。过去万恶军阀所不敢为者,贸然为之,泰然处之,更敢虚构事实,淆乱听闻,颐指气使,为所欲为,其锋实不可当;欲在滇省境内公平裁判,其难何啻登天?一经开始侦查审判,受诉法院之安全,及承办推事之生命,均将毫无保障。揆情度理,安知彼等不以施之于各校及员生者,转而施之于法院及法官?凶首未惩,公愤难平,生者含冤,死者不能瞑目。其有转移管辖于滇省以外法院之必要,宁容置疑?惟查此案,在昆迄未经被害人等告诉或自诉,昆明地方法院检察处亦未自动开始侦查,以故现尚仅有被害人,并无所谓当事人,依法似不得声请移转管辖。窃幸钧院有权不据声请而为移转管辖之裁定,刑事诉讼法第11条有明文,1922年司法院院字第923号解释,并著先例;钧院1928年声字第45号判决,更有基于无声请权人移转管辖之声请,而依职权裁定管辖之一例。用特详述经过,历陈案情,状请钧院鉴核,准予依职权裁定本案非军人李宗黄等犯罪部分之审判,移转于重庆实验地方法院管辖,岂仅生者感恩,死者衔环,滇省社会秩序,中国法治前途,均利赖之。

  谨状
  重庆实验地方法院

      具状人 国立西南联合大学教授会

侦探与侠义[①]

　　为想暂时逃避一个月来所不能再忍受的恐怖、愤慨、悲痛、冤郁等紧张心情，曾抄袭了艾森霍尔将军的方法，埋头读了几本从美军手中转卖来的英文侦探小说。小说里更紧张的故事确能使我暂时忘却了这紧张的现实，我很高兴地把这个读侦探小说来逃避现实的方法介绍给一位有同病的朋友。那位朋友对我说："与其读外国的侦探小说，不如读我国的侠义小说。"这句反问，就引起了我们两人对于侦探小说和侠义小说、外国和中国等问题的一场讨论。讨论的结果，一方面固然违反了我们起初要逃避现实的心愿，另一方面却使我们对于现实得了一点新的了解，何况了解了现实，才能想法克服现实，对它已就不必逃避了。

[①] 原文载《时代评论》1945年第9期，署名"胡冈"（系费青笔名）。

在英美，现在一般人中最流行的读物是侦探小说。即在我国，自从《福尔摩斯侦探案》有了翻译本，这类小说也有了很大的销路。但除了翻译者外，我国作家却从未以中国为背景，创作过一本侦探小说。这看起来似奇突的现象，实在和侠义小说为什么在我国普遍读物中占了最大销路，同出于一个基本原因。这两类小说，除了他们的紧张离奇或程度上有差别外，都用以满足一般人的公平正义之感。公平正义之感虽是人所共有，但用以达到公平正义的方法，则在迄今的我国，和在现时的英美，实有根本的差异处。侦探小说所表示的，是在法律之内获得公平；而侠义小说所表示的，乃在法律之外获得公平，侠义小说所以在我国特别盛行，以及侦探小说的所以无法用中国背景来写，都说明了在迄今的中国，公平正义只存在于法律之外，而不在法律之内。换句话说，在迄今的中国，用合法的方法是无法得到公平正义的。

我国近代侠义小说的盛行是始自明代的《水浒》，但侠义的崇高则可一直溯源到专制政体的开始。侠义是指对于合法政权的一种反抗，所以当合法政权已经背离了人民的正义观念时，侠义便会应运而生。这不仅在我国为然，如英国约翰皇朝的罗宾汉，和法国路易十三四皇朝的三剑侠，都属此类。但在我国，则自专制政体开始起，法律和正义，在一般人民的意识中，永远是对立了。自明代以后，这意识更从各种小说稗官中表现得愈益明显。一般人民对于法律、政府、官吏，以至一切合法的东西，不仅怀疑过忌，甚至深恶痛绝。到了今天，在英美法治的对照下，我们突然好像发现一般人民的意识中，根本缺少了法律这回事，殊不知这个人民意识的形成，实已有了几千年的历史。

最近在《大公报》读了一篇王芸生先生关于中国历史中法统和道统的文章。我们很可用他来说明上述这个人民意识的形成原因。历朝开国之君，既从法律之外取得了政权，于是他个人的喜怒好恶便成为此后一切法律和合法事物的唯一标准，稍有异己，便成不法。无论他怎样用了儒家的仁义道德做幌子，骨子里却十足的做到了英国奥斯丁所谓法律乃主权者的命令。这样狭义的法律，怎能不和人民的正义观念愈离愈远？终至公平正义唯有求之于法律之外。所以造成上述人民意识的责任，不是在人民自己，而是在历代的政权握有者。

现在的迫切问题，乃是在如何使我国人民信任能从法律之内获得正义。简单的答案是：使法律能与人民的正义观念相合而不相反。再从上节所论，法律应先从狭义的命令说中解放出来，使一切异己的政见均成合法。英美人民的信任法律，就因为法律是人民自己所订，所以合乎他们的正义观念。异乎执政者的政见，不就是不合法，于是不必用法律以外的方法来表示政见和取得政权，在取得政权之后，更不会再把异己者置诸法律之外。

法律之外法律之内的问题，这里只讲到了其中的一部分，希望此后更有机会详述。更希望的是我们能早日达到能用中国背景写一本侦探小说的时代。

人民心目中的五五宪草[1]

　　颁布宪法是实施宪政的一个步骤，而且并非即是宪政的实现。因此，即在宪法颁布以前政府如果有实施宪政之诚，则宪政的基础早该已经树立。远的事不必再提，即从民国二十年的训政时期约法讲，若是政府从那时起，真能依照这个初步的基本法施政行事，则到十六年后的今日，我国早已像个样子。譬如该法第二章关于人民权利义务的详尽规定，如果能做到十之二三，则绝不会到今天还在争斗最起码的人身自由保障问题。又如该法第三章训政纲领中最重要的训导人民行使四权的规定，政府又在何时何地曾想实地做过？可是这约法却是国民党一党专政的唯一法律上根据。这点过去的历史，实说明了二种意义。第一宪政的能否实现，乃系于政权握有者的是否愿意依法做事，从这方面讲，

---

[1] 原文载《时代评论》1946年第13期，署名"胡冈"（系费青笔名）。

则纸上的宪法或是约法，实在无关宏旨，谈它也觉无谓。可是在另外一方面，政权握有者对这约法或宪法，尽管实际上可以不予遵行，但却得利用它作为取得或维持政权的借口，或是法律根据，从这第二个意义，约法或宪法还是有它的重要性，我们对之也就不能不关心。

五五宪草是国民党在民国二十六年所起草完成而准备提出国民大会通过颁行的我国将来宪法草案，国民大会虽因抗战而被迁延未能召开，但以人民的要求，政府的□□①，以及现近政治协商会中辩论的情形，这个制定宪法的国民大会最迟不出今年，大约总得开成。我们总希望它能为我国制定一部可以垂之久远的根本大法。在国民大会召开，国民党之外是否会有其他草案提出现在尚不一定。我们在这里很可以把五五宪草做章本，从人民的立场来表示一些关于将来宪法的意见。

宪法应为实施宪政而颁布，于是其内容的根本性质应出发于宪政与非宪政的基本区别上。所谓非宪政乃指为了使其政权握有者能绝对推行其政策，故其权力可不受人民之限制，或受之最小度之限制为原则，譬如国民党前此所行之军政以及现在之训政，

---

① 本期《时代评论》因故采用油印方式出版，原件此处字迹无法辨认，下同。——编者注

便为此类。所谓宪政则反是,即认定以人民为主人,为一切权力所从出。虽为了推行政事不得不有一政府,人民仍得握有对此政府的绝对权力。英美的宪政史便是人民取得此种控制的一部争斗史。中山先生所谓政权与治权,便是说明这点道理。因此,无论何国,不谈宪政则已,要谈宪政,便不得不与政府的集权立在反对地位。在宪政下,政府集权只是短暂的非常时期,如战时,所许。在平时总侧重在如何使人民能控制政府,而不是如何使政府能控制人民。这原因乃渊源于各国人民在历史上所遭受的痛苦经历使人民深切了解权力的麻醉性。权力可以迷住权力握有者使之擒住不放,到那时人民便只有一种以多数人的群众而莫可如何①,法国的拿破仑、德国的希特勒、我国的袁世凯是其显例。宪政乃正义的人民想用来预防此种不幸事件的方法。尤其是在初行宪政的国家,这种不幸的危险为最大,因而防范方法也应该愈密。

我们并非不承认政府方面所常说的一句话,为了能做事,政府就须得有权,但我们更得权衡:人民能在政府有此权后所□□的事情究竟得到多或少?我人民因政府有此权后所遭受的不利□究竟有多大危险?若是危险比利益大,我们宁愿政府少

---

① 原件字迹相当模糊,此处依可辨认的字迹推测其大意。——编者注

做点事，而不愿政府多握些权。这点疑惧，我们并非对人而发，而是任何初行宪政的国家的人民所反复。若是不信，只须去略谈美国制定宪法时如华盛顿、Hamilton、Madison、Jefferson诸氏所言，等到一国宪政已有了基础，执政者已有了守法的习惯，人民已实握了控制的权力，那时再让政府多有些权，多做些事，实犹不迟。其实只须政府真能干出些有利人民的事情，人民岂有吝于授予权力之理。所以政府权力的大小，完全系于它所做的事功的多少为断。政府要权力最好的方法，是先做出些有利于人民的事来。美国政府的权力，实际上也是取得人民信任后慢慢扩大的。

根据上述的论点来看五五宪草，则它的最大毛病，在无有，尤其，总统的权利太大，而人民控制总统的权力太小。先从人民方面说起，依该宪草人民对于中央政府□□每五年选举一个国民大会代表，除对失职或违法之代表经由各选区罢免外，人民便别无控制中央政府的途由。中山先生所最注意的直接民权就是创制和复决法律以及罢免议员之权，则全由国民大会来行使，人民是全被剥夺了。起草者曾说此是中国，幅员太广，人民太多，所以不便直接行使此种权利。但是，"不便"两个字是不够以为理由的，在现况，由选民直选国民大会代表有什么"不便"？但是为什么仍得让人民"普通、平等、直接"以无记名投票来选举呢？若是

第一部分 法学文选

一个选区能用投票来选举，为什么几个选区加起来就不能也用投票来行使创制、复决和罢免权呢？

假定国民大会的确可以代表人民或是说略等于人民，但国民大会在六年的任期中通常只能每三年开一次一个月的会，于必要时始得延期一个月。在这段稀少和短处的开会期间，它想出来例行公事外，真来行使它控制政府的权力，事实上是绝不可能的。虽说大总统可以征集临时会议，582□□代表同意，可自行召集。但在事实上这同意是不容易得到的，于是这个名义上为一国最高权力所寄的国民大会在事实上便成为形式的点缀而已。

各国民意机关所最重要的立法权，依宪草便不属于国民大会而属于立法院，但依最近孙科先生的解释，国民大会当然有此权力，不需明文规定，诚□□又要来做□□□□可有双重机关来行使，这可以象征了宪草的一般的重床叠架的作风，重床叠架的结果便是权限不清，责任不明。这在下面讲到大总统和行政院时更属明显，权限不清，责任不明，于是人民也就无从抵制了。

依宪草，大总统是由国民大会选举而对国民大会负责，但国民大会既如上节所述，事实上成了一个点缀品，而无从行使其控制权之实，于是总统在实际便成为不对任何机关负责，因为国民大会只是每三年召集一次，例如总统在实际上最重要的发布紧急命令就无法请求追认。起草者就想出来由立法院追认，这就表示

171

大总统并不是对国民大会负责，立法院本是由国民大会选举，与人民又隔远了一层，可是它在宪草内却有时又仿佛成为一个民意机关，大总统发布紧急命令□说须至行政会议议决，可是，行政会议内的行政院长以下都是由总统任命，且对总统负责。所以这会议只是总统的一辈助手而已。大总统一方是站在五院之上，为国家的元首，对于行政院却不操任免之权，好像是自己负行政责任，但行政会议则又不必总统出席，另有一个行政院长做主席，于是若是行政上出了毛病，到底行政院长负责呢还是总统负责呢？起草者的意思是不是想把实权给予总统，而责任则归之行政院长呢，这样的重床叠架的结果，更证明了我们上面的话，便是权限不清，责任不明。

人民应该立刻注意宪法问题

我国人民对于政治的注意，已与日俱增，这是一个可喜的现象。但在政治问题上，有的是一时性质的，有的是有久远意义的，我们很容易过于注意于前一类，因而忽略了后一类的问题。可是对于人民祸福最有干系的却正是这易被忽略的久远问题。政治协商会所通过的诸项决议中，对于五五宪草的修正原则，便属于这后一类。我们虽屡次著文想促进人民对它的注意，可是看到全国各地舆论，对此尚没有普遍的注意和表示，我们实在感觉到深切的忧虑。

国民党二中全会对于政治协商会决议案的态度，现在已表示得很清楚。他们对于许多目前的问题似乎都能让步，可是对于宪法问题，则坚决地反对协商会的修正原则，而坚持五五宪草的旧观。我们人民至少须得了解：五五宪草和政协会的修正原则到底

---

① 原文载《文萃》1945 年第 25 期，署名"胡冈"（系费青笔名）。

有什么基本不同点？到底对于人民利益有什么干系？我们一旦了解了，才能表示我们自己的态度和主张，来促成制定一部合乎人民利益的宪法。

国民党现在口口声声说宪法应依中山先生的遗教，但我们人民相信孙中山先生本人就最以人民的利益为重的，若是他现在还活着，而发现他自己过去著作中的具体主张，有不能全合乎现在人民利益的地方，他一定第一个提议加以修正。他绝对不会以过去的具体主张来束缚他为人民利益而奋斗的真精神，他若能看到现在人民在政治上的醒觉，更会衷心喜悦，而来共同讨论怎样修改他过去的主张。不幸孙中山先生死了，不能复起而证实我们对他的这点忖度。更不幸的是国民党只知道拿他的著作做借口，而不能体会他的勇于修正的真精神。

中山先生所称的五权制乃是系比欧美先进国家的三权制更进一步，而并不是根本推翻了三权制的基本立场。这更进一步乃正看到三权制有时还不够保护人民的利益，于是更加上了与司法权性质相似的监察和考试两权。这三权的相似，乃在有独立的性质，而所谓独立乃是指不受行政权的干涉，可是它们对于行政权却有监督的职权；司法权的意义就在监督行政官的守法，监察权也是如此，考试权乃在监督行政官的不能任用私人。所以，即就这三权言，已不是与行政权的绝对不相干，各行其是。至于立法权与行政权则根本无所谓独立，它俩生就是互相牵制的。即在采用总统制的美国，总统和他的阁员在行使职权上还是须受国会的节制，预算案和一切施政原则须得先由国会通过，任命一个重要的官吏，须得上议院的同意。这牵制对于总统确是不方便，但是美国宪法上，还是如此规定，为什么呢？就是为了国会乃是代表民意的机关，行政权本是受之于民，就得听民意机关的话。至于采用内阁制的国家，则更进一步，使行政官直接产生于民意机关，因对之负责，从而使人民更容易控制行政权。这些基本原则，中山先生从未否认过，不特不否认，甚至认为这样还不够使人民能控制行政权，于是更主张采用直接民权来补充代议制的不足。

可是现在的五五宪草却反而利用了中山先生的五权制来达到行政权不受人民控制之实。国民党二中全会更把五权制解释成为五院分立制，各院得各行所是，互不牵制（见该会关于宪法原则决议第三、第四点）。这还不够，宪草更利用了中山先生的直接民权，使国民大会来分散立法院所应有的职权，总统既只对国民大会负责，而实际上更使国民大会成为一个庞大的空洞，不常开会的空架子，总统在事实上便能不对任何人负责。至于直接民权则规定为只得由国民大会行使，于是更根本丧失了直接民权的意义。总之，在五五宪草下，人民参与政治的权利，无论直接民权、间接民权，都被剥夺殆尽。人民既然无法控制政府，于是人民一切基本权利,虽然宪草第一章内列举得很好看,也就一无保障。五五宪草一旦实施,我国便不再是一个中华"民"国,而是一个中华"总统"国。

　　政治协商会的修正原则乃是出发于使人民能有控制政府的实际的基本点。它使立法院成为一个真正的民意机关,而使行政权能确实对它负责。同时认清了五五宪草上国民大会的徒拥其名,一方分散了立法院的实权,他方阻挠了人民的直接民权,于是决定使国民大会成为一个抽象的选民团体的名称。至于监察院,更另赋以同意权加强它监督和控制行政权的实质。这些修正点本来已是想迁就五院制的形式,而予以实质上的修正。可是国民党二中全会便认为对于中山先生遗教的叛逆,非予以推翻不成。

　　宪法是人民用来保障自己利益的根本大法,一旦制定,它可以决定人民此后的久远祸福,人民绝不应对它漠不关心,而让政治协商会里的少数代表在孤军奋斗。现在国民党已看准了人民舆论对于宪法问题的漠视,已决定了从它来达到继续一党,甚至一人专政的目的。我们也知道宪法问题太专门化了,太不易为一般人民所了解,但是人家正在利用这点专门化的奇货,来致人民的死命,我们也就不得不及时多多想法了解这个宪法问题,来保护我们自己的利益。

从人民立场批评五五宪草[1]

编者按：费青先生这篇文章是在政治协商会议举行第十次大会通过五五宪草修正原则以前写定的，修正原则中有几点正与费先生的主张不谋而合，这篇专论特别值得向读者推荐。

我国当前的大问题可以分为两种，一是目前的，一是久远的。前者为：怎样真正停止内战？怎样组织过渡时期的政府？怎样召集制宪的国民大会？后者乃：怎样实现宪政？我们应该制定怎样一部宪法？若是我们把眼光放远些，一定会认识后一种问题反为重要，甚至可以说：前一种问题只是方法，后一种问题才是目的。因此，我们认为：前者的解决，虽得多少顾到目前的现实，而对

---

[1] 原文载《再生》杂志1946年第107期。

于后者，则人民应该有一个坚定的立场，非做到名副其实的宪政，和制定一部与宪政相合的宪法不可。宪法乃是一国久远的根本大法，一旦制定，我们绝不希望轻易改易，所以它的内容绝不应考虑到如何适应目前一时的现实，而只应以我们所想实现的宪政为其唯一的准绳。

我国谈宪法，自清末以来，已不只一次，人民从这多次的痛苦经验中，早已深知了悟，一纸宪法的本身实是无足轻重，它的能否发生效力还大部决定于握有政权的人是否愿意予以遵守。这点了悟实在说明了为什么人民对于自民国二十五年来即由政府宣布的五五宪草始终没有热烈真切地讨论过。当然，八年的抗战和更悠久的时明时暗的内争，也足使人民只顾及了目前的现实，而忽略了久远的大计。可是现在的情形不同了。无论我们对于正在召开中的政治协商会的实际成功，不敢存有过大的奢望，宪法将由怎样一个国民大会来制定，也还是一个举国瞩目的难题，但宪法的必得在最近的将来制定，已快从愿望成为事实。于是人民对于这部自身此后祸福所寄的基本大法，也就不得不予以注意，何况宪法内容的是否妥当，至少也是它此后能否实施的一个决定因素。

一

到现在止，除了政府所提供的一部五五宪草外，我们还没有机会看到其他的草案，所以我们也只能以五五宪草为根据，来表示一点对于宪法的意见。我们现在批评这部宪草，乃是以人民的立场为出发，尤其是以人民所认识的宪政真义为标准。所谓宪政，乃指人民为了保障自身的利益，怎样凭借法律，包括宪法在内，来控制或监督事实上少数握有政权者的一种政治制度。无论在名义上我们得称此少数人所握有的施政实权为治权，而称人民所保有的控制权为政权，但在实质上则问题还是同一。所以中山先生所创政权治权之说，实在是以宪政的真义为出发的。于是，五五宪草即在它是否合乎此宪政的真义。又具体地说：宪政所考究的乃在如何使人民能控制政府；合乎宪政的宪法，乃是人民能够借以控制政府的宪法。

和上述立场相反的，通常是政府的立场。任何政府无不应该希望为人民多做点事，要多做事便须得多有权，所以总希望多握点权，更希望少受人民一点控制。这个立场本是任何负责任和能负责任的人所同具的。可是这立场又不得不考虑到两个基本问题，一是理论的，二是实际的。从理论上说，我们既然承认我国是个中华"民"国，就不得不承认人民是国家的主人，政府只是受人民的委托而来处理众人之事的机关。这机关的权力本是受之于人民，若是人民不愿意把太大的权力授予政府，政府除了不能像他所希望的多做点事外，本就没有向人民争权的理由。再从事实上讲，若是政府真是想为和能为人民多做点事，人民为了自身的利益，哪有不愿给予政府以必要权力之理？所以问题还在：政府取得了很大的权力后，是否真的会替人民做事，而不利用此权力以取得统治者或官吏的自身利益。这点疑惧乃是任何国人民所共具，并且是从历史上很多的惨痛经验中所得来的。我们只须看：拿破仑、希特勒、袁世凯怎样从人民的手里很容易地把权力抢去，就可原谅人民这点疑惧并非杞人忧天。"一朝权在手，便把令来行"，乃是人情之常。人既不是上帝，就很少不为权势所麻醉。关于权势的麻醉性，已为欧美哲人最近所最注重的一个问题。无论统治者的本意如何善良，一旦握了权势，就有一辈谄媚说"是"的人来包围他，使他听不到外面的真相，尤其听不到对他施政行事的反对意见。这个可怜的统治者于是一天一天进入"惟己为是"的幻觉中而自己还未知道。袁世凯竟然想做皇帝，还不是因为所读的报纸，乃完全是筹安会所特地编印的么？这点更说明：人民的这点疑惧，和他们不敢把太大的权力给予统治者，并非对任何特定人而发，而是根据了一般人性在权力麻醉作用下的脆弱。更说得彻底些，近世所有的民主和宪政这一套，也就是产生于人民对于权力麻醉性的一点认识上。

宪政在人民初获政权的国家，尤为重要。因为在这种国家，权力被统治者所劫夺，最为容易。人民宁愿政府少做点事，少握点权,而不愿冒再做奴隶的危险。等到宪政已有了基础,人民已在舆论,民意机关,以及直接民权各方面确实取得了控制政府的权力,政府有了守法的习惯,并且已确实做出些为人民利益的事来,到那时再谈如何扩大政府的权力,才是恰当。

二

  从上面所述的基本立场,我们觉得五五宪草的症结所在乃是留给人民的政权太小,而所赋予政府的治权太大。人民的政权,依中山先生的主张,乃从两种方法来行使:一是间接的,就是由人民自己来选举代议机关来行使,二是直接的,就是由人民自己来创制和复决法律,更由人民自己来罢免官吏。中山先生虽不满于欧西现行的代议制,但并非根本否定代议制,相反的,他想用直接民权来补充代议制的不足。可是现在的五五宪草,一方面是限制和分散了代议机关的权力,在他方面却把直接民权改成了间接民权,而由代议机关之一的国民大会来行使。

  依孙科先生的解释,五五宪法内的国民大会和立法院都是民意机关或是代议机关。民意或代议机关的最大任务,本应是能代表人民来制定法律和监督政府。现在国民大会虽是由人民所直接选出,理应是能真正代表人民的,可是它的职权,除了选举政府官员外,最重要的制定法律和监督政府的两种,则事实上是很难行使的。依宪草的明文，正常的立法权和监督政府的权是属之于立法院，而并非采之于国民大会。例如第139条便明白规定："宪法所称法律，谓经立法院通过，总统公布之法律"。最近孙科先生虽解释为国民大会既能创制和复决法律，当然包括有立法权。可是问题还得发生：由国民大会所创制的，依第139条既不能称之为法律，到底称它为什么？

又如：国民大会在六年的任期中，通常只能召开两次至多以两个月为限的会议，在此一共四个月的时期内，除了选举各种政府官吏外，还有其他的例行公事，哪有余时余力再来监督或顾问六年间政府的实际施政？更哪有余力余时来代替人民行使诸种直接民权？

对于中山先生所最注重的直接民权，宪草都全部从人民手里剥夺而奉之于国民大会。理由是中国幅员太大，人民太多，实际上不便行使直接民权。这理由若能成立，则人民直接选举国民大会代表，也够不便了，何不把这个人民的直接选举权也取消了？宪草的没有把这个权利也取消，就足证"不便"二字是不能成为理由的。国民大会代替人民行使创制等权，虽名义上尽可美其名为直接民权，实际上还不是代议制度？还不是中山先生所不满而想用直接民权来补充的代议制度？他国有一个国会，已够为代议制度之病，宪草却于立法院之外再加上一个国民大会代议机关，这是中山先生所能始料的么？

立法院虽由宪草赋予代议机关的真正权力，可是从它的产生上讲，是否真正是个国民的代议机关，却成了问题。代议机关的能够代表民意，乃在它的由人民直接选举，并由人民直接控制。可是宪草上的立法院是由国民大会选举的。国民大会的代表虽得由选区人民罢免，而收控制之实，但间接由国民大会所选来的立法委员，则人民对之是莫如之何的。若是说，因立法委员是由人民所选举出来的国民大会选举，所以也就代表民意，则行政官吏如大总统也是如此选出，岂不更代表了民意，又何必再由同样产生的立法院来监督他呢？所以，宪草的规定立法委员由国民大会选举，实际上乃又剥夺了人民对于代议机关的直接选举权。可是立法院在实际上的权限，比国民大会大得多。例如政府的预算案须经立法院通过，是即立法院掌握了国家的钱袋。预算案虽也是一种法律案，依上述孙科先生的解释，似乎国民大会也能过问，但预算案是每年都须提出的，而国民大会是每三年只召开一次，事实上又怎能使它能够过问？于是依宪草，此近代国家最重要的钱袋握有权操在实质上并非民意机关的立法院手里。至于这样的立法院是否真能从大总统手里取得此权，还是一个大问题。

综述上数节的结论：在五五宪草中，中国人民的政权，只限于六年一次的选举国民大会的代表，除此之外，对于政府，对于法律，便一无控制之权。至于得有代议机关之实的国民大会，实际只是一个选举大会，徒具了代替人民行使直接民权的空名，很少控制政府的实权。本无代议机关之实的立法院，却掌握了此等大权。所以我们认为五五宪草所留给人民的政权太少了。

现在可以讲得人民基本权利的问题。宪草上在第二章内对于此种基本权利规定得相当详尽。批评的人多说：每种权利都多上"非依法律，不得限制之"字眼，就对于不予保障，因为政府尽可用法律来加以剥夺或限制。起草的人却又说：基本权利当然非绝对的，譬如人民有身体自由的基本权利，但一旦犯了刑法，应处徒刑，则其身体自由即受法律的限制。据我们看来，这两种说法各有各的理由。我们先退一步承认，若是基本权利非依法律不行限制的规定，真能做到，则比了现在行政官员可以一纸手令任意拘禁，甚至杀伤人民，或剥夺其他如言论出版自由等权利的，已是进了一大步。并且我们承认：起草者的上述说法，的确是合乎法理的，即使条文上除去了"非依法律"字眼，解释上还得如是。可是批评者所提出的问题却依然存在。这问题便是发生于宪法和通常法律在层次上的高下，或是效力上的强弱。宪法既高于法律，于是宪法上所赋予的权利也高出于通常法律。更因此，法律是否能限制此种权利，还得先看该项法律本身是否违反宪法。刑法的所以能够限制人民的身体自由，就因为它本身是合乎宪法的。使普通人民受军事法庭和军法管辖的特别法就违反宪法，所以它不能限制人民的基本权利。于是问题的本身便在：到底怎样决定法律的是否合乎宪法？这批评的标准，绝不只是法律在形式上是否依照合法程序制定，而是在它实质上是否合乎宪法的精神。法律在形式上系由代议机关，如立法院，甚至国民大会，所制定。代议机关虽由人民所选出，但它仍可能制定违反宪法精神和人民福利的法律。这种法律虽在形式上是依合法程序所制定，但实际上是违宪的。人民不只对于行政官员有其应有的疑惧即对于代议机关，亦何尝不然。中山先生对于代议制的不满，就表示了人民这点应有的疑惧。宪法上所以明文规定人民的基本权利，其真正用意也就在：这种基本权利不许由代议机关用违宪的法律来加以限制。若是在基本权利的条文内加上"非依法律"字眼就很容易使人误解代议机关只须依合法的程序，便能制定任何违宪的法律来限制人民的基本权利。从这个见地讲，则批评者的反对加"非依法律"字眼实具有深长的理由。可是我们认为真正的问题还不是条文上如何规定，而实在：谁能具体地决定法律的是否实质上违反宪法？美国的方法，是由联邦最高法院掌握此决定法律是否违宪的最高解释权。在大体上讲，美国这个制度是长处多于短处。在五五宪草上，这个权是分属于监察院及司法院。第140条："法律与宪法抵触者无效。法律与宪法有无抵触，由监察院于该法律施行后六个月内提请司法院解释,其详以法律定之"。对于宪草上这个制度的批评,将牵涉到司法院的性质和职权。在讨论后一问题以前,我们应进一步详究此法律是否违宪的解释权的性质。

自表面上看,这个法律是否违宪的解释权似应属之制宪机关,最为合理。因为宪法既由这个机关所制定,它当然最能知道宪法的真义。原来的制宪机关虽不能常此存在,但有权修改宪法的机关似仍可以代替行使解释权。可是问题却还不如是简单浅薄。成文宪法是一国人民的宪法意识的具体化。宪法既已成文化或具体化了,就难免与它的本体,就是人民的宪法意识,有所出入。我们常听人说:宪法的条文须得遵依宪法的精神来解释。也指出这点可能的出入。所以,人民的宪法意识若有变易,同一宪法条文,可能解释具有不同的意义。于是问题乃为:谁能知道这个人民的宪法意识?谁能知道这个意识,才能判断宪法条文应该如何解释,也才能判断通常法律的是否违宪。各个人民虽为造成此意识的因素,但因为这意识已不只是各个人民意识的总和,而是超乎各个人民以上的一般意识,所以各个人民,从他个人的主观意识上,也就很难,甚至不能,客观地知道这个人民的一般的宪法意识。各个人民既然如此,由各个人民加起来的多数人民,也还是如此。这个理论,更同样适用于制宪机关或修改宪法机关的各分子和多数分子。他们虽为造成成文宪法的因素,但从他们的主观意识立场上,也就很难,甚至不能,客观地知道这个人民的一般的宪法意识。我们曾说:这个意识不只是各个人民意识的总和,而是超乎各个人民意识以上的一般意识,乃因为这个人民的宪法意识,不特须有一贯性,或自成一个体系的性质,才能使一部成文宪法内的各个条文,具有不相冲突的意义,它更得包含许多宪法明文以外的基本原则,这些原则虽为宪政的必要基础,而不一定为普通人民所能了解。例如"法律不溯及既往"的原则,通常在宪法内不予明示,它虽是保护人民利益的一个宪法基本原则,但不一定为普通人民所能了解,综上所述,能知道这人民宪法意识的人,不特需要一个客观地立场,更得须具有关于宪法的专门知识。能绝对合乎这个条件的,只有全能的上帝,唯有他才完全知道人民的疾苦和需要,而自己却又超乎人民之外。上帝既无法请到,于是只能返向人间来找寻相对的能合乎这个条件的人。在德国,希特勒曾自荐为唯一适格者,但历史已把他否定了。在美国,则找到了联邦最高法院的推事们,历史更证实他们在行使解释宪法和法律是否违宪的职权上,功绩多于罪过,美国这个制度的能够成功,当然与美国整个宪政制度有关,但联邦最高法院法官的适合上述条件,也是一个重要原因。

五五宪草第140条的规定在原则上是师承美国上述制度的,但对该原则却予以两点修改:一是由司法院掌握解释宪法之权,而不是最高法院；二是须由监察院提出，并且在法律施行后六个月内。这两点修改实在有了问题。先讲第一点。从这点所发生的问题牵涉到司法院的性质和职权。这原是治权的无权制内一个大问题，我们也就不得不在这里提前讨论。问题的焦点乃在：依宪草，司法院到底是个行政机关，还在个司法机关？骤视之，司法院当然是司法机关。这复合乎司法权独立的原则。司法院既由司法院院长为其首长，他就应该是司法权的最高掌握者。亦即司法院院长应为最高司法官吏。可是宪草第77条第二项却规定司法院院长对国民大会负有责任。通条第一项复规定其任期为三年。若是我们贯彻上述司法院院长是司法官吏的理论，则司法官吏只对法律负责而不应对任何机关负责且其任期应为终身。现在宪草既叫他对国民大会负责并限制其任期，就明显说他不是一个司法官吏。既不是一个司法官吏，他到底是个什么官吏？真正的司法权，就是依法审判的权，既操之各级法院内的法官之手。他们绝对有独立审判之权（第80条）就是说，他们才有真正独立的司法权。于是，司法院院长到底管些什么？从上面所举的几条条文，我们不得不结论，他所管的只是司法行政事务，他所掌的只是司法行政权。可是在性质上，司法权和司法行政权是完全不同的。前者是行政权的一种，所以不能独立，而后者则是独立的。司法行政官吏是行政官吏的一种，所以他应归民意机关负责，而司法官则是只归法律负责的。这个区别，不只是在宪草上，即是在国民政府成立以来的实际政制上，都没有弄清，因此，司法行政部究应属司法部抑属行政院，迄今是个悬案，而实际上则已来回改属了几次。司法院院长既是个行政官吏，于是司法院也就不得不是个行政机关了。

宪草一方将独立的审判，亦即真正的司法权，属之法官，他方却将统一解释法令之权（第79条）和解释宪法之权（第140条、第142条）属之司法院，我们认为在理论和实际都讲不通。这两种权，就是审判权和解释宪法与法令权，在性质上是不能分的。审判既须遵依法令（包含宪法在内），而遵依法令就必然的以解释法令为前提。这尤以解释法令的是否违宪为然。宪草起草人或可以说：法官既属之司法院，所谓司法院有上峰解释权，实际上即等于法官有解释权。但我们认为宪草既定明司法院有解释权，而不是法官有解释权，则解释的最高负责者，即应为司法院院长而不是法官。从上节所论，司法院院长既是一个行政官吏，而他却掌握了为审判权前提的解释权，岂不是间接的将司法权置诸行政权之下吗？

绕了上几节的大圈子后，我们现在可以回到原来的问题，就是解释法令违宪的问题。我们既认定这问题是与保障人民基本权利问题有绝大干系，这干系更足说明为什么这解释权是与审判权不能分开的。一条法律或一个命令的是否在实质上违宪，通常是不易发现的。能使这问题发生的人，正是在实施此法令时深受其害的人民，而能确切认识此问题的发生者，则是受理人民关此所提诉讼的法官。法官既须审判此诉讼案件，就不得不先解释该有关法令是否违宪。美国宪法上所以使具有最高审判权的机关，同时即具有违宪解释，其理由即在此。依此论据，我们直接的结论是这解释权应明白规定由最高法院执掌，间接的结论是：在真正司法权的掌握者，法院之上，再加上一个司法院，实在是画蛇添足，这制度反使司法权独立的原则，成了问题。解决之道，乃在明定法院为唯一司法机关，握有独立的司法权，包含审判权及解释权；并取消司法院，而将司法行政权，专属于司法行政部，此部本身属于行政院。这正是各个通行的制度，而与中山先生所倡导的司法独立的真义相符合。现在和宪草上的司法院制度，乃为了维持表面上五权的并立，实质上牺牲了司法权的独立。

  宪草第140条内的第二个特点，即是违宪与否的解释须由监察院在法律施行后六个月内向司法院呈请，从我们在上节所述法令违宪问题唯有深受其害的人民，尤其是在关此的诉讼进行中，最易发现，就可看得出它的不妥。该条将司法机关自动发见违宪问题的权，和人民在诉讼中提出违宪问题的权一概予以剥夺，实和宪法保障人民基本权利的主旨相违反。美国的违宪问题，事实上是多由人民自己经由诉讼而提出的。

宪草第140条第二项的"法律"二字，应根据第141条，改为"法令"二字，比较妥当。虽解释上本应如是，但这两条既规定在一处，而该项却故称"法律"而不称"法令"，很足使人误会，解释权只及于法律而不及于命令。在实际上，则命令的违宪可能，实比之法律为大，尤以第44条大总统的紧急命令为然。此种具有法律效力的命令，实更应受司法机关解释权的监督。

我们在第四节内曾结论，人民在宪草的政权太小。政权既为人民控制和监督政府的权利，于是该结论的反面便是政府的治权太大。宪草这个基本结论，更表现于政府诸种治权间的相互关系上。

代议机关，在他国宪法上，本是代替人民控制和监督行政权的机关。在五五宪草上，正常的代议机关原是立法院，所以依第64条、第69条及第70条的规定，它握有控制和监督政府行政的职权。譬如预算案须经立法院通过，就等于立法院可以控制政府的一切施政。可是宪草上在立法院外，既另有一个国民大会，并且在实质上也是一个民意的代议机关，于是这两个代议机关，在他们对于行政权的关系上，便发生权限不明的结果。在说明这点以前，须先说明宪草上的行政权。

宪草上的行政权是握在总统手里,而行政院只是他的从属结构。这是从第 56 条、第 58 条:行政院院长、副院长及政务委员各部部长,各委员会委员长由总统任免;及第 59 条:行政院院长等各对总统负责的必然结果。孙科先生也曾如此说明过,可是在另一方面,宪草复明定行政院为中央政府行使行政权之最高机关(第 55 条)。我们且不问这条规定在表面上已与总统制不合。并且,依宪草,行政会议对于重要行政事项有决议权(第 61 条),但其组织则不包含总统在内(第 60 条),于是实质上也就与总统制相左。这会议的决议是否能拘束总统?依条文上很难答复,因为第 59 条只规定行政院院长、副院长、政务委员、各部部长、各委员会委员长,各对总统负责。但总统既有任免权,则行政会议的决议案,也就无法抵抗总统。诚如是,则行政会议的权限不就等于空谈吗?

我们既认清总统是行政权的最高握有者,于是立法院对行政权的控制权,例如预算案的通过权,也就应该是对总统的。但宪草既于第 61 条内规定由行政会议归立法院提出预算案等,好像只是行政会议对立法院负责,而并非总统对立法院负责,复于第 46 条明定:总统对国民大会负责。至于第 44 条所规定,总统为急速处分时所发紧急命令,虽须于三个月内提交立法院追认,但总统既只对国民大会负责,则即立法院拒绝追认此项命令,也对总统莫如之何。于是我们不得不结论，依宪草，立法院对于行政权是无控制之实的，有控制权的只是三年开一次会的国民大会，但这控制权实际上又无从行使，例如预算案就得每年提出。总统便成了在实际不受任何代议机关控制的最高行政者，除非国民大会走了极端，行使它的罢免和复决权，但这些方法也只能补救于事后，而不能预防于事先。

行政权是政府权中最重要的一个，因它才积极的及于人民的切身祸福。所谓宪政，主要也在如何能用种种方法使此行政权能受到合理的控制和监督。立法机关或代议机关便应是能有效地行使此控制权的机关。但五五宪草却把这个控制权，从重床叠架、权限不明的代议机关中，偷偷地放跑了。

现在可以讲到其他三种治权，就是司法权、监察权和考试权。这三种治权和其他两种，就是立法权和行政权，在性质上有一个基本的区别。这区别便在：前三种治权有其独立性，而后两种则无。譬如我们只听到司法权独立，但没有听到过行政权须独立。行政权的无所谓独立，乃因为它在性质上就应受人民和其他四种治权的控制监督。立法权的无所谓独立，便因为它是个代议机关，而受人民的控制。所以我们也可说：行政机关和立法机关是政治性质的机关。可是司法机关、监察机关、考试机关，则应不受政治的影响，而只对法律负责。这就是说：它们只受法律的控制而不受政治的控制。所以它们是法律性的机关。苟不如是，则司法官、监察官、考试官，须随政治而进退，就无从行使他们应有的职务。所谓"司法独立"等的真义便在此。

我们既明白了五种治权内性质上的不同，也可明了：要使各种政治权能发挥各有的性质，并不是在政府组织形式上创立五个平等的院。现在和宪草上的症结，便在只注意形式上五院的平等，而忽略了各种治权的性质。宪草上规定司法院、监察院、考试院，院长对国民大会负责，便是这个症结的具体表现。关此的问题，我们已在上一节内详论过。我们建议在行政院内设立司法行政部、监察行政部、考试行政部，掌理关于司法、监察、考试的行政事宜，而将司法机关、监察机关、考试机关，真正成为独立的司法权、监察权、考试权的握有者。中山先生创立五权论的真意，我们想也是如此。

宪草第1条规定中华民国为三民主义共和国，曾引起各党间的争论。我们从人民的立场，也就不得不表示一点意见。三民主义若是解释为"民有，民治，民享"，则中华民国内的"民"字里已包含了一切。三民主义若是解释为国民党所信奉而在过去军政和现在训政两时期内所实际奉行的主义，则我们认为在将来宪法的条文上以删去为当。这个意见并非否认国民党过去的功绩。我们尤其对于中山先生的精神和事功，具有无上的敬仰崇拜。但是宪法是我国此后久违的大法,不是过去的记功碑,要记功的话,那么于民国有功的人,也就复多,记也就不胜记了。我们认为:对于中山先生表示敬仰崇拜的最好方法,乃正在努力使这部宪法能够实现他一生所为奋斗的真正宪政。

评宪草修改原则——责任行政及司法独立[①]

政协会的一大成功,是对于只重形式、实难施行的五五宪草,提出了具体的修改原则。对于这些原则,我们先提供下述二点意见:

一、确定民意的代表机关和行政机关间的关系

在宪法上,这个体系是不明确的;一方面,国民大会和立法院既都具有代议机关的性质;另一方面,大总统和行政院的权限亦未划清,于是,行政的最高负责者究竟是谁,和此负责者究对哪个代议机关负责,便成为宪草关于政府机关的症结所在。现在修改原则一方将国民大会限于行使选民的四权,复确立立法院在性质和权限上为一真正的民意代议机关。立法院有其性质和权限,始能为其人民制定法律和控制行政权。行政权虽亦相对之负

---

① 原文载《时代评论》1946年第14期,署名"胡冈"(系费青笔名)。

责。修改原则：复确立行政院为最高行政机关而总统自己不负行政责任，于是行政院始终一面有实权，一面负责任。当行政院不能得立法院信任时，行政院或选举，或提请总统解散立法院。这是责任行政制的经验。我们认为这个制度，比了美国现行总统制的情形或动辄形成总统和国会相持不下的僵局，在运用上可以灵活得多。尤其在宪政初行的我国，像宪草上所规定空有责任其名的总统制，实只给野心者以大权独揽的机会。我们人民，经了这几十年的痛苦经验，早深知行政机关高的经验，诚心希望现在修改原则中这个根本制度作为将来宪法的基础。

二、司法权独立

司法权独立，本为宪政或法治的一个重要基本。它的真义，乃指法官在行使他们的审判权时，只须遵依法律，只须对法律负责，而不受任何政治干涉和影响。他们的任职除了违法渎职，应为终身。唯有如此，他们才执法不阿，而举国实践到法治之实。可是宪草，因一惑于五权制形式上的整齐，二惑于司法权与司法行政权的区别，无意中把司法独立的原则牺牲了。依宪草，司法院既以院长为其最高负责者，该院长也就应为司法权的最高握有者，可是他却既有一定的任期，并且对国民大会负责，于是他便成了一个行政官，而不是司法官：他只有司法行政权，而没有司决权。这是宪草上第二个大症结。现在修改原则把这个症结看清。它以国家最高法院为司法院,而不兼司法行政。国家最高法院内的大法官为司法行政最高握有者。这样才确立了司法权的真正独立。

　　对于国家最高法院的职权,修改原则未详予规定,大概将俟将来修改宪草时再定。但我们有二点重要的意见想提出。第一点是关于宪法的解释权或法令违宪的解释权。我们认为这个解释权应该明定属于国家最高法院,这个制度实美国,虽晚近时遭诽议,但从大处看,这个制度对于美国宪政的确立,实是功多于过,尤其因为这解释权和人民基本权利的保证是有极密切关系的。修改原则规定:"关于人民自由,如用法律规定须出自于法律自由之精神,非以限制为目的。"(9点2项)但对于具体法律,究竟据何判断它是限制自由,抑是保障自由,才是真正的关键。其他如省宪的是否违反国宪,也须有人来判断。

　　第二点是关于行政法院的问题。依现制,人民对于官署的违法处分,不能在普通法院起诉,而须先经诉前程序,再向行政法院提起行政诉讼。这制度是沿袭大陆国家的通例,可是在保证人民的利益上,这制度远不及英美的一切诉讼,均得向普通法院提起。大陆国家将行政诉讼从普通法院的管辖内划出的原由是在这些国家官署与人民间的行政关系,乃是个统治关系。官署是个统治者,而人民是个被统治者;审判这些关系的法律和程序,也得顾到官署的特殊地位，于是始有另设行政法院和另制行政诉愿和诉讼程序的必要。可是我们站在政治的立场看，则官署之遵守法，本与人民同，行政法在性质上实与他种法律没有根本差别。大陆国家这个制度实在只是专制时代的遗物，我国现在宪政初立，实有决然改从英美制度的必要。不只因为事实上行政诉讼的不利于人民，就是将来国家最高法院的权限上讲，现在法院的另自独立，实在也不能相容。例如人民的基本权利最易受官署的践踏，而人民反不能向国家最高法院去伸诉，这国家最高法院对于人民将等同虚设。尤其当官署根据违宪的法令，侵犯人民权利，更应许人民将违宪问题藉诉讼而提请最高法院审判。

监察院休矣！[①]

关于"一二·一"惨案的纠纷解决问题，从看见一次联大教授会提呈军事委员会、监察院、最高法院的控诉状后，二个月来，真如石沉大海，消息杳然。我们在惨案中提议法律解决时，早料到了有被搁置的可能，果然，最近联大教授周炳琳转述监察院于院长的谈话，监察院已把该控诉案搁置（见学生报第七期）。至于军事委员会和最高法院则连这点搁置的消息都没有透露。

我们在这里不必再多费笔墨，来重申"一二·一"惨案的得不到公平解决，对于国家前途，政府诚信，将造下如何的不良效果。我们只要从于院长上述谈话中所表示的监察院的态度上，来推论一下监察院的职责。联大教授会的所呈除了向军事委员会和最高法院，更向监察院提呈"一二·一"惨案的控诉，据说是认

[①] 原文载《时代评论》第18期，署名"胡冈"（系费青笔名）。

为监察院或尚具有一点正义不阿的骨气,相比其他政府机关或能少受一点政治权力的支配。对于此次惨案说不定会挺身而出,替中山先生苦心孤诣想把监察院提高到独立地位的卓见,来证实它的真正效用,为了法纪和正义伸冤会对这□□无法无天的封疆大吏提出严厉弹劾使之明正典刑。

可是这次试验的结果,监察院不只辜负了中山先生的期望,依然屈膝于政治权力之下,甚至使人民怀疑到国民党口口声声所提倡的五权制,到底是不是被用来骗骗人的。中山先生的提高监察权,使它和司法权同样取得独立地位,只是要它来保护有冤无处诉的人民。而监察弹劾大权在握的司法官吏,哪里会想到后来事实上的监察院,不只是官官相护,对大官不敢碰,对小官开开枪,甚至像抗战前不久的王杨案,监察院反成了勒索行贿的大本营。

孙科先生为了使人家不要误会现在国民政府的五院制。以为就是宪草上将来的五权制,曾迭次声明现在所行的是一院制而不是五院制。这个声明的用意只在说明现在的立法院是须秉承国防最高委员会(以前的中央政治会议)的意志而立法。可是司法院和监察院,甚至考试院是否现在也须秉承国防最高委员会的意志而行使职权呢?这就不得不让我们发生疑问,若是现在的司法官、监察院委员、考试官都不能独立行使职权,那么要这几个院,配许多官吏干什么呢?照我们的简单办法,一个国家,不管党治也好，非党治也好，既然有了司法官，甚至又添了监察院委员等名目，至少须让他们名符其实的独立行使职权，才一方面能像个近代国家，他方面对得住出钱出力供养这一大群官吏的老百姓。何况即在现在的国民政府组织法上，司法院、监察院、考试院原来都是各自独立行使诸院治权的机关。所以孙科先生所讲的一院制，对于行政院和立法院间的关系上虽可以说得通，但对于司法等其他三院便说不通。于是现在的司法院、监察院和考试院至少已经是将来宪草上的五权制内这三个院的雏形。国民党要证明五权制将来的可行，便应在现在一党专政期内使这三个院做点成绩出来给人民看看。可是事实上这三个院什么样呢？监察院对于这一次"一二·一"惨案控诉的态度只是其末节之又末节而已。国民党所口夸为新发明的五权制，在这样的事实下，又如何能取信于民呢！？

监察院或是认为"一二·一"惨案是个政治问题，而不是法律问题，正像上述学生报所登载同一报道中所及联大某教授的意见一样。所谓政治问题，坦白地说，便是认为该惨案中，共产党从中主使，可是我们的见解始终认为这惨案是个单纯的法律问题，无论是否共产党从中主使。国民政府所颁布的刑法上关于杀人罪和教唆杀人罪的规定中，并没有规定对于共产党事件不适用，刑法是适用于一切人员的，无论国民党员也好，共产党员也好。国民党失信于人民的最大原因,便在自己立了法而不施行法。便在太讲政治而牺牲了法律。若是国民党早能大公无私的执法不阿,法院像个法院,监察院像个监察院,一切制度像是个制度,哪里会弄到今天这个众叛亲离的悲惨境地!？孟子所说:"王之行仁政也,民众归之,真是千古不易的政治铁则",像国民党这样的有了伟大的中山先生做开路者,及有了二三十年天予的良机,若是乘机稍稍行一点仁政,取得了民心,哪里还会怕什么共产党。但是可怜得很,国民党事实上已患了"自卑狂",把一切善良正直的人民,统统看作敌党,纯洁赤心的学生统统戴上红帽子。这还不是自己在自速其亡、唯恐树敌的不够多么？一权制五权制等的高调尽管唱得动听,恐怕人民世纪的大潮流很快将无情地冲洗一切。

美国宪法上的言论自由[1]

1919年，美国已加入了第一次世界大战，俄国已发生了共产革命，在美国联邦最高法院内正审判着一件举世瞩目的诉讼案件（Abrams v. U.S.）。这案件足以说明：民主国家的宪法，和人民的基本权利有什么关系，通常法律能否限制基本权利，法官怎样成为宪法的守卫者，宪法或法律为什么不是一个偶像，而是一个活的实验方法？这些问题，正是我国人民在创制一部民主宪法中所急应了解的。

这案件的事实很简单：被告**雅各布·艾布拉姆斯**（Jacob Abrams）和其他几个俄国移民，在纽约市中心散发传单，传单内容：反对军国主义和资本主义国家的干涉俄国共产革命，指摘美国总统对于这种干涉的缄默，警告在美的俄国移民勿参加讨伐

---

[1] 原文载《上海文化》1946年第5期，署名"胡冈"（系费青笔名）。

俄国共产革命的自愿军，更指出美国的军火工厂所制造的枪弹不只用来对军国主义的对德作战，而更用来射击俄国在革命中的同胞，所以主张军火工人一致罢工。在下级法院，被告等已被处二十年有期徒刑，因为被告等印刷和散发上述传单的行为，被认为触犯了1917、1918年美国国会所制定的叛乱法。被告等现在上诉到联邦最高法院。

美国联邦最高法院是由九个大法官所组织。它的判决是由这九个大法官多数票决。但不同意这判决的少数大法官却有将他们的异议和判决一起宣告，虽是异议不具判决的法律效力。对于这个异议宣告制度，我们一定会感到惊异。它好像不只有损判决的威信，更妨害了法律的尊严，因为法官中既对判决能不同意，对法律能有不同解释，怎么还能使人民相信这判决，这法律，是不错的呢？可是正是这个制度才说明了民主的真义。在民主真义下，真理不是一个绝对的偶像而是一个始终由人在努力发现中的试验方法。在反民主的德国，可以把一个希特勒认作绝对真理，但在民主国家，不只任何统治者个人不是绝对真理，甚至法律或判决本身，也需要不断的修正和改进，这修正和改进乃建筑在保障少数反对意见的自由表示，法院判决的附有异议宣告，正是保障少数意见的典型制度。

本文所述案件的所以著名，不是在它的多数判决，而是在它的少数异议。美国联邦法院对本案的判决虽维持了下级法院的原判决，但是霍尔姆斯大法官（Justice Holmes）的异议却成了此后美国法上言论自由的威权解释。它和密尔顿（Milton）的 *Areopagitiea*，约翰密勒（S. J. Mill）的 *On Liberty*，鼎足而为奠定英美言论和出版自由的不朽经典。

美国宪法的第1条修正案内规定："国会不得制定法律，以限制言论或出版自由"，所以在原则上，不只美国行政官吏不能以命令，即是国会亦不能以法律，干涉人民的言论和出版自由。可是问题还得发生：宪法所保障的言论究竟指什么？例如以直接促成犯罪行为为目的的言论，是否也受保障？这些问题在战争中更易发生，美国国会既于1917年制定了《叛乱法》，使破坏战争和危害国家的行为，成为犯罪行为，1918年该法的修正案，更使以促成叛乱为目的的言论，亦在禁止之列。于是这种法律，是否违反宪法，乃成为问题。在先两个案件 Schenks v. U.S. 和 Debs v. U. S. 中，霍尔姆斯大法官曾代表联邦最高法院在判决中称：宪法所保障的言论，固非绝对的，但法律所得禁止的言论，必须依当时情形，显然和直接的将引起危险，此危险更须为国会有权用法律防止者。依此标准，他一方认为《叛乱法》内对于言论自由的限制并不违宪，但另一方仍主张对于此种法律应该予以狭义解释。

第一部分　法学文选

　　霍尔姆斯大法官根据了上节的基本立场，对于本案判决对被告艾布拉姆斯因印发前述传单而判处二十年徒刑，认为违反了宪法内保障言论自由的规定。他认为从本案一切证据中，无从证明被告具有破坏美国对德战争的"故意"，此"故意"乃《叛乱法》内所明白规定叛乱言论所必须具备的要件。所以他不得不认为多数法官的判决被告为有罪，并非如判决理由内所说，为了他印发传单一行为，而骨子里却为了他所信奉的主义。以法律来禁止信仰不同的言论，才是违反了宪法保障言论自由的主旨。他接着解释言论自由的真义，这段文字便成为他最出名的异议：

　　"反对意见的禁止和处罚，我认为很合逻辑。若是我们坚信自己的意见是唯一的真理，并且想用全力使它实现，当然会用法律来排斥一切异己。不然，便因为我们自己信仰不坚，或是认为反对意见本无充分理由，不会发生影响，或是甚至因为我们感到没有禁止反对意见的实力。可是，当人类的意见看清无数斗争过的不同信仰，已为时代所推翻，他们会终于相信，唯有在思想的自由贸易中，他们才能逐渐获得真理——真理的最好试验，便是它在自由竞争的市场中能被接受，也是因为它是真理，才能获得现实。这是我们宪法的基本原则。宪法是一个试验，正像一切生命都是一个试验。无论何时，我们须得将我们的命运，赌注在建筑于有限知识的预言上。我认为：试验既然是我们政制的一部，

207

我们就应永远和有力地提防着：不要使我们所不爱听的意见受到禁止，除非这种意见已直接和显然危及了法律。……宪法第 1 条修正案：'国会不得以法律限制言论自由'的大原则，只有在紧急的必要下，才能许可例外。当然，我这里所说的是只指表示意见的言论，而本案件内被告的言论正属此类，所以我不得不郑重地认为被告在本判决中是被剥夺了宪法上所保障的权利。"

霍尔姆斯大法官这个异议，虽救不了本案里的被告，但正像他的其他异议一样，已逐渐为此后多数法官所采纳，而获得法律效力。这里我们可以看到：宪法和法律都是在逐渐改进和生长中，而不是像一般人所想象的死的条文。

（五月九日订正交《上海文化》发表）

从法律之外到法律之内[1]

建设民主的中国是艰难而繁重的。要使中国的政治能向人民负责,不但政治机构要改进,人民对于政治的设施还要能积极的参加。人民对于国家建设的问题若没有意见,民主的政治是没有基础的。因之,我们为了要促进民主的中国,所以愿意尽量的启发、组织和表达人民对于中国建设的意见。这是《时代评论》发刊小丛书的目的。

《时代评论小丛书》将陆续发表我们对于当前中国各种基本问题的意见。我们希望因这些意见的提出能引起读者的讨论和批评,我们愿为读者服务,凡是有系统的论文,不论见解和我们合不合,我们都愿意编成这种小丛书,介

---

[1] 原文载《时代评论小丛书》(第三种),生活书店 1946 年 5 月 10 日以单行本出版发行。原文曾收录于许章润主编《清华法学·普法研究专辑》(第十一辑),清华大学出版社 2007 年版。

绍给读者。
——原《时代评论小丛书》编者"叙言"

"法律之外"和"法律之内"这两个名词，是胡冈先生和笔者有一次在讨论侦探小说和侠义小说的问题时所提出的。胡先生把那次讨论的大意写成了一篇"侦探和侠义"的短文，发表于《时代评论》第9期。这里可先简述那篇短文的内容，来做本文的楔子。侦探小说是现代英美一般人民间最流行的读物，它们的翻译本在中国也已相当流行。可是中国作家却始终未能用中国背景来写一本侦探小说。反之，在中国一般人民中最流行的读物是侠义小说。这两个互相对照的不同事实，实乃发生于同一基本原因。这两种小说的所以为一般人民所喜读，除了它们故事内容的紧张离奇外，是因为它们都能够满足一般人民心理上对于公平正义的需求。所不同者，侦探小说乃是从法律之内获得公平，而侠义小说则是从法律之外获得公平。于是：侦探小说在现时英美的流行，正表示在英美一般人民意识中，公平正义乃存于法律之内；而侠义小说的在中国流行，以至侦探小说的迄今未能用中国背景来写，正又表示在迄今中国一般人民的意识中，公平正义之存在于法律之外。在中国，这个人民意识的形成实已有了很久的历史。侠义的崇尚，可上溯至专制政制的开始建立。所谓侠义，乃指对

第一部分　法学文选

于合法政权的一种反抗,而想用法律以外的方法来获得公平。到了明朝,以政治的极端暗黑与专制,于是侠义小说如《水浒》等乃普遍流行于民间。这个事实所反映的乃是一个深切和广泛的人民意识,这意识认为用合法的方法是无从获得公平的。具体地说:中国人民很久以来对于政治、官吏,以至一切官方制度,不仅是怀疑过忌,甚至深恶痛疾。抽象地说:在中国人民的意识中,法律和主义早已分了家。

在本文里,我们想从上述的基本论点,做进一步的探讨。我们认为:不仅是在人民的意识中,即是在事实上,中国人民的生活,多是在法律之外,很少是在法律之内。不仅是正义与法律分了家,即是人民的生活亦和法律脱了节。我国现时"纸上的法律"尽管很多,学校里尽管讲授着分门别类的法律,而人民的实际生活却是另外一套。时至今日,世界的大潮已逼着我们不得不步武民主,而民主复与法治相表里。所谓法治,最广义地讲,就是一种在法律之内的生活方式。于是,我国当前的大问题乃成为:如何使一向在法律之外的人民生活方式,能进到法律之内?这大问题的解决,乃在先找到为什么中国人的生活一向多是在法律之外的真正原因。当然,在找寻这种原因之前,我人更得详确说明:什么叫作"法律之外"和"法律之内"?为什么民主与法治相为表里?以至到底什么是法治,什么是法律?等等基本问题。在本文

211

里，我们想尝试解答这些问题。

一

　　我们要说明：中国人民的生活，大部分是在法律之外，就得先确定法律的意义。所谓法律，可有种种不同层次的含义，我们先从最起码的意义说起。依此起码含义，法律是一种以国家公力为制裁的生活规范。这正是普通人心目中所谓法律。它也是在任何社会已进入了具有政治组织的阶段后，从形式上着眼的法律定义。中国，既不能不说是一个国家，或是一个已有政治组织的社会，于是所谓法律便也不得不指此种以国家公力为制裁的生活规范。所谓以国家公力为制裁，便是说：人民若是不依此种规范而生活，国家便会利用公力出来强制你必须遵守。最浅显的例便是刑法。人民犯了刑法，国家便会来刑罚你。但与人民生活更有密切关系的还是所谓私法，它是规定人民间私人关系的法律。譬如有人欠了钱不还，我们便得请国家出来用公力强制他还。这些道理，是学校里所读法律教科书上的天经地义。可是，若是我们看看中国人民的实际生活上是否如此，便会引起我们绝大的失望。国家所从而强制法律，使它对于人民发生效力的机关，最重要的是法院。人民要请求国家保护他们法律上的权利，便是向法院提起诉讼。可是中国人民对于法院、对于诉讼的态度，是怎样呢？

要答复这问题，我们只须每个人问问自己，谁还信任了现在的法院？到了今天，法院的黑暗，贿赂的公行，已成了一个人人皆知的公开秘密。法院除了成为政权握有者的工具外，便是一个出卖判决的铺子。人民既已无从由法院获得权利的保护，国家既已不是法律的后盾，于是人民间在实际生活的关系上乃是一个不折不扣的自然状态，强者可以无恶不作，弱者唯有一任宰割。所以，在现在的中国，纸上的法律，从约法起一直到私法，规定得尽管周密详尽，即与先进诸国比较，亦无逊色，但这一切，与人民的实际生活是很少发生关系的。这便是人民生活于"法律之外"的第一层意义。

"法治"这口号，在中国不是现在才开始叫起。从清末的维新变法运动起，已是叫的不止一次了。站在统治地位的人，始终以我国人民没有守法的习性，或不够法治资格，认作法治不成功的原因。国民党现行的训政制度，便是这种见解的最具体的表现。统治者可以谴责人民的知识如何不够，人民不懂得什么是法律，即使懂了，却又只想怎样规避法律。这些事实，我们并非不承认，但问题却还在：造成人民不守法习性的原因究竟是什么？我们得就法律所具意义，做进一层次的论列，以解答这个问题。上节所举法律的定义，只说到了法律的制裁是出自国家的公力，但并没有说及这种规范究竟从何而来。在中国人民的心目中，法律乃指由统治者所制定的规范。这种见解的形成,也已有了很久的历史。韩非子所下法律的定义:"法者,宪令著于官府,刑罚必于民心,赏存乎慎法,而罚加乎奸令者也",早已深入了人民的意识。甚至我们现在一听到"法治"这名词,便立刻会联想到法家与儒家间关于"法治"与"人治"的争论。虽我们通常认为在这个争论中,儒家占了胜利,但所谓"法治",以至"法律",则几千年来,我国人民完全接受了法家所赋予的意义。法家所予法律的意义,若用现在的术语来说,便是"统治者所颁的命令"。刑与赏便是这命令的制裁方法。法家认法律为君主统治人民的一种工具,所以常与"术"和"势"相并举。法家所提出的法治问题,乃是如何使这种命令能发生最大效力,能使人民完全服从。所以在命令说的法律定义下,人民只站在被动和服从的地位。若是我们打开中国自秦以来的历史看看,尤其是在北宋以后的几朝,无论君主们在表面上如何把儒家抬出来做幌子,骨子里却十足的循奉了法家的主张。儒家对于君主的权利,虽曾想加以道德上的制限,但在法律上则亦不得不承认他的绝对无上的地位。法律既是人君的命令,于是人民对它的服从,乃完全是出于强迫的,不得已的。因此,人民对于法律的深恶痛疾,无时不在想规避,乃是必然的结果。民国成立后的几十年中,名义上的君主是没有了,但这几千年来历史所造成的人民对于法律的心理,却不是朝夕间所可改变的。何况民国以来的统治者,哪个不在效尤着法家的主张,而间接更加强了人民对于法律的仇视?

儒家对于君主的权力,曾设法加以道德上的制限,虽告失败了,但在另一方面,他们对于人民相互间的关系,另给以法律以外的道德或礼教的规范,却获得了成功。这事实足以说明我国旧律内为什么多的是刑法或其他公法法规,而很少是私法规定,即使有些,也脱离不了刑罚的制裁。孔子所谓:"听讼我犹人也,必也使无讼乎?"实不啻对人民说,你们自己间的事还以少经官涉讼为得,经官涉讼是不会便宜的。于是我国旧有法律,便缩小到公法,尤其是刑法的范围内。国家与人民间只有一个统治者对被统治者行使其刑罚权和其他统治权的关系,而不像在他国,国家常以公力来做人民间相互关系的仲裁者。在罗马及其后的欧美国家,法律本以私法为其主要部分,但在我国,这一个主要部分却划入了道德或礼教的范围。直到现在,我国人民的生活,除了触犯刑法和在其他公法关系如赋税、兵役等外,可和官府很少发生干系。外国人常指摘我国法律的民刑不分,殊不知我国的私法本来就不在法律范围之内。也因此,我国人民的社会,大部分便在法律之外了。

二

　　有些人读了上面一节①所讲关于法律的制裁和它的制定,一定会觉得我们的立论过于偏颇。他们会说,在我国过去,法律的制裁和制定,虽确都握在统治者手里,但前者乃是社会进入政治组织阶段后所必然,而我们现有的司法黑暗乃是政治未上轨道前暂时的反常现象,我们不该因此而放松人民守法的责任。至于法律的由谁制定,则只是一个形式问题,我们只须问法律的实质是否合乎公平。至少我国过去和现在所颁布的法律实质上是合乎公平者的多,反乎公平者的少。所以更不能因一时政治上的原因,使法律不能完全生效,便宽宥人民的不守法律。我们对于前一种批评,将在下节讲到政治与法律的关系时详论。现在先来一论后一种批评。这里的问题是法律和正义或公平的关系,也是法律又进一层次的意义。法律除了具备形式的意义,即是上述的制裁和制定外,更得具备一个实质的意义便是须合乎正义或公平。我们通常说:法律是以达到正义为目的,欠缺了正义的法律,不能算是真法律,指的就是这个意思。这几句常识上的话,听来好像很浅近显明,但在学说上却曾转了很大的弯,才达到了这个结论。

---

① 原文为"二节",似笔误,径改。——编者注

第一部分　法学文选

这很大的弯乃绕在法学上关于"现实法"与"自然法"的关系的争论中间。对这争论，我们在这里殊无予以深究的必要。所谓"现实法"乃指只具形式意义的法律，而"自然法"乃指公平正义的来源。时至今日，我们至少都已承认法律只是一种达到正义的工具，所以抽去了正义，法律也就丧失其存在的意义。可是问题却还在：什么是公平正义？这个问题的答案，从柏拉图的《共和国》起，一直到现在，学者所提出的，何啻万数。原因是为了法律所规定的人的关系，内容太广杂，我们着眼于任何一种特殊关系，便可得到一种正义的特殊意义。更因为正义这观念，实已超越了法律，而进入了价值论的范围，因此不免渗入各时代和各人的主观的价值观念。但在这次世界战争之后，所谓正义，已获得了一个公认的意义。这意义，早为古来中西哲人所屡屡倡导，尤其已在各个私法内，和英美的政制中逐渐确立，但在这次世界战争的进行中和结束后，始取得了举世一致的公开承认。简单言之，所谓正义，乃指人人尊重彼此的人格，或是说，人人互为目的，而非只为工具。此人格或目的，不仅为抽象的，而实具有具体的内容，罗斯福总统所举的四大自由，便是这人格或目的的最基本的具体内容。易辞言之，任何个人，自身便是价值，这价值的相互尊重，即是正义。于是任何个人，不论凭借何种名分，或职位，或主义等等，抹杀他人的人格，利用他人为工具，以达到一己的目的，便是违反正义。法律既以正义为实质，于是从这个正义的标准，人与人的关系，得分为相反的两类：一是法律关系，二是权力关系。前者乃以相互尊重人格为内容，而以自愿结合为方法。后者乃以一方抹杀他方的人格为内容，而以一方强迫他方服从为方法。例如主人与奴隶的关系是权力关系，雇佣契约是法律关系。依此标准，所谓法律，即是规定此种法律关系的规范，除了它的实质意义应依此正义标准为批判外，其形式意义也随之发生变动。这变动将在下文予以说明。这里先须说明在这样一个实质意义的法律标准下，我国过去和现在所颁布的法律究竟是否法律？上述批评者所谓这些法律实质上是合乎公平者多，反乎公平者少，究竟是否事实？要解答这问题，我们复须从上面所提及的公法和私法的问题说起。在欧西，法律能够逐渐由权力关系的规范变为法律关系的规范，实在是靠私法部分为发轫的基础。例如罗马最初的十二铜表法，本来仅是一种权力关系的规范，主人对于奴隶，甚至家父对于家属，都操生杀予取之权，但后来先因逐渐吸收外邦人间所普遍通行的法律制度，使罗马私法的实质因而改变，及希腊斯多益喀哲学的传入，自然法说复给予法律的实质，即正义，以理论上的根据。于是私法始能脱离其形式的羁绊，而获得独立的存在与发展。罗马此后虽政制转回专制，迄未能阻挠或影响其私法的主义价值。这点罗马私法上的成就，实开法律得成为法律关系的规范,而不仅为权力关系的规范的先河。此后的问题,乃在如何使此私法范围内的成就,得扩及全部法律。私人间的关系既能从权力关系,进入法律关系,于是进一步的问题是:如何使统治关系也能从权力关系进入法律关系。这便是此后欧美法治运动的内容,下文当予详述。它的促成的原因虽很多,但其发轫则不得不溯及于私法上的成就。

在我国,当法家最初倡导法治,原也想给予法律一个实质的理论根据,这根据是道家的所谓"自然"或"道"。韩非子的学于黄老,以及他著作中《解老》、《喻老》诸篇,都有以自然法作为法律实质源渊的意味。道家的所谓无为而治,也由法家解为系指由法律而治。于是我国法律很可能从此获得一个独立的存在基础,像罗马法接受自然法学说后同样地发扬光大起来。但事实上却并不曾如此。这原因一方面固由于法家自己太置重于法律形式上的意义,它不仅是由统治者制定,更是统治者的一种统治工具。于是法律始终处于政治之下,而得不到独自存在的实质。在另一方面,上述儒家的乘机使道德礼教成为规定私人间关系的规范,也抑制了我国法律向私法方面的生长。法律既只指统治关系的规范,它想逃离权力关系的性质,而变为法律关系的性质就不是一件容易的事了。一直须等到欧西的法治思想输入,这改变才有希望。现在我们争法治,就是在想使权力关系能变为法律关系,而其焦点复集中在统治关系上。所以，用上述的正义标准来衡量，我们只能承认我国过去的法律只是一种权力关系的规范，尚没有进到法律关系的阶段。至于清末到现在所起草和颁布的种种法律，本来全是抄诸外国，不问公法或私法部分，迄今还只是纸上的存在，而和人民的实际生活绝少干系，所以离开本节所讨论的问题，不啻相去万里。批评者的话也就无置答的需要。

三

在以上两节内，我们已大体说明了法律所具各种层次的意义，更说明了我国人民的生活一向多是在法律之外。并且在字里行间，我们实已指出它的原因所在，这原因便是：我国统治关系始终未离权力关系的窠臼，而没有进入法律关系的领域。所以我国现有的大问题乃集中在：如何使统治关系由权力关系变成法律关系。用通俗的话来说，就是如何使政治就范于法律，或是使政治制度化，也就是如何使政治上轨道。

政治，或是统治关系，在任何国家的历史上，都是开始于权力关系。统治者与被统治者所处的地位，前者是可以任意颁发命令，后者是只有绝对服从。那时所谓法律，也只被统治者所服从的义务，而统治者则只握有颁发或制定的权力。在权力的统治关系下，人民在统治者前没有人格，不是目的。统治者所须考虑者，除了道德上自愿受到制限外，只是利害问题，就是怎样可使被统治者永远就范，而不起革命。我国法家所讲究的严刑峻法，权谋术事，都是统治者保持其统治地位的方法。一旦统治者所用方法不妥，被统治者革命成功，于是便换了一个新的统治者，而统治关系之为权力关系，则依然如旧。我国过去的几千年历史，便是这样一个只换统治者而不变权力的统治关系的循环继续。我们甚至相信，若是欧西的新潮流始终不冲来中国，若是没有这第二次世界大战后民主的胜利，中国历史会永远在权力的统治关系下继续下去。

在欧西，近代法治的发祥地是英国，此后传到美国和法国。我们在这里，不想来追溯法治在那几国发生的历史，但须得说明它的意义，尤其因为我国人讲法治常是指法家所讲与人治相对立的法治。近代欧西所谓法治乃是指统治关系的从权力关系变为法律关系。它的前提是先承认人的同等价值，不问统治者或被统治者都具有平等的人格。这种思想的渊源所来自宗教、学术思想以至私法，而其具体化乃始于人民对抗统治者的基本权利的确立，更进而使统治者的权力亦受法律的限制，或是说统治权本身也是法律所赋予。这正和此前所认法律乃统治者的命令，成个对照。于是理论上的问题乃为：法律既非为统治者的命令，反而是统治权力所从出，则法律究竟从何而来？这问题的答案便是所谓民约说。民约说并非说明一个历史上的事实,只是说,在法律的统治关系下,法律不是统治者所制定,而是全体人民所制定。从这基本立场,人民始得进而讲究如何用详密的法律来具体地限制统治者的权力。统治关系既为人类社会已进入政治组织阶段后所不能免,又是,为了要执行众人的事,不得不把权力赋予少数人,但人民更从历史的痛苦经验中,深切知道权力本身对于握有者的麻醉性,它足使握有者擒住权力不放,因而法律的统治关系便很容易再回复为权力的统治关系,于是不得不在法律上用各种分散和牵制的方法,来予权力以限制。我们只须稍读英国的宪政史和美国的如何制定宪法以及此后几任总统的如何克己守法,便可明白用法律来驾驭权力的如何艰难。总而言之,现代的法治问题,已不重在如何使人民守法,因为人民根本手无寸铁,只需政府有实力,便不难强制其守法;而问题乃重在如何使政府能守法,而不至回复到权力政治。尤其因为权力政治的结果,足以迫使人民不得不逃到法律之外。关于这点,本文最后一节讲到我国现在的问题时将再予阐明。

四

本文开端的时候,曾提及民主乃与法治相为表里。但迄今为止,我们始终避免用"民主"这两个字。现在对于法律和法治的意义既已说明，我们不妨在这里解释民主与法治的关系。我们曾说过法治最广的意义是指一种在法律之内的生活方式。从以上几节所讲，我们得更予以如下的较详细的定义：我们的生活关系，不问是私人与私人之间的关系，或是统治者与被统治者之间的关系，均合乎法律关系的性质，始为法治。这定义当然以"合乎法律关系的性质"为其枢纽，而这句话的意义，须参照上文所论，才能明白，这里我们不再言及。至于"民主"一词，则含义广泛，很难予以确定的界说。我们曾在他处说过，民主应指一种人生的态度，而不仅是指一种政治制度。所谓民主政治实在只是这种人生态度的一个表现而已（参阅《时代评论》第5期"悬崖沉思"一文）。但在这里，我们不妨先只从它所表现的政治制度上说起。我们虽通常说民主是指人民自己来治理自己的政制，但即在这种政制下，真正的统治权，还得握在少数人手里，无论这少数人是总统、内阁，或是委员和主席。所以这里的问题还是在如何得由人民用法律来限制或监督这辈人的统治权，使他们不能擅住权力不放，而回复到专制的权力政治。于是这里所讲的，将和上节讲法治的内容完全相同。这就说明了民主与法治的关系。民主可说是一个目的，而法治乃是它必需的方法。尤其在民主政制中，法治才获得了完全的意义。例如在专制政治下，法家也曾倡导过法治，但如上文所示，法家所讲的法治，乃是片面的法治，就是只有被统治者有守法义务的法治。只有在民主政制下，法治才扩到了统治者的也须守法，而获得其完全的意义。

现在我们可以进一步讨论所谓民主是一个人生态度和法治的关系。读者粗读上面几节，很容易误认法律是一种万灵药，它可以保证民主政制的实现，可是事实却正与此相反。法律自身实在是一个最可怜不过的东西，我们在前文已屡次提到过，它可以只成为"纸上的法律"。法律能够发生效力，还得靠它背后的制裁力。但这制裁力却正握在统治者的手里。于是，当统治者自己要想违反法律的时候，究竟有什么方法可以强制他们守法，便成为宪法学上，也是实际政治上一个最大的难题。在历史上，我国袁世凯和德国希特勒都很自然地成功了窃国的宏愿；在美国，据最近**比尔德**（Beard）在他的新著《共和国》(*Republic*)一书中所说，华盛顿在独立战争中，和林肯在南北战争中，都很有机会做袁世凯和希特勒的先驱，可是他们始终没有尝试。这不同的原因究竟在哪里？这问题的解答，实超越了法律的范围。浅一点说，华盛顿和林肯的崇高人格实奠定了此后美国宪政的基础，但深一点看，也是当时美国人民已具有一种道德力量或舆论力量，迫使他们的统治者不得不守法。从这里可以看到，法律的真正的最后制裁，并不是统治者手中的有形武力，而是人民自己的道德力量。因此"法治"并不是与"人治"相对立，二者乃正相辅相成。只是现在所谓人治,并不同于我国以前所谓人治,它不只指统治者的得人,而尤其指人民自己的具有制裁统治者守法的道德力量。这道德力量复渊源于一国人民的教化。所谓教化乃指一种人生态度的养成,使人一方尊重自己,他方尊重他人。这便是我们所说过的民主的人生态度,也正是法律的正义标准。于是法律、民主和教化,乃合而为一。

有些批评者指摘我们上几节的立论为一种"法律的政治观",或是说硬把法律问题拖进了政治问题,他们尤其认为我们是把西洋近代的形式的法律概念,硬用来衡量我国本有的独特的生活方式,结果当然只有到处不满,痛骂现实。他们认为我国自有一套独特的法律,渊源于自己的生活习惯,我们要谈法律,便得先看这套法律是什么。

我们对此的答复是:我们并非是将法律拖进政治,相反的,我们正想把政治也置诸法律之下。至于说我国本有独特的生活,以致独特的法律,我们也相当地承认;所谓相当,便是说,在私人与私人之间的关系上,我国的确本有一套合乎法律实质的生活规范。可是在一个民族已进入了政治组织的阶段后所必有的统治关系上,则我国本有的一套法律或习惯,在现在已经要不得。所谓要不得,乃指已不能用以生存于现在的世界。尤其是因为旧有的权力政治的结果,已迫使原有的私人之间的法律关系也解了体,即是上文所谓已迫使人民不得不逃到法律之外。我们上面所举法院的黑暗，只是这里的一个末节。若是我们张目看看现在社会上一切的黑暗，哪一样不是造成于统治者的不法？法外暴力组织，如特务等的横行；任何名义上好听的政治设施，如统制之类，都成了敲诈剥削的借口；抗战的胜利，也只成为收复大员发财的机会。凡此种种，举不胜举，我们怎还能逃避现实，而高谈其政治自政治，法律自法律？我们怎能不认定：政治就范于法律，才是重新使中国成为一个人的世界的关键？

谁守卫了美国宪法？[1]

一个国家的宪法，像它的领土一样，最后的守卫者是人民自己。为了保卫一国的领土，现在需要动员全国人民的一切力量；为了拥护一国的宪法，有赖于人民在法律上、舆论上、道德上的全盘力量。苏联人民有此力量，才能在这次世界大战中终于却敌，重光国土；德国人民无此力量，才于魏玛宪法制定后不数年间，被流氓式的希特勒，偷劫了国祚。

但是，人民虽是领土的最后守卫者，事实上却不能每个人民都每日鹄立在边界上，因此必须有兵士来守卫领土的前线。同样的，宪法也需要有专职的人来守卫它的前线。那么谁是宪法的守卫者？

宪法的真正目的是在保障全体人民的应有权利。从此目的，

---

[1] 原文载《民主周刊》1946年第3卷第10期，署名"胡冈"（系费青笔名）。

再规定政府的基本组织。因此，任何国家虽都有规定政府基本组织的法规，但并非任何国家都有一部真正的宪法。英国是在实质上最先具有这样一部宪法的国家，但是这部宪法却是不成文的。所谓"不成文"，最浅显的是指它并不具有完整的法典形式，深入些是指它的产生和效力都和普通法律没有差别，不成文宪法，只有在人民和政府都已具有根深蒂固的民主意识和守法习性，才能行得通。在这种国家，全体人民，至少全体选民，已直接成为宪法的守卫者，所以不需要有专职的守卫者。

美国是最先制定一部成文宪法的国家，它早期的人民原为了爱好自由，才远离欧洲的老家来到这新大陆，再经了艰辛的独立战争，才挣脱了英国的虐政，最后，在制定联邦宪法的时候，一因各邦间的倾轧，二因前无史例，几经讨论折冲，才完成了建国的大业。所以美国人民对于这部宪法特别具有深切的认识和热望。他们认清宪法的真目的是在保障人民的自由和权利，政府的组织，更应以此为唯一目的。他们使国会成为代表人民的代议机关，它有权控制行政机关，使后者不至变为一个独裁者。控制的方法通常是制定法律但实质上亦不以此为限。国会本身既受制于选民，行政机关复受制于国会，所以这两种机关，均为政治性的机关，就无所谓独立。反之，在此两种机关外，更没有独立的法院使他们审判政府和人民的具体行为的是否合法。这里所谓独立，是指法院应受政治的干涉，但是并非指法院不能干涉政治的违法，行政官违了法，还须受法院的审判。于是，美国宪法便逐条把人民的基本控制，政府中的国会，行政机关和法院的组织和职权，简要明确地规定了。此外，因为美国在组成联邦时，已先有了各邦，并且各邦多已有了邦宪，于是邦联宪法内文规定联邦政府与各邦政府职权间，割分的原则，而把各邦政府的详细组织和职权，一任各邦宪自行规定。

美国这部联邦宪法，已成为世界各国成文宪法的典型。任何新从专制政体下解放出来的国家，若是为了保障人民利益的真目的，想来制定一部宪法，确立一个政制，便须了解美国这部宪法的真义。这真义得分下列几点说明：

一、保障人民的自由和权利既为宪法的目的，于是，政府内任何机关的行为，不问行政、立法或司法，若是侵犯人民的自由和权利，便成为违法。

二、宪法遵依上述目的，再规定政府各机关的组织和职权的基本原则，于是，这些机关的组织和行使职权，如有违反这种基本原则的也是违宪。

三、美国宪法规定政府各机关的政权，通常说是依据"三权分立"的原则。这原则的望文生义，最容易引起误解，尤其在今日我国，已有人把它解释成为"治权的各自独立，互不牵制"。它的真义,除了在上节内已简单地说明外,再有予以说明的必要。所谓"分立",是指这三种职权的性质在概念上可以区别,并非指它们可以互不牵制。在性质上到底什么叫作"行政"、"立法"、"司法"呢?我们可以举一个最浅近简单的比喻:譬如我想买一顶帽子,我可以先代定一个颜色、一个式样、一个价格,再叫我的仆人到帽子店里依此三种标准而选购一顶特定的帽子。当仆人把帽子买回来了,若是我的朋友认为这帽子不合所说过的三种标准,而仆人却认为正合乎这些标准,于是必得请一个旁人来公平判断一下,这特定的帽子到底是否合乎这些说过的标准。在这个例里,我的朋友确立所买帽子的一般标准,在性质上是一个立法行为,仆人依此标准去买特定的帽子,是一个行政行为,旁人来公平判断,是一个司法行为。这旁人在判断时须不受我的朋友和仆人的干涉,这便是所谓司法独立。但是仆人买帽子,须遵依朋友所立的一般标准,这便是行政行为须遵依法律。同样的朋友代我决定一般标准,须为了我的利益,这便是立法行为须为了主人、人民的利益。所以后两种行为本性质上就得受拘束,不能独立。从这个例里,我们可以认识三种治权的相互关系,在实质上并不只靠制定法律一种方法。例如预算案在实质上本非法律,因它本非一般性的规范而是特定或个别指示,但是因它也须待立法的代议机关所通过,所以在形式上也称它作法律案。即从预算案的须经国会通过一点讲,已够说明在美国宪法上行政权是受立法权的控制的,因为一切施政,非钱不行,而用钱就须先得国会的允许。反过来讲,行政行为,性质上本指行政机关为执行法律而对于特定或个别事件所发的命令,但行政机关也可颁布具有一般性或法律性的命令,只颁这种命令是在法律或宪法所予行政机关的权限之内。至于法院的判决性质上只对于特定或个别的案件。总之,无论国会所制定的法律,行政机关所颁的命令,法院所为的判决,都须以宪法为最后的依据,所以在成文宪法国家,宪法在效力上是高于政府机关的一切行为。

谁守卫了宪法一问题,乃正发生于当政府机关的行为违反了宪法,尤其是违反了宪法所保障的人民权利时,谁能断定它们的违宪性。国会在性质上既是代议机关,它最容易制定在实质上违反人民基本权利的法律。谁能具体地断定法律们的违宪性呢?说也奇怪,在美国宪法上,对此问题,并没有一条像我们想象中所应有的具体规定。虽时至今日,美国联邦最高法院的具有违宪解释权,已成为妇孺皆知的天经地义,只是这个解释权事实上并非由宪法明文规定属之这个最高法院,相反的,乃是这个最高法院的法官们所自己争来的。

在美国联邦宪法制定后的十六年(1803),联邦最高法院首席大法官马歇尔在①**马布里诉麦迪逊**（Marbury v. Madison）一案的判决中第一次奠定了该法院的法律违宪解释权。在该判决中他说："立法机关的职权曾由宪法明文予以确定和限制。……宪法，可以是一个最高的法律，不容用通常的方法予以改易；也可以和普通法律立于同一地位，可由立法机关任意改易，若是前一种见解是对的，则违反宪法的立法案便不是法律。若是后一种见解是对的则成文宪法的制定将成为无意义的举动，因为人民想用它来限制一个性质上不受限制的立法权。决定什么是法律乃是司法机关的政权。它要适用法律于个别案件，必须有权解释法律。若是法律互相冲突，法律必须判定它的效力。……这是司法机关的要素。"

在事实上，这个天经地义的原则，却曾受到了最激烈的攻击。这里不再提为南北战争导火线的黑人 Glouscot②案的判决曾成为攻击者的有力借口，我们只须稍读罗斯福总统施行"新政"时所遭最高法院的阻挠已足使我们这辈异国的人怀疑，为什么美国人

---

① 原文有"说"字，疑误，径删。——编者注
② 原文如此，疑为笔误，斯科特诉桑福德案（Dred Scott v. Sandford, 60 U.S. 393），全称德雷德·斯科特诉桑福德案（简称斯科特案），是美国最高法院于1857年判决的一个关于奴隶制的案件，该案的判决严重损害了美国最高法院的威望。——编者注

民不用修改宪法的方法来剥夺或限制这辈顽固法官们的无上权力？以联邦最高法院九个法官中五个的多数意见，便能将全国人民选举出来的国会所通过的法律，宣告违宪。我们听了，也曾觉得有悖人情。但是，美国人民始终不想废弃这有悖人情的天经地义。罗斯福新政的最后得以施行无阻，还靠了天缘凑巧，几个顽固的法官正在那□□□□□□□□□□□。①这到底是什么原因呢？

美国人民认清了法律应该在政治之上，宪法更应在法律之上，宪法才是他们自由幸福的保证。一百六十年来，美国能从一个殖民地的地位，一瞬而为世界上最强、最富的自由乐国，还不是靠了这部宪法做了坚固的磐石？

美国人民认清了，若是没有了少数有骨气的法官来做它最前线守卫者，这部宪法早会像他国多着的纸上宪法一样，跟着政治的风雨，飘零湮没。除了上述的马歇尔外，在1936年才逝世的霍尔姆斯大法官更是一个典型的宪法守卫者。当老罗斯福总统在1902年任命霍尔姆斯为联邦最高法院大法官的时候，老罗斯福原指望他能够帮助他正对托□②斯制度所进行的立法上斗争。但

---

① 此处原文缺21个字。——编者注
② 此处原文缺字。——编者注

在1904年的**北方证券公司诉美国**（Northern Securities Co. v. U. S.）一案中，他坚决①地对老罗斯福的政策表示了异议，当时不特总统对他翻了脸，即是人民也怀疑他是个资本家的走狗。后来在1905年**洛克纳诉纽约州**（Lochner v. N.Y.）一案中，他的异议却开了美国此后劳工立法的先河。他在异议里说："宪法第14条修改案并非把斯宾塞的'社会静力说'宪制为法律。……宪法并不想采用一特定的经济制度，无论这制度是观念主义或是放任主义。宪法原为了具有不同基本观念的全体人民而制定，我们不应因为偶然对于某一意见感到舒服恰意，或是感到新奇甚至惊异，而就断定包含这种意见的法律是否违宪。"他认为宪法乃所以保证人民对于任何经济政策都有和平试验的可能。有了这保证，社会才能用进化来代替革命。

具有崇高人格的法官，乃是美国宪法活的象征。法官和宪法在人民中所获得的信仰，必然产生和巩固了法官对于宪法的解释权。美国法官能够获得如此崇高的地位，都是他们自己努力的结果，他们确能做到宪法最前线的守卫者。

---

① 原文为"干绝"。——编者注

宪法与宪政

宪法不等于宪政,而只是宪政的一个非必要的工具。世上不乏没有一部宪法而实现宪政的国家,我们虽为说明便利起见,称之为不成文宪法,实则此处所谓宪法,指的就是宪政。从而可见宪法本身原是无关宏旨,有关宏旨的乃是宪政的是否实现。

宪法既是一个工具,于是它就和任何其他工具一般,既能益人,也能害人。我国从清末到现在,屡次为了制宪、毁宪、护宪的循环反复,不知已断送了多少人民的生命,断伤了国家多少元气。可怜搞到如今,又在重新开始这套旧悲剧。

愈是缺乏宪政的国家,愈是会把宪法当作万应灵药。好像只须把一部宪法制成,立刻便解决了国家一切问题。我们若用最大的善意来测度国民党当局,也不得不认为他们这次急急于宪法的

---

[1] 原文载《民主周刊》1946年第15期,署名"胡冈"(系费青笔名)。

制成，实在犯了这个错误。这错误更不是宪法的内容如何所能补救。若是只讲内容的话，则曹锟那部宪法，平心而论，也不能称有大毛病。

从各国制宪的历史来看，与其说先有宪法后有宪政，毋宁说先须有宪政基础，然后才能建立一部长治久安的宪法。这里所谓宪政基础，其最少限度，乃指统治权力确有遵守约束的诚意。这诚意虽多造成于被迫，如英皇约翰之签字于大宪章然，但一旦接受了约束，至少须有令人相信其有遵守的诚意，才能使国家逐渐走上宪政的大道，或是进一步来详细规定约束的细则——这便是制定宪法。若是没有了这点初步诚意，或是宪政基础，则任何宪政或宪法都就谈不到。统制权力和被统治者将始终立于互相猜忌、互不信任的地位；无论哪一方面制成了一部内容完美的宪法，也不过是一部纸上的宪法，和宪政的实现将绝无关系。曹锟宪法是这样，现在这部宪法至多也就如此，若是国民党当局不更另有险恶用意的话。

统治权力的所以表示其宪政诚意，绝不是在制定一部纸上的宪法，而是在用事实来证明自己愿意遵守对于人民所已作的诺言。国民党当局未曾兑现的诺言太多了，对于这次诺言大集成的宪法，又怎样怪人民不敢存兑现的奢望呢？

从法律平议人权保障[1]

对于人权保障问题,想平心静气地予以检讨,在现在这个杀气腾天的局势下,真是难之又难。其所以难者,无论人权的应该保障,已为人所共认,但当你真想把这个"应该"来衡量现实,立刻便有被列入"共党外围"的危险。其所以又难者,发生问题的具体事实,能耳闻目击,遐迩传佈,一经有权力者否认,虽受害人或其亲友亦无法或不敢出来证明。

但我们在这里还想予本问题以平议者,实在因为深切地感到人权保障不只是任何好政治——不论训政或宪政——的基础,它的认真实行,更是任何政权所以取得民心而取胜反对者的最高明和最有效的合法武器。所以我们主张人权保障,自问不仅不是"共党外围",甚至根据上一句话,共党正会指我们是"政府外围"。

---

[1] 原文载《知识与生活(北平)》1947年第2期。

主持正义人道的人士，自古以来，本来就永远在这左右不讨好的悲惨境地！

"人权"一词从十二世纪英国大宪章的人身保护状起，经过美国各州及联邦的宪法，法国革命时的人权宣言，以至罗斯福总统所宣布的四大自由，它的含义正随着人类历史的进展而逐渐扩大。但现在我国人所讲的人权保障，却都仅指人身权一种。从不好的一方面来看，这正说明：当他国已在竞相讲求如何实现人民"免予匮乏"的人权的时代，在我国连这个起码的人身权还成问题。但从好的一方面来看，也可以说，国人已经认清，人身权的切实保障乃任何他种人权，以至任何好政治的基本条件。这是现代法律和政治上的一个颠扑不破的大原则。

这个大原则也早为我国自民国成立以来，历次的基本法所明白昭示。例如直到现在还有效的训政时期约法（民二十年由国民政府公布施行）的第八条规定：

"人民非依法律不得逮捕、拘禁、审问、处罚。

人民因犯罪嫌疑被逮捕拘禁者，其执行逮捕或拘禁之机关，至迟应于二十四小时内移送审判机关审问。本人或他人并得依法请求于二十四小时内提审。"

同法第九条规定:

"人民除现役军人外,非依法律不受军事审判。"

上两条规定内所称"非依法律"的"法律",得包含两种:一种是普通法规,一种是特别法规。前者是适用于一般人民的,后者是适用于特种人民或特种罪行的。前者是根据于现代文明国家所共认的法治大原则而为规定,如刑法、刑事诉讼法、违警罚法、提审法。后者则多根据于一时政治上的原因而为规定,所以很可能是违反法治大原则的。但很足庆幸的是:国民政府已于民三十五年二月十三日明令废止了二十一种特别刑事法规,这些法规都是不合乎训政时期约法和法治大原则的。我们在这里只列举那些当时废止的有关人身权的特别刑事法规:

一、保障人民身体自由办法及其实施规定;

二、危害民国紧急治罪办法;

三、防止汉奸间谍活动办法大纲;

四、续订陕鄂等后方七省总清查实施办法;

五、水陆交通统一检查实施规则;

六、共产党人自首办法。

这些特别法规已经废止后，我们得根据我国现行的几种普通法规，以至连同所尚未废止的少数特别法规在内，如关于禁烟和汉奸的条例，具体地和简单地来说明关于人身权的现行法律规定如下：

"对于任何非现役军人的普通人民，除现行犯或已经通缉在案者外，绝对不许由任何非执有普通法院拘票的人加以拘捕。即使对于现行犯或通缉在案者，亦应于拘捕后二十四小时内移送普通法院。只有经过普通法院的合法审判，才能加普通人民以罪刑。"

这个规定，不只正是举国人民自从推翻专制的满清皇朝后所日夜乞求的人身权保障办法，也正是先进国家的人民，经了多少血泪，所已经实际确立的一种法治原则 (Rule of Law)。这规定尤其置重于程序法方面，亦即英美法上所称的"合法程序" (Due Process of Law)。

这个法律规定既然如此的明确进步，所以当政府明令废止上述种种特别刑事法规的时候，确使每个稍懂得法律的人民，欢欣得掉下热泪。我们当时相信：几千年来在水深火热中的我国小民，从此真获得了一切自由的基础，我们可以不再怕暴力者的任意拘捕，我们有一个公开的国家责任机关——法院——来保护每个人的人身权。在这个基础上,我们更盼望着将建筑上述种种良法美制,以赶上这个竞相讲求"免于匮乏"的时代。

但是,从三十五年二月十三日那天以后,无情的事实却接踵地发生,使每个善良的人民,从天真的欢欣中,重复落入了疑虑、失望、恐怖、愤恨的深渊中。个别的失踪、狙杀等事件,这里不必列举。只就北平于二月十七日午夜户口大检查中所发生的二千数百余人的被拘捕事件来讲,我们无论如何愿意体谅地方当局的动机,和他们所自承的"手续上容有不当",但是这整个事件的经过,到底是否合法,我们不得不站在地方当局历次声明中所自辩的相反立场。这里的中心问题乃是:在这二千数百余人中,除了只犯违警罚法而警局有权于拘捕后二十四小时内自为处分的案件外,到底多少军人是在法定期限内移送了军事机关,多少普通人民是在法定期限内送到了普通法院?在这事件已引起了中外公正人士的抗议之后,行政机关为了证明自己行为的合法,至少已应公布被捕者的姓名和移送的经过。只是笼统地声明"已于二十四小时内,依其身份,移送法院及军事机关",实不足袪除群疑。军事机关的处分固得秘密,但法院是个国家对人民的公开负责机关。在这二千数百余人中,我们不得不认定至少有一部分是普通人民,此中法院到底接受到了几件被移送的案件?据地方当局所自承的已幸被释放的几个普通人民,他们虽多超过了二十四小时的被拘禁,但没有一个是经过法院审判的法定程序的!须知只有经了法院审判的合法程序,才能审定被拘捕者是"现行犯",未经此审定,则依刑法上最起码的原则,任何人都推定为"无罪",从而对此等人的拘捕就成为"不法"。这种拘捕尤其不能因被拘捕者在任何机关前"自愿参加共党阴谋暴动"而取得合法性,除非法院已对此"自认"经过合法审讯,认为证据充足,而予以"有罪"判决。所以我们从何市长声明中对于"王宪铨"及"其他七人"的"自供参加共党,犯企图暗杀、放火、破坏铁路、破坏水电之罪",我们须问:是否经过了法院的审判权?

我们绝对不否认:为了维持治安,行政当局得拘捕"现行犯",但我们始终认为:当法院存在一天,行政当局就依法将被拘捕者移送法院,让法院审判被捕者是否"现行犯",苟认定为"否",则不只被拘捕者应予无罪开释,并且当局的拘捕行为即属不法,而应负对被拘捕者所受损害的赔偿责任。不然,拘捕的人既能主观地且秘密地认定被拘捕者的罪刑,则"欲加之罪,何患无辞",天下滔滔,顿成地狱!法律上几个基本原则,原是人类经了千百年的惨痛经验所逐渐形成的自救救人的具体方法。

我们并非不知道：这问题牵涉了微妙的政治，为了政治，这里才发生了问题。但是法律的能高于政治，正是任何好政治的基础。法治，如本文开端所言，本身就是一个取得民心的政治工具。现行法为刑法和违警罚法等的合法运用，平心而论，亦很足维持像北平等城市的治安而有余。善良的人民，贤明的当局，谁不应该想为这祸患日深中的家国，多保存一些生命元气呢？

四月二十一日于北平沙滩

皮尔逊强奸案翻案事答问[①]

安平兄：

即刻来电，承嘱就皮尔逊强奸案翻案事即日裁文，正巧有两个学生来访，闲谈中谈到这个案件，现在就把我和学生间关此的一段对话，笔录奉上。学生甲是学法律的，乙是学政治的。

费青 8 月 16 日　北平

甲：昨天报上所载消息，是否就可认定美国海军部已把今年初美军在华所举行两次军事法庭中对于皮尔逊及其从犯泼立加所为有罪判决，予以撤销，而把他俩无罪开释了？

我：据中央社华盛顿 8 月 12 日合众电，虽于撤销原判后还

---

① 原文载《观察》1947 年第 3 卷第 1 期。

加上一句"海军部之声明中未述明皮尔逊是否将再度受审,惟发言人称:福氏(海军部长)此举或将使海军部放弃此案",但当我们再参照联合社 6 月 17 日美南星州电美海军陆战队司令范特格里甫特将军所致皮尔逊家属函件内容,则恐无罪开释的可能性为多,而再度受审的可能性为少。

甲:若是我国提出抗议,于本案还能有所补救否?

我:美国最近的法律有否变更,我不知道,依据美国原先的法律,则军事法庭的判决,本来需得经过法定上级长官——如海军部长——的复核(review),方能生效。复核的结果可能是对于原判的核准或不准,不准更得为径予无罪开释,减低罪刑,或发还原军事法庭更审,但不能径自加重罪刑。除发还更审外,经复核后的判决即成为具有既判力的终局判决。大总统虽尚未有特赦权,但也不能把一个已经无罪开释者反而"赦"为有罪。所以,现在对于皮尔逊一案,除非美国海军部的复核结果是发还更审,我国纵提抗议,将不能发生法律上影响。并且,该复核的结果虽我们尚未确知,事实上却早已确定,恐怕也不能因我国抗议而变更其内容。

甲:如此说来,这案可能已是绝症!皮尔逊果真被无罪开释的话,美国海军部这个复核结果是否违法?

乙:我想应该是违法,因为美国法律,据我所知道,不问普通刑法或军法,都承认强奸罪,现在皮尔逊既犯了强奸,而海军部的复核结果反而把他无罪开释,这复核结果当然是违反了法律。是不是?

我:这复核结果当然是不当,从而违法了公道,但是狭义地或严格地讲,不能说它是违法。我并非在替美国辩护,更不是在反讽美国以违法为合法。我只想说明所谓"不当"和"违法"的区别,从而更说明法律的内在的有限性。任何一条刑法——我们只把刑法做例——都先规定了特种犯罪行为的要件,再规定它的法律上效力,就是所应科的刑罚。这些规定看来都很简单明确,可是在实际适用起来,却不是如此简单。适用刑法的步骤分三:第一是确认事实或行为的真相,第二是看已确认的事实或行为是否合乎特种犯罪行为的法定要件,第三才是科犯罪者以鉴定的刑罚。这里的第一个步骤,就是应该如何确认事实的真相,在法律上,尤其英美法上,可能有消极的规定,就是规定某种证据不能予以考虑,但是积极地什么证据才应该认为真实,则法律无法予以规定,而只能凭通常人的理解来判断。例如在英美,这个证据是否应该认为充足的"事实问题",就由不懂法律的陪审员来判断。于是,这个步骤便成为适用法律时最困难之点,因为事实真相本来就最难于确认。在课堂里讨论哲学,我们尽可怀疑,甚至否定一切真实;可是在适用法律时,就不得不于有限的证据中来认定一个事实的真伪。也是在这个步骤上,人的种种愚昧偏见,最会影响了法律的原有公道,因为确认事实和适用法律的人,无论是法官或是陪审员或其他,到底还是人,人就难免了有意和无意的错误。在普通法律里的诉讼,法律为了补救这种可能错误,常规定了上诉等制度,但是上诉的次数也不能无限制,到了终局判决,事实上容或尚有错误,但法律上则已不得不认为定谳。这就是说:终局判决只有"不当",而不能说"违法"。美国军事法庭的诉讼程序虽和普通法院略有不同,但在本质上,则上级长官的复核原就为了补救军事法庭在确认事实和适用法律时的可能错误。假定上述美国法律最近没有变更的话,则军事部这次对于皮尔逊案的复核结果在本质上便是一个终局判决,所以只能说它不当,而不能说它违法。

乙:依此说法,这"不当"当然也只是从我们中国人的立场而言,在美国人则一定认之为当而又当。于是,所谓法律尊严,司法独立,法治国家,还不全是骗骗人?法律只是一种主观偏见的工具,尤其是政治上的偏见!归根结底,在现在这个世界,一切还是决定于政治。

我:昨天我还听到一个经济系的同学说:"一切还是决定于经济",所以现在我们暂且不讨论这个一切究竟决定于什么的问题。法律的目的,本来是为了人间的公道,公道既是人类经济共同生活中的一个要素,所以法律也是人类世界中一种不可或缺的制度,可是它正和其他任何种制度一样,还得靠人来运用,运用得不当,它就无从实现它原有的目的。人的愚昧偏见使他看不到事实的真相,正是这运用不当的诸种原因里的一个,它不仅于法律为然,即对于其他制度,亦复如是。美国海军部这次对于皮尔逊案翻案的理由,据报章所已见,是认为犯罪行为的证据不足,尤其认为军事法庭的有罪判决可能受了中国学生抗暴运动的影响。这正足以显示:现代国际政治下所造成的偏见,是如何淹没了人的理解,使他看不到事实的真相,从而牺牲了法律的原有价值!

乙:更从而牺牲了美国在今后世界中道义上的领导地位。想不到罗斯福死了仅三年,美国竟会一落千丈到如此地步。自由主义原是以法律上的公道为起码条件,现在美国连这点公道都不再想维护,他怎样还能举起自由主义做号召呢?

我:你们青年人因皮尔逊案而引起的愤怒,我是十二分的同情。同时,我们也得反躬自省,在今天的中国国内,贪污枉法,倒行逆施,哪里还寻得到一点公道正义?对自己人都没有公道,我们还能希望人家以公道相待么?

论狂妄政治[1]

粗看到第5卷第1期《观察》周刊一篇外论选译的标题——"狂妄为什么会失败——罗素原著",笔者不禁掩卷叫绝,因为对于我们政府当局近今所搞的一套,笔者久想找寻一个简洁而又恰当的形容辞,而屡屡失败,这次经罗素先生和观察特约译者无意中的点拨,竟然找到了"狂妄"一词,以之相容我国政府的所作所为,真是千真万确,恰到好处,若是联缀而成"狂妄政治"或"狂妄主义"等名词,尤其读来顺口。

诚然,当笔者重新开卷,把这篇选译一口气读完之后,不仅于"狂妄"一词在这里的含义,粗率地感到和始料者有些不同,甚至会令人疑心到一代哲人罗素先生这篇文章也不免发自时下泛滥着的反苏动机。但罗素先生自己在这里既未明言他所斥责的

---

[1] 原文载《中建》半月刊(北京版)1948年第1卷第9期。

狂妄主义正指的是苏联，而所赞许的是理性主义正指的是英美，我们也正不必先把是非牵惹到外国去。我们只想说明"狂妄政治"应有的含义是什么和它的必然结局是什么，用以帮助我们对于我国眼前现实政治的推测。

中文里"狂""妄"二字联缀成一词后所含的意义，就其说明一种政治上的搞法言，其实比原文 Fanaticism 一字，更为恰当。因为，"狂妄政治"应该含有两层意义，而"狂"与"妄"正各示一层含义，不像其原文 Fanaticism 一字的必先分析其含义而另用两个字眼来表示它们。例如我们称一个人为"狂人"，另外一个人为"妄人"，这两字的含义是不同的。"狂人"不一定是坏蛋，孔子甚至以"狂""狷"并举，而认之为不得已而求其次的好人。至于"妄人"则一定是个坏蛋，无可辩饰。"妄人"而加上"狂"，则更如虎之添翼，一定是个胆大妄为，无恶不作的大混蛋。

对于上举"狂妄"一词由字面所表示的两层含义，我们可以予以进一步的分析。"狂"应指一种方法上或手段上的错误，而"妄"才指目的上的错误。方法上或手段上的错误，得有两种：一种是"过之"，另一种是"不及"，前者言"狂"，后者是"狷"，前者是"为之太过"，后者是"有所不为"。因为"狂"不是"目的"上的错误，所以不一定是道德上的"恶"，其方法上之错误，仅足以招致不能达到目的的后果。为达特定目的，而能采取正确方法，乃有赖乎基于理性的知识。孩童们知识不够，其一举一动苟以成年人的标准来衡量，多属于"狂"。孩童们由学习修正才逐渐知道什么是正确的方法。此正确的方法的知道，我们称之为知识，精确的知识称之为科学；此学习修正的可能性，我们称之为理性。所以就个人言，任何人都是从"狂"逐渐学为"不狂"，从无知识学为有知识。而少数人仍不免为"狂人"者，除了基于生理上的缺陷外，乃由于心理上的故障，使其不再能学习修正，从而不再能获得新知识。这种心理上的故障，每是社会性的，其显著者为宗教上的迷信。于是，医治"狂"的药石，唯在除去这种心理上的故障，使"狂人"重新恢复其学习修正的可能性，即理性。罗素先生在上引文章里所主张的核要言之，也就是如此。

"狂妄政治"也可以先把"狂"与"妄"同样地分别来讲。"狂政治"的"狂"和"狂人"之"狂"，在本质上并无二致。但迄今的政治却以狂者多而不狂者少，正和个人的狂与不狂的比例相反。此中原因，笔者认为最重要的是权力这东西的作祟。政治既缺不了权力，而统治者握有此权力后就会逐渐为权力所迷醉，迷信权力万能，而同时逐渐丧失了学习修正的可能性——理性，终至敢于凭借权力来对抗最浅显的必然事理。中外古今的历史上正多着这种事例，我们现在所眼见的有如：欲以金圆券和经检大队来平抑物价的上涨，欲以特刑庭来禁止学生的进步思想，欲以武力来戡乱。凡是种种都是统治者敢于凭借权力来对抗最浅显的必然事理的好例。任何人的常识——不需要专家的专门学识——早就看到：以这种方法，想来达到各该目的，是不可能的，因为他们违反了最浅显的必然事理，好像鲁阳挥戈止日一般地"狂"。于是其必然结果是：物价愈抑而愈高，学生愈拘捕而思想愈进步，乱愈戡而愈乱，总之，不仅原来的目的不能达到，反而和这些目的愈离愈远。一个人的"狂"，其结果是个人的种种目的不能达到，终至个人人格的溃裂，以至于个人灭亡。统治者的狂，除了必经此个人的同一途径外，因其牵涉了全国人民的祸福生死，从而促进统治者的种种目的的不能达到，促进其人格的溃裂，促进其灭亡的种种反抗力量，一定比了个人的更大、更多。

现在可以讲得"狂妄"政治的第二层含义——"妄政治"。如上所述，"狂政治"可能具有正确的目的，只是采取了错误的方法，而"妄政治"则为目的的错误。以"妄人"相比，"妄政治"是"恶政治"。罗素在上述文章里，他承认："科学只是手段，不讲目的，目的是由感情支持。以我自己说，我有许多东西是认为有价值的；特别可以提出来的是：理智，宽大，和自尊。科学不能证明这些是好的，它只是能在假定这些是好的之后指出怎样去得到它们。不说明理由而相信这些或其他价值并非不是理性的，因为这件事并不能做理性的争辩。"这就是说，理性主义解决不了

第一部分 法学文选

目的问题。所以罗素所论的狂妄主义,而提出理性主义为其救药,其实只解决了"狂",而没有解决"妄"。确定政治目的是否错误,我们承认比了确定个人目的的是否错误,反而容易。社会价值的最好标准,与其诉之专家,不如诉之普通人的常识。若是高明之士,以为常识不足,必须请出学术权威,笔者倒愿意引及亚里士多德(Aristotle①)在两千多年前根据当时的常识判断所分好的政治和恶的政治的标准。亚氏把Monarchy、Aristocracy、Polity列为好政治,而以Tyranny、Oligarchy、Democracy列为恶政治。其批判标准不在组织制度而在政治目的。亚氏所谓恶政治是指统治者专以自己的权益为目的的政治。我们在这里更不必提及所谓好政治是否须为全民权益或仅一阶级的权益,因为我们只须确定什么是"妄政治"。用亚氏的话,我们可以定义"妄政治"为统治者专为自己权益打算的政治。统治者果真秉持这样一个目的,则无论他所采的方法如何合乎科学,如何合乎理性,如何有效,依旧是"妄政治",是"恶政治",甚至科学、理性、效率,反能助长其妄与恶,因其足以助其达到目的,笔者甚至认为,对于一般"狂妄政治",若是我们把统治者的处境、知识、狡诈等等通盘计算在内,会发现统治者多的是"妄"而不仅是"狂",不仅是方法的错

---

① 原文为"Aristolter",似笔误,径改。——编者注

253

误而归根结底是目的的恶。有此专以自己权益为目的的前提，才使他不得不采取看似"狂"的方法。他其实也具有常识，也早已知道这种方法行不通，甚至比老百姓们知道得更清楚，但是因为没有其他更有效的方法，因为这方法不仅可以满足一己的仇恨心理，并且受其害者是他人多于自己，他人先于自己，于是才敢于一试。此外，我们更应该把狡诈的统治者的侥幸心理计算在内，狡诈者每把自己的计算估计太高，以至把所希望的将来事实计算在内，这更助长了一试此种方法的勇气。

尤须说明的是："妄政治"的目的，并不一定须为统治者所意识到，统治者可能意识到他自己的所作所为真的再仁义道德也没有，可是当心分析者根据看似细枝末节的具体事端予以剖析，立刻会发见他的恶目正潜意识地支配着他的一切行动。只拍苍蝇，不打虎，经检森严，却留一"孔"，金银官价，两相悬殊，凡是种种，举不胜举，均是"妄政治"的绝好标识。

"妄政治"加上"狂政治"乃成道地的"狂妄政治"，"狂妄政治"已绝非罗素所提的温和的理性主义所能医治。若是能够的话，则历史上的大革命，像法国革命和俄国革命也就不会发生了。

国际私法上反致原则之肯定论[①]

一、引言

国际私法上有若干基本原则，在各国立法例及学说上，迄未获得一致解决。反致原则 Renvoi 即属其一。此等问题之所以难于解决，实因其与国际私法之本质与目的具有密切关系。关于国际私法之本质与目的，学者见解既难期一致，于是以此为基础之问题，势亦难获一致解决。且各国立法例之形成，每由于历史上之特殊原因，及引起学者注意，各在理论上予以诘难或辩护，尤足形成实际与理论之分歧。迄今为止，多数国立法例于反致原则主肯定论，而

[①] 原文载《国立北京大学五十周年纪念论文集》（法学院），北京大学出版社1948年版。反致原则之肯定论，笔者最初主张于大公报法律周刊第13至15期"国际私法上反致与转致问题之肯定论"一文，后迭经辩难，益以参证，乃成是篇，用投本校五十周年纪念论文集，以存久远。

多数学说则持反对论。然成文法或判例之适用，固仍有赖于学说为之解释推演，斯更形成反致原则在适用上之种种矛盾。

  本文之作，旨在为反致肯定论确立其理论根据，更进而证明其实际适用之可能。盖国际私法发展至晚近，不特其本质已超越形式的国内法，且其目的尤在乞求法律之国际的和谐，[①]而反致原则正为达到此种和谐之一个方法。我国受领事裁判权之羁绊，国际私法迄未发达，学者持论复多囿于多数说之是从。兹篇所论，或足供进一步探究之参考，抛砖引玉，有深企焉。

二、反致原则之沿革

  所谓反致，乃指：依内国国际私法之规定，系争问题应适应甲外国法，而依甲外国国际私法之规定，复应适用内国法，于是内国法院最后依内国法解决系争问题。例：英国人有住所于中国，今以其行为能力问题在中国法院涉讼。依我国《法律适用条例》第5条之规定，该问题应适用当事人本国法，即英国法，而依英国法复应适用当事人住所地法，即中国法。于是中国法院最后适用中国法解决该行为能力问题。依国际私法之术语，该英国人

[①] 参考 Martin Wolff: *Private International Law*, 1945, p. 15. 及 Rabel: *The Conflict of Laws: A Comparative Study*, 1945, p. 96.

之行为能力问题乃反致于中国法。

广义之反致,复兼及转致(Renvoi au second degré, Weiterverweisung)。所谓转致,乃指:依内国国际私法之规定,系争问题应适用甲外国法,而依甲外国国际私法之规定,复应适用乙外国法,于是内国法院最后适用乙外国法解决系争问题。例:英国人有住所于法国,今以其行为能力问题在中国法院涉讼。依我国上举国际私法之规定,应适用当事人本国法,即英国法,而依英国国际私法之规定,复应适用当事人住所地法,即法国法。于是中国法院最后适用法国法解决该行为能力问题。依国际私法之术语,该英国人之行为能力问题乃转致于法国法。

在历史上,虽自17世纪起,欧洲诸国法院之判例已有采用反致者。如1652年法国洛盎(Rouan)法院曾依据另一法国法域之国际私法规定而反致的适用诺曼底(Normandie)法域之法律。①英国自1841年Collier v. Rivaz及1844年Maltass v. Maltass二案起已承认反致。②德国亦于1861年3月21日由吕贝克(Lucheck)高等法院首次采用反致。③然反致之引起学者

---

① 载 *Revue de droit international privé*, 1926, p. 20。
② 为 Dicey: *A Digest of the Law of England with Reforence to the Conflict of Laws*, 4th Edition, p. 812, note g 所引。
③ 初载 Clunet: *Journal du droit international*, 1881, p. 61。

注意而成为国际私法上一大问题者，则始自1878年法国最高法院所判决之福尔哥氏（Forgo）一案。[1]该案案情如下：福尔哥氏（Forgo）为生于德国巴伐利亚邦之一非婚生子，居留法国，惟依当时法国法，未于法国取得住所，未立遗嘱，遗有动产而死。依当时法国亲继法，凡非婚生子未被认领，即与生母之亲属，亦不发生亲属关系，故福氏虽于生母方面有旁系血亲，依法国法仍为无继承人者。惟依当时法国国际私法，因福氏未于法国取得住所，故其继承问题应适用其本国法，即巴伐利亚邦法。依巴伐利亚邦之亲继法，福氏虽有旁系血亲为其继承人，然该邦国际私法规定于继承采住所地法主义，且认福氏最后住所系在法国。于是法国最高法院乃依据巴伐利亚邦国际私法之规定，将该案反致于法国法，最后适用法国亲继法而认福氏为无继承人者，其所遗动产归法国国库。

　　自福氏一案出，反致原则不仅为法国此后判例所遵循，即多数大陆法系国家，如德、匈、瑞典、波兰、日本、我国等，均著诸成文法规，[2]其他如比利时、巴西、宝加利

---

[1] 此处原注为5，与上引为同一注。——编者注
[2] 德国民法施行法第27条，规定于行为能力、结婚、夫妻财产制、离婚、继承这五种法律关系，承认反致。此后判例则将反致原则撰及其他法律关系，且更承认转致。（此注原为6，系连续注，现改为每页注。下同，不再说明。——编者注）

亚[①]、卢森堡、挪威、西班牙、罗马尼亚等，则亦以判例采用反致。[②]此等国家大都于人法采国籍主义，其所以乐于采用反致原则者，除出于因袭外，尤在多获致适用内国法之机会，从而减少适用外国法之麻烦。欧陆少数国家中于立法例上为采反致原则者，以意大利为最著。其历史上之原因盖由于马志尼所创国际私法上国族主义之影响，当意大利制定其国际私法于民法加前编时，[③]盖自谓为世界各国树一模范，于是对于他国国际私法均认为不屑顾及，遑论由反致而予以适用。英美国际私法于人法采住所地主义，故于反致，较之采国籍主义国家，实少实益。易言之，英美不能借反致而多适用内国法。美国迄今，除少数邦法院判例有例外外，

（接上页）匈牙利婚姻法（1894）第108条："婚姻之成立，依当事人之本国法，但该本国法规定适用另一国法律时，不在此限。"

日本法例（1898）第29条："应依当事人之本国法时，如其国之法律，以为应依日本之法律时，依日本之法律。"

中国法律适用条例（1918）第4条："依本条例适用当事人本国法时，如依其本国法应适用中国法者，依中国法。"

波兰国际私法典（1928）第36条："依本法应适用外国人之本国法，而依该外国法应适用另一国法规时，适用该另一国之法规。"

① 今保加利亚。——编者注
② 参考前引《大公报》法律周刊第13号至15号拙著："国际私法上反致及转致问题之肯定论"。
③ 意大利民法（1865）加前编第6条至第12条，参考 Makarov: *Die Quellen des internationales Privatrechts*, 1929, pp. 79—80。

原则上未曾适用反致，①其原因实基于此。然英国法院判例则于反致竟予以最广泛之承认，②则另有其历史上之原因。依英国国际私法，遗嘱仅依住所地法规定之方式订立者，始为有效。而依多数国之立法例，遗嘱依订立地法所规定之方式者，亦为有效。于是英国法上该规定之绝对贯彻，势将对于多数遗嘱人之不知该项严格法规者，形成极不公平之结果，即大多数依订立地法方式之遗嘱，将不为英国法院认为有效。为欲避免此种不公平结果，英国法院乃承认遗嘱方式之依住所地法所转致之订立地法者，亦为有效。此项原则确立后，始由逻辑推演而逐渐扩及他种法律关系，并及于反致。③

各国立法例因历史上之特殊原因对于反致原则所采不同立场，初本少理论上之根据，于是当福氏一案引起法学者注意后，学说上对此之讨论，一时风起。尤足注意者，法德两国虽于判例及成文法于反致采肯定论，而其学说，则除少数例外外，迄多持

---

① 纽约州 Surrogate 法院于 In re Tallmadge 一判例（1919. 109 Misc. B96, 181 N. Y. S. 556）曾于反致以理论上之驳斥。由皮尔教授（Beale）所主编而由美国法学会 American Law Institute 于 1934 年所公布之《法律冲突法汇撰》（*Restatement of the Law of Conflicts of Laws*），第七节于反致持反对说，仅于婚姻、身份及不动产承认例外。
② 英国关此之最著判例例如：In re Annesley（1926）1 ch. 692; In re Ross. Ross v. Waterfield（1930）1 ch. 377; In re Askew（1950）2 ch. 259 等。
③ 参考 Westlake: *A Treaties on Private International Law*, 7th Edition, 1925, p. 55。

反对立场。①德国学者对于德国民法施行法第 27 条②之解释,亦因之而有广狭之殊。仅少数持肯定论者,始同意于该国大多数判例所采之广义解释,即认为反致原则应扩及于其他法律关系。多数主反对论者则于该条主狭义解释,有仅容许该条内所列举之五种法律关系适用反致者,亦有于凡适用本国法之法律关系承认反致者。③英美学说既多采实证方法,即自限于现实法之说明与组织,故常以本国所采立法主义为依据。英国④自戴西(Dicey)始,学者多采肯定论,美国则反是,且多于反致不予讨论。⑤

三、反对论之论据

于反致持反对论者称:依一国国际私法所适用之外国法,乃

---

① 持反对论者,法有 Bartin, Valey, Pillet, Arminion, Nibboyet 等,德有 Gelhaed, Kahn, Zitelmann, Niemeyer, Habicht, Neumeyer, W. Lewald, H. Lewald 等。持肯定论者,德有 Von Bar, Enneccerns, Melchior, Rabel 等,法有 Weiss 等,其详参考《大公报》上引拙著。
② 参考 P258 页注 2。(原注为连续注,改为每页注后互引有变动,下同。——编者注)
③ 参阅上引《大公报》法律周刊拙著。
④ 原文为"美国",似笔误,径改。——编者注
⑤ 同前注。

指该外国之实质法，内国法院即应依此实质法以解决系争问题。①如本文第一节所举例，对于该英国人之行为能力，我国法院应根据我国法律适用条例第5条而适用英国法中关于行为能力之实质法上规定，予以解决。诚如是，则绝无所谓反致问题之得以发生。在福氏一案前，各国法院，除极少例外外，固均如是判决也。

考福氏一案之所以引起反致问题者，乃因法国最高法院为达使福氏遗产归属法国国库之结果，乃认为依法国国际私法所适用之被继承人本国法，即巴伐利亚法，非仅指该邦法中关于系争问题之实质法上规定，而应为该邦之全部法律，亦即应包含其关于系争问题之国际私法上规定。对于涉外案件，国际私法规定既应先于实质法规定而适用，于是法国最高法院于本案即应先适用巴伐利亚之国际私法规定，复依此项规定，本案即应适用被继承人之最后住所地法，即法国法。法国最高法院乃最后适用法国实质法，而判决福氏为无继承人，遗产应归属于法国国库。

上例所示，承认反致者之基本立场乃在认定：依一国国际私

---

① 是为任何主反对论者所持之理由。国际法学会（Institute of International Law）于1898年在海牙（Hague）及于1900年在牛旭丹（Neuchâtel）开会，对于反致曾予讨论，当时由参加该会议之法学者，以22票对6票，通过如下决议："各国国际私法规定应明定每一种法律关系所应适用之法规，此法规非指外国之国际私法。"是其显例。参考 Lorenzen: *Selected Articles on the Conflict of Law*, 1947, pp. 25—26。

法所适用之外国法乃该外国之全部法律，亦即包含其国际私法在内。反对论之基本立场则正相反，认为依一国国际私法所适用之外国法，仅指该外国法中之实质法部分。在国际私法学上，前者称"全部法律转引"原则（Gesamtverweisung），后者称"实质法转引"原则（Sachnormverweisung）。此两种相反之基本立场，如下文所示，实根源于我人对于国际私法之本质与目的所持不同见解，反致仅为其表现之一端而已。

自反对反致者视之，则所谓"全部法律转引"原则，仅系肯定论者，欲达其自私目的，所凭空捏造之工具。此自私目的，除福氏一案所显示者外，乃在造成多适用内国法之机会。现世多数立法例之承认反致，实为其立法者及司法者此种自私心理之表现，而别无其他理论根据之足言。

反对论最有力之攻击方法，乃在指出反致肯定论在逻辑上之矛盾。肯定论既借口所谓"全部法律转引"原则，而达到反致于内国法之结果，则依其逻辑，此处所谓内国法亦不应限于内国法中之实质法，而应为内国法之全部，亦即包含其国际私法在内。于是依此内国之国际私法，复应再度反致于外国法。且此外国法复为外国法之全部，即包含国际私法在内，于是复应第三度反致于内国法。如斯转辗反致，以至无穷，而绝无最后适用内国或外国之实质法以解决系争问题之机会。是项逻辑上之矛盾，法国学者皮耶（Pillet，1857—1926）及尼布瓦耶（Niboyet）曾喻之为"国际的网球战"，盖喻其来回返击，不应有已时。有之，惟当一方已经失败，亦即已经自违其逻辑。[1]德国学者**卡尔姆**（Kalm）称之为"镜壁之室"，亦所以喻其来回返照，无有已时。[2]法国**莱恩**（Lainé，1841—1908）及**瓦莱里**（Valéry）则径称之为"不断之恶环"（Circulus Vitiosus）。[3]

四、肯定论之论据

肯定论之论据，得于其驳斥反对论之论据中见之。

反对论以福氏一案前大多数国家法律不承认反致，即认为反致无存在理由，实不足取。盖任何真理，均随人知发达而逐渐昌明。不能谓历史上所无者，即非为真理。哥白尼以前虽无人承认地球绕日而行，然不能不认此为晚出之真理。在国际私法中，反致固较晚出，然非无成为真理之可能。何况即在福氏一案前，英国判例已予承认，法德少数判例亦然，正如真理在获得普遍承认前已为先觉者个别发现也。

---

[1] Pillet et Niboyet: *Manuel de droit international privé*, 2nd Edition, 1928, p. 485.
[2] Kalm: *Abhandlung zum internationalen Privatrecht*, Vol. Ⅰ, 1928, p. 20.
[3] Lainé: *Chunet*, 1896, p. 257; Valéry: *Manuel de droit international privé*, 9th Edition, 1925, p. 608.

福氏一判决之动机，以至各国立法例采用反致之特殊原因，如前所述，事实上诚或如反对论者所称之自私。惟任何立法主义或法律制度，苟不具有合乎法律目的之内在理由，至多或能昙花一现，殊难获得永久化与普遍化。今反致一原则，虽经多数学者之反对，仍为多数国家之立法所继续采用，其是否具有合乎法律目的之内在理由，实有详予探究之必要。任何制度，其偶然的发生原因，每不足说明其继续存在之真正理由。此真正理由，于法律制度，斯为合乎法律之目的。于是反致一原则之评价，最后尚系于我人对于国际私法所具目的之见解。

如上节所述，反致每以全部法律转引原则为其技术上之理由。此原则之含义得自德国与英国之判例中见之。德国最高法院所著是认反致之判决中曾谓："当德国法院依国际私法适用外国法时，应设想该外国法院对于系争问题将如何判决。"①复谓"一国法律系一整体，殊难由另一国法院强予划分一部分实质法，另一部为国际私法。今竟强予划分，且仅适用其实质法部分，实正所以违反该外国之法律。该系争问题苟由该外国法院受理，且依该外国法律，即不应适用其实质法，而应适用另一国实质法，易辞

---

① 德国最高法院 1906 年 2 月 15 日判例（RG Bd. 62 S. 404ff），1906 年 11 月 30 日判例（RG Bd. 64 S. 392f）；英国判例如 Casdagli v. Casdagli（1918），p. 89. 110, Scrutton L. J. In re Ross, Ross v. Waterfield（1930）Ⅰ, Ch. 377 等。

言之，实不啻该外国之实质法对系争问题无规定。今则反由另一国法院强予适用此本无规定之实质法，非正所以违反该外国之法律乎？准是以言，此同一系争问题，将以其偶然的为该外国法院所受理，或为另一国法院所受理，而得相反之判决，其有违公平原则，彰彰明甚。"①

  反对论所根据之"实质法转引"原则，何以得形成"有违公平"在结果，得显示于下述例案：在莫斯科有住所之瑞士男子，与其侄女在莫斯科结婚。其侄女亦为瑞士人，且于莫斯科有住所。此婚姻依俄国法为有效，以俄国法无叔侄间结婚之禁止。瑞士民法第100条虽禁止叔侄结婚，惟依瑞士国际私法，此结婚要件应依俄国法，盖俄瑞两国国际私法，于结婚要件均采行为地法或结婚地法主义也。此夫妇二人后移居德国，夫在德国法院提起婚姻无效之诉。德国民法施行法第27条虽规定反致，而其狭义解释不及于本案。②故反对反致者仅得贯彻其"实质法转引"原则，而不与法律明文相抵触，斯得最后依德民施第13条之类推

---

① 德国最高法院1912年2月15日判例（RG Bd. 78 S. 234ff）。
② 德民施第27条规定，对于民施第13条第一项之情形采反致。而民施第13条第三项仅规定："结婚，以配偶至少有一造为德国人时为限，其要件依各该当事人本国法。外国人在德国结婚时亦同。"故依上述对于第27条之狭义解释，本案1即不在反致之例。

解释而适用当事人本国法，即瑞士实质法，结果宣告该婚姻为无效。于是，本案结婚无论依当事人住所地法、当事人本国法或结婚地法，本均认为有效者，今只以偶然地于德国起诉，德国法院由于实质法转引一原则，即不得不宣告其无效。此结果之有违我人最浅显之公平意识，实无可疑，即在主张实质法转引原则者，亦当深为骇异。所幸德国最高法院一秉其"全部法律转引"原则，于此案依瑞士国际私法规定而最后适用俄国实质法，宣告该婚姻为有效。①

上例所示，"实质法转引"原则之贯彻，足使不同国家法院对于同一案件，有不同之判决。反之，"全部法律转引"原则之实效，正所以使同一案件，无论由任何一国法院判决，结果均归同一。进而言之，反致反对论者所持之"实质法转引"原则，其最后依据，乃在认定国际私法之本质为内国法，其目的亦仅在获致内国之公平与便利。②各国既各有不同的内国之公平与便利，故同一案件不妨在不同国家法院获得不同之判决。反之，反致肯定论者所持之"全部法律转引"原则，则其最后依据，乃在认定国际私法之本质为国际的，或超国家的，从而其目的乃在获致国际的，或

---

① RG. Bd. 91（1917），p. 159.
② 参考 Lorenzen: *Selected Articles on the Conflict of Law*, 1947, pp. 25—26。

超国家的公平。此公平之较具体鹄的,正在获致各国法律之和谐(harmony of law),亦即使同一涉外私法案件,不问其由何国法院受理,均能获得同一判决。窃考国际私法之发生,原由于对于涉外私法案件已感觉不宜于只依法院地法予以解决。易言之,涉外私法案件之只依法院地法解决,已感觉其有违公平意识,而此公平意识实已超越法院地法范围。虽此后以近代国家之兴起,国家主权论之确立,各国国际私法所具国内法之形式,以及实证论法学之盛行,曾使法学者置重于国际私法之内国法性,然其原有目的之在获致超国家的公平,则实难否认。反对反致论者有忽于是,致如上例所示,其所持"实质法转引"原则竟形成是项公平意识之显然违反。反之,反致肯定论者所持之"全部法律转引"原则,不特非如反对论者所指摘仅为自私之工具,抑且正为达到国际的,或超国家的公平所必需。

  反对论最有力之论据,厥唯指出反致在逻辑上之矛盾,亦即来回反致将无底止。论者有于理论上虽是认肯定论上节所举理由,而仍不得不认其在实际上为无法贯彻者,亦即在实行时于逻辑上无法避免矛盾者。[1]于是肯定论之难题,斯在其确立理论根据者少,而在其证明实际适用之可能者多。吾人既于上节已确立反

---

[1] 参考 Cheshire: *Private International Law*, 1935, p. 141。

致原则之理论根据为获致法律的国际和谐,或超国家的公平,兹请进而试行解决其在实际适用上之难题。此难题之性质,自反对论者视之,故系形式的或逻辑的,然自吾人之观点看,则毋宁谓经验的或实质的,其解决之道,乃系就各种不同情形求取"全部法律转引"原则之实际适用方法。为说明便利计,此各种不同情形之分别解决方法,将于下段解释我国现行法时详细论述。所得先予指出者,即就本节内上举案例言,德国法虽将该案之"网球"掷诸瑞士,瑞士复将此球掷诸俄国,然俄国法于结婚要件既采行为地法主义,于本案俄国复为行为地,俄国法即乐于接受此"球"而不再外掷,故其结果为适用俄国之实质法。是已足证反对论所称转辗反致将无底止,于此案即不尽然。

五、我国现行法之解释

我国现行法规定反致于法律适用条例第 4 条,此外别无判例或解释例可资遵循。该条法文为:"依本条例适用当事人本国法时,如依其本国法应适用中国法者,依中国法。"此乃直接沿袭日本法例第 29 条,间接依据德国学者如**尼麦耶**(Niemeyer)等对于德国民法施行法第 27 条所为第二种狭义解释。[1]此种解释乃将

---

[1] 参考前第四段。(疑为前第四节。——编者注)

反致原则限于适用当事人本国法之法律关系。

对于我国法律适用条例第 4 条,得有二种不同解释方法:一为狭义解释,乃以反对论为基础,是为多数说;二为广义解释,乃以肯定论为根据,是为少数说。依此狭义解释,我国法律适用条例第 4 条斯具如下性质:

甲:此规定为一例外规定。其立法理由仅为多适用内国法之便宜,而别无其他公平原则为根据。因其为例外规定,故解释应从狭义,亦即凡未为本条所明示之法律关系概采反面解释,而不得反致。

乙:此规定为一逻辑上之矛盾。即第一步既承认依内国国际私法所适用之外国法为外国法之全部,即包含其国际私法在内,斯能反致于内国法,然第二步即不再承认此内国法亦为内国法之全部,即包含其国际私法在内,而武断地将此内国法限于内国实质法,以避免转辗反致。是即上述反对论者所谓:"其来回反击,不应有已时,有之,惟一方已自违其逻辑。"此逻辑上之矛盾,惟在根本反对"全部法律转引"原则之立场,始能自圆其说,因其认此项规定,本仅为一便宜之例外规定,自身故不具逻辑上之价值也。

丙:此规定仅及于反致,而不及转致。

狭义解释之长在简便易行,惟在理论上,则决不能以其自承违反逻辑，即谓为问题已获解决。广义解释乃认定国际私法之目的系在获得超国家的公平，或国际的法律和谐，而以"全部法律转引"原则为其方法。依此解释，我国法律适用条例第4条乃具有下例性质：

甲：此规定为一示例规定，即为我国国际私法根本是认"全部法律转引"原则之一例证。故即在未为本条所明示之情形，苟为获致公平所需要，亦应类推地承认反致及转致。

乙：此规定非如狭义解释在乙项内所称系反致原则之武断的截止。其真实意义应为：只于依外国法或其国际私法应适用内国实质法时，始应由内国法院径适用内国实质法而解决系争问题或案件。此种情形，当该外国国际私法不承认反致或转致时，得行发生。例如丹麦国际私法于人法采住所地法主义[1]且不承认反致或转致。[2]于是当在中国有住所之丹麦人，于中国法院关于其行为能力发生诉讼时，先依我国法律适用条例第5条之规定，对于此问题应适用当事人本国法，即丹麦法，亦即丹麦之全部法律。复依丹麦国际私法，此问题应适用当事人住所地法，且丹麦国际私法不承认反致或转致，故此处所称当事人住

---

[1] 参考 Rabel: *The Conflict of Law: A Comparative Study*, 1945, p. 110, note 32。
[2] 参考 Melchior: *Die Grundlagen des deutschen internationalen Privatrechts*, 1932, p. 199, note 3。

所地法仅指其中之实质法，于是依我国法律适用条例第 4 条之规定，即应由我国法院适用中国法中关于行为能力之实质法。本案之如是解决，乃使我国法院置身于丹麦法院之地位，由是此同一案件，不问系由中国法院抑由丹麦法院受理，均能获得同一之判决，即均将适用中国之实质法。此例亦足否定反对论所谓转辗反致无有底止之说。

丙：至于依内国国际私法所适用之外国法亦承认反致或转致时，则其解决方法须视该外国法所承认反致或转致之程度而定。兹先论该外国法之承认反致系仅限于得适用该外国实质法之场合，如法国法是。[1]例如被继承之法国人在中国遗有不动产，今以此不动产之继承在中国法院起诉。依我国法律适用条例第 21 条规定，该继承事件应适用被继承人之本国法，即法国法，且依"全部法律转引"原则，此处所谓法国法应指法国法之全部，即包含法国国际私法在内。依法国国际私法，不动产继承虽原则上应适用不动产所在地法，[2]然同时承认反致，且仅以得适用法国实质法为止，而不再向外反致。我国法院对于该案即应置身

---

[1] 参考 Niboyet: *Mannel de droit international privé*, 1928, p. 479, note 403。
[2] 参考 Lewald: *Internationales Erbrecht*；im Schlegelberger: *Rechtsvergleichendes Handwörterbuch*, Bd 4., p. 540 及 Melchior: *Die Grundlagen des deutschen internationalen Privatrechts*, 1932, p. 221。

于法国法院之地位，而最后适用法国关于不动产继承之实质法。于是此一案件，不问系在中国法院，抑由法国法院受理，均能得同一判决，因其均将适用法国之实质法。故亦不至于转辗反致，以至无穷。

丁：次论外国法完全承认反致或转致者，如英国法是。英国法之如何贯彻其完全承认反致或转致，得由下列判例示之：

A. Davidson v. Annesley.[①]本继承案件依英国国际私法应适用法国法，复依法国国际私法虽原则上应适用英国法，惟依其反致条款则复应反致于法国法。英国法院既置身于法国法院之地位，故最后适用法国实质法。

B. Ross v. Waterfield.[②]本继承案件依英国国际私法应适用意大利法，依意大利国际私法此案复应适用英国之实质法，故英国法院最后适用英国之实质法。

C. Marjoribanks v. Askew[③]及 Collins v. Attorney General.[④]两案均系亲属法事件，依英国法应适用德国法，依德国国际私法复应适用英国法，且更承认反致。英国法院今置身于德国法院之地位，

---

① Law Reports Chancery Division 1926 Part 8, p. 692，May. 21. 1926.
② Times Law Reports, Vol. 46, p. 61，Nov. 14. 1929.
③ Times Law Reports, Vol. 46, p. 539，May. 30. 1930.
④ Times Law Reports, Vol. 47, p. 484，Jun. 12. 1931.

认定德国法院于此案最后将适用德国实质法，故英国法院亦最后适用德国实质法。

现在问题为：如我国法院所受理之案件，依我国国际私法应适用英国法，而依英国国际私法复应适用中国法，且英国国际私法更承认完全之反致原则，则应如何解决？此一情形，虽较上述二种情形为难于解决，因由纯粹理论言，此处英国实质法与中国实质法实具有被适用之同等资格。惟吾人于此亦得准用排斥条款之例，当违反内国公序之外国法被排斥后，复无其他外国法足资适用时，最后始以内国法填补此法律空隙。今英国实质法与中国实质法既具有被适用之同等资格，即不啻相互抵销而造成法律之空隙，此空隙亦惟有最后由中国实质法填补，较为允当。此不特为德国法院实际所采用之解决方法，①且如是解决，仍将与英国法院获得同一判决，如上举 Marjoribanks v. Askey 及 Collins v. Attorney General 二判例所示。

论者或将指出，此种解决方法仍不免为一逻辑上之矛盾，盖依"全部法律转引"原则，英国法既反致于中国法，中国法即应再反致于英国法，今中国法既武断的截止于其实质法，岂非自违

---

① 参考 Melchior: *Die Grundlagen des deutschen internationalen Privatrecht*, 1932, p. 224。

第一部分　法学文选

其逻辑乎？[1]吾人则认为"全部法律转引"原则仅为达到法律的国际和谐之一种工具，其本身并无绝对性。凡执着于工具之绝对性，反而牺牲其原有目的，斯正耶陵氏（Jhering）所称"概念法学"[2]之末流。健全之逻辑，应为目的之贯彻，而非为工具之执着。上述解决方法，正所以贯彻国际私法的国际和谐之目的，岂得谓为有违逻辑乎？

戊：德国法为该外国法时，我国法院应采本节丁（C）二判例内英国法院所采之解决方法。盖吾人认定德国国际私法最后适用德国实质法之倾向实较我国国际私法为强，故惟有如是解决，斯能与德国法院获得同一判决。

己：转致问题亦得以上数项所用方法予以解决。当依我国国际私法应适用甲国法，而依甲国国际私法复应适用乙国法时，我国法院应设身自处于甲国法院之地位，而予以解决。苟甲国法不承认反致或转致原则，则其解决较为简单，即径适用乙国之实质法。例如在意大利有住所之美国纽约邦人之被继承事件在中国法

---

[1] 参考前注第二十五。（即参考 Cheshire: *Private International Law*, 1935, p.141。——编者注）
[2] *Jurisprudence of conceptions*. 参考 Jhering: *Scherz und Ernst in der Jurisprudence*, Pt. 3, 10th Edition, 1884, p. 245。

院涉诉，依中国国际私法应使用美国法，①复依美国纽约邦法应适用意大利法，②且美国纽约邦法不承认反致或转致，③故中国法院最后应适用意大利实质法。如是判决，将为中、美、意三国法院所从同。至于甲国法承认反致或转致时，则须视其所承认之程度，而依上数项所举方法，设身自处于甲国法院之地位，逐一解决。

庚：上述诸种情形，均假定外国法之是否承认反致或转致原则已为吾人所确知。苟吾人对于外国法对此原则之立法主义无法探悉，则应推定其为不承认，而不应推定其为与我国立法主义相同。盖在我国法上能发生反致或转致问题者，相对之外国必于国际私法上采取与我国国际私法某种相异之立法主义，如于人法采住所地法主义是。此既相异，而谓其于反致或转致反与我国立法主义相同，实少可能。从而吾人不得不就历史事实，求其推定。反致原则，既为晚近之产物，故当一国法律于此无可据之佐证时，应推定其尚未采此原则，较为合理。

---

① 法律适用条例第20条。
② Section 47, *New York Decedent Estate Law* 及 In re Tallmadge 一案，见注九。〔即纽约州 Surrogate 法院于 In re Tallmadge 一判例（1919. 109 Misc. B96, 181 N. Y. S. 556）曾于反致以理论上之驳斥。由皮尔教授（Beale）所主编而由美国法学会（American Law Institute）于1934年所公布之《法律冲突法汇撰》（*Restatement of the Law of Conflicts of Laws*），第七节于反致持反对说，仅于婚姻、身份及不动产承认例外。——编者注〕
③ In re Tallmadge，见注九。（同前注。——编者注）

第一部分　法学文选

　　辛：法律适用条例第26条："法律行为之方式……依行为地法"。此行为地法之意义，应例外的先解释为行为地之实质法。盖此项规定乃渊源于"场所决定行为"（Locus Regit Actum）一国际习惯法上原则，其用意系使交易便捷，故当事人仅依行为地之实质法上所规定之方式，即足使其行为有效也。所成问题者，法律行为之方式，苟依行为地国际私法所转引之另一国实质法时，是否亦应认为有效？试举例说明之：依美国法，遗嘱惟依遗嘱人住所地法所定之方式，始为有效。[①]今有在荷兰有住所之中国人，在美国纽约，依纽约邦法，用荷兰法所定方式订立遗嘱。中国法院于受理该遗嘱案件时，应否以该遗嘱未依纽约实质法所定方式而认为无效？此无效判决显将大悖情理，因该遗嘱自纽约法视之，因为具有唯一有效之方式，绝不应因偶然由中国法院受理而遽认为无效。由此足证：法律适用条例第26条所称行为地法，一方固得指行为地之实质法，同时亦应指行为地国际私法所转引之另一国实质法。如是解释，斯与促进交易便利之用意相合。至于该条但书所称："规定行为效力之法律"，则仍应依"全部法律转引"之一般原则，而不应解为实质法之转引。

[①] 参考 Wharton: *A Treatise on the Conflict of Laws*, 3nd Edition, Vol. Ⅱ, §585, 1905, p. 1304。

壬：法律适用条例第 23 条规定：债权关系依当事人意思定其应适用之法律。此处所称"法律"，除当事人有反对表示外，原则上应指一国之实质法，而非全部法律。盖此处正以当事人之自由选择以代替国际私法之转引也。至于债权关系之准据法，苟系由法律所规定，如该条第二项以下，则仍应依"全部法律转引"之一般原则，予以解决。由国际条约择定准据法者，除另有反对表示外，亦应解为实质法之转引，理由与债权关系之由当事人自由选择其准据法者相同。

六、结论

总结言之，反致肯定论认定法律国际的和谐为国际私法之目的，而以"全部法律转引"原则为其工具。此方法之运用，须视各相对国法律于反致所持不同立场，而各异其实际解决。论者或谓此种个别解决方法，乃利于相对国之否定反致或不完全肯定反致，而不利于相对国之完全肯定反致，推其极端言之，兹所谓肯定论正建筑于相对国之否定论上。对此批评，吾人之答复为：国际私法之存在，原由于各国私法之相异。国际私法既承认此相异之现实，斯进而求致法律的国际和谐。此相异之现实，不仅限于各国实质法，即于国际私法亦然。反致原则之存在，固即由于各国国际私法之相异。准是以言，反致肯定论既以承认此现实为前提，则其承认相对国之得采取反对论，固亦不足为病，何况因此承认，反致原则更进而求致法律国际和谐之目的，实尤足证其逻辑之健全。至于当相对国亦完全肯定反致时，肯定论者即不继续执着其原有工具——"全部法律转引"原则——之绝对性，而另由填补法律空隙原则以达到其法律国际和谐之最终目的，更足显示其不为形式逻辑所桎梏而惟实质公正之是求。

三十七年六月二十八日写定于北京大学红楼法律系研究室

今年"五四"话法律[①]

"五四"一向被尊重为我国文化史上一个大节日,但是它和学法律的人好像没有特殊的干系。法律教育界的学生和教员,因为还身处在学校里,而"五四"正是由学生和教员所发动的一个运动,所以他们对于"五四"当然也应当以一般学校中人的资格来纪念。但是,"五四"对于他们所学的专门学术——法律——好像始终没有多大干系。这样一种"好像"如此的感觉,固然肤浅短视,因而失实,但是今年这"五四"以前,确实也有促使一般人如是感觉的原因。

三十年前的"五四"运动,是中国历史上从未有过的一个划时代的大革命。它的意义深远而广大。它不仅是文化的,而且是

[①] 原文载"五四"三十周年纪念专辑编委会编:《"五四"三十周年纪念专辑》,新华书店1949年版。

第一部分 法学文选

政治的、社会的，它撼动了中国整个社会的任何方面和任何角落。在它以前，中国只有改朝换代式的革命，在它以后，革命才走上真要使老百姓获得解放的正确方向。共产党诞生了，工农醒觉了，国民党也曾一度由孙中山先生领导而走上这个方向。但是历史的进展是迂回曲折的，在1927年以后政权落入反革命的封建买办集团手里，诞生于"五四"的革命精神，从此经受了无限的艰苦锻炼，除了在中共边区它已能具形为军事政治理论外，在大部分的其他区域，它只能发展为学生运动文化运动等形态。

法律原也是社会制度中的一种。像"五四"这样一个深远广大的革命运动，它绝不会不撼动了法律这一社会制度。我们只须一看那时中共边区所有的司法以及所施行的法律怎样和其他地区绝对不同，就能了解真正彻底的革命正是在法律方面表现的最显著。可是，法律这一社会制度却必须借政治力量做后盾，才能具体化。因此，当革命尚未到达已经取得和巩固政权的阶段，它就不会表现于法律。相反的，这时的法律正会是反革命政权用来作为一种镇压异己的利器，反而指出"五四"革命精神在艰困磨练中正有着飞跃的生长。简言之，反动法律的加强是和革命理论的长成成为正比例的。一旦反动政权颁布了最蛮横的"戡乱法"，我们很能预卜解放革命的成功不远了。

今年这个"五四"是对于学法律的人具有特殊意义的。在这天我们才看到三年前"五四"所诞育的革命精神如何撼动了法律这个社会制度。它不只撼动,甚至把反动政权的整套法律——六法全书——全部推翻了。革命力量的长成中,起初促使旧法律加增其反动性,到了一定发展阶段,再使它整个消灭,这是历史辩证发展的一个好例。从今年这个"五四"起,我们不会再错认"五四"对于法律没有干系。我们正看到这干系还比了对于其他社会制度来的强烈深切。法律系的同学和同人们不是正感到"法律系怎样办"的严重问题么?这个严重问题却正是三十年前"五四"革命运动所已经提出,等到现在才被我们看清楚。我们还能说:"五四"对于我们没有干系吗?

"法律系怎么办?"其实是"法律怎么办?"六法全废止,并不是说就此"无法"。俗语说:"无法无天"。只须"有天"就不会"无法"。蒋政权时代"无天",于是虽法如牛毛,而其实还是"无法"。现在我们有个大是非,大目的,我们已有了"天"。从这里,"法"就会逐渐产生。我们这辈现正嚷着"法律系怎么办?"的法律界中人,个个会成为"法"的逐渐产生的接生婆。那时我们会忙得连吃饭睡觉的时间都没有,正像任何接生婆一样地忙。

四月三十日于北大图书馆研究室

悼念民主法律战士伊曼纽尔·布洛克[①]

三年多来一直为拯救和昭雪罗森堡夫妇而对着美国法西斯政权进行坚决斗争的杰出的民主法律战士伊曼纽尔·布洛克,经受了美国法西斯政权不断的迫害,今年1月30日突然被人发现倒毙在他纽约住所的浴室里。据美国官方的检验报告,说他是死于心脏肌肉收缩。

布洛克生前是和他的敌人——美国法西斯政府斗争过。布洛克是在和美国政府作斗争中突然死去的。

布洛克为了和平战士罗森堡夫妇的冤案进行了一个正直的法律家应当做的工作。这不能不是一个斗争。这个斗争一方面揭发了美国资产阶级政权已经变得极端反动残暴,另一方面也标志着进步力量正在那里不断长成。斯大林曾说过:"从前,资产阶级

---

① 原文载《政法研究》1954年第1期。

高唱自由主义，维护资产阶级民主的自由，从而在人民中间为自己树立了声望。现在连自由民主的影子也一点没有了。所谓'个人的自由'已经不再存在了。……资产阶级民主的自由这面旗帜已经被抛在一边了。"资本主义初期，美国资产阶级，也曾有过形式的即虚伪的法律制度，像辩护权、一定的法律程序等等，来欺骗人民。但是，到了今天，美国资产阶级政府连这些虚伪的法律制度都感到不方便，连这点"自由民主的影子"都不再需要了。罗森堡案件的经过情况已经又一次无可辩驳地证实了斯大林这一英明正确的结论。

关于罗森堡案件，国内许多报刊上已经有过详细报道，这里不必重复。我们只在这里引用国际民主法律工作者协会，根据全世界许多不同国籍的法律工作者对这一案件的意见，所总结出来的如下几点结论：

"一、判定卢森堡夫妇罪责的唯一根据，是一个名叫克林克拉斯的所谓'同谋者'的证言，而这个'同谋者'却已获得优异待遇，作为他作伪证的报酬。在任何一个文明国家，这种证言是无效的。

二、伊斯尔·罗森堡被处死刑的唯一理由，是她给她丈夫以道义上的支持，这在法律史上是没有先例的。

三、判罪和行刑之间隔了二年多。在此二年多中，许多极重要的新事实曾提到法院。这些新事实使罗森堡夫妇的罪责发生疑问。任何国家的法院都会根据这些新事实对原判决重新审核。

四、一直到行刑的最后一刻,对于所谓犯罪行为究竟应该引用哪一个法律,还成疑问。依据最后颁行的法律,死刑不应该由一个法官单独判决。

五、冷静地无所偏私,是执法者所应然;不懈地寻求真相,是任何法律工作者的责任;但在罗森堡一案中却一点也找不到。"

在罗森堡夫妇从容就义的当晚,布洛克宣称:"今天政府的首脑人物比起一度在德国执政的纳粹分子还要野蛮得多。我坚信,艾森豪威尔总统的行为证明了我们是生活在披着民主外衣的军事独裁时期。我不知道,我是在和哪种禽兽周旋;但是我相信,我是在与禽兽打交道。"这是代表着人类良心的震怒,代表着正义的宣判!这也说明,布洛克不但没有被美国政府杀害罗森堡夫妇的暴行所吓倒,他反而更坚决、更勇敢地举起了为和平民主而斗争的旗帜,继续前进。

对于这样一个坚强不屈的和平民主战士,美国法西斯政权是不会甘心罢休的。他们策动了一切资产阶级的报纸、刊物、无线电广播等对布洛克经常地进行了各色各样的污蔑诽谤;派遣特务,到处监视着他的行动。他们更授意纽约市律师协会在美国最高法院对布洛克进行惩戒程序,要求撤销他的律师资格。今年年初,"国际法律工作者保卫民主自由会议"曾邀请布洛克参加,美国政府横加阻挠,拒绝签发护照,布洛克终于不能出席该次大会。运用这种种卑劣无耻的手段,美国法西斯政权不仅使布洛克受到精神上的沉重打击,并且还要剥夺他物质生活的基础,他的职业。这就是在自称为"民主自由"的美国,一个真正爱好和平的人所实在受到的迫害。

迫害还不只对于布洛克本人,还加于罗森堡夫妇的两个孤儿。这两个孤儿,在美国反动宣传的影响和威胁下,是很少人家敢于收留的。经布洛克的不懈努力,总算在某一小城市里找到了一个愿意抚育这两兄弟的温暖家庭,并且,他们起初还进入了当地的小学校,一个孩子以品学优良还当选为班长。可是,法西斯的魔掌很快就跟着到来,学校当局受到命令,立刻一无理由的勒令这两个孤儿退学。据最新消息,美国法西斯特务此后更会一度路劫这两个孤儿而加以监禁。

这种种举不胜举的残酷阴毒的迫害,才是布洛克致死的真正原因。所以,我们说,正像他的战友罗森堡夫妇一样,布洛克是在向他的敌人——美国法西斯主义——作殊死的斗争中英雄地死去的。

布洛克为和平民主事业的斗争,并不是偶然地开始于罗森堡一案。他毕业于美国哥伦比亚大学法律学院,1924年开始跟他的父亲执行律师职务。在此后美国经济恐慌年头，他逐渐注意到美国当时的政治、经济等方面的问题，而服膺于罗斯福新政。但是，当他一旦走上了进步的道路，他很快就超越了新政。在律师业务中，他开始为有关侵害人权的案件做辩护人，虽然这些案件并不能给他多少物质利益。1943年，他充任罗斯福总统所设立的"联邦公平就业委员会"的特别顾问，利用这个职位，他为黑人争取到在许多以前不收黑人的工厂中工作的权利。1946年，杜鲁门的冷战代替了新政，布洛克被解除了他的职位。在他此后重操律师生涯中，他就以办理黑人、工人和其他有关人权的案件闻名。例如1948年六个无辜黑人被美国政府诬告为杀人犯，并判处死刑。后经全世界各方面的抗议，也由于布洛克等辩护律师的努力，终于更改原判，被告中四人宣布无罪，二人减处无期徒刑。这样，布洛克已经成为被压迫的劳动人民的忠诚朋友。

罗森堡夫妇被诬告后，于1950年6月中的一个晚上，由于另一个律师的介绍，去找布洛克，因为他们知道他是肯替他们出力的。罗森堡夫妇家境清寒，不仅付不起律师的应得公费，甚至付不起向法院抄录必要文件的费用。但当布洛克相信他们的无辜，就答应他们尽他的一切力量来为他们辩护和帮助。在此后和他们的一起艰苦斗争中，他更逐渐认识了这一对平凡的年轻夫妇的高贵伟大，他就成为他们最忠实亲爱的朋友，并且成为他们的两个六七岁的爱子的唯一保护者。该案起初还没有受到广大人民的注意，所以那时最艰苦的工作都得由布洛克一人独任。他以一个人的力量，对抗着美国法西斯政府的整套机构和阴谋。一直到1951年8月中，《导报》登载了关于本案的一篇文章，这一案件才开始引起各方面的注意，因而逐渐得到各方面的营救与帮助。所以，罗森堡案件能够成为揭发美国政权法西斯本质的试金石，是和布洛克的无私的帮助、英勇的斗争，特别是和他对于和平民主事业的坚定信念分不开的。

罗森堡夫妇和布洛克为和平民主事业而牺牲了生命，这是光荣的。他们的斗争是和全世界和平民主运动的伟大潮流汇合在一起的。布洛克为和平民主事业的英勇斗争，将永远为全世界爱好和平民主的人所景仰和纪念着。我们相信全世界将有更多的民主法律战士承继布洛克的战斗意志而向美国法西斯主义斗争到底。

第二部分

政　论

民不畏死,奈何以死惧之!

暴力政治的凭借,不是枪杆,不是手榴弹,也不是其他一切有形的武器,而是人民的恐惧心理。因为这点恐惧,暴力政治才能使人民驯服。但恐惧本身却是一个矛盾。罗斯福总统曾说过:"所可怕的是恐惧的本身。"这就是说:所可怕的并不是恐惧的对象。因为恐惧扩展到某一境界时,我们会反问:"到了这个地步,我们还有什么可怕的?"死,本是最可怕的恐惧对象,但到了感到活下去比死还可怕可痛的时候,恐惧这心理就会跟着消逝。若是人民的心理已达到了这个无所畏的境地,于是暴力政治便也失掉了凭借,而成为无能。人民,在达到这个心理境界后,将变成怎样,则有恃乎他们的知识和道德程度。程度低的话,他们自己也就会变为暴民。程度高的话,他们会置生死于度外,来促成他们

---

① 原文载《时代评论》周刊1945年第6期。

的崇高理想。但无论如何,原来的暴力政治,到此终必归于崩溃。这崩溃是注定在他本身的矛盾性。这矛盾,复渊源于他所凭借的恐惧心理的矛盾性上。

上述这点小小真理,这几天在昆明的我们,已自身体会到了。幸运的我们,在这一生中,已亲历过"五四"和"五卅"的学生运动,更看见过段祺瑞当执政时,北平天安门前的枪杀学生,甚至也看到过这次抗战中日本军人对于沦陷区已经无法抵抗的我国学生们的如何待遇。但我们却尚未见过像这次昆明军政当局屠杀无辜学生的惨酷、残忍和有计划。我在这里并不想来追述和证明这次经过的事实如何,这在本报另页已有详尽记载,甚至将来在此次事件的法律解决时,自会有个水落石出。在这里,我只想来分析我们自己的心理状态。

我们在教育界的任何人,不问学生或教职员,在地方军政当局看来,都已成为乱党的嫌疑犯,随时随地都有被打被杀的可能,我们确会感到了极度的恐惧。但在已经看到了无辜的同学被枪杀之后,这恐惧却已变了样。我们且问,在这样暗无天日的中国,我们即使活下去,还有什么意义?看见已死的同学入殓,当场确也心痛泪下,但一转念却反而感到,这同学的求仁得仁而死,还比我们活下去的为幸福。死,我们已不承认你的可怕!我们突然感到自己好像已从一度自杀而重新回到人间,一无挂碍,自由自在。

第二部分　政　论

　　同学们！我们有了这个可宝贵的心理境界，我们实已卸除了暴力政治的武装。我们来大无畏地建造我们的崇高理想！

　　军政当局们！为政之道，不在暴力，而是在得民心。无辜的人民，谁愿做乱党？乱党是暴力政治自身所造成的。民不畏死，奈何以死惧之！

首先必须言论自由[1]

费青先生：前西南联大教授，现掌教北大[2]，为国内知名的法律学者。记者以先生甫从昆明归来，特往东斋，走访时局意见，先生以半月以来均在旅途中度过，对时局未作细心研究，惟可以北上的感慨告与记者，先生说：

我们从南边来的人，都觉得这里闭塞、沉闷。单以新闻报来说，我手边没有一份好报纸，所能看到的张张都是一样，上面的消息又都是谈"打！打！打！"我相信！谈"和！和！和！"的人一定比讲"打"的人多，但是"和"的声音却听不见，这样说来，我们不但没有言论自由，甚至听"自由言论"的自由都没有了。

言论自由是民主政治的基础，没有言论自由什么民主都是假

---

[1] 原文载《民主周刊》1946年第10期，是费青接受《民主周刊》记者采访关于"中国民主同盟对于当前时局的看法"时的谈话录。
[2] 原文为"长教"，似笔误，径改。——编者注

的；听的自由又是言论自由的基础，不能自由的听，哪里能言？！

我们要求华北的党政军当局，首先给我们言论自由，好让明是非、辨真伪，我认为只有这样才足以表示政府有讲民主的诚意。

谈至此，适有另一友人来访，费先生含笑结束说："好吧，大概如此"。

美国应赶快退出中国[1]

一、美军长驻中国有何法理根据？为什么我国政府容许他长期驻兵？

若问美军在中国有何法理根据，必须先问什么是法理。法理的基本是宪法，宪法的根据是民意，在中国宪法还没有完成，国家大事必须根据民意来决定，归根到底人民是国家之本。由此说来少数人的意思是不能代替法理的，法统更不代替法理了。国民党常常讲法统，他自己认为是统，别人却不能认为是统。现在的政府是一党的政府，少数人的政府，美军是他们请来的，就很难说有什么法理的根据。

二、美军继续驻华，对中国影响如何？对美国影响如何？

我个人对美国的印象是很好的，我认为美国是一个有道义

---

[1] 原文载《民主周刊》1946年第11期。

第二部分　政　论

的国家，不过从美国最近在中国的所作所为看起来，我对他的印象渐渐坏起来了。我认为美国政府完全是从自己的利益来调度中国，他不知道中国人民的立场。我又认为美国少数人正以疑惧苏联的心理干预中国的事。结果使中国的许多主持公正的人士都对他不满。不成问题，美国政府的做法是妨碍了中美人民的友谊的。

三、美军驻华是否危及世界和平？

美国官方口口声声否认美军驻华影响世界和平，其实他们忘记了世界和平原是一体的，美军驻华已经助长了中国内战，中国已经没有和平了。中国没有和平，哪里还能说世界有和平！美国官方的这套谈话都是虚伪的外交辞令。

四、我们应该怎样努力促使美军早日撤退？

要廓清今天的局面，责任还是在我们自己，我们应该让自己的人民深切认识这些不合理的事实，人民多认识一点便多增加一分力量。其次我们要唤起美国公正人士的注意，因为我们始终相信美国是一个民主国，我们相信美国人民的力量最后可以决定一切。最近华莱士的几次演讲就是美国民意的表现，华莱士之去职不是失败，而是成功，因为他揭露了美国政策的真面目。美国议院不久就要选举了，美国的公正人士应该发挥力量了。

纪念"一二·一"[①]

"一二·一"这幕伟大悲壮的史剧，已匆匆地过去了一个年头。当时身历目击的人们，有的遗下了碧血英魂，自返上界；有的空怀幽愤，远走海外。大多数的却艰辛跋涉，回来萧萧凄寒的北国，眼看湖水成冰，正各自打算着如何过这严冬。昆明友人来信，那里也是"空城寒落，欲啸无声"！"一二·一"难道就这样无声无息地消逝了么？

一个年头，在中国历史中，以至人类历史中，原只是一瞬一霎，想在这一瞬一霎间即来评价一件史事的意义，确是大难事。但当我们超脱了眩乱窒抑的现实，放眼于中国以至人类整个历史，就不难对于甚至一举一动之微，也获得适当的评价。

[①] 原文载《"一二·一"运动史料汇编》（第三辑），"一二·一"运动史编写小组编1980年版（内部发行）。

第二部分 政 论

人类整个历史的趋向，无论怎样曲折迂回，总是在使原属少数人的知识、权力、财富等等人的福利，逐渐扩及于多数贫苦无告的人们。这个历史趋向，反映在人们心中，乃形成：正义、光明、良心等等观念。而在文化、政治、经济上站在优越地位的少数人，却很少愿意接受这部历史的大趋向，多想利用他们的既得权力，来维持他们的地位。这股逆流的顽抗，乃造成人间种种凶暴、诡诈、丑恶和黑暗。中国近几年来的历史，谁也不能否认，正是这股逆流在作祟，无论它篡窃了多少堂皇好听的名义和字眼。"一二·一"的无上意义，也正是使这股逆流不得不暴露它的凶暴、诡诈、丑恶、黑暗的真正面目。

因为"一二·一"是天真赤诚，光明正直，它才能反映对方的丑恶诡诈；因为它是赤手空拳，至刚无畏，更显出对方凶暴黑暗。一个年头虽短，却已经洗涤了当时对于"一二·一"种种的污蔑。

"一二·一"真的就此消逝了么？不会，绝不会。它是人类历史大趋向的征象；它是正义、光明、良心的标识。死去的人，已经得到永生；去国的人会回来；受压迫的人正在唱雪莱的诗句：

"隆冬今已至。春日当匪遥。"

十一月二十七日于北平

这次和平攻势的原因在哪里？[1]

当政府军队攻下张家口，紧跟着颁布了国大召集令，第三方面人士取消了联袂进京斡旋的原议，中国的国运正像已经突然堕入万劫不复的深渊，每个留心时局的心灵，好像突然停止了跳跃。可是，一转瞬间，政府虽一方面不懈地继续宣传上的攻击，更在各地召开军事会议，策划进一步的军事行动，而在另一方面，却又遣派大员，热烈地挽请第三方面人士继续斡旋，更由第三方面人士的努力，终于强拖了中共方面人士，一同晋京，造成了时局又一次突兀的转变。对于我们小民经了上次致命的"一收"之后，这转变不啻是返魂的"一放"。一收一放，既已不只这一次，我们也就不敢立即对此"一放"欢呼歌舞。我们愿意冷静地对于造成政府这"一放"的原因详加推究，用以推测"一放"是否会引出

---

[1] 原文载《民主周刊》1946 年第 13 期，署名"胡冈"（系费青笔名）。

"再放"、"三放",而值得我们的欢呼歌舞,或仅是"一放"后的例行姿态,而应该准备忍受更厉害的"一收"。

若是国民党政府确已觉悟:军事上的胜利解决不了政治僵局,因而才有这次和平攻势,那么我们认为,他就绝不会在攻下张家口后便颁布国大召集令。这命令的颁布,实显示政府在自己取得军事上把握之后,已抱有不顾一切政治后果的决心。并且,即就已经进行和平攻势以后政府的其他行动上,我们也看不出他们确已有了大彻大悟。正在第三方面人士硬拖了中共代表联袂入京,全世界公认这是中国国运以至整个世运,最重要的转捩点的一天,蒋先生却很凑巧地为了更重要的公务而飞去台湾。水深火热中的小民,真不敢测度大政治家的襟怀!

再就一般的客观环境讲,这几天的国际形势,也没有巨大的变化,足令政府不得不改变上述决心。美苏的对立依然,美国政府忍心牺牲中国的民主,以准备他的反苏战争,除了外交辞令上的掩饰外,也没有什么变更。苏联更没有立即出来干涉我国内战的迹象。中国的人民更依旧可怜得连半个"不是"都不敢哼。

说它是政府的又一次装腔作态罢,我们也觉得不很像。要作姿态的话,何不在攻下张家口后,未下召集国大令前,来一个故示宽大的演出?那将何等大方磊落?既已下了召集令,路已走尽走绝,却回头又来这肉麻矛盾的一套,我们想国民党政府也不应愚蠢到这个地步。所以，这次和国大召集令正相矛盾的和平攻势，我们认为一定有一个外来的因素，迫令政府不得不然，虽明知肉麻矛盾。

这个外来的因素，据我们私自揣度，或者会是美国政府派来的两位调人——尤其是司徒大使——的个人的道义之感。这两位调人，无论他们在职务上不得不遵依美国政府的训令，以调解掩饰帮凶，但是以他们在调处中的所见所闻，究竟无法完全埋没了个人的良心，良心使他们愤慨，职务又使他们受尽冤屈，他们处境的痛苦矛盾，真是无法想象。在司徒大使双十节所发表的短短文字中，虽骤视为两可之辞，实蕴藏着无奈的悲愤感触。当国大召集令颁下，司徒大使乃忍无可忍，不得不破格声明，这召集令的颁下，他事先并未有所闻，并且以人格来担保。若从美国政府官方政策的立场来讲，这国大召集令的颁下，正是反苏反共的神圣使命中的又一胜利，可是从人间最基本的道义标准，这个步骤，实完全暴露了好战者的骄横狡诈，更明示了内战的责任究竟谁负。司徒大使个人的道义之感终于战胜了公职上帮凶的责任。他终于不愿让人像猴子般地耍弄，来替人担任一切罪恶。

中国现在的问题，已经不只是一个政治，或是内战问题，它已是人类生存的最基本条件——道义——是否尚能存在的问题，好战者是否真能利用美国政府一时的反苏政策，而用骄横狡诈的

第二部分　政　论

手段来掩尽天下人的良心？昆明特务白昼枪杀徒手赤诚的闻一多先生，我们相信司徒大使曾获得比我们中国人更多的真实情报，但是他的职位不许他说出半句同情的愤慨。可是由于这次的国大召集令，被杀的将不只是一两个人而是整个中国的人民，于是不容司徒大使再缄默了。道义已燃起了任何公正人士的愤怒，国民党人才觉得有些不妙，对美人到底还有些顾忌，这才造成了这次突如其来的和平攻势。道义的力量，才是迫使政府不得不采用这次矛盾的和平攻势的真正原因。也唯有道义的力量，才不分国界、不论职位，能使公正人士站在一起。我们手无寸铁的中国人民，深切盼望美国的调人，为了道义，能和我们站在一起，使这次和平商谈能获得成功。

人与人之间基本关系的瘫痪[①]

最近有人指出：中国近年来的状况，与其说是在崩溃中，毋宁说是在加深瘫痪中。只在有高度组织的经济社会，才能发生一发动全身的突然崩溃，而在中国的农村社会，只有一个一个经济细胞正逐渐消失它的作用，这些已经僵化的细胞更进而连累其他细胞跟着死亡，所以是一种瘫痪的征象。这个说明，只就经济一个方面来讲，诚是深切忧时之论，但是当我们就整个社会关系来看，则这个经济的瘫痪，实在只是另外一个更基本病症的一种病象。这个病症我们无以名之，姑且借用关于经济所提出的名称，而名之为人与人基本关系的彻底瘫痪。

人与人的任何关系，无论是法律的、政治的、经济的、道德的，归根结底，都是建筑在相互信任的最后基础上。制定了法律，

[①] 原文载《社会贤达考》（自由文丛之一），自由文丛社发行1947年版。

第二部分　政　论

若是人人都不信任他人会守法，便谁也不会守法，法律就成了具文，实际社会生活便都逃避到法律之外。政治的基本条件，更是在统治者和被统治者间的相互信任。只凭暴力权诈的政治，统治者虽能称快于一时，但绝不是人民已有了自觉的今日所能持久。暴力权诈的极度运用，除了统治者自促其败亡，和加深人民的物质上痛苦外，最重要的恶果，正在它能腐蚀人与人间任何种的信任关系。现世的经济关系已经脱离不了政治。例如现在为经济媒介的货币已经和政治同其命运，货币价值的升降已成为政治良窳的指数，而货币价值的升降却正是具体地表示了人民对于发行者——政府——的信任的消长。人间任何道德关系，更直接出发于相互信任一点上。

我们所称人与人间的基本关系，就是指这个人间的相互信任。它的彻底瘫痪乃是指：任何人不再能信任任何人。这个悲惨境界，用宗教家的话来说，便是人间地狱，用道德家的话，便是道德沦丧，用精神病理学家的话，便是疯狂世界——疯狂的初期征象即是举世与之为敌的幻觉。我们试看现在的中国社会，是否正在走向这个人间基本关系彻底瘫痪的悲惨境界？

中国其他的社会不必讲，我们只须看看最纯洁的学生社会，自从暴力权诈的腐蚀作用侵入了这个社会以来，原有的相互信任已经丧失了多少？我亲眼看到很优秀的学生，被牺牲于这种腐蚀，由举世与之为敌的幻觉而成了疯狂。我更听到住在同一宿舍里的同学，受了这种腐蚀的影响，彼此猜忌，彼此侦伺。具有正义感而敢说公道话的学生，立刻便会受到种种恶意的猜测，猜测你别有作用，受人指使。若是天佑中国，将来还有一天能见太平，能重建人间的信诚相处，到那时，回头看：这几年的学生社会，恐怕已经够得上称它作人间地狱或是疯狂世界了吗？

瘫痪是个良医束手的病症，何况是人间基本关系的彻底瘫痪。但是已经生了病的人，总须先有了克制病魔的坚强意志，才会有恢复健康的可能。我们每个人既然都是这瘫痪中的细胞，所以都有负起重建人间信任关系的责任。我们要取得他人的信任，唯一方法，在我们看来，还是在敢于主持公道和正义。同时，我们更应该信任每个主持公道和正义的人。公道正义的可以建立信任，正像暴力权诈的可以腐蚀信任，同样是古今中外不易的真理。一句公道话的能发生多少效力，我们曾在另外一篇文章里论述过，在这里不再申说。

过了"五四"看时局[1]

在这次举国青年热烈纪念"五四"声中，同样热烈的是全国物价的突飞猛涨。前者是崇高理想的象征，后者是丑恶现实的暴露。我们这辈和理想与现实好像都已脱了节的中年人，面临这个讽刺的对照，谁能不万感交集，欲语又不知语从何起？

亲身经历过二十八年前的我们，回忆当年所怀救国教民的豪情壮志，历历犹如昨日，现在是二十八个年头过去了，家国的重任正落到我们这辈中年人在担当，却眼看这个中国正走上一条史无前例的绝路，一切将同归毁灭的绝路，我们中年人谁复能推诿这一代的弥天罪咎？只有在负罪引咎的虚心中，我们或者还能了解青年，或者还能面对现实。

中国的踏进现代之门，不是辛亥，而是在"五四"。辛亥的革

---

[1] 原文载《知识与生活（北平）》1947年第3期。

命是表面的，是外铄的，本质上只等于一个狭义的政变。经过了民八的"五四"，全国的知识青年才从传统的束缚中解放出来，第一次获得了现代的人生态度，或是现代的意识形态。虽时至今日，回头评价"五四"的意义，还有人只把它视作一个白话文普遍推行的运动，或者只是一个新文艺运动，甚至只是一个导引此后学生妄干政治的运动，不过当年参加者却还纯洁的与自发的，所以应予曲宥。其实这里所列举的种种方面，无论为功为罪，原来都是从一个共同基本——现代的意识形态——所必然发生的多方面的具体表现。只因客观环境所予阻力的强弱不等，于是有些方面便容易成就，有些方面却难于见效。

现代的意识形态是以各个人认识自己的"人的价值"为基础，从而更认识他人的"人的价值"，再进而用这个"人的价值"来重新估定一切事物的价值。简单地说：人发现了自己，发现了他人，发现了世界。这个现代意识形态的形成，在欧西曾经过了四五百年的悠久历史。从十四世纪开始，经过了十六世纪的宗教改革，他们才挣脱了旧教教会的束缚；一直到十八世纪末的法国革命，这个现代意识形态发展到普通人民敢于自己起来安排自己的社会组织。因为它形成时期的悠久，所以它的具体表现，也能逐项与之配合，终于逐渐筑起了整套的现代文化，包括思想、文艺、科学、经济、政治各方面。

第二部分 政　论

"五四",在我国知识青年中所诞生的现代意识形态,原来怀着狂妄抱负,它真想迎头赶上欧西四五百年间的全盘成就,它真想一蹴创造能和这意识形态相适应的整套文化。当时所提出的口号,像"赛先生"和"德先生",现在听来,多么轻狂傲慢,好像这两位好好先生真能一请便到。这点青年人的狂妄,恐正反映当年的政治,至少在气度的宽大上,以今比昔,犹未失三代之盛。但是政治在文化改造过程中所处的枢纽地位,却终于逐渐显明。政治所代表的具体权力,不只能促成文化的改进,也能予以有力的阻挠。统治者凭借其权力,甚至可以阻碍任何问题的合理解决。身处今日的中国人,对于这点真理,大概都能了然于心了么?可是在一辈新获得了现代意识形态的青年,一旦遇到了政治上的阻力,就不会止于"了然于心",他们至少从此特别重视了政治,并且要用这个意识形态所内蕴的价值标准来评判政治上的是非。所以,所谓"五四"以后的学生运动都已"变了质",亦即都已变成政治性运动,原来早就注定在现代意识形态和我国政治现实的矛盾中。正因后来的青年已从"五四"时的青年学得了同样的现代意识形态,才使他们对于政治不得不辨析其是非。青年岂真变了质?真正变了质的恐怕还是我们这辈中年人自己,我们才真的抛弃了原有的现代意识形态,抛弃了我们所应负的时代责任,搞成这样一个祸乱局面来留诸下一代!司徒大使曾勖勉我国学生以从事建设性的运动，这是一句寓意深长的箴言，尤其是对于我们中年人的一个公正的谴责。若是中年人能尽责，已把政治搬上了轨道，后来青年的现代意识形态无疑地早会从事创造现代文化中的科学和文艺等部门。

对于学生运动最恶毒的批评，莫过于指出他们的不纯洁或受人利用。实际上这个批评并非发生于民八的"五四"以后，在这次在北大图书馆所举行的"五四"史料展览会中，就陈列着民八的多种日报，正登载着当时参加"五四"的北平学生如何受人指使和利用的报道。可是这些报道现在已经没有人会相信。因为当时参加"五四"的学生，现在已多是有社会地位的中年人，他们已经证明自己当时的纯洁，并且更把此后学生运动的不纯洁来相对照，以衬托自己的纯洁。于是，民八的"五四"是纯洁，此后的学生运动是不纯洁，在中年人间，好像已成了定论。这后半个定论却正是现时中年人和青年人间的一个最深误会。我们为了了解青年，殊有根据事实详加考核的必要。

中国两大政党，国民党和共产党的开始获得新生命，都因为从"五四"学得了教训，认识了人民的价值和力量。中山先生曾因之而改组国民党；共产党的先后领导人物更有直接或间接出身于"五四"。故在当时，实在是学生使政党接受了现代意识形态，而不是政党利用了学生。当此后两党逐渐强大，从合作而敌对，

第二部分 政 论

甚至进而以彼此间的斗争为主要政策的时候，他们都没有忘记了学生的力量，所以都想利用学生。但是学生在此后历次全国性的运动中所有的重要政治主张，我们现在回头看看，却始终是以整个民族国家的利益为前提，而并没有偏袒了哪一党。民一五由上海学生所发动的"五卅"运动原来是对外的，并且当时国共尚未分裂，北伐尚未成功，当然牵不上现在所谓的利用问题。民二四由北平学生所发动的"一二·九"运动乃是由学生最先领导了全国人民的抗战意志。这个重大主张的为是为非，早已为此后的历史所判定。若是没有了"一二·九"，政府是不是最后会决定抗战，抗战了是不是会得到全国人民的支持以取得最后胜利，都能成为问题若是有人说：因为共产党当时主张抗战，所以学生便是受他们利用，那么，受利用的就不只是学生，而竟是全国人民，此后连同政府也在内。以此义来诠释"利用"，则除了两党所认定的是非外，天地间将不再有正义①的是非，人民也就不再是人！真正的事实却正相反：人心，或是人民意识，判定了是非，学生只是最先把这个是非说出来，这个是非最后更决定了实际政治。人民，连同学生在内，对于政党本无好恶，只问他们政策的是非。古今中外的大政治家，只因为他们的政策正合乎人们所判定的是非，

---

① 原文为"公的"。——编者注

才得到了人民的真诚拥护。试看孙中山先生和罗斯福总统的死，人民普遍地为之流泪。在现代中国政治家中，最得学生真诚景仰的，迄今为止，仍是孙中山先生。到底学生利用了孙中山先生，还是孙中山先生利用了学生。

前年昆明学生的"一二·一"运动，它的意义到现在尚未了结。学生们的基本主张是制止内战，和平解决国是。有些人又咬定学生是受人利用。到了现在，大规模的内战已打了一年多，并且愈打愈凶，已形成一个古今中外所未曾有过的国内全面性战争。我们可以去问问街头上任何小民，"一二·一"昆明学生所说出来的，是不是真是现在他们所要说的话。这十几天来全国物价的暴涨，实最后暴露了现在的内战已不再是军阀时代的内战。那时的内战只是一个军阀和另一个军阀间，或是一个军队和另一个军队间的战争，人民虽也间接受到损害，但损害却还有限，因为战争是局部的和短期的，并且那时也没有有计量的征役和征粮。现在内战的双方却已学得了现代全面战争的组织和方法，结果是除了大官巨商，所有的人民，统统被投入了内战的洪炉。内战不再是两党间的战争，而实际上是以人民为唯一对象的战事。人民现在所受的一切痛苦，尤其是最近物价的暴涨，都是内战直接间接的结果。这个因果律已为任何小民所了然于心，只是学生早就料到而敢于说出反对内战，我们还能说学生是受人利用的么？

第二部分　政　论

　　政治上的大是大非，原来还只是一个是非，辨别是非不靠专门知识，而反靠清明无蔽的直觉。至于辨别是非后的敢于说出来，则更需要一点勇气。在这两方面，青年人都比中年人占了上风。过了这次"五四"纪念，看看目前的时局，虚心的中年人会感到：不仅不该诬蔑青年，更不配领导青年，甚至该听听青年人对于政治上大是非的呼声。

五月九日于北平沙滩

一句公道话有多少效力？[1]

在这个一切正好像决定于枪杆的年头，"一句公道话有多少效力？"听来是一个多么迂腐的话题。很多宅心公正却又过于聪明的人士，因为觉得公道话的没有力量，所以索性闭了口。于是大好中国就只听得到暴力、权诈、谄媚、诬蔑、攻讦和一些惶顾左右而言他的话。我们试读从秦皇帝以来的黑暗历史，专制的魔手固然扼杀了公道话，但是公正人士自认公道话的无能为力而索性不说，也正是助成专制的有力因素。

一句公道话有多少效力？这次北平"六二"的经过，在提供了两个不同的反应：一个是政府当局所颁布的皇皇文告和维持治安紧急办法，另一个是北大胡适校长的谈话和此后北平许多教授的宣言。前者认定学生这一次运动是有人指使，蓄意扰乱治

---

[1] 原文载《知识与生活（北平）》1947年第5期。

安，不利政府；后者却认定学生这一次运动是纯洁自发，既没有扰乱治安，更是为了国家人民的利益。胡适校长的第一次谈话，根据他此后在报纸上的说明，是在尚未看到政府皇皇文告时所发表，但是他此后并没有因此文告而改变了他前此的认定。这个认定，因他正与政府当局者相反，是需要一点勇气的。上述两个相反认定的谁对谁不对，本来是一个很简单的事实问题，但因为现在造谣诬蔑的恶毒伎俩，早遮却了任何事实的真相，所以我们宁可用另外一个方法来批判这两个相反认定的是非。这便是实效论 (Pragmatism) 所用的方法：从实际效果的利害来判定事物的真伪是非。我们可以先看从实际效果的利害来判定事物的真伪是非。我们可以先看从政府当局的认定所引起的效果。这里可以拿武汉大学的血案做例子。据武大教授会的负责宣言，"六二"午夜军警特务用了 dum-dum 枪弹，枪杀当时正安卧在宿舍床上的徒手学生。这种暴行不仅谈不上什么"维持治安"，更已超过了古今中外任何无法无天的统治者所敢做的限度。"执行技术上的容有错误"实已遮掩不了真正主使者的狰狞原形。

再看从北大胡校长和北平教授们认定所引起的效果。"六二"前后的北平是在极度的紧张中：先是紧张着提前戒严，再紧张着等候华北学联对于"六二"游行与否的最终决定。等到不游行的决定使整个北平松了一口气的时候，接着便紧张着

"六二"清晨所发现北大等学校内外和附近满墙满壁的自天而降的红绿色标语,内容是:"反饥饿反内战的学生是共匪"等。那天最紧张的是:北大周围的通路,都为沙袋、铁丝网、军警和黑衣彪形大汉所封锁。这封锁,据胡校长当天上午在校内"反内战死难人士追悼大会"上报告,并非出于地方当局的意思,而是下级人员执行命令的技术错误。这紧张,直到当天下午六时由胡校长会同何市长亲自到各通路解除封锁,才算结束。综述北平的"六二",虽除了上述的种种紧张,还不免有少数学生的短期被捕和北大西斋前的一点余波误会,但是比了武汉、南京、上海、天津、唐山、广州等地的大流血和大拘捕,真是千幸万幸地平安度过。北平这点例外的幸运,我们不得不承认是造成于胡校长、教授们和学生间所获致的相互信任。而这点相互信任尤其是造成于胡校长和教授们对于这次学生运动的一个正确认定,一句勇敢的公道话。胡校长和教授们信任学生,才愿为了学生的安全而尽他们最大的努力。学生们能信任胡校长和教授们,才愿把自己的荣誉和安全交托于他们,甚至于捺住了自己受尽刺激和侮辱的愤怒。当局者切勿低估了北平的学生,以为"六二"的平安度过是高压政策的成效。若是没有胡校长和教授们的一句勇敢的公道话,从而获致了对学生的相互信任,恐怕北大这次流的血要比任何地方还要多。

第二部分 政 论

我们更愿不惮烦地指出：一句公道话的成效，并非只在避免了流血事件，更重要的是在建立了人与人之间的信任，这信任是人间一切关系和制度的基础。公道和信任，本来是二而一的东西。没有了公道，任凭你有多大暴力，多大权诈，绝对不会取得他人的信任。没有了信任，他人可能慑服于一时，但迟早终必众叛亲离。暴力权诈的极度运用，可以腐蚀人间一切道德、法律和政治的关系和制度，因为它们都是以人与人间的信任为基础，而暴立权诈正先摧毁了信任。结果是造成了整个社会关系的彻底瘫痪。瘫痪得没有一个人能够信任另一个人。我们平心静气地试看中国的现状，离开这个社会关系彻底瘫痪的悲惨境界，究竟还有多少距离！这才是目前中国真的致命危机！

对于这个彻底瘫痪的致命危机，绝对不是枪杆所能挽救，反而正是枪杆在加深这个危机。一句公道话既已挽救了北平"六二"的危机，一句公道话竟能建立起校长教授和学生间的信任，我们敢于进而认定：公道话的效力是深远宏大，它正是救治彻底瘫痪的万灵药。其实，这点浅显真理，早经古今中外的哲人讲的舌敝唇焦，只是现在这个疯狂世界，正陶醉于暴力权诈中，谁也再不去相信这些话。儒家所倡导的德治，西哲所推崇的道德力量，现在听来多么迂阔，原来都是说明这点浅显真理。

在这个被誉为中国头脑所在的北平，我们企望着能听到更多和更勇敢的公道话。

六月十四日于北平沙滩

学校诚然不是租界[①]

　　学校诚然不是租界,学生诚然不能享受治外法权,但当一国法律或法律的运用已和正义公道脱了节,甚至足供统治者用为政治上的工具,以摧毁异己,扼杀青年,断丧民族国家生机的时候,负教育责任者就应该挺身而出,谋取保护青年之道,虽有悖狭义现实法而不惜。我国历史上正多着这类光荣的先例,最晚近的便是蔡孑民先生在"五四"运动中以一身掩护北平所有策动和参加该运动的学生教员的史实。蔡先生原来并不赞同学生在"五四"运动中所采取火烧赵家楼的激烈行动,若是他事先知道,更必极力反对和阻止。但当学生已因义愤而犯了刑法——依当时普通刑法,学生至少犯了内乱、放火、扰乱治安、拒捕等等罪名,教员们也可能犯了教唆罪——蔡先生却不惜"学校不是租界","学生不

[①] 原文载《中建》半月刊(北平版)第3卷第8期。

能享受治外法权"等饰词来推卸责任，反而以超乎现实法的凛然正义来说服当时的政府当局，终使没有一个学生或教员受到了当时现实法上所应得的罪刑。及掩护成功，蔡先生即以自己一身来担当千百人的罪咎，悄然引退。这是一幕多么崇高伟大的史剧！在我国几千年来黑暗历史中，若是还有一点光明传统，这便是读书明理的人所抱的"不可为不义屈"的气节。蔡先生正是继承此传统以入民国的伟人，此传统后复经由"五四"运动而滋荣在一般青年人的心头。

"学校不是租界"这句话，拆穿了，其实不外乎利用国人对于租界的憎恨心理，来感情化地说明一个简单原理，这便是："任何人都应该守法"。可是这个简单原理却并不是无前提的。它的前提便是：所谓法律究竟指的是什么？最简易地说，法律应该是正义公道与公众力量的结合。易言之，法律是以公力为后盾的正义，或是以正义依归的公力。事实上，"义"与"力"这两个要素的适调结合，却不是一件容易的事。人类文明经了这么多年的演进，法律上已形成了许多原理原则，但是法律的绝大部分，甚至它的基本部分，还极容易因"义"与"力"的分离脱节，而使人类社会回复到"无法"的状态。在这"无法"状态下，各人只有在"力"与"义"二者中，择所适从。正因为我国过去历史的专制黑暗，"无法"状态特别的多且久，才反而产生和加强了上节内所提

第二部分 政　论

到的"不可为不义屈"的气节的推崇。"读圣贤书，所为何事？"为的便是养成不屈于暴力而以维护正义公道为己任的气节。

"义"和"力"既已脱节，"法律"这个招牌当然就容易为"力"所挟持，于是"法律"，或是前文所称"狭义现实法"，在本质上只是"力"、"强权"、"势"、"暴力"等等而已。到了这个时候，"任何人都应守法"这一原则，以至"学校不是租界"等感情化的口号，也就缺少了它们的前提。一般人的不得不遵守这种法律，只是"屈于势"，而不是"服于义"，不再是"心悦诚服"。用一句时下的话："特种刑事法庭之为法庭，已是一个事实，看你承认不承认。"真是一语破的。握着"力"的统治者们高唱这句"学校不是租界"的口号，诚无足怪；因为政治原是"力"的角逐，而现在政治舞台上的人物，有几个能懂得政治应该屈于法律之下，而不应该挟持和利用法律呢？所可怪者，这个口号初不发自统治者方面，而反发自学校当局者，甚至发自"五四"运动中曾受过蔡孑民先生掩护过的学校当局者，这或者正是历史之神所故意造出来的一点小讽刺罢！所可喜者，在这次被政府当局所拘传的学生中，亦以蔡孑民先生所主持过的学校为独多，蔡先生在天有灵，或也会破涕为笑！

本文至此，读者们一定会替法律感到可怜。诚然诚然。可是，在人类文明进展的悠长岁月中，法律也曾努力地形成了若干原理原则，若是运用得当，确可维护正义，保障人权。举一个现成的实例来说：在这次政府当局大规模拘传学生中，据传，教育部曾命令各校当局开除这批被拘传学生的学籍，各校当局有的是奉命唯谨，有的是换上停止学籍，有的没有遵办，尚在观望，有的敢于抗命，置之不理。另一种传说是：学校当局停止学籍的布告在先，教育部的命令反而在后。无论如何，事实上教育部命令迄未公开，而被拘传学生则已为多数学校所开除或停止学籍。这是一个断丧民族生机，扼杀青年前途的致命措施，而为自北洋军阀时代以来我国历届统治者所不敢为与不忍为者，今则竟发自教育责任者自己，其意义之重大，实为每一个在学子弟的父母兄姊所应深切注意。我们在这里只想指出这个措施的违法性。若是这个措施确是由于教育部的秘密命令，则教育部显属越级非法干预学校当局的职权，其有悖行政法上基本原则，已另由楼邦彦先生在《观察》著文详论。学校当局对于被"特刑庭"拘传不到学生所采开除或停止学籍处分，其是否违法，得由两方面论之。

一、从国家现实法方面言，这次政府当局对于"匪谍"嫌疑学生既然想极力装出依"法"办理的姿态，还特地颁布了特种刑事等条例，设立了特种刑庭，于是，依刑法上一大原则，任何刑罚和程序上不利于被告的举措，必须以法律上有明文规定者为限。这个原则——法无明文不罚——是任何文明国家所是认，所以保护被告可能受害于国家权力的滥用。现在我们翻遍我国现有刑法、刑事诉讼法，连同特种刑事条例等在内，找不出一条规定曾赋予学校当局对于刑事被告以刑罚权。尤其对于仅有嫌疑、未经侦查、未经审判的刑事被告，不仅学校当局没有，就是其他任何人，甚至法院，也都没有刑罚权。学校开除或停止一个学生的学籍，性质是永久的或暂时的剥夺其将来的谋生机会，断送其一生的前途，其为一种最严厉的刑罚，实无可疑。以此严厉刑罚，施诸仅有犯罪嫌疑的学生，其为违法，实甚显然。我们得举一个浅显的例子来说明这个道理：譬如最近枪决的大汉奸王揖唐，无论在侦审期中，或判决之后，甚至在执行枪决的前一秒钟，出来一个没有行刑权的私人或公务员，先把他一枪打死，这个私人或公务员仍得负法律上杀人的罪责。学校当局或者会辩称：这不是刑罚，而只是协助拘传的一种措施。但是刑事诉讼法上也没有规定学校当局有此种协助拘传的职权。或者更能辩称："现行犯不问何人，得径行逮捕之"，今学校以开除和停止学籍来代替逮捕，不更善乎？但所谓"现行犯"在法律上有一定解释，这批被拘传学生，有的为了三年前做过一次级代表，大多数为了做过自治会理事，甚至于有的被报私仇者诬陷检举，就被提上黑名单，我们无论怎样曲解，也不能说他们是现行犯。若是以当过自治会代表为犯罪证据，则自治会原为学校当局所承认，自治会而为非法，则学校当局亦不能逃纵容犯罪，甚至协助犯罪之责。所以，开除和停止学籍，绝不能认为协助"特刑庭"拘传的合法措施。总之，政府对于这批学生既然谓一切依"法"办理，就不免陷于上述种种矛盾。最干脆是不必再讲什么劳什子的法律，一切由手令军令来干，倒是痛快一贯。此所以北洋军阀如狗肉将军张宗昌之流，由今视之，反而愈觉其天真得可爱，他就不搞这劳什子。军阀时代的学者像丁文江先生，也直率"独立"得可敬，只有他才敢说："中国假如没有过租界，我就不能想象其在政治上能有进步，甚至不能想象辛亥革命会发生，因为一切敢于反对专制暴政的，早被政府扼杀了。"

二、从学校职权方面讲，学校开除或停止学生学籍，必须有法律——亦即规章——上的根据，不然便是违法。笔者手头没有这部规章，当时学校中人大概都知道：开除学生学籍的合法理由有两种，一种是功课太坏，一种是品性太坏，功课是有客观标准的，这里不成问题。成问题的是在品性。学校里所谓品性坏一向是指不名誉不道德的行为，如偷窃、奸淫、考试作弊等等。这界限当然很难划定，但从反面来讲，则政治因素，尤其政治信念，则绝对不在其内。这就牵涉到现在时论中讨论得最热烈的"学术自由"一问题。所谓"学术自由"其实是和"司法独立"基于同一基本理论，所以就字面上说，笔者倒很同意于胡适校长所曾提过以"学术独立"代替"学术自由"——好像是在北大复员后第一次开学典礼演说中说过。"司法独立"的最重要意义是：法律和法律的运用执行不应受制于政治，亦即上文所提到过"法律应超乎于政治"一原则。"学术自由"或"学术独立"也是指：学术的探讨研究不应受任何外力的干涉，而现代外力中最强的当然是政治，所以"学术独立或自由"的最重要含义实和"司法独立"相同。于是，问题便发生在："学术"和"法律"间的关系究竟应该如何？学术之应超乎政治，固无问题，但是"学术"是否也可以超乎法律？本文题目："学校诚然不是租界"，其实就是对于这个问题的一个答复。本文前几节更是对于这答复的较详注解。简言之，当法律是纯正的法律时，学校当然应该受制于法律。但当法律已是变相的政治，亦即已成政治的工具，则学校和学术界除了"屈于势"一个事实原因外，在理论上和道义上就不该屈服，因为这屈服已不再是屈服于法律，而是屈服于政治，所以已违反了学术应超乎政治的基本原则。

由上节所述原则，学校开除学生的合法原因，不应包含学生的政治性的犯罪行为在内。政治性的犯罪行为，简称之为"政治犯"，在国际公法上早成为一个大原则的基础。这原则便是："一国对于他国政治犯无引渡义务。"这个国际公法上的原则，其实也正是蔡孑民先生不允许北洋政府依"法"处罚"五四"运动中火烧赵家楼的师生的真正根据。当然，这点道理或者只能为知者道而难为俗人言。好，现在再讲一点"为俗人言"的法律常识。

就是以这部现实宪法作根据，试看从"一二·一"以来的学生运动，其内容不外以言论批评政府，以集会表示共同意见，至多是以有秩序的游行来唤醒国人，而从来没有过"五四"运动中火烧赵家楼等违反刑法的行为，原都属之宪法在第一章内所列举而保障的人民基本权利，学生运动何曾违过法？反之，"一二·一"中的包围开枪，以至最近"七五"血案的开枪，哪一件不是政府滥用职权的违法行为？政府由于自己的重重罪戾，激成了学生思想的愈趋激烈，倒头来，反借几种特别条例，几个"意图"如何如何的罪名，把全国十大都市大学中最优秀的青年学生尽驱之绝境，天下不平事，尚有逾于此者乎！依"法"办理云何哉？

诚如张东荪先生在本刊第一期内所言，现在已经不是讲理的时候。但是教育界中人，读书明理者多，我想至少还可以讲一点理。我们应该扪心自问：这次学校当局的举措是否有亏我们所负保育民族国家下一代的职责？我们诚然手无寸铁，但并不一定就都是"纸老虎"，蔡子民先生便是一只手无寸铁的"真老虎"，由他的伟大人格，感召了多少青年？蔡先生不屈暴力维护正义的精神，经由"五四"运动，实孕育了此后国民、共产两党的滋长光大，读史者谁能否认？枪杆的力量是暂时的，正义的力量才是久远的。我们从不得不"屈于势"的方面看,谁都是个"纸老虎",但是从人格与正义合一的努力方面看,谁都可以成为"真老虎"。

现在正在受难中的有为青年们!我希望你们都成为蔡子民先生一般的"真老虎"!

九月十二日

回忆　感想　展望[1]

　　"五四"运动是由中国知识阶级所领导,在思想上走向现代化的开端。它比辛亥革命更深入,它要求改革的包括到整个生活态度在内。参加"五四"运动的知识阶级当时只限于青年学生,但因为那次运动深入到各方面,所以它成为了中国革命深入的起点。国民党和共产党成为中国的大党也溯源于"五四"。"五四"以前国民党还没有深入民众,孙中山先生改组国民党是由于从"五四"运动中得到的教训。中共的发起人也多是"五四"人物。

　　中国人民真正对政治发生作用是自"五四"始,以后的学生运动都是秉承"五四"的传统而来,"五卅"就是继承了"五四"而为国民党革命成功的先锋,以后的"一二·九"以至"一二·一"都是继承"五四"的全国性的运动,在每次运动中青

---

[1] 原文载《北大半月刊》1948年第4期。

年们都提出了解决国是的基本办法。我们要批评政治措施的对不对,可以看它能否听从学生的要求和口号,如果能,它就成功,否则它就失败。例如政府实现了"一二·九"的抗日要求,所以它成功了;而"一二·一"以后政府违背了一切学生的要求,以致演变成今日的悲惨局面。学生运动在国运上占有领导地位,阻止或压迫它,对国家不会有利。

把学生运动视为"共党利用",是政府不认识学生运动的意义。政府如果想认识学生运动的意义,他必须觉悟,必须接受过去的历史教训。

起码的权利[1]

目前,京沪各地的青年,恐怕连纪念"五四"的自由都很少了,而我们还能在这里开会,自由地说话,真是很不容易的。

民主、科学和法治——法治是马大猷先生刚才提出来的——本来是最基本的东西,它们三者有一个共同的基础,那就是看清了事实,并且把它说出来。无论政府对学生运动怎么说,有一点是我们今天无论如何不能让步的,那就是:把你看见的事实说出来,绝对不能把白的说成黑的。法治其实很容易,譬如法庭上的诉讼,第一步就是要弄清事实,如果连这点都不要,那法律就是骗人的。如果连把事实说出来的权利都没有,中国将不成其为国家了。

---

[1] 原文系费青先生在五(月)五(日)"民主与科学"晚会上的演讲,载《北大半月刊》1948年第5期。

第二部分　政　论

　　我们并不是恶意批评政府，我们只是凭良心说话，希望政府做得像样一点。就这里要说的事实：第一，是刚才王铁崖先生说过的：我们的外交已经丧失了自主，为了取得美国贷款，政府甚至不惜出卖了一切主权。第二，也是楼邦彦先生在几篇文章里谈过的：戡乱和行宪绝不能并行，要戡乱就戡乱，要行宪就行宪。事实是在戡乱，却偏要说是行宪。第三，宪法施行前夕所颁布的《戡乱时期危害国家治罪条例》和根据这条例所设立的"特种刑事法庭"，更简捷将宪法上所保障的人民基本权利全部取消；因为在"共匪嫌疑"的帽子下，任何人民都被剥夺了在普通法庭自辩无罪的机会，而这个机会正是宪政和法治的基本。第四，国大除了产生总统和副总统外，又通过了授予总统紧急处分权，这就是说，无论总统要做什么，都可以不经过立法程序，这一来，整个宪法都可以取消了。

　　我指出这些事实，并没有恶意，我只想问一问政府是什么意思？你们究竟要干什么？你们这样做是什么目的？希望你们不要再说那些好听的话了。

　　最后，就要重复地说，今天我们能够在这里自由开会，自由说话，是很不容易的。我们全体师长和同学要一起来保卫这最小、最起码的人权。如果连这最起码的人权都被剥夺的话，那我也不愿做人了！（阿蓉记）

我们为什么要反对特种刑事法庭[①]

我们为什么要反对特种刑事法庭？最主要的理由有两个：

第一，它违反了法治一个最根本的原则——"在未证明一个人犯罪以前，任何人都是无罪"。为了要平心静气地去判断一个人是否犯了罪，所以宪法规定必须经过公平的审理，以免人民无端受屈。可是"戡乱时期危害国家紧急治罪条例"却不管这一些，只要你有"妨害戡乱治安"的嫌疑就把你送进特种刑事法庭，先给你戴上一顶红帽子。因此，特种刑事法庭事实上对任何人都可以取得管辖权，任何一个无辜老百姓都可能被指为"共匪"嫌疑。既然先认定人家是"共匪"，那还用得到什么审判？那还用得到规定什么"审判条例"？假如政府存心如此，所谓"宪政"、"法治"都是废话。因此，我们反对特种刑事法庭绝不是什么政治立

---

① 原文系居仁记录的费青谈话，载《北大半月刊》1948年第6期。

场，纯粹是出于爱好公平正义，完全是为了维护宪法的基本权利。

第二，政府制定"戡乱时期危害国家紧急治罪条例"完全为了要应付这个危急的局面。由于过分的慌张，以致失却了理性，因而把另一个法治的原则——"法律不溯及既往"也忘却了。这个原则不但是一般法规的铁律，而且有些国家（如美国）还把它明定于宪法，我们的新宪法虽然没有相似的条文，可是我们不能不做同一的解释，换句话说，不是我们宪法觉得这个原则不重要，而是觉得这个原则太基本、太普遍，不用浪费纸墨，如果违反了这个基本原则，所造成的悖理结果将更不堪设想。例如认共党为非法也溯及既往，则从前中山先生的容共政策也是犯罪行为，岂有此理？再推而广之，现在任何人的一举一动在将来都可以被认为犯罪而受处罚，如此势必使人民的一切行为都归于停顿死灭，难道这才叫"法治"？

总之，我们希望政府不要因一时的冲动而失掉了理性，以免贻害无穷，自食其恶果。

"生生不息"[1]

今年的旧历年，比了过去几年过得特别热闹；北平这个古城，从年三十晚上起，爆竹鞭炮声就一直不断地连续了四五天。任凭你个人的心境如何，听了这满城的狂欢声，也就没法遗世独立，而会被这节令的气氛，沉浸了你整个灵魂。

记得十年前在德国，一位老教授家里过耶稣圣诞，在他幽静而同样地沉浸着节令[2]气氛的客厅里，听他娓娓讲述着耶稣圣诞在西方民族中的意义。当日耳曼民族远在北欧的老家，他们早有这个节令，它象征着光明和希望，因为正从这个节日起，北欧的漫漫长夜才开始短缩。后来日耳曼民族信奉了基督教，才附会上宗教的传说。这个节令迄今依旧是西方民族中最重大的一个，正因

---

[1] 原文载《中国建设》1948年第5卷第6期，第55页。
[2] 原文为"令节"，疑似"节令"，径改。——编者注

为它不仅具有悠久的历史,尤其象征着光明和希望。

"耶稣圣诞是一个儿童的节令,"老教授接着问我:"贵国的最大节令是哪一个?"

"是旧历年。"我当时不假思索地答复他。他最后这句话,使我顿时忆起自己童年时新年里的欢乐。

但是只用这些理由来解释今年旧历新年的特别热闹,恐怕还有点不够。眼看摆着的局面,谁都感觉到未来的一年正是我们民族最艰危的关头,更不必讲到每一个人在这汹涌的物价浪潮中所将遭受的命运。前途的绝望正诱迫着我们无顾忌地掷出最后一张法币,来博取这片刻的狂欢。最热闹的过年恐怕正是牢狱里的囚犯们。希望固然是快乐的原素,绝望也得为狂欢的因子。这里连绵彻夜的爆竹声,是不是正表示了这个绝望中狂欢的心情?

无论是希望或是绝望,快乐或是狂欢,都是我们这一代中年人的自作自受。若是我们看到这几天里儿童们天真的笑脸,回忆起自己童年的欢情,我们会深深地体会到:"无论我们这一代对自己如何自暴自弃,但对于下一代,以至民族的将来,我们还负担着深远的责任。对自己,我们尽可掷出最后一张法币,来博取片刻的狂欢,但是对后代,我们绝没有剥夺他们继续活下去的权利,不,我们甚至不应该阻碍他们所将自由选择的生活道路。"

"生生不息",原是我国传统文化中的一个基本信条。个人的生命如此，民族的生命尤其如此。生命的意义是在于对将来的指导，人类的所以为生物的最高阶层，就在他能意识地感觉到这个生命的意义。即就个人言，老年人留恋过去，正表示他生命力的衰竭；儿童和青年们多善忘过去，不顾现在，一心指望着将来，正表示着生命力的充沛旺盛。若是用这个生命原则来衡量现在的我国，我们不能讳言这是一个只顾复仇泄怨而不再考虑到将来的政治局面。举例来说，一个国立大学竟能集体开除了一百多个自己所一手教育出来的学生，更禁绝了他们改入它校的生路，试问这是行宪戡乱，抑是灭理制乱？戡乱本是这一代中年人自作自受的应有果报，但是我们绝不应该把民族的将来一起断送了。在英国，当国家经济窘竭的今日，政府始终以下一代人民的教养视为最基本的国策。是不是我们这个民族真的已经衰老，而英国却在更新绵延呢？

史朋格勒（Spengler）所创的民族寿命论，事实上早被否定。一个个人虽受着寿命的自然限制，但是一个民族的绵延却全视它自己"生生不息"的努力——所谓"自强不息"，正指"旧的自己"不阻碍"新的自己"的发展。这里所谓"旧的自己"主要是指文化各方面的积滞，例如种种已经固定化的制度。文化和它的制度，本来是人所自造，但是迄今为止，当文化和其制度一旦固定化了，人反而被它们所奴役。历史上民族的衰亡无不原因于它的文化和制度已经不再允许它能够适应新的环境。自从科学，尤其社会科学的兴起，人才开始了解文化和其制度，更进而想能役使它们，而不再为它们的奴役。换言之，我们要使文化和其制度不再发生积滞的反作用，而能永久适应着我们日新的需要。所谓"民主"便是这样一种企图。它不仅是一种政治制度，实在应该包含文化的各方面，例如最基本的人生态度。即在政治制度方面，像美国大法官霍尔姆斯（Justice Holmes）所解释，它应该是一个容忍各种不同政策均获试验机会的制度。唯其容忍不同政策的试验，这个制度才能永久适应着我们日新的需要。但是容忍二字，谈何容易？若是基本的人生态度还配合不上，则政治上的容忍尤其难于做到。我们只须一看现在美国的政治，就不难了解这个人类新企图的实现，正还需待着人类自身的努力。

话好像扯得太远，尤其和我国的现实距离得太远。但当此旧年节日，爆竹声中，我们不禁对于民族的将来怀着无限的指望。正指挥着枪炮的大人们，看见自己家里正玩着鞭炮的儿童辈，或者也会像那位德国老教授般说：

"旧历年是一个儿童的节令，儿童正是我们对于将来的指望。"

旧年初六于北平

《新建设》发刊词[①]

（1949年9月8日）

自从《中建》北平版为国民党反动政权迫令停刊，不久北平解放，我们这批经常为《中建》写文章的朋友们，复各自忙于岗位工作，已有半年多没有提笔写作。在这段封笔期中，我们曾经检讨过去，展望将来，为了是否需要重新试办一个刊物，更费了不少的考虑。现在我们已经决定重新试办这本《新建设》，值兹发刊伊始，谨将我们的检讨、展望和考虑，简单地为读者告。

记得去年7月《中建》在北平创刊，正当国民党反动政权临终前的大挣扎，狂妄暴戾，无恶不作，因之我们在表面上是含垢忍辱，委曲求存——我们既未出创刊号，更没有发刊辞——而在实质上则坚决认定我们的主要任务是在配合当时革命形势，加速

[①] 原文载《新建设》1949年第1期。

摧毁反动政权。我们曾揭发帝国主义者的伪善,指出官僚资本和封建势力的狠毒,更鼓吹了人民革命力量的伸长。在《中建》短短十期的寿命中,反动政权立即加紧了对于我们刊物和各个朋友的监视和迫害,终于刊物被封,朋友们被迫远离或匿迹。但是也在这短短五个月中,我们看见了人民革命力量的突飞猛进,终于很快地获致了解放战争的基本胜利,和人民政权的建立。中国人民千百年来自由解放的梦想,一朝实现,我们怎能不欢欣歌舞,来颂扬人民的伟大胜利。

在革命进展地过程中,破坏和建设,本来是相辅相成的。从一方面讲,对于反动势力若是没有彻底的摧毁,建设就缺少了巩固的基础;从另一方面讲,则前方的军事胜利,正有赖于后方的建设来支援和保证。但就各个工作岗位在革命过程中的不同阶段中来看,则破坏和建设确有孰重孰轻之分。例如过去《中建》的任务,主要是在破坏,若是那时就侈谈建设,就无异于空中造屋。但是到了现在,解放革命的过程已从如何夺取胜利进入如何巩固这个胜利的阶段。夺取胜利,重在破坏敌人,而巩固胜利,则重在建设自己。我们不但需要善于破坏一个旧世界,尤其需要善于建设一个新世界。《新建设》此后的任务,一方面固然不应疏忽了对于帝国主义和国内反动势力的警惕而将继续揭发其阴谋,但主要的将是为了新民主主义中国的建设而提供我们的意见和方案。

新民主主义中国的建设，应该从建立新观点、新思想做起。像我们这样的许多知识分子，过去在反动政权下曾以威武不屈、贫贱不移自勉，在思想上亦始终不甘落后，但自解放以来获读毛主席从马列主义和中国革命实际中所提炼而得的正确理论，更目击一般中共朋友在这个指导理论下的种种艰苦实践，我们的确深深感到有加紧学习的必要。希望这本刊物就成为共同学习的园地，来相互鼓励和督促。

毛主席曾说过，马列主义不是教条，而是一种立场、观点或方法。教条只须记诵，而立场、观点和方法则须善于运用，这就是说，要能确当地用来解决中国千头万绪的实际问题。新民主主义中国的应该如何建设，便是这些实际问题中的主要部分。我们就各人的工作经验和研究部门既多少接触了中国的现实和它的或大或小的实际问题，我们愿意根据新观点来尝试提供些建设的方案或意见，以备参考，并做讨论张本。在这方面，《新建设》更将是一个公开的园地，欢迎各种不同意见和相互批评。

不只新民主主义中国的建设，将是一个极其伟大和艰苦的工作，就是写建设性的文章，也必然是提笔千钧，难成一语。我们虽抱有如上的愿望，但是我们的能力和时间是否允许我们能持久继续出版这样一本刊物，我们现在还不敢断言。所以我们竭诚希望各阶层、各岗位的朋友们，能多多赐助和合作。

迎接人民政治协商会议[①]

（1949年9月22日）

由中国共产党、各民主党派、各人民团体、各地区、人民解放军、各少数民族、国外华侨及其他爱国民主分子的代表所组成的中国人民政治协商会议即将在人民首都北京开幕。这是独立的、民主的、和平的、统一的和富强的新中国的诞生；我们在无限的欣喜，无上的希望中迎来这光明的降临。

人民政协是解放战争胜利的成果。没有中国共产党毛主席的正确领导，没有人民解放军的英勇战斗，没有统一战线和全国人民的团结努力，绝不会有人民政协，也就不能有新中国的确立，中国人民也就做不了主人，将继续在帝国主义、封建主义和官僚资本主义长期惨酷的压迫下翻不过身来。我们迎接人民政协是迎

[①] 原文载《新建设》1949年第2期，刊载时未署名。

接我们人民的翻身，人民的胜利，人民光明的前途。中华人民共和国，这伟大的，这多少志士和大众用血肉所换来的，这亿万人民朝夕呼唤、追求、争取的至宝，终于宣告成立了。

这在艰难中诞生的宁馨儿，当他终于降世的时候，我们在欢欣狂热之余，眼角上带着感激的眼泪：回想起这一段曲折的过程，其间有多少我们亲爱的朋友、伙伴、儿女曾为他倒下了，又起来。他们中间又有多少已不能用亲眼来看，亲手来抚这一至宝，他们牺牲了，他们安息了。今天我们不但想起这一切，感激、追念，而且从他们身上，我们更感觉到责任的严重和巨大。

新中国前途的光明已照着我们的眼睛，而脚下所踏着的道路却不是单纯的平坦直径。帝国主义的最后堡垒并没有损毁，还控制了一半以上的人类；封建主义还笼罩着广大的地区；官僚资本主义的残余还倚靠着山岭和海峡做它最后的屏障；临死的豺狼是加倍的狠毒。这一前程需要全国人民的警惕和奋斗。人民政协的开幕也就是万里长征中另一阶段的开始。

信心倚靠是过去，经验是保证。经验告诉了我们第一阶段的完成是因为有个共产党，有个解放军，有个统一战线。共产党使无产阶级成为革命的主力，解放军武装了人民，统一战线把一切民主的分子团结在一起，为一个目的而奋斗。人民政协总结了这一阶段的经验，启示了第二阶段的方向：以工人阶级为领导，以

第二部分　政　论

工农联盟为基础，团结各民主阶级和团结各民族的人民民主专政。这是克服一路上可能遇着的一切困难的武器，也就是胜利的保障。信心是坚定的，力量是雄厚的，成功是有把握的。

人民政协是全国人民对于建国大业协力同心，共同商量，要商量出一个一致拥护、遵守和努力实现的共同纲领。要制定出一个中央人民政府组织法。在这人民政府的领导下，每一个人都要站在他的岗位上，遵照这个纲领，来完成这第二阶段的伟大历史长征。我们要步伐一致，行动一体，一心一德，保卫战果，巩固阵地，争取新的胜利。我们绝对相信人民政协的代表们一定能完成这一重大任务。我们预祝人民政协的圆满成功。

庆祝中华人民共和国成立[1]

（1949年10月6日）

中国人民政治协商会议的圆满成功，制定了《中国人民政治协商会议组织法》、《中华人民共和国中央人民政府组织法》和《中国人民政治协商共同纲领》的三大宪章，确定了国都、国旗、国歌和纪年，更选出了以人民领袖毛主席为首的中央人民政府委员会，于是一个簇新的、瑰丽的、伟大的中华人民共和国和他的中央人民政府终于在这古老的国土上宣告成立。多少年来受尽帝国主义和国内反动势力欺凌压迫的我们，能够身历这个大翻身的日子，更能在新的国都亲身参加这个国家庆典，真感到无限的欢欣奋发。

从此以后，我们中国人民有了一个自己的国家、自己的政府。

---

[1] 原文载《新建设》1949年第3期，刊载时未署名。

第二部分 政 论

我们的国家制度,以工人阶级为领导,以工农联盟为基础,团结各民主阶级和国内各民族的人民民主专政,将保卫着人民革命的胜利成果和防止帝国主义、封建主义和官僚资本主义任何复辟阴谋。我们的政府组织,依循着民主集中制和议行合一的两大原则,为保证国家政权的灵活而有力的运用,来领导推进艰苦和伟大的建设工作。勇敢和勤劳的中国人民,有了这样一个国家,这样一个政府,一定会更加团结和努力工作,来创造自己的文明和幸福。我们将不仅能够创造一个独立、民主、和平、统一和富强的国家,并且将更能稳步地进入更高级的社会境界。

中华人民共和国的诞生,同时增强了世界和平的阵营。我们和一切爱好和平自由的国家和人民团结在一起,来防止帝国主义发动新战争的阴谋。国内的和国际的民主统一战线原是不可分的。团结国际友人,是使我们革命斗争不处于孤立的地位,而中国革命的胜利也是使国际民主和平更有保障。

中国人民从此站立起来了,让我们高声欢呼:

中华人民共和国万岁!

中央人民政府万岁!

人民领袖毛主席万岁!

第三部分

译 著

中日战争目击记
——亦名《龙旗下》(一)[①](二)[②]

费青　费孝通　译

目录

译者的话

一、一船好吃的家伙

二、鸭绿江外的沉舰

三、天险要塞

四、谁愿做俘虏

[①] 原文载《再生》1932年第1卷第7期,其中"译者的话"以"《中日战争目击记》译文前言"为题收录于《费孝通文集》第一卷(群言出版社1999年版)。为保持原文的完整性,本书一并收录。"译者的话"与《中日战争目击记》译文前言"文字略有不同,收录本书时以前者为据。——编者注

[②] 原文载《再生》1932年第1卷第8期。

五、龙旗下不肉搏的战士

六、旅顺四日的初夕

七、沙船上的归客

参考史料序言

第三部分 译 著

译者的话

O Wild West Wind thou breath of Autumn's being,

Thou, from whose unseen presence the leaves dead,

Are driven, like Ghosts from an enchanter fleeing,

Yellow, and black, and pale, and hectic red,

Pestilence-stricken multitudes: O thou,

Who chariotest to theis dark wintry bed

The wing'ed seeds where they lie cold and low,

Each like a corpse within its grave, until

Thine azure sister of the spring shall blow

Her clarion over the dreaming earth and fill

(Driving sweet buds like flocks to feed in air)

With living hues and odors plain and hill;

Wild spirit, which art moving everywhere;

Destroyer and preserver; hear, Oh hear!

——First stanza of Shelley's Ode To

The West Wind

肃杀的西风已刮到了东亚。岂但融融的欢笑,顿时吹散;听,哀号,悲泣,染着血腥,不是已逼人四至?数千年悠然地安于田野、家园生活的民族,在此烽火遍地之际,还有哪一点不像绿荫如盖的梧桐,猝遇秋风,纷纷叶落?我们中华古国,以敬以爱,矢诚矢勤的文化,就将在此残杀、争斗、火拼、人吃人的战雾中消灭了么?和平和爱,在世界上从此就没有地位了么?我们的民族从此就永远地,没有翻身地,被注定于死、沦亡、消灭而完了么?

说起了和平和爱,谁都要齿冷。住口罢,朋友,还是这样的不知羞!懦夫们为什么还要借这些迷人的护符来遮盖自己的卑鄙,这一丝面子还值得以子孙万世来换取么?不错,在现在的世界,有谁还有心绪来分别和平和懦弱?但是,事实上,这两个怨家若老是扭做一团,则和平和懦弱,战争和残酷,善和恶,美和丑,黑和白……也将永远的杂拌,永远的混淆了。呀!什么时候,这世界上,这人类里,会有清晰的标准呢!这标准的树立是谁的责任?

这里是一本残酷和懦弱的记录,是一幕最黑暗的活剧,是我们民族遇到狂风的初夕。这里所载的事,离今已有38年了。残酷者,在38年中,只增加了他残酷的嗜好,和增进了残酷的伎俩。看,他们不是正在发着一天不杀人,一天不能过的疯狂么?不是正更自信、更无忌的实行着 Hiohidi 所谓 "ausi loin que mer et

第三部分　译　著

treu puissent novs mener"？（第 49 页①）懦弱者呢，我们问自己罢，因为每一个读者都能在自己的良心底下求到最正确的答案，且让我引一些事实：38 年前，在黄海边上观战的人，还看见：

"她'致远舰'已坚持了好久，抽水筒在不断地抽出水来，因为我们可看见从船内抽出来的水流。她勇敢地单独战斗。直到沉没，她甲板上和顶楼上的炮，仍不断射击。结果，船舷完全破坏，船尾倾侧，推进翼露出水面，一步一步地归于消灭。"（本书第 36 页②）

38 年后却是：

"珠歌尤绕将军座，

祖国山河一夜墟！"

君劢先生曾说："我们要唤醒的不是什么人，什么阶级，是潜伏在每个人心中的本能。"战和爱！中国人久已失了他为人的本能了。在这小册中，我们可以看见一个敢战敢爱的盎格鲁－撒克逊人。爱我自己的生命，爱我自己的祖国。为生命而斗，为祖国

---

① 原文如此。——编者注
② 此处应指原英文页码，下同。——编者注

353

而战！我们更可见，天下只有勇敢的才有生路；屈膝乞怜的，只有死。你不见么？淡水湖中的难民。

"中间有许多是妇人，一个还抱着小孩，她把小孩高高捧着，想求日人的怜惜，当她爬近岸时，一个凶恶的兵士，给她一枪杆，第二击就把她的小孩刺落了。"（本书第 73 页）

求怜哀从，只惹得战胜者的欢呼和狂笑罢了。

和平和战争，本来不是矛盾。只有懦弱和生存才是不能并存的对头。和平是爱的放大，爱是自我牺牲的表现。为爱护自己的理想而斗，是达到和平的路径！

译者在逐句翻译时，虽则眼前只见懦弱和卑鄙、残暴和凶恶，但对于我民族，我世界，我人类，依旧抱着无限的希望。在这 38 年中，我们中国，虽则一方确是表示着更懦弱，更没有自信的卑劣，但是在我们民族的底层下，已透出本能的潜动。沪滨的赤血，关外的白骨，已为我庄严伟大的将来，安下了不拔之基了。谁说："他们除了是世界上最自私、最无进取心的人民，表现着最无军事能力外，还有些什么？"（本书第 69 页）是的，我们酷爱和平的民族，始终厌恶残暴，不会产生"侵略式的军国主义"。（同上页）但是：我们是负有建造未来和平世界的伟大使命，我们爱和

第三部分　译　著

平，我们不再懦弱，要为爱而战。我们不愿以残酷征服世界，我们是要以爱结合人类。

听，听，西风里，雪莱不是已在唱他上引的诗的最末一句：

O Wind,

If Winter comes, can Spring

Be far behind?

二十一年八月二十日于浒关之潜庐

一、一船好吃的家伙

以下所叙述的是我个人在这次可纪念的中日战争中目击的情形。我自己早年的历史，在这里没有详叙的必要。不过有几件事似乎应当一提，因为或可以借以明了我遇到这次经历的背景。很明显的，我不是长于文学的人，这里仅能把亲眼看见，亲身参加的事，率直的记载下来罢了。现在虽已事过境迁，但偶一回忆当时突兀的际遇，而现在居然尚能留生在人间，真使我愈想愈觉得惊骇了。

我是朗格（Lancashire），一个棉花商的儿子，父亲在生前积有很大的财产，死时我尚在童年。稍长，我就发现自己是个拥有八万金镑产业的人。所以我自幼就成了财主。但这个招摇的尊号，却被我很快地用了有效的方法摆脱了。琐屑的事这里不必细讲，总之，只在四个年头里，我已把八万金镑化个干净。这并不能算快，因为我所浪迹的是巴黎的销金窟和蒙德加洛（Monte Carlo）的赌场。在那些地方，我的浅浅所有，何值一掷！我像马一般地狂奔，一路把背上的重载毫不吝啬的四面抛掷，无数包围着我的男女妖精，就争先恐后的抢拾。在这条向着堕落的大道上，起头真觉得灿烂夺目，但将近终点时，乌黑的云雾，愈笼愈密，等到我开始懊悔，已嫌太迟了。从无可自主的迷惑中抽身出来，真像是好梦蓦的惊醒。前途，只剩着一片黑暗。

1892年的一个春夜，大约十一点钟吧，我悄然的立在本乡孟却斯脱城（Manchester）的忽华次公园（Whitworth Park）的短栏旁边。在这黯然冷落的故乡景况里，我不能不结束过去的行迹而退休了。那时我正在想着我过去的种种，钱是完了，所得的代价只剩着几句法国话和几套难堪的法国式的生活。这时夜已很深，我所立的一条马嘶街（Moss Lane）更是黑暗得凄凉难受。忽然间，对面跑来了一个人。从他走路的姿态里，很可看出他是一个醉鬼。走近时，却立定了问我维多利公园（Victoria Park）的去处。这园是一个半公性质的场所，里面有许多棉业富商的住宅。有一道门正对着马嘶街和牛津街（Oxford Street）的交叉处。我就这样向他说明了。但是，出其不意，那个酒鬼却突然的

第三部分 译 著

和我狂握起手来。

他喊着:"握手,握手!这样才兴(行)。怕你还不知道同你谈话的正是一个上等人哩。"

这是我没有料到的。他是一个短短的身材,身体很结实的人。大约有五尺二三寸高。衣着很褴褛。他那种窘促的神气、膨胀的身材和污浊的气息,都说明他是一个放荡不羁的人,我觉得他这般样子很是有趣,就同他攀谈起来。交谈后才知道他是一个水手,朗格县人。据他自己说,和孟却斯脱的阔人,很有些亲戚关系。从谈话里,我又知道他青年时代很倔强,以致投身海上。他的家里除了每星期给他一个金镑外,已不收认他。就是这笔钱也已好久没有照付了。他此次就为这事而来,想来问个底细。一两个星期前他才由海外归来,在利物浦(Liverpool)上岸。在那里发到了75金镑的工资。不上两日两夜发狂似的享乐已把全数都化个干净。他那时的形状很可证明他所说的是可信的。总之,他很觉得自己是个十分浪费的人,所以好几次说:"我是一个无赖。"我问他现在船上当什么,他说:"A、B,老是A、B"。其实从言语和态度上看来,至多亦不过是一个当前樯手的,虽则他执手时口口声声说是个上等人。后来,他走了。我立着看他蹒跚的背影。一回,我转身想走,忽然听见背后有人喊的声音。回头看,那个"无赖",在百码外,又喊起我来。在那时,有谁会知道这小小事件

357

就会注定人的一生命运！我最初想不理会他。但一转念，先看看究竟是怎么一回事，这一来，却把我整个将来全都变换了。原来他在和我谈话时，已把我刚才向他所说维多利亚公园的去处完全忘却。我那时本来无事可干，于是就陪他一路走。一同进了公园，他很困难的寻着了他所要去的屋子。其实，我若不帮他寻，他会始终寻不着的。据说他离开孟却斯脱已好多年了，所要寻访的人，现在都已搬了家。就那屋子的外观，很可相信他亲戚的身份是不差的。我问他，他的亲戚将怎样招待他。

他回答说："管他的！只要问他们个明白，为什么那笔帐停付了，有没有差池，就得了！"

他请我进去一同暖一杯酒。我谢绝了。他又同我握了一回手，离了我，独自向那屋子走去。我当时激于好奇，想看看这位醉醺醺的"无赖"将怎样见他高贵的亲戚，这种不相称配的情形诱着我跟着他走。我停在一丛小树间，躲着，那时他已经把门铃按了。一个很漂亮的女仆开门出来。那个无赖就在门阶上颠来摆去的向她讲话。我因为距离远，听不清楚他所说的是些什么。从她的姿态里看去，那女仆对他尚无讨厌的成见。一会儿她回身进去了。门仍开着。他在立等。一分钟后，就有一个身材强大，中年的上等人从光亮的门框里踱出来，他的神气，正和那个水手的形景，成一个极好的对比。他俩经过短暂而咆噪的谈话后，那个高贵的

第三部分 译 著

上等人就往里一走，门"碰"的一声关了。剩在外面的那个，两手插在裤袋里，像木偶般对着木门出神。他一再猛按门铃，用力拉门，直等到一切都失败，他又狂吼地咒骂了一阵。里面依然无一声气息。最后，这位颓丧的客人，不能不蹒跚地离开那所侮慢的华屋了。他走过我身边时，我就跟了出来。他看见我，并不惊惶，仅问我方才在什么地方。从他回答我的话里，知道他们要他在清醒时才去晤面。"好像，"他咒骂地说，"在他们看来，我现在还不够清醒！连留我宿一宵都不肯。他们老是这样对待我。一个无赖，我真是一个无赖呀！"

经此打击，这位"无赖"，好像已无力直立，老是把背心靠着门。这种形状，真是可怜！那时，已过半夜，他囊空如洗，离城又远，照他这副神气，一个人去投宿，更是麻烦困难。我很可怜他，所以就邀他同我一起住夜。他当即答应了。并且说，上等人都应当互相帮助的。他还说，若是我有白兰地，他还可支持到天明。于是我们一起向着西锡尔街（Cecil Street）我的宿舍走去。

这次意外的邂逅，就开始我俩长久而亲切的交谊。后来我把我倒霉的境遇和前途，都告诉了他听，他名唤却来·威勃斯脱（Charles Webster）。他听了，就提出一个救济的办法，虽则很决绝，但并非不可能的——当他清醒时所说的话多是很有意思——"什么都算了，到海里去吧！"他说，"有钱时，享用个爽快，钱除

359

花花之外,有什么用处呢?现在你什么都用完了,正好到海里去再寻找些来。我就老是这样。——工资到手就爽快一下。完了,再往海里去走一趟。"

"在你当然是很好,"我回答说,"在我,一些航海知识和经历都没有,怎样可以在船上混呢?"

"有我,怕什么?"威勃斯脱回答我说,"船都是一有生意就要开的。谁有工夫细摸细想地捡长嫌短。我会替你去钻,这只船不成,就换那只。我拿你装像一个 A、B,再代你吹一下,说你是个老熟手。"

"但是,他们都知道了我是冒充,怎么好呢?"

"船一开,怕什么?他们至多对我们盯几眼,不好拿我们怎么样。这是日常日务的勾当,只能迁就我们。证书是不成问题的。船到岸时,你总学会了一些,那时船长不会再同你啰嗦,说你坏话,落得爽爽气气给你签字。于是我同你又可以去找一个生意了,谁都这样子的。没有人生下来就会当水手的。不信,你可以同我去走一趟,试试。包你会变一个顶呱呱的水手。你是上等人,帮过我忙,这一回,我得提你一把了。"

好,简单地说,我考虑了一番之后,就决定照他的话行了。因为当时的环境,除此也没有其他较好的路可走。所以我就依他进入了航海生涯。一个过惯一掷千金浪漫生活的人,一旦突然变

第三部分 译 著

成一个卑贱的水手,痛苦真是难以形容。只有自己痛悔着过去的愚妄罢了。我从此得到教训了。酸痛的教训,总会使我有益吧!威勃斯脱真是一个可靠的朋友。虽则生活极其放纵,他确实具有他所常常自夸的上等人的性格,在他的指导之下,我有了很快的进步。

我俩一同航行了好多次。1894年的春天,我们正在旧金山(San Francisco)间浪荡着,威勃斯脱那时钱很多,但照旧的浪费。当时我们复与弗朗氏·邱勃(Francis Chubb)相熟。他是澳洲产,一个极老练的航手,具有勇敢坚毅的性格。因了他,我才有这本书所要写的一番经历。有一次晚上,我们正在闲谈,他忽提出一个奇突的事件:这地方有一个做运输生意的人,曾经雇用过他好几次,现在又想雇他做一次军火买卖。因为在新近爆发的中日战事里,中国人正急需着军火接济。邱勃又说,他已经差不多说定了,现在正在物色好帮忙的助手。他的雇主看到中国海口不久就会被封锁,所以很想乘此机会来冒险,做一注好交易,发一票横财。只要弄得起一个供应大清国军火的组织来,就兴(行)了。大清国现已缺乏军火,他正委托美国公司代定了大批的货物。邱勃当船长,他要威勃斯脱和我当头目和副目。酬金很可观。因为那时我们正想冒冒险,所以立刻就答应了。邱勃也很满意,他说:"我正需要你们这种人。"他的雇主大概是叫H先生,可是没

361

有听清楚。只听说他很精括,但并不过分的拘谨。

我们的船是一支两千吨的螺轮汽船。船身长、低而锐利。速率颇快。重载时还可走一小时二十海里,这点,在后来遇险逃避时,就很明显。船单签订,货色就上船。计有大炮、来福枪、手枪、药弹、大筒、药品等,一切结束定当,就穿过北太平洋,一直进发。

哥伦布(Columbia),我们船的名字,极宜于我们的冒险营业。不仅速率快,而且形式也很避人注意。除船身极低外,周身及烟囱都漆灰色。燃料用白煤,出烟很少。近战地时更可用烟罩遮掩。行驶时可一无响声。若在黑夜,只要把全船的灯熄灭了,就是立在临近的船上,也难于辨认。

因为船上的记事录不在手边,所以有些日期和地点,现在已不能确记。大概是在八月底,我们驶进了黄海。水色比任何地方都青。月夜望去,真好像绀青的溶液。其实近岸的水,所含泥质并不少。我们的目的地是天津,最北的一个有条约规定的中国商埠。我们的船靠近了陆地而行,以避免日本巡舰的袭击。一路平安。预料不久可入渤海口。不料半途遇着一个突如其来的大风暴。乌黑的天地,雨倾盆似的直泻。黑暗中不断的闪电和霹雳,比什么都凶险。我们靠了巨大的机力坚持着,但休想前进一步。忽然岸边巨浪打来,碰地把舱门打开。水像瀑布般的乱冲。船上的灯

第三部分 译 著

火全被打灭。这时我们真是十分危急。直到机器重新发动，船已被冲近朝鲜海岸了。我们只能抓住了海岸，静候着暴风停止。幸亏来得快，去得亦快。

风息后，我们躲在一个长形而多树的岛峡边。离开大陆的岬子已不远。我们就在那地方耽搁了二三个钟头，修补船身。究竟我们的船那时停在什么地方，不能正确知道。计算起来，大概离济物浦不远。济物浦海口当时是在日本人手里。日本军队正在那里登陆。所以想来，附近一带一定有日本兵舰巡逻。在我们看来，这是一个极危险的场所。停留的时间愈短愈妙。幸亏我们的船，没有受严重损坏，所以不久便修理竣事。开船时夜钟正打两下，即九点钟。四周已很黑暗。我们当时的情形正像炸锅里的鱼，从锅里跃入火中！船还没有转出岛角，就碰着一只兵船。那时只有我一个人在船楼上。正想开倒船，躲回原来的处所，已是太迟。巡船早就看见我们，发出强烈的电光，把黑暗的海天岛岸照个洞然。同时他们就高声向我们招呼。但是虽用力谛听，仍听不清喊些什么。

我们既被注意，逃也无用，反而增彼方疑心，所以就把船停了。希望那位不速之客是属于欧洲舰队。中国船倒也不望，因为大清的船队这时正在渤海里。我们的机器尚未关住，巡舰的小艇已向我们驶来。邱勃和威勃斯脱都从舱里奔上来，一同等候这小艇靠船。大家很不安的猜想那军舰的性质。军舰离我们约有四分

363

之一英里。经海浪的颠簸,他上面的炮口好像在吃水。看过去,好像很凶猛。并且船上面已经在忙着预备军事动作。这时虽危急万分,但景色的奇丽,引起我无限的感慨。庞大壮阔的兵舰,闪烁灿烂的海波,对岸黑暗的轮廓,在鬼怪般的大舰所放出眩曜的光炬之下,使一切都变成了鬼魅的世界,幻的世界!

风高浪急。无何小艇靠了船。从艇内上来的是一个军官。一望而知他是日本人。他用英语向我们说话,比了其他日本人高明的多。

"你们是不是美国人?"他指着挂在桅杆上的国旗说:"你们的船叫什么名字?"

我们就从实回答。他也告诉了我们军舰的名字。但是我们怀着鬼胎,谁也记不牢这名字了。那军官复用了流利英语,问我的营业。我们事先已经约好,凡遇到这种事时,只说是运载盐米布匹。并且还预先备下这些货色,有袋有箱。但为了节省地方,里边加了三分之一的药弹。假货单也造好。所以军官要看单时,邱勃就很镇静地把假货单给他看。他详细翻复审阅一番之后,觉得应当查查货物。我们当然不能拒绝,只能面面相觑暗地里相对咋舌罢了。当那军官走到船边去叫小艇里水兵上来帮着检查时。

"不要怕,"邱勃说,"我们没有到绝路呢,就是给他寻着了家

第三部分 译 著

伙,我们还有路走。"

"怎么走法呢?"威勃斯脱和我一起说。

"轰他到海里去,逃我们的命。"邱勃说。从他坚决的神气里,可见他真会实行他的打算。

"什么?在这许多炮口下逃吗?"威勃斯脱说。

说到这里,日本军官带着人走来,要我们领到舱下去,我们就听他领到了货房里。货堆面上一层,有三四只袋深,是普通的货物。当他们四面触摸时,我们异常担心,起先还好,因为刺的不太深,也不向底下去翻,所以马脚没有露出来,我们也渐觉放心。突然间,倒霉的运道,又把我们方才的高兴降到冰点。原来一个包,扎得钩束不坚固,碰断了。薄薄的一层盐粒下,明亮的手枪和弹药,立刻滚将出来。那个日本军官笑得把一只小眼睛都闭紧了。

"好极,"他说,顺手拾起了一包,"倒是很有滋味,好吃的家伙。"

我们都吓住了,一句话也说不上来。一切都完了!日本鬼子上劲的检查。把我们的货物完全查个明白。

"我们不能不拘留这条船了,先生们!"军官很客气的对威勃斯脱和我说,"你们的船长到哪里去了?"

我就四面看邱勃,但不见他。

"大约他上甲板去了。"我说。

军官同他的人,就往上走。威勃斯脱和我紧跟着。邱勃正在同一名水手讲话。探海灯仍照耀着。但见那可怖的邻舰正向着我们爬来,相距只有三百码了。军官很快的跑到船舷,向小艇的水兵发了几个口号。口号还没有完,但听得邱勃下令:"动手!"一群水手就一跃而上,把那几个日本人一锅儿擒住。一刹那间,都向船外掷个干净。同时,"加紧!逃!"的号令就从船楼上发出。船就向前猛驶。像一只猎狗嘴里逃出来的兔子一般。起先,除了浪花澎湃声外,一切寂静。一会儿,兵船就向我们开炮了。炮声连一连二的接着响,我们屏息奔驶,但见炮弹横飞,起初打得还不准,但是,后来,却越来越不对了。一炮打落右舷水里,激起巨浪,把一个人翻了去,还打着对面的樯舷。另外一弹,横过甲板,邱勃后来说,它正像一个火帚,一个被扫着的人,当时就打成两段,上半段落在海里,下半段留在甲板上。

"他发疯了,"威勃斯脱猛吼着,意思指邱勃,"我们可还不愿为了他淹死。"他向着船楼奔去,想阻止我们的逃越。

邱勃就出来擒住他,两人扭作一团。结果跌下了船楼,还在挣扎。

那只巡舰因为要停下来收她的小艇,所以慢了一慢。这一慢就救了我们的命。加以我们的颜色很不容易瞄准,所以给了我们一个逃的机会。我们向前狂冲,好几次机房几乎出毛病。兵舰紧紧追着。炮弹的烟火滚着,电光闪耀着,她不像一件人为的机

第三部分　译　著

器,已变成一只怪兽了!枪炮连逐着打来,一个炮弹打中我们的船舷,爆炸起来,两人应声而毙,碎片纷飞,还打伤了好几个人。我们一共被击中了近十次,都没有大损伤。邱勃一门心思地开着船,愈开,与兵舰的距离愈远,终于逃出了炮火线。那时听着炮声减少的舒快,真是从未有过。过此,我们已入于安全之境。我们的船比追赶的敌舰多五海里的速率。现在剩着的危险,只有再遇着其他战舰了。他们也许会听见了炮声,驶出来加入包围我们。但是,还算幸气,到底没有逢着。到天明时,我们已远离敌舰了。

我们所受的损伤,只限于上部船身,所以很容易修理。只是五个水手送了命,十个受了伤。我平生从未见过这等事,颇埋怨邱勃,不应这样冒险,牺牲人家性命。他听了,只是笑。

"他们自己愿意冒这险,"他说,"他们早知道,他们死得也算值得。我们的船和货不是救下了么?这就是老板所希望的。我们也只要能做到如此,也就好了。"

望着甲板上惨烈的死尸,一刻前,还是生气勃勃的活人!我不禁起了无限的伤感。在我轻快地决定参加这次航行时,绝没有想到会有这类事情发生。现在突然置身于可怕的战争实地中,我的震骇,自难形容。不过这种感伤也很容易过去。当死尸已包裹妥帖,安葬在无际的海底里——葬礼是我们逃出来的下一日举行的——我们就恢复了以前的兴致。

我们行装里忘带了祈祷书。在举行葬礼时就觉得困难。只能勉强把个人所记得的拼凑成数，以完成这辈不幸同伴的基督徒的葬仪。此处我应当补叙另外一个受伤的人。他到了天津才死，葬在英国人的墓地里。他是第一个给炮弹打着的。姓麦新权（Massinger），自己说是大剧家麦新权的后裔。在船上大家称呼他"美发油"，因为他爱把他蓬松黑发膏上油膏。一炮把他两条腿都炸去了。

讲起我那位生着一对黑眼睛的朋友威勃斯脱，在以后的航程中，常不断的咒骂邱勃，在那吃紧的晚上的杜（自）做主张。他的消愁方法，只是终天醉酒，他说现在我们还能活着喝一杯酒，真是一件不可思议的神迹。

"但是，我是一个无赖，"当他酒性发作时老是嚷着，"算了吧！什么人会管一个无赖想些怎么呢？"

邱勃也不去理睬他。老是笑着吓他，若是再吵，就要锁他起来。"无赖"并非胆小，实在因为那次逃避，在他看来已是不可能，冒险太大。我自信也和他一般，若由我出主意，也不敢像邱勃那样干。但是邱勃却是一个什么事都不怕的人。在应付危急时没有人比他最强了。

二、鸭绿江外的沉舰

我们一路很顺利的到了天津,就把货物交给 H 先生的委办。军火脱手时确赢了一笔大利。不过,在我想,把一艘像哥伦布那样好的船来冒险,似乎有些不值的。在天津停泊了一星期,修理日本炮弹所赐给我们的损伤。

这时,天津正开着军事会议。一个朝(早)上,那位委办麦先生到船上来说,他已把哥伦布船出租,运送军队到朝鲜去。这是一个急迫的特差,条件很有利,所以他已把合同订定了。并且费不到几天。运兵的船不止一只,各处都有开来。候泊处是辽东半岛东岸的大连湾。在那边,有兵舰保护军队登船。时间已很急迫,我们立刻须启船向大连湾进发。

那天下午,两个中国密使上船来巡视一周。晚上,我们就挂了美国旗向大连进发,这时是没什么足以恐惧的了。到了大连,就看见满停着船舰。四艘大舰已在装载军队,另外又来了一艘,是和我们一起装载的。军舰都很神气,一共十二艘;除了二三艘外,均属北洋舰队。另外还有四艘鱼雷艇。舰中最有力的是镇远和定远,据我看来,是英国造的 7,280 吨的装有护炮铁甲的大舰。经远、来远是较小的同类大舰,重 2,850 吨。平远是重 2,850 吨的铁甲护岸舰。济远是 2,320 吨的炮楼舰。其他致远、靖远、广甲、广丁均是重 2,300 吨的有护甲的巡舰。超勇、扬威,重 1,400 吨,是无护甲的巡舰。

在天津，我们还载了一个中国委员一起走。他说是懂得英语，不过说起来却很不容易。我请他把中国兵舰的名字翻译出来，但这已非那位朋友林黄所可照办的了。我只听得他好像说，要讲清致远、广甲等名字所包含的诗意，是太繁复了。我到现在还不懂这些字的意义。

旗船上派来一只小艇，林黄说是叫我们到码头上去装载军队的。这时，军队正从大连、金州各路开到。看上去大部是没有受过训练的，上船时毫无秩序。几个军官高叫，挥拳地指挥着这群挤满码头的乱民。登船的人数大约有一万八千，此处还有许多辎重，使我们忙持不堪。傍晚，我瞥见了丁总督，他正从陆上回船去。当他的渡艇行过哥伦布时，我看见一个青年，容貌蔼然可亲，具有上等人的风度。他在威海卫陷落后，是自刎而死的。

在我们开到的第二日，一切事都布置定当。过午，旗舰上发令命我们出发。此处可一说中国的海军是依英国式训练的。一切号令均用英语，大约因为中国语太不便的缘故。不过，这样的要先学会一种外国语，才能在军舰上工作，实是一个大不便。我们出发时，运输船舰都先集中在一起，由军舰在前面及旁边分段保护，复由潜水艇殿后。我们的目的地是中国与朝鲜分界的鸭绿江

第三部分 译 著

口。九月十四日离大连,十六日下午到目的地。船一到,军队立刻登岸。这时已有谣言从义州传来,说上一日在朝鲜平壤的中国军队已打了第一次败仗。从这一点就可看出中国战略自始至终的笨拙:上一日刚在朝鲜吃了败仗,而今天军队却还在离开内地绝远的口岸登陆。

军舰都停泊在江口,运输舰则稍稍驶进。在这一地段,义州是唯一的市集。此外,只有些零落的渔舍。登岸的兵士就沿岸扎了营幕。到了晚上,景色真是好看。莹莹的营幕,在很长的岸上蜿蜒着。惨白的夜色中有憧憧往来的人影。稍远,散立着巍然的巨舰。我们工作到深夜始毕。翌晨,看旭日眩曜着金黄色的海波。

讹称为鸭绿江之战的消息传到英国,肯定地说这次战事是在军队正在江口起岸时举行的。我想这种说法一定是中国人为掩饰败绩而故意捏造出来的。因为军队正在起岸,当然是处于不利的地位。但事实上,军队登岸是在十七日朝晨七点钟毕事的,当时并没有看见半个敌人。朝饭后,大约九点钟,哥伦布驶出口外,那时大部舰队已经驶去,所留下的仅四艘巡洋舰和几只鱼雷艇。我们和其他运载舰也已奉命在军队登岸毕,可自由返航。哥伦布船,因邱勃已奉H先生的委办的训令,可从鸭绿江直接驶返旧金山,在那里再听候船主的命令。但是,那位压货的林黄仍在我们船上,须得先把他送还渤海。我们起先想把他送到军舰去,但因他们都已起航,勿忙间没有机会。他们都跟着大队向旅顺进发,故出口后就向西南驶行,我们只得紧追着。这时仅有另外一只运输船和我们一起走。

这样走了三个钟头,速率是每小时 12 海里。午时,遥望地平线上布满浓烟,还有隆隆的声响,使我们一听就知道是炮声。料想前面的舰队已被敌舰轰击。我们的保护舰立刻向海岸驶去。从他们的态度来看,大约是想躲避战斗;但是,一忽儿他们又换了念头,同着鱼雷艇一起很勇敢的前进。我们把船停住了,一时不知道应该怎样做。同我们一路走的运输舰,已在回头逃逸。那位有谋无勇的林黄也劝我们跟着他逃。但邱勃和我却很希望观战。现在我们已不在中国国旗之下,岂有失此机会之理,并且哥伦布也非必须让他们看见。

我们于是不睬林黄难听懂的抗议,先高挂了美国旗,在一海湾里停泊着,此处辽东一带多山石的海岸,正多着这种湾口。威勃斯脱看管了船,邱勃和我就乘小艇向战区进发。我们靠近岸走,大约走了一英里半。在震耳的炮声中,我们上了岸,爬上最高处所。用了望远镜,全战区就了然在目。这时为状已极可怖,风很定,浓烟笼罩着不动;炮弹炸裂声似霹雳般回响着。

时正午后两点半。战事已继续了三个钟头。我们没有看见开始,所以一时颇难辨认。战舰聚散无常,可见双方都无确定的策

第三部分 译 著

略。显明的是战斗已渐近海岸。最初，近岸的一艘约离岸一海里半，我们到后三刻钟后，许多船舰已都在距岸两英里以内。邱勃说，战事完毕，一半船舰均会上了岸。此时船舰已较易辨认。中国人确已在渐渐倒运。日本船舰的行动已趋一致，对敌舰取包围势，猛烈炮轰。他们在射击速度和策略上均占优势。几艘中国舰看去入绝境。他们全无合作行动，但炮声也不弱。几艘日本舰已着火。我们虽不能把每一艘舰都认清，但至少，日本船舰的数量和武备，并不比中国舰队弱。他们尤是注意中国的两艘铁甲舰镇远和定远。一舰上的一个37吨克虏伯大炮已静了下去，其他快击炮却还在活动。三点钟后，经远着弹起火，从烟幕中望去，像一团火块，且已在渐渐下沉。三四个敌舰围住了他猛烈轰击。最后，他向水底一沉，一切都不复见；四周的黑烟挤拢来代替了一霎光赤的船身，好像一层黑幕把千百人葬身之地霎那盖没。一时炮响像弛缓了一些，但一忽后又恢复了旧状。这时日本旗舰松岛全身着火，好像也将遭同样的命运，但后来火居然渐熄，他也就退出了战线。

这时，中国舰更被迫近岸。超勇已完全损坏，在离我们一海里远的地方靠了岸。用了望远镜我们能很清晰地看见他可惨的状态。船的上部已被击成碎片，甲板上躺满了尸首，水手都在上岸逃命。跟着，扬威也在破碎和着火的情状下靠岸。他离我们较远，难于看清。在日本方面，除了旗舰和几艘较小的战舰受了大损外，我们还没有看见沉没过一艘。他们继续着攻击，对于号令都很快的服从。反之，在大清方面，则已看不到什么号令。

到后来，另外一艘最好的战舰致远也入了厄境。她已坚持好久，抽水筒在不断地抽出水来。因为我们可看见从船内抽出来的水流。她勇敢地单独战斗，直到沉没，他在甲板上和顶楼上的炮仍不断的射击。结果，船舷完全破坏，船尾倾侧，推进翼露出水面，一步一步地归于消灭。日本舰上得胜的狂呼，很清晰的听得。镇远、定远想来帮助她，但已太迟了。

五点钟，夜色渐重，炮声也渐消沉。敌对的舰队，均行分散。中国船舰渐向南消失于沉沉的暮霭中。日本舰向海上退去。我们也就上艇回哥伦布。一路议论着刚才的战事和他的再现。中国人的败北，其实一无足奇。因为从前在英国人的训练下的效率现在已经消失。当我在大连湾时，曾同潘维士先生（Mr. Purvis）谈话。他是致远船上的一个工程师。我问他，若遇到相等的日本舰时，则胜败将如何。他说，若中国人驾驶的好，则大概可胜。这话一听就可知他对此很有怀疑。

"他们都很勇敢，"他说，——对于此点，我很可答复，他们确没有显著的萎缩——"我相信丁确实是一个好人，可是他却在封汉纳根（Von Hannelcken）的指挥下"——这是指封汉纳根

第三部分　译　著

上尉，他是一个德国陆军军官，在舰队里当外国自效军。这句话的含义很易见，就是说，他才是在接触时真正发号施令的人。丁总司令是承受他意志的，我不敢相信这话是一定准确，但是若是准确，则全舰队的策略是置在一个小兵手里，岂非骇人听闻！更记得潘维士先生还说过，舰上有二三只气枪已旧损不可用（指已沉没的超勇），并且训练的疏弛实由于号令不行。例如，有人说从旗舰所拍发的命令电报，都被各舰上的电报员变更或竟搁置。后来和工程师的记录一比较，才证实了这话。（对于封汉纳根详见后参考资料第109及124页）

有一点使我很觉希奇：就是那称为现代海上战争里的黑马，那可怕的鱼雷，此次却很少用着。双方均有几只鱼雷艇。但在中国方面，直等战事已起了一小时之久，他们才行参加。据日本方面说，他们始终没有使用鱼雷。此外，鱼雷从未见有一次有效的射击。从我所目睹的事实说，我认为除非两只敌对战舰已相离很近，鱼雷击中的机会是很少的。即在那专备的船艇上，瞄准较易，但受敌方枪炮射击的危险也太大。在鸭绿江一战中，鱼雷确未得适当的机会，但至少可以显示鱼雷的效力多被过于重视，炮击到底还是海战里的主力。大约对于停泊着的船只和舰队，鱼雷的突击最具效力。威海卫之役可作为例。

三、天险要塞

天已黑了好久,我们才回到刚才哥伦布所停泊的港湾。幸亏威勃斯脱发了号枪,我们才得寻到他。上船后我们就生火起碇,本来就可以一直驶出黄海,但那位中国委员还没有机会送掉;有人提议把他抛到海里,没有通过。于是就决定经过旅顺口时把他送上岸去。同时,我们很好奇的想看看双方舰队的第二次接触:这可惜没有实现。日本方面声称在翌晨再要开火,所以他们跟着后退的中国舰队平行前进,但在黑夜里却把他们失掉了。

船到旅顺口是十九日。找着了一个领港,我们就驶进湾口。在湾内只有打败的舰队中的两艘军舰——平远和广丁。前一艘没有大伤,后一艘则受伤得很厉害,船舷穿了洞,上部建筑已被破坏,护甲打凹。

船在西港抛锚。我就带着林黄乘艇上岸。在码头上他打听到在两天内有差船开天津,他就决定搭着船回去。他以前就是乘哥伦布从天津出来的。他对于旅顺很熟悉,我就请他领导着我,想在二三小时的空闲里四处看看,哥伦布预备在晚上再起航。

为明了这次战事,先须知道旅顺口的概况。翻开地图,就可见他是在辽东半岛的南端,和靠近烟台的威海卫炮台相对为渤海的门户。他是一个新建筑的港湾。在1881年才建成军港。现虽已成了中国的主要兵工厂和海军根据地,以前只是旧式海船的港

第三部分　译　著

泊。这种海船多从事于运载木材和其他货物，往来于鸭绿江和渤海各商埠间，或从南方到牛庄及西锦州间。旅顺建港时，起先由本国的营造商承揽，失败后，再由一个法国公司继续下去，才告成功。昔日只有六七十家泥房和几片小店的一个小村落，现已变成一个很大的市镇。有一千多住宅，两个大戏园，两个庙宇，还有许多银行和旅馆。日本人攻入时约有五六千人口，外加军队七千人。港内很宽敞合用。港口经几年的工程挖得很深，沿岸亦已浚深至 12 英尺到 25 英尺，好容纳战舰的长期停泊。船坞，称东港，占地 32 亩，位置在港口的右边，信号崖的背后。西港，就是天然湾泊，是在对面，绕着称为老虎尾的长岬。船坞在水浅时有 25 英尺深，沿坞有许多码头，均装有蒸汽起重机，更有铁道与工厂相联络。在那里置有最新式的机器和引擎。船厂和市镇大部的用水，是从往北 4 英里远的一个泉源，用管子供给的。专为鱼雷艇，还有一较小的船坞，岸上筑有鱼雷贮藏所，为试验和修造这种武器之用。进口处埋有鱼雷和水雷，但我看见几只水雷装置得露出了水面。

在守御上，这港的天然形势和人工建设可说是万分巩固。四周的山冈，高度有 300 尺到 1,500 尺，把港和市镇全部围绕着，实是建筑炮台最适宜的处所。事实上，也尽了利用天险的能事，凡险要的地点都筑了石炮台。我相信这是德国人所建造，因都闪耀

377

着克虏伯和那屯凡的炮。海岸高出海面有80英尺至400英尺。陆上的防御建筑虽较向海的为新,但没有后者的巩固:这里最大的炮有20生至24生的口径。炮台旁都筑有壕沟、枪窝、小堡等。

这就是旅顺的大概情形。当我们记起土耳其的固守泼利夫脑(Plevna),一个全靠人工防御物的平地上的城市,对于俄国大军,还坚持了几个月:现在旅顺口依据天险,竟会这样的容易陷落,实使我们惊骇无暨。它若能有适当守御,除了天灾外,可说是没有陷落的可能。向海的防御工程是无可进攻的,陆上虽较逊,也须有绝对优越的武力才得攻入。我倒很喜欢看这次的两万日本兵能于48小时内从土耳其将军手里将这个要塞打下来。但日本军官们对于他们的敌人确有了很准确的预计:其实,只要三分之一的兵力,就够把那辈可笑的守军赶走了。

此处平时驻军有七千人,日本进攻前加至两万多。这当然不够。至少三万人才够在战时固守,四万也不算多。

这时,此处的长官是道台龚,听说是驻英公使的胞弟。他是文官,武官有程、徐二将。兵士们随处闯荡着,都是些粗野混浊的东西,一无军人清洁敏捷的姿态。旗帜到处插满,好像在这许多圣洁的龙旗之下,秽亵的敌人就不能进入。市内很整洁,比了我所到过的唯一中国城市——天津,觉得好多了。在那里,除了市中两条大路之外,只有些湫溢(隘)的小街。此处则是一个在欧西

第三部分 译 著

人指导下新筑的市镇,一切都欣欣向荣。谁能料到,在一瞬间,它就会变成一个最惨痛凄绝的处所呢!(龚道台和程、徐二将详见后参考资料第 123 页及 120 页)

傍晚,灯火照耀着街衢,我由那位中国朋友伴送着,慢慢踱回船去。他依了东方人的礼貌,一定要送我上船。到埠时,出乎意料,哥伦布已杳如黄鹤。经林黄的打听,才知她已于一小时前出航。我们更寻得了她的领港,他说那船已立刻向东驶去,所以绝不会在港外等我。我这时真莫名其妙。我想,他们或忘了我不在船上。在他们发见之后,或会特地驶回来接我。但是这时我应该怎样办呢?林倒替我想出一个主意:若是哥伦布不回来,我可和他同船到天津,在那里,再想别法。这时我已无他路可走,就在惊骇怨恨中,跟他到了旅馆。在旅顺大约有六七个旅馆,内中三四个是旧有的小客栈,新的比较宽大舒适。我们所在的那个是近着向东北炮台去的城门。旅馆主人姓沈,一个矮胖子。旅馆对于"洋鬼子"很熟,仆人中很多人懂几句"洋泾浜英语"的,很像勒望(Levant)地方人讲的法国话。听熟了,倒容易懂。我更有林的持护,没多大困难。当时我衣袋里幸留着好些美金,林挈(帮)着忙,把他们在银行里兑换了,虽不免吃了些小亏。这时我一切都很舒适,除威士忌外更不想什么。

四、谁愿做俘虏

在候船的一天半内,并没有什么有趣的事件发生。那船很守时的在夜色中离港,我和中国委员都在船上。俗话说:祸不单行,我的遭遇真是这样。开船的翌晨,海雾很浓,不得已把速率减低了一半。突然间一只日本炮舰从深雾中钻出来。离我们的船舷已极近。中国人最喜欢把他们的旗在无论什么时候张耀着。这时挂在尾桅上的龙旗被日本人瞧见了。他就瞄准我们开放机枪。枪弹扫过甲板时,立在上边的人,一半就应声而倒。一粒子弹把我的帽檐很整齐的削去,帽子还留在顶上。我们的船,刚转了一个方向想加速逃时,第二阵枪弹又来,把机器打坏。船就无主的颠旋,很明显的快要沉了。船上有两只小艇,一只已被枪弹击碎,我们赶紧把另外一只放下,人向艇里奔。容不下的都落在水里。半分钟后船就沉没。不幸而活着的人,就做了敌舰上的俘虏。

敌舰是一只 500 吨的炮舰,名叫严岛,正在渤海口巡弋。还有二三艘同伴,迷雾中不能望见。在该舰上没有一人能说英语。中国话则有好几个懂得。一个炮官能讲几句法国语。读者大概还记得我学法国语曾费了六万金镑的代价!他们以为我们的船是一只鱼雷艇,看见了龙旗更是吃惊,所以立刻就开枪。真相明了后,他们很懊悔自己的鲁莽,不然说不定可以因为查获重要信件而受赏升官。

第三部分 译 著

我在这船上耽搁了一个月，中国人当然成为俘虏，不过我却无被拘留的必要。我告诉他们我怎样地被哥伦布遗留在旅顺的事，当然，我是绝不会提起她来中国供给军火的事。我以为这样说了，就可以解释得清楚。但他们对我，总别有成见。一天，他率直问我是不是中国陆军或海军教练官。凭良心，我很可否认。但是他们的怀疑也是确乎很自然。这是使我很感不快的，因为我实在无法自辩。他们的司令是一个很夸大而自信的人，只是摇头，说还得多费些时间来考查。

时间确是费了，而且费得很多。我们的待遇倒很好。这是全亏了那位懂得法国语的少尉日高。他是船上唯一可与我谈话的人。我和他很有些交情。他为了我和林黄预备起一间特别房间，起居特别舒适。林黄在右肋上受了机械枪弹的伤，尤以已成俘虏，更装的重大。我们俩比其他俘虏自由得多，除了被俘外，实无所苦。

起先，我在那只船上混在日本水手里，自然很觉得有趣。船在军事动作准备下，一切都井井有条，异常整洁。所有职役服务的人都极活泼胜任。看了这一辈活跃、敏捷、刚毅的水兵，真令人不得不感到即使世界上最好的海军——我是指大不列颠——也得承认他们是顽强的敌人。记得他们每天都要练习射击。这次把胶东号——那艘倒霉差船的雅号——如此迅速准确的击沉，就可证明他们技术的精良和纯熟了。

日高中尉和我有很多的谈论，尤其在他守望时间。我们的谈话，最多是讲到战事和航海等事。

"我们为这次战事已预备了好久，"他说，"所以很自信我们的能力。"

我说像日本这样一个偏处一隅的国家，20年内，在商业及思想各方面均能吸收西欧文明，确具有非常的速率。

"是的，"他回答说，"我们能学，已学了许多，因为觉得知识常能给我们处世的利益。"

他曾到过法国，对于法国的造船和航海技术表示十分仰慕。当我说现在英国海军仍能像以前一般很容易战胜法国时，他好像有些疑惑。——他对于普通的海军历史懂得很多。

"当然可能，"他说，"你们海军比他们大得多。"

我就解释我们海战的胜利，并非靠了数量的超越。"虽是，"我也须承认，"我们确维持着较任何国多一倍的海军，因此别国没有一个敢单独来攻击我们。他们敢来，就会把他们破碎的水盆，堆成小岛。除了数量，现在的英国水手仍比法国的能干些。虽是环境已经全变，出来的水手，总会在新事物里显示身手。"

他还是狐疑的摇头。说他希望能看一次英法间的战争。

"很好，"我说，"你在未老前大概会看见一次。或竟看见英国和半个世界开战，而英国得到战争的胜利，这等事在过去已经

第三部分 译 著

有过一两次了。"

另外一次,我们谈到了俄国,日高说:

"俄国在想中国。"

"俄国在想一切呢!"我说。

"呀!他们也在这样说你们哩。"

更有一次,我问他对于鱼雷的意见。

"好,"他说,"对于鱼雷的知识现在还很浅。射放时不一定得法。虽击着了,破坏力极大,但炮火可以拒其迫近而减少其效力。因为只要一击,就没有建筑物能抵抗这两百磅棉花火药的爆炸,无论怎样紧密的间壁都不足当其锋。只有巡舰一类的船,速率快,装置着速射的枪炮,最适宜于对付鱼雷艇,因为他们可以不使鱼雷艇靠近。现在军舰愈造愈长,反给鱼雷较大的目标。在我理想中,大小适中,武装不过重,速度快,藏煤富,快射炮愈多愈好,这才是现代最好的军舰。建筑巨舰政策,殊足怀疑。因其很易受鱼雷轰击。在这种状况之下,我认为船舰的驾驶便捷实在比武装巨重为重要。因为无论如何,被鱼雷轰击着了,总是无法幸免的。"

这些就是我和那位少尉谈话的内容。但是,我虽则有这些讨论知识的兴味,终于渐渐地对于我所拘留的生活厌烦起来。严岛,一天一天的巡弋着,有时单独行动,有时偕着他舰。敌人老是碰不着，没有新事件足以打破单调的沉闷。一次，离烟台不远，看见两艘中国炮船。日本人就变更了日常的射击操练，而把他们打进了威海卫。她们只是卑鄙的逃躲，始终不敢抵抗，若是严岛能开得快一些，一定可以把她们，至少一只，擒住或打沉。她最高的速率在16海里下。另外一次，在辽东半岛的西海岸。遇到了一队沙船。我看来她们是从事于沿岸贸易的。那里的水手，争先登岸逃避。日本人就向空船开枪。官兵们戏嬉地目睹比谁目力准。

这种事继续一个多月。炮舰巡弋的区域，大部分限于渤海口，有时在威海卫口外，有时又到旅顺。渤海口并未有规则的封锁。虽日本兵舰时常巡弋着，中国舰队只是避缩在威海卫港内，从未被引诱出来过。有一次我问日高他们预备在什么时候进攻威海卫和旅顺口。

"呀，"他说，"我们正等着机会，现在还没有到哩。"

英国军舰时常可以望见。但当我请求那司令把我送到英国船上去，或至少也得送我到一个日本的军事法庭去，他老是不理睬。十月过去了，我的拘留地位还是看不到尽头。于是我不得不自己想法了。一天晚上——大约是十一月的四号或五号——我们正在旅顺口外。天黑时，炮船抛了锚，还放了小艇四周侦巡。船离岸不到一英里。我当时独自凭着船头的樯舷。忽然想到若能偷偷地爬下海，我就能很容易地游泳到对岸了。我在威勃斯脱指导之下，

第三部分 译 著

早已练得了一身游泳的本领。四面一望，并没有人在注意我。而且近我处灯光也没有。我立刻就决定逃。于是偷偷地走到船头最前的地方。得一落空，在吊锚架上立稳了，就向锚索跃去，想从索上爬下水去。黑暗里逃真不容易。船身因我用力一逃，往后一侧，我扑不到锚索，直往水里跌去，扑通地大声一响。值警的听见了这声音，立刻飞奔过来，对准水里就开枪。幸亏我向水里钻得快，避去直线才算躲开。船上又放下了小艇追来，这时我已游了好些路，他们一时看不清我在什么地方。我向前猛冲，但是衣服没有脱去，水又冰冷彻骨，对于游泳都极不利。只有潮流的方向却是顺我的，而且我相信小艇上的人在黑暗里不会看见我。不幸岸上的人，听得了枪声，疑有事起，放了电光来照视。那时离岸尚有四分之一英里远，小艇已和我很近，差不多相齐了，只相距几百码。前面并没有炮台，在左边较远处，望去黑越越地有些高耸的建筑物。岸上的电光把我照个通亮，小艇上的人也看见了我。于是对准我赶来。一刻就赶上了我。我那时真觉得万无生理。但闻艇上枪声猛发，子弹都在我两旁穿入水中。我凭着我的力量，努力向前，其实这时若单靠自己的力量，绝对不会逃脱。这处岸上适有一所小堡，装有二三架臼炮，一弹劈正向勇敢的小艇打来。这时小艇离我不及百码，我听得炮弹的呼啸声，看见他扑面而来，就尽我平生之力，向水中潜去。刚潜下，就听得他的爆炸。再出水面，只见小艇拼命逃窜。他的桨已有三四支被打落。我不敢确说炮弹落处，离他们有多远，至少他们已饱尝了好些炸片了，虽则这次击中大半是靠运道的。炮船上那时也回击起炮来。我抖起了全身精神，终于在极端疲乏中爬到了岸，但已无力直立，就在地上躺下了。四面都被中国兵围住。他们问了我许许多多话。我即使懂得他们的话，那时也无力回复。他们见我这种情状，就把我抬到了壕沟后的一所小房子里。看上去像是一所守望所。他们在石板的中央生起了很亮的一堆火。我把湿衣服脱了，身上就觉得暖和了不少。他们又问我一大堆问题。我对于中国话，真是一字不懂。只能用手势来解释我的遭遇。他们还觉得不够，但至少已知道我不是日本方面的，后来他们就给了我一碗食物——碗里是些很奇怪的东西，有些是米，很好吃。我再要了一碗，他们也不拒绝。我那时太疲乏了，又对着融融的柴火，使人十分想睡，我就做手势向他们说明了。这时我的衣服还在火上烘，他们就给我几条粗大的被头，并且先把被头裹在身上，再把身子躺在地上。意思是做样子给我看，另外一个给我一支鸦片烟管，我不会吸，但觉得拒绝了他未免也太不客气。我就假装着吸，他们也就从卧室里跑出去，听着他们把门堵住了。

　　我一回就熟睡了。所吸得几口鸦片造出了许多奇梦，大概这就是此种药品对于新试者的一种诱惑。在梦中，总是充满了逃和追的意识。在一个梦里,我好像正在海滩上,海水忽然上升,就要把我淹没的样式。我向岸上狂奔,波浪毫不放松的追上来。在我前面突然的出现一个深坑,深不见底。我向里边一跳。像鸟一般的飞。后来总算着了地。回头看那坑壁耸天,海水从那坑壁上汹涌下冲。时红日映耀,金光万道,景色奇伟,难于意想。我想耽毒的药物所以能引诱人,就是这些幻影吧。鸦片在中国正在严禁中,但这些毫无纪律的兵士,仍当他烟叶般的爱于吸用。

五、龙旗下不肉搏的战士

我一觉睡到了下一日的正午。若不是称为主人的来叫醒我,大概还会睡下去。这时衣服已烘干,穿好了,他们就把我押出去。首先看见的是一队骑兵,骑着参差不齐的小马。他们叫我也骑上了一只,就上路,一句话都无从通。

这里可先说明,我上岸的地点是在西港。现在他们把我送到蛮子营去,那是向海的一个最大的炮台,高出海面266英尺。上了一半即须步行。我就被带到一个司令官前面。他同了另外几个官员和一个书记,正预备着来审理这件番鬼——指外国人——的特殊案件。书记懂得很少的英语,我怕他听不全懂我的叙述。他问我懂不懂德语,并说他懂德语比英语多,但我对于德语懂得不满十个字。审问得很长久。更因言语不同,发生了许多误会。他们起先怀疑我是日本人的间谍,详问了最先看见我上岸的人。幸亏他的陈述与这怀疑不符。他们再问我在这地方有否人可来证明我的供词。我回答说,大概旅馆里的人可以作证。

这辈中国人商量了好久,末了对我说须送到对港的较高机关去。我这时示意书记,说我这天还没有吃过东西,现在已觉得很饿。于是,在出发前,他们给了我一餐鱼和面包,一杯米酒,酒的滋味很像淡而发酸的葡萄酒。吃完后,由以前的卫兵押了,从蛮子营后面出去,经过几处炮台和沟堡,才到围绕着西港的长岬的内部边岸。在一处鱼雷贮藏所旁,我被押上了一只舢板。这是一只张有顶幔的长尖小艇。他把我送进东港。经过船坞,才到陆军大营。营近大教场,过此即是市镇。时天已晚,所以等到翌日,才受审理。这里,使我很高兴,有了一个真正懂英语的人,一个副官能说极流利准确的英语。我对他直率地叙述我的经过,更由沈姓旅馆主人和曾往兑钱的银行职员的证明,就把我确是曾同林黄在这里住过两天,后来一同去搭差船的这些事情都弄明白。这就很够使我开释了。我的供词都详细地记下:审问是在两个官员前举行。这时道台已不在,听说他已弃官而走,后来却又被命回任。这点是否准确,很难断言。但至少,他在旅顺陷落的上一夜确已逃走。在他,英雄主义是不足道的。

副官告诉我,一两天前有一只英国军舰新月号曾到过此地,

第三部分 译 著

舰上的军官们还上过岸。命运像已安排定了，要我在离此前目击些值得看的事件。我于开释后，回到沈姓旅馆，不久就发起疟疾来。大概是受寒的结果。病虽不很重，却使我十分疲惫消沉，一连有十一二天不能出门。这时，北路的交通已断，居民对于日本人的进逼发生极大的恐怖，沈姓店主急切地问我，应否早些逃避。我照我的预料，回答他说，若是日本人真的会占据此地，对于平民决不会加害，不料，这一点，我却大大的错误了！

　　旅馆是一所二层楼的建筑——中国住宅最高只有二层。房间都围绕着一个有顶棚的天井。我的卧室是在楼上，洋泾浜里叫"上边"。房内没有火炉，只有一只炭盆。一旁筑有一只矮长中空的坑。中间充满了从炉火中通进来的热气，我就把他当作床用。另外本有一只床具，上面铺着棉花毯，此时就把身子蜷在里面。我把棉花毯搬到坑上，就成一只很暖和的床。一个姓陈的小孩是我的侍役。他可当得洋泾浜教授。家是在广州，曾到过香港，所以对于英国人和我们的起居很熟悉。这里饭食也很可过去——有鸡、鸭、猪肉、鱼，但没有牛肉，他们认为宰杀耕牛是一种罪恶。陈告诉我，在南部，猫和狗都是养着吃的。我想，这在现在的旅顺倒很合适，因为在迫切的被围中，只有这种动物是多着。饮料，当然有很多茶，但太淡些；中国人吃茶，只把茶叶用滚水泡过就够。茶内我再加几片柠檬。

389

我能出外走动时，就想法从海道离开此地，但终是不成功。港内已没有外国船，中国帆船索着高价，才愿冒险出去。我那时无论如何出不起这种价钱。这些都是陈替我翻译，我出外时多带着他，中国军舰也没有，有了也没有用处。

这里炮台既这般坚固，我预计将有长时的围困。钱已快用完，哥伦布看已不会回来，我很觉失望。谁会料到在三日内这地方就会到日本人手里去呢？

十一月十八日我末次想法出走，结果失败了。这时情形已和我初来时大大改变。军队增多，船厂工作已全部停歇，厂改作了兵房。当我和陈从船埠回来时，亲见了军队的处刑。在一所钱号的广场内聚了很多人。我进去看时，见一群兵士围着一个赤臂的兵士。他跪在地上，头磕到地，背后一人手执着绑缚的绳索。在这种状态下，他受着一条粗大皮鞭的猛挞，使我想起俄国式的笞刑。鞭到处，皮开血迸，呼呼作响。我看的毛发笔竖。那个受鞭者虽愈挞愈俯得低，却一些不做声。我没有注意鞭了几下，执刑者只顾一鞭一鞭地挥着，好像没有限制。末了，受鞭者已不能再支持，扑倒了，在血泊中倒着，被人抬走。我只知道中国是用棍的，看见这鞭刑很觉希奇；问陈，他不十分懂，却说："一只钉是打不伤的，并且，他们喜欢时还可割掉他的头呢。"在中国军队里，斩首确是很普通的刑罚。

第三部分　译　著

　　日本军队在旅顺的屠杀确应受到十二分的谴责，但说是由于中国人虐杀敌人所激成，实在也非过言。进攻的军队，正联络了舰队，从半岛的背后进逼，离向陆炮台只有一两天路程。中国军队一路抵御，双方时有接触。中国兵捉着敌人就惨杀。十九日清晨，我就看见两个已被惨戮的死尸在近校场的一株大树上倒挂着，肠腑挖出，眼睛割掉，右手斩断，全身裸着。一群小孩正拿着泥向他们抛掷。

　　市镇内外，多可看到这种惨剧，最酷的是贴在墙上的黄色告示，奖励着这种杀戮。这是根据陈所说的，我出外时终带着他。告示上的大意，依陈所翻译，是这样："告示大清朝的兵士臣民，凡活擒日本鬼的奖赏多少，一个头或一只手的奖赏多少，用神圣天子的名"，等等。下边是道台的印和日期。我已忘却奖金的确数，大约活捉一个敌人奖50镑，一个头或一只手比较少些。凡战死的日本兵都少了头或右手，有时二者俱缺。身子当然斫割的不成样。当敌人攻入时，这种死尸还在树上挂着。毋怪他们的同伍见了会发狂，不过长官们就听凭士兵们这样恣情的报复，实是不应该。他们的屠杀延长到无人可再杀时方行停止。

　　这些事确在意料之中的。十九日日军已逼近炮台，一切均已粉乱，商业全部停顿，军队来往尤足注目。午后，校场的阅兵台上开军事会议，人众在四面八方围着观看，军队把他们拦阻了，军官同着部下一个一个的来赴会。道台弃了壮丽的轿子,由10个至12个人抬着。阅兵台是一所美丽的建筑,漆着耀眼的颜色和金色的大字。会议延长了三个钟头。我从卫兵头上看见了龚。外面战事正在进行。翌日,有更多的日本死尸带进来,一任群众叙着取乐。我想,没有一个捉进来的日本人是活着的。

下一天近午(二十日),听得第一声炮响。午后炮声不绝,直至夜间方停。这夜的惊惶达了极点。战事没有准确的消息,谣言极多,街衢充塞了人众,差不多每人手里提一盏灯笼。一个人在天黑后,没有灯笼,就会被警察疑心。

我想定了在翌晨观战。旅顺周围都是山地。在市镇和西北炮台间有一个高峰,名叫白玉山,因山多着白石。我就决定把他做瞭望台。山的前面已被壕沟围住,山后却有路可通。在下一天黎明,我就单独从那边爬上去。山顶凹凸处很容易把身体隐藏。

从白玉山可很清晰地瞭望战场。他的位置可先简单一述。我的背后是西港,左方是西北炮台,名叫椅子山炮台,右方是东港和海,前方是市镇的大部,再远是东北炮台。东北炮台共有八座,用墙连贯,我只望见一部。在东北和西北炮台的山冈之间,地势陷落,成一平地,一部分由一所村落占据着。这地段虽有堡垒和壕沟,从高处炮台也可射击着,但在守御上终是一个弱处。在我想,大应增加些力量。

第三部分 译 著

　　天亮时,气候峭寒清朗,虽不用远镜,从山顶上四望,仍极清晰。中国炮台上飘扬着龙旗,这时日本旗一面都没有。直至他们开始进攻,才把地位表明。七点半,他们在西北方面开始炮击。看去,一切都在上一日预备好,只待天明就发动。中国方面这时也就开始回击,各炮台相继响应,炮台如雷鸣般四震着。在白烟中,但见炮弹飞掠,兜成一个大半圆形,炮弹继续着轰炸。右方海上列布着军舰,但并不向海岸进攻。几处向海的炮台也挈着向陆上的敌人轰击,不过为效极少。

　　远处的几个小炮台早在上一日被日本占据,现在他们分着两翼进攻西北及东北炮台。在中国人方面,这两处并不互相呼应。日本方面先用声东击西之法,把东边的炮台诱住了,然后用全力攻打西部,结果被他攻破。依时间算起来,这炮台的陷落是在开始攻击后一点半钟。当日本步兵冲入时,中国兵已逃个空。这时东部的炮才隔着深谷向这方打起来,好像尚可以挽救危局。日本兵也就转向那边。中国人这时的炮却很得力。约十一点钟,在一个惊天动地的爆炸声中,一个最坚固的松树山炮台应声倾毁,大约是炸药房着弹所致。午时,日本全线向彼处进攻,大清兵又不等接触就逃走了。双方始终没有短兵相接,也没有一个单身的中国兵曾挺身肉搏过。两座极坚固的炮台,占有最险要的地位,临着峭直的山坡,敌人极难从下面成队上攻:只要有几个相当的炮

393

手，就足把敌兵成千的扫射下去，哪知道就会这样怯懦地断送了。我眼看要塞的陷落，起了无限的惊骇。预料再继续三四个小时的炮攻，也不必海军的挈助，旅顺就可完全断送的。

得胜的一方于是转其力量来对付较低地方的堡垒营寨，沉着地前进，这是他们最出色之点。在山谷里开始出现大队的步兵，向着市镇进逼，像机械一般地严守着阵位，成行的刺刀在烟雾里闪耀。较近，散布着散乱的中国兵，他们本来可由炮台掩护，现炮台既失，他们只在徒然做最后的挣扎。这时，只剩一个最近市镇的向陆炮台，名叫黄金山炮台，尚在中国人手里。在我所立的白玉山底下北向的壕沟内，上半天完全是空的，现在也充满了枪手，望下去枪刺成行的动着。他们都是从近处堡垒里到来的。敌人正在缓慢进逼，由已攻下的炮台分两翼兜抄，一路利用着掩护物。前面的抵抗也跟着渐渐消灭。

这时，我已须想法下山。在山顶上，我占着很优越的位置。若是我来时不如此早，大约不会被许上来。在我前面横着一条浅阔小川，是由水师营流来，南绕校场，才流到白玉山，从这里在西向流入一条大河内。日本人须先渡过这小川，才能攻我底下的壕沟。二三次他们都被排枪击退。但是最后，在大炮掩护下，他们终于渡过了。对方就向山的右麓逃走。我观战就以此为止。我急忙从山后下去，时已很晚。几次险乎跌扑在深而锐的山洞里。在山这一边，正多着这类山洞。

这时，旅顺市镇已在敌人手里，我下山时，中国兵正弃了旧金山炮台逃走，毫无抵抗。在稍远的海水里，舢板、小沙船上都挤满了逃难的人。大半是兵士，他们已把武器和制服丢弃了。中国军人的软弱和怯懦，使我对他毫不抱希望。据守旅顺的两万大军，都有最新式的武器，在十一月二十一日那天只杀死了60个敌人。这辈人，照何士来爵士（Lord Wolseley）的话，就是将来有一天要征服全世界的人物！何爵士就只要在他们中间出一个拿破仑我们就可看见世界被中国征服的一天。但是，在一个完全无战斗性的民族中是否能产生一个拿破仑，即使产生了是否有机会可使他事业成功，实属疑问。有谁听过中国会有一个以武力征服人的战将？他们除了是世界上最自私、最无进取心的人民，表现着最无军事能力外，还有些什么？在继续了几千年的这种性质中，如何会突然产生侵略式的军阀主义呢？

六、旅顺四日的初夕

我向着船坞后退，想绕道避去正在进攻的日本军队，而到市镇的南边去。我全没想到会有大屠杀发生，只想回到旅馆去，静待战事结束。我觉得很快乐，因为这样爽快地定当了，可以避免围困在城里受罪。所以我起先并没有注意到那辈纷纷逃难的人民,并且认为逃难太没有意思。只要暂时避一避锋头,事情平静了,就可没事。但不久我看见事件的真相了。挤满了难民的街的那一头,正在进行仇杀的惨剧。排枪的放射声,日本兵胜利的狂喊声,被杀者的哀号声,愈迫愈近。我才知道所有武力抵抗,业已停止。这种恐怖的声音更使人觉到凡猛攻陷落后发生惨剧的可能,我还记起几日前中国兵杀戮日本人的情形,以及东方军人残忍的性格,渐渐发急。这时我已绕过船坞沿岸,转入街衢,想回旅馆去。从旅馆到东港的路我是很熟悉的。在我四周都是狂奔的难民。这是我第一次亲见日本兵追逐着在逃群众,把枪杆刺刀乱斫,扑倒的更狠命地乱刺。我不留心被人挤倒在地,人从我身上踏过,过了些时,才爬起来。一个日本兵正在我旁边,来福枪瞄准着对我,枪口离我不到一英尺。我连忙猛力向枪杆旁边打去,才避去子弹。我虽是赤手空拳,但是很能和他周旋,不愧是盎格鲁-撒克逊人。不等那日本人拾起他的枪,就对准他的鼻梁上给他饱尝一个英国式的巴掌。他果然应声而倒。大概他是没有想到会吃着这记生活。而且也许是第一次受到这种打击。他倒在地上,仰卧着,好像在细辨这记生活的滋味。我就一溜烟地跑了。我那时还是想回到旅馆里去。那边或者可以比较安稳,因为我想这种暴行,大概只限于街上,并且计算起来已快到旅馆了。但是进行很困难,因为须时时躲避暴兵,他们已差不多布满了各街,遇到人就枪杀。

第三部分　译　著

脚下到处踏着死尸，暴卒已越碰越多。我屡次目击屠杀，屡次看着成排的枪弹向着狭街里扫射。我方向也辨不出来，只在喧嚣的地狱里乱跑，死神随时随地都可降临。最后，我从一条向下倾斜的暗街里钻出，忽发现了前面是一片湖面。我立刻认得这就是船坞背后的淡水湖。知道我已错回到我下白玉山后进市的地点。

在我前面，正演着一幕最惨痛的悲剧。上面说过，我走出来的地方是向下倾斜的，水面底于我所立的地方有15英尺深，湖边立满了日本兵，正驱着大量的难民下水，四面对准了开枪，更用枪杆把爬出来的人打下去。湖面浮满了死尸。湖水已成了红色。兵士们对着被杀者的痛苦哀号，欢呼狂笑。那些在水中挣扎的血肉模糊的鬼魅，想从死尸堆中冒出来。颠仆沉浮，还竭着最后的力量在血水中爬划。乞怜和哀号，只受到围住的敌人们的嘲笑。中间有许多是妇人，一个还抱着小孩。她把小孩高高的捧着，想求日本人怜惜。当她爬近岸时，一个凶恶的士兵给她一枪，第二击就把她的小孩刺落了。那个小孩大约有两岁光景，死尸就在水上浮着。那妇人发狂似的，还想挣扎起来，抱住那小孩。但那时已力竭气虚，倒向水中。她的死尸——与其他死尸一般——就被斩割成好几段。新的受害者一批又一批的驱入，整个的湖被死尸填满了。这种惨状，我已不忍再看，就从那里退了出来。

我认清了地方，就依原路向旅馆前进。一路只见死尸和屠杀。在一处，我看见十几个兵士向着一群反缚着的难民，先用排枪结果了性命，再刺戳他们的身体，男人、女人、小孩，没有一个幸免，中国人方面，一无抵抗。许多竟预先俯伏在地上，就在这种姿势下被杀。

我自己也到了间不容发的关头。我突然遇到一群正在被屠杀的人群。妇女、小孩在狂喊救命。看着他们一一被日本兵结果了。我正想后退，但已被一个日兵看见。他就放下旁人来追我。我立刻逃进了一所房屋，他已跟了进来。那时我先走了一步，所以能暂时避过了他。我跑进去的，像是一间厨房。在许多器具中，拿着了一把重而尖利的和手斧式样的东西。我就守在门口，约有一刻钟，不见他进来。想来或者他因为寻不着我所以已经走了，我就预备出去。那时，躲在屋里，比在街上更危险，因为日本兵挨家搜查，碰到人就杀。我刚要走，还没有走到门口，不意碰着那个刚才赶我的日本兵，正带着赃物出来。他见了我，就把赃物丢了，拿起枪刺向我就刺。这时我们是在一间低小的房间中，角里有一门通街上。我避过了他的刺，他用力过猛，一刀刺入我的左边的墙壁里，把我的衣服钉住了。当他要拔他的枪刺时，我就给他一手斧。手斧锐利，我的气力，也因为发了怒，特别的大，对准头颅劈去。斧到头破，劈成两半，一只分到下颚。他倒在地上，脑血溅了我一身。

第三部分 译 著

　　我正要走，忽然想起不如把死者的枪和弹囊带着走。再一想，那个日本鬼子的身躯正和我差不多。何不借他衣服穿一穿？这时天色已黑，乔装了很容易混过，或使我容易脱逃，虽则我自己已不信这次竟会脱险的。我就这样子干了。那个兵和我一样高，都是五英尺六寸，肩膀则我比他阔。所以把衣服绷上去，在背上裂了一条缝。但并没多大关系，跟着就把他外面的腰带等也拿了，只是那只帽子已劈成两半不能带了。我还用他所带的一把锋利的腰刀，把我胡子刮去，因为日本人多不留胡子的。乔装完了，就提了他美丽的李末福（Lee-Metford）长枪，背着我自己的衣服走出去，这样子大概并不会受人注意，因为兵士们都带着大量贼赃的。

　　我一时不能决定向哪里走。到镇北的田野里去当然可以，不过在那里，不是饿死，也是被人家当作日本兵打死。转念一想，还是回港口去好，或能搭着小艇逃走。但我总想先看一看那个旅馆到底怎样了。这处离旅馆已很近，所以就鼓着勇气向前走去。我的乔装确发生了效果。一路日本兵只当我是个同伴，他们常向我尖声欢呼，或摇着枪杆，互相招呼。我也依样向他们摇摇枪杆，在白天里当然不会这样顺利。幸亏天已昏黑，兵士们多提着纸灯。黯淡的灯光，往来灿烂，更增加了他们恶魔似的凶相。屠杀仍继续着，枪击声，叫喊声，叹息声，到处皆是。街上景象更是可怕。地上流满了血，（堆）满了死尸。小街简直被死尸塞住了。死的大概都是平民。他们勇敢的保护者，早已逃得一空。至于逃到什么地方去的，我觉得很奇怪。大概他们早把制服脱下，但是这种规避方法有什么用呢？谁碰到日本鬼子的手中，总是死。

后来终于给我找到了沈姓的房屋。那房屋早已破坏。屋里昏黑，我就把挂在门上写有旅馆名字的纸灯拿下，点了火，提着往里走，察看了一下。第一样就是发现主人的死尸躺在天井里，身手差不多已经分离，四肢都割去，由天井到楼下各房都有门。在一扇房门前躺着一个女仆的死尸。碎割的不可名状。全屋共有十一二个人，我发现有八个是死在屋里。活人的影子一个都没有。一切东西全经洗劫过。稍贵重的东西都已抢去。我看了这凄凉惨酷的景象，记起我离开时，还是充满着欢笑和生气，曾几何时！俯仰之间，我热血为之沸了，觉得就是死在这里，也愿替他们复仇。

楼上有一只竹梯可以通到屋顶，我就爬上去，想望望四面情形。屋顶上很暗，从下面街上，绝看不出我。望远处，一点点的灯光是四围山上的炮台。向海的炮台，这时还在中国人手里。下一天日本人又毫不费力地夺得了。这时，实际上早已放弃。镇上嘈乱之声也逐渐消散。当我缓步爬着，纸灯的光线下，突然照着两个人影。他们见了我，连忙退缩。直退到无可再退时，其中一个就跪了下来，磕头哀求。我定睛细看，使我一惊，原来是陈。他看见了我的装束当然认不出我。后来我把原委说明之后，他惊喜得

第三部分　译　著

无可形容，他的同伴却是一个不认识的人。面貌极秀丽，后来知道是一个官。他的住宅已被搜劫，全部都已被杀。只有他同他的弟弟逃了出来。敌人追赶中还把他的弟弟枪杀了。他自己被枪弹击中了一只左臂，逃入了这所旅馆。日本兵进来时他和陈逃上了屋顶，日本兵居然没有想到屋顶上会有人。这时他因臂伤十分痛楚。我就凭我在漂泊生涯中所学到的一些医术，用我的领带替他缚好了。

我把我的经过讲给陈听，陈再译给他的同乡听，因为他的同乡不懂英语的。我们于是商议前途计划。屠杀在那时好像已经暂时停止。大概兵士们已有些厌倦，或是已经召回。日本军队一共超过两万人。依我计算，这第一晚的工作不过由内中二分之一，或竟三分之一所干的，所以这一晚仅是大屠杀的开始而已。我们预料他们到夜里一定都召回营去。后来知道我们的预料确是事实。所以我们决定乘黑暗偷到沿岸，再设法脱身，又想备须（些）食物。但所寻着的仅是一些面包和糖果罢了。

可怕的静寂，笼罩一切。市镇上不时传出凶险的声音，在黑暗的迷阵中，时有灯光来往，但不易细辨，死神在他种种可怖的状态中，森然近在四周。我们躲伏的屋顶，已是最安全的处所，想起就在我们下面纵横着被戮的死尸，预料我们自己再过两个钟点，虽则不必然，但大概也会步着他们的后尘。我自己呢，种种堕

401

落荒谬的过去，就在这可怖的环境中，历历的呈现着他们的罪恶。抛去了富足优游的幸福，成一个堕落的、下贱的人。在这音容异殊的天涯海角，将在野兽般的兵士手里了结我一生。若读者中亦有趾高气扬的青年，正在像我从前一般不图来日的挥霍，我希望他能从我的劝告中，憬然回头。

我们下楼到了街上，大约是十点钟，这时已有两个钟头没有枪声。于是点了灯。陈路最熟，在前面引路。我还穿着日本军衣。若是我们被敌人发现时，我就预备做出我正在押送那两个中国人回营的样子，若是看破了计策，就用枪去拼命。

我们走的街，正横穿市镇。满街纵横，都是死尸。男女老幼俱被惨戮。有些可怜的后死者，虽则他的死也就在目前，还提着灯笼哀泣，在死尸中寻他们的家属。死尸在灯光下更觉可怕。在我生命的最后一天，也绝不会忘掉这辈被残杀的人惨死的景象。一天的屠杀、强奸、抢掠，兽性的狂发，已使他们不留人形。这才是战争的真相。那边，在被占领了的巍丽的围亭中，得胜的将军正在部下的欢呼里，举杯庆祝着空前的凯旋和功绩。他们得到了全国的拥护，国王的恩赏。但这里，在已毁坏的家园中，在惨死的尸堆间，却永留着他们欢乐的黑影。并且，这还是四天中的第一天呢！这次日本人的行为，尤其是那帮长官对于眼前兵士们所加于无抵抗的平民的穷凶极恶毫不禁止，真是应受后世永远的吐弃

第三部分 译 著

和唾骂。

那辈畏缩的可怜虫，有许多一见了我这个武装的日本兵，就争先奔避。但有一次，我幸亏不是单独着，在我们穿过的街上，看见一个中年人和两个较年轻的人，抬着半裸的自腹至胸已被剜开的女尸。在微暗中，那年长的人，像饿虎一般的盯住我，从胸前抽出一把长曲的刀，向他的同伴，大概是他的儿子，喊了几声。陈立刻就去拦住。很快地和他们讲了几分钟。经这一解释，就没事了。我们就继续前进。我问陈，那个人说些什么——"来，来，这个日本鬼子不要放掉他！"

再详述我们一路所遇到的惨象，已是不必。我们很迅速、很小心的踏着血泊前进。当我们将走入一条有10英尺阔的街道时，忽然听得前面有喝喊声。我们所在的小街，离开那条大街，大约还有15码。我们就踌躇的立停了脚。转角处，出现一群人影，一望而知是日本兵。在我们右边有一个低而宽的门洞。我们就很敏捷地向里边一躲。里面很暗，很宜于闪避。我们的灯笼还要用，不愿就熄灭。所以就把他放在内墙的角里。从街上看不见他的光。黑暗中我们等候着那帮兵士们过去。他们放肆的高歌，夹杂着大而震颤的声音，起初还以为是乐器里发出来的。愈响愈近，不久就有二三十个兵士经过我们门前。在这帮凶恶的队伍经过时，我连气都不敢透。他们相貌的可怕，真出于意想之外。真像是从屠

403

人场里出来的。衣服和武器,都浸透了血。枪尖上挑着死人的头颅。手里提着灯笼,前后摆动。惨淡的光线映照着他们那种可憎的东方式的面貌,白色的牙齿,倾斜的眼睛,菜黄的脸色。说他们是人,不如说他们是鬼。最前,像是一个骑兵,节击着佩刀,其余的就跟着高唱。他们一步一步地走去,脚下踏着死尸,就是他们残暴的兽性所播散下的。他们过去之后,高亢的歌声,钢刀的节击,渐渐地消失了。一切复归于死寂。静得我能听到我自己心房扑扑地跳动。

一两分钟后,我叫陈拿出灯笼,上路走去。他刚跨出门槛,突然在黑暗里被物绊倒。细看时是一个死尸。我用灯一照,见他身上斑斑伤痕,面上更遭惨割,左目完全割掉,腹部当中剖开。死者右手还执着一柄小刀,这表明他在死前曾抵抗过。我把灯向后一照,看见三四步后有一门开着,阶沿流着血,血是从门后流出的,我就把门推开走进去。这屋子像是一间办公室。——一间宽阔而低矮的房间。一边有一座长的木柜台,把它分开。柜上有板壁,中间有孔缺,大概是为柜内外交通之用。以他们的内容看,是银行或钱庄的办公室。地板上躺满了死尸。男女老幼混杂倒着。大概是在这里避难而被杀的。头颅已多被割下。鲜血淋漓地堆在柜上壁边。我们在微细的灯光中,看见这些头颅都张大了眼睛向我们直视。陈和那个官一起都惊叫起来。我的血也冷得发冰。尤

第三部分　译　著

以这种头颅直立的神气,很像还是活着。一个不上几个月的婴孩,在柜下被一把刀钉着。地板上的浓血和肠腑有二三寸厚,四肢,和头颅一般,也都已割下,散在各处。恐怕在光天化日之下,比这所房子更可怕的景象,是不会再有的了!我们就被这种可怖的景象和血腥逼了出来。这时,又有一队日本兵经过我们躲避所。前面一个步兵手里执着一个大火把,把四周东西都照个雪亮。我立刻看出内中除了二三个之外都是长官,都是敏捷文雅、短小精悍的人物。大概正是来召回那辈战狗回营,或是来巡查是否抵抗已完全消灭。他们一路谈笑着。在他们,屠杀像是一件很得意的事件。他们过去了,我们也就出来。跑不上几步忽然看见一个人提着灯笼,从街角转去。看上去像是一个兵,他正赶上刚才走过的一队。我们立刻退缩到先前出来的门洞里。我们想他大概已看见我们,所以就进了内部屠杀室,把门关闭了。我们的猜想确没有错。一分钟后,就听得有脚步声,门就很猛的打开了。一个矮小凶恶的人,出现于门口。手里拿着刀,一只白的很奇的手。他向暗中张望,看见了我,无疑的,受了我衣服的骗,认我作日本兵。他就放低了武器,对我说了些凶横而带命令式的话,语气很像意大利语。他指指中国人,大概问我他们是什么人。我就乘他不防,把枪向他身体里猛刺,这一刺来得太快,他没有机会可以闪避,立刻向后倒去。当他想勉力爬起来反抗时,我就再给他一刺,把他结果了。他发着最后的呼喊,又倒向柜去。柜上有一个头颅受了震动,噗的滚了下来,正打中他的肩膀。他开阖的眼睛好像看见了那个可怕的东西。当我把灯笼详细端详时,发现他穿一身极华丽的军装,和高贵的面貌。我才知道,所杀的是一个高级军官。他两手穿着洁白的手套,就是他进门时,我们所见的那只奇白的手。他一定是一个有权力的人,所以我觉得有些懊悔。早知道了,我就会设法求他给我们保护。但因为当陈提着灯笼躲在我后面,那个长官所提的灯笼又是很暗,所以我在黑暗中错认他是一个普通的日本兵。预料他一定会向我们进攻,不如先发制人,不致吃他的亏。现在我已给他一个他们所谓"快乐的了结"。在我们,他就一无所用了。在离开他前,我就取得了他的腰刀。这是一柄美丽而贵重的武器。刀柄上镶着厚而精致的黄金、宝石和珍珠。后来,我带它离开旅顺。1896年初,我在利物浦,因受经济压迫,不得不把它当去。当铺里的伙计,估计它可值六百到七百镑。我告诉他这刀的来历,但他始终不信,只以为和他开玩笑。他的固执真使人发笑。他说:"先生,我看你是一个水手。在此,我们很熟悉水手们的惯技,这类的故事,我们是常听见的。"

我们离开那间房屋,在黑暗中,再冒险前进。很快离开了刚才出事的一条街道。这街像是那些迷途的兵士们回黄金山炮台所必经之路。我们转入了一条毗连的小街。街的那一端正堆积着一堆死尸。我们需在死尸上爬过去。忽然一声凄惨的叫声,我脚下的死尸好像在动。我退后时,那死尸笔直的竖了起来。很高,浑身是血,眼睛对准了我,直视,但是,一回又叫了一声,往后倒下,四肢直直的躺着。我赶紧爬过去,追我的同伴。他们吓得只知狂奔。这也难怪他们,这死尸动作的突兀,确像复活一般。他们吓得面孔转了色,全身战栗,牙齿打战,直着眼睛四周张望,不时会无端立定,惊惶失色,像是又看到或听到了可怖的东西。我自己,外表虽好些,但内部也说不得穿,这种心惊胆战的情景,连续不断地发现,加了夜半的阴森,笼着这充满死气的地域,确可使任何人丧胆。

　　我们经过了几处造砖场,现在用作贮木所的,才到了船坞的北岸。一切只有黑暗和凄凉。对面,月亮正从西港升起,单单一钩,异常昏暗。天上疏星零落,夜寒峭厉,但我因为心神受了过分的刺激,已不觉得寒冷。我们提着灯笼寻觅小艇。起先总是寻不到。在造船所的上面有一只方形的小港,我们又遇着了一幕可怕的景象:一只沙船搁浅在里面,上面载满了死尸,有些在近边岸上躺着,大概这辈遇难者,也是想搭船逃避,在没有把船弄出沙滩时,已被日兵杀了。我忽然想到,在这支沙船上,也许可以寻到我们所要的小艇。那船的船舷是向着岸,我就涉水过去,爬上了船面。就在死尸堆里——大半是中弹而死的,许多是穿着军装——寻着了两只小艇。一是蛤形,已被枪弹洞穿,不堪用;一是在后甲板上，载满了死尸，我起先没有看见，艇是很完好，但是要搬去这许多可怕的货物，确是很难堪。所以我就上了岸，想另外再去找，但找了好久，还是没有比他更好的。近段只有一只旧舢板，很破漏，大得三个人也划不动，而我们三人中只有一个懂得驾驶。现在只有回到死尸船上了。三个人一同上去工作，先把死尸拖开，然后，费了很多力，利用了船的倾斜，才把那安放在樯舷上的小艇搬到水里，船内都是血，但我们已顾不到这些。在船上的厨房里我们还寻着了一些食物和清水。

大概已过半夜。我们把小艇搬到水里。但是同伴们都不会划船，无从帮我的忙。并且，中国的桨，真像其他的中国东西一样，都是另有一工，须经过练习才能使用自如。我们因近港口，港口正多着鱼雷和水雷，所以我们不大会碰着日本军舰。虽则水底的危险仍是难免，若是我们在暗黑中划入了深水道。两个钟头之后，我们才经过了这危险地带。

到了这里，我们向何处去呢，我是没有主意。但是若停在旅顺口只有等死，那是一定的。我们唯一得救的机会，虽则这机会小的可怜，只有离开这地方。离开得愈远愈好。经此考虑之后，我们决定向南，绕过半岛的顶点。

在我们上面向海的炮台上不见有动静。只在海雾中有几处火光可辨出日本兵舰的所在。天气虽极冷，并无风浪。但当我们

第三部分 译 著

一进了海的重水里,划船就愈远愈吃力。前途希望渺茫,使我怀疑,像这样无目的的乱跑,结果大概会饿死在海上,倒不如在港口停住,守候着,让日本船捉去爽快些。命运却来替我们决定了。当我们很艰苦的从港口划出了一两里路,我们就遇到一只大沙船搁浅在沙滩上。船上没有火光,在黑暗中看不出上面有人。但看上去,绝不是一只破船。一时我们想不出怎样对付她。商量之后,我们决定先开一枪,看上面有何动静。枪开后,船上立刻就涌出了许多人。灯笼照耀着。我就叫陈高喊,招呼他们。他一喊,上面就有中国话回应。我们把艇靠近,我的同伴就同船上的人讲起话来,经了一番解释,他们就允许我们上去。船上载满了人,他们也是逃难到此。等候朝潮,送出海去。他们告诉我们,另外还有二三只沙船,在出港时中了鱼雷,顿时粉碎。有些被敌人捉住。在船里的人,除了水手外,多是些兵士们。在东方人对于高贵者的尊敬的习性下,他们立刻把中舱让给那官员住。他一定要请我同住。他和陈又向船上的人讲了许多关于我的好话,在他们眼中,我穿了奇怪的服装,确是一件很应该奇怪的东西。

我因为经了过度的劳苦和忧虑,这时已十分疲惫,在上船后半小时内,我就睡着了,一直睡到第二天,当我醒时,船已出海。出海时并未被日本兵舰看见。

七、沙船上的归客

　　中国的沙船是一种很奇怪的东西。欧洲人很少对他有明晰的概念。沙船的大小并不一律，大多适合于国内错杂着的各种江川运河。最大的大约可载重一千吨。构造的形式，尤为奇特。他们并不和我们造船一般先构船骨，却是用大钉拼合起来的。第一步是加夹上下层甲板，再用两条大梁，在船底自首至尾钉住。其余的船梁也就这样被他们夹住了。甲板常成弓形，甲板上筑一台，以防太阳光和其他的损害。缝隙处用破旧的渔网或竹丝填满，再涂上一层碗砂。碗砂是蛤壳灰、细竹丝及一种果仁油的混合物。干了就变硬，永不松脱。缝隙处涂了它就永不漏水。船上一切工作都极粗陋。遇着合适的树木，锯下，去皮，锯成了适当长度，就可装用。边上多听其自然，不加修削，更不用人工来湾（弯）折。造时就捡些曲度合适的树枝来用。在中国沙船上，一切构造、绳索、装置，没有一件和我们欧洲船上所见的相同。结构的式样，龙骨，船首的突杆，樯索，所有的材料，桅杆，帆，船桁，指南针，舵，都和我们的不同。

　　我现在所乘的船，名叫金兴，大约有七百吨重。全部用麻历树造成。据他的船长，他们叫舵公说，这船已有一百多年的寿命。一个新死的水手，曾在这船上做了50年的工。船的长度有160英尺，开阔有25英尺半，深12英尺，船尾高出水面38英尺，船舷高 30 英尺。他最精致的一部是正舱，内中陈设和装潢的美丽，适与统舱里的粗陋的工程成反比。他的雕花和银色的通路盖有天窗，旁边嵌着璃壳，璃壳在中国是代玻璃用的，因为后者价值太贵。正舱的内部有 30 英尺长，25 英尺阔，11 英尺高，房顶梁上悬着各种的灯笼。他们的式样、大小和材料，真是色色俱全。四壁和顶板是黄色的底子，画着花、树、果、虫、鸟、猿、狗、猫，等等，后面几种动物在谱纹专词中可称为 Queue-Tourchee。房里放满了稀奇美丽的物件，都是这船在悠久的生命中所搜集起来的。若把他们一一记下来，可以写好多页。若带到欧洲去，真可使一打以上的博物院轰动一时。

正舱的一头是神龛，里面藏着青帝，有 18 只手臂，和他的护从董三及董四。这些镶得很富丽的偶像是用整块樟脑木雕出来的，上面兜着红色的围巾。神笼（龛）前面有一只祭台，也是用樟脑树做的，红漆，台上放着一只香炉。台面红地上雕刻着花虫，中间还有龙和火球。台的前面有两长方桌漆着绿色，上面写有中国字，意思是邀请礼拜者拿黄金和玛瑙来献祭。

水手们的床位都在船尾的下层甲板里。近处就是船上最奇异的东西，一个巨大的舵。舵并不装在轴针和枢轴上，因为这船并没有尾柱，是用三根很粗的用竹麻做成的绳索，悬系在两个辘轮上的。一根绳索套在下层甲板的辘轮上，两根绳索套在上层甲板的辘轮上，于是他就能依水的深浅而上下自如。当他全放松时，吃水24英尺，比船的吃水多12英尺。这时，须在下层甲板驾驶。更用两条巨大竹索把他缚紧船尾的凹节处。这两竹索缚住船底，然后由船底经过船舷伸到二层甲板就缚住了。当舵放的最低时，有时需12个人的气力，才得移动那巨大的舵板。

走上上层甲板时，在一层璃壳的遮盖下，可以看见一面旗，这旗曾在一次宗教仪仗中，在皇帝前面张挂过。在一片近辘轮的木板上刻着："恳求海水，永不冲没此船。"靠近是水手的神龛，内中藏着海神和两个护从。每一个都有红巾盖着。在主神前放着一块木料，这是从造这船所用的第一块木材上割下来的。先把它送到主神的庙里祭献过了，然后带回船上。就把他当作全船已邀神佑的象征，前面放着一只泥做的小香炉。里面放有神的土和米，用来烧棒香以及其他香料的。此处更有一盏永不熄的台灯。若是这灯在航行中熄了，就看作不祥之兆。在神龛前面的两旁都挂着图画，第一幅是一对鸳鸯，第二幅是一个在梳妆的妇女，第三幅是一玻璃球的金鱼。在这一层甲板上有乘客和押货者的房舱。门漆着各种颜色。再上是尾楼。上面有舵的辘轮和后樯。后樯有50英尺长，竖在一旁，好在浅水里使舵柄能转动。主桅有95英尺长，底下有10英尺周围，是由整棵麻历树做成，简直是一棵去了皮的树，他不十分直，在我们看来是个缺点，但中国人并不这样看，他们认为曲的比直的好,曲了可增加力量,是结实的证据。这桅是用东西围缚扎紧着的,因为在他做硬时曾碎裂过的。中国人所用以做硬的方法,是将那木材埋在潮湿的土中,经过好久,他们说麻历树就会变成铁一般的硬。桅子不竖到离底4英尺的地方,因为船上并没有内龙骨。它穿钉在一对大木块上,另外还有两块做垫木,使其竖牢。支柱和樯索都没有。帆桁都是粗陋的麻历树所做,上面一条有75英尺长,下面一条有60英尺。

帆是用密织的席做成,这是一种较帆布轻的材料,吃风较得力,不容易破裂,因为在风中不会摇动。金兴船的大帆重大得需40人和船长合力才能升起。没有船长,需80人。帆有18节卷缩部。卷时是把帆落下,所以没有上桅顶的必要。

风信旗成鱼形,骨子用藤做,头和腮用画席做的。前面有两根像蝴蝶触须一般的东西。尾上飘着旗带。身上更装饰着许多小旗。身上画着中国字,意思是,"船多好运"。在中桅和前桅之间有两个粗大的辘轮伸过甲板,是用来升降锚的。在到船首甲板的过路上有两只藏水箱,每只可容1,500加仑水。前桅高出甲板75英尺。向前倾斜,底部用大木撑住,和中桅一样装置。

锚是木做的,锚爪是铁的,他用坚竹索缚住。锚胫柱是由三大块木条拼成,用藤索围束,再缚上锚顶。中国人是在船上拉锚的,不像我们从旁边去拉。安放锚的地位不发生不便。锚爪和我们同样大。不但直而不湾（弯），而且没有锚掌。另外还有一个小锚，只有一个爪。锚索是用藤做成。船上没有系缆柱。但在甲板上的大梁有许多大孔，可以代用。船壳板又是船上的特别部分。船旁三尺远挂有闭气的箱囊，箱囊可使船增加浮力，亦所以增加载量，防止颠簸。但在我看来，这还是那个大舵的效用。

厨房在中桅的后方。其地位与欧洲船上的不同。厨房下部是由砖砌成，前方两个方洞是用来生火的。洞口放着水槽，凡有外漏的着火物，可及时熄灭。燃料是木片，煮物用铁锅，由红砖垫着，一只锅上放上半形桶，用来煮米的，上面有盖，以防水汽外蒸，使饭可以煮得香香的，不会不熟透。我们的煮法却常犯此毛病。在船颠侧时还可防止米的侧出。每人每天大概吃三磅米。碗盏却在厨房外面洗濯，所以很清洁。每餐的饭食都开在厨房的前面。近厨房有一只木质水桶，桶壁上画做砖砌形，有3,000加仑的容量。

这是金兴船的大概，也是大多数清国船的状态。虽则船舰方面，他们已在接受泰西的影响，但只限于兵舰。祖先的遗式仍多数保守着，沙船随处可以看见。并且他们不仅是昨天的事，当罗马与迦太基的舰队在地中海争霸时，中国的沙船，和我刚才描写一只（直）相同的，已很早前就在海面和河川里航行。罗马、迦太基和其他海上的雄帮，已几经兴亡，像水泡，像幻梦，但中国人和他坚固的沙船却依然无恙！

这船是上海一个官员所用来经商交趾一带的，最近运载一批货物到烟台去，却被飓风吹向北方，不得不在旅顺暂避日本人之锋，直到旅顺陷落。船上一共有54个水手。

当船离了沙岸，驶入海后，我们已在渤海口内。当时就决定向渤海沿岸商埠进发。但第一日就遇着大西北风，把我们吹出了海口，一日一夜后，风始息。我们已深入黄海。那位船长，或是称为舵公，名叫三仁，主张直航船主的所在地。我并不反对，那个官员在南方有亲戚朋友，当然很合意。可是船上的兵士们都不高兴。他们的人数多过水手，我怕闹出事来。他们都是北方人，不愿上南方去。在那里他们的言语也不会通。中国各地方言的不同，实是统一和进步的大障碍。经过激烈的争执后，他们才同意接受官员的许诺，到了南方就替他们向当道设法遣送北回。若是不成功，他愿意个人供给遣归的川资。他再解说现在若折回北航，很容易被日本兵舰捉住，这次被大风吹越他们的巡逻区域真是天幸。这种解说很有效力。我在金兴的航程中，对于船员的迷信，觉得很有趣。他们对于神偶的虔敬确是一种很好的教化。三仁是一个极虔信的人。每天准时点香、敲锣和其他种种足以使神欢慰的礼节。但他也耽溺于鸦片，瘾极大，所以不会昏迷。可是在鸦片的魔力之下，他对于神偶的态度，会大大改变。虽他无一刻忘却神的威力,没有吸烟时,没有人再比他对于船神更虔敬。但一旦吸醉了,再加天气不好,他就会破口大骂。时常在正午吸起鸦片,态度就会在午后慢慢地改变。在朝晨,他很清醒虔诚,晚上就狂醉亵渎。尤是遇到坏天气时。"这个混账地狱里的青帝,"他会愤怒的握着拳头向着神偶喊,"都是她,我们才吃着这顿生活。懒丑妇!有什么用处,她管我们些什么!"一直要骂道他无力再骂才停口。明天朝上,清醒了,记起昨夜自己的罪大恶极,就会深深地忏悔,跪伏在神笼(龛)面前,卑屈地为昨夜的咒骂求饶。以后二三天内他就自己管束起来。但气候有一点不好,他又吸着烟筒,青帝就又要吃着一顿臭骂。其余的船员对舵公的大不敬很是恐惧,几次我很怕他们真的会把他抛到海里去。他们并不都吸鸦片,有些吸一种烟草,烟质卑劣,用着一种金属做的烟管。下面的湾(弯)曲部分,里面装着水,吸时烟在水中经过。鸦片烟筒则是另外一个样子。他是一个一寸直径的管子。烟斗上的孔隙没有钉顶大。鸦片就从这里进去。鸦片先前的像糖浆。一管鸦片吸不到几口,但新吸的人已很受用,像我在上面已经说过。但是老枪的人,像舵公,可以一连吸几个钟头。

在神偶前所焚的香料,大部是些香木片,叫神枝、锡箔及锭。他们最敬重的东西是一个指南针。在他前面供着茶、糖果、猪肉,才可使他准确可信。我们都知道中国人会用磁针,比欧洲早了好几个世纪。他们把磁针附着一根活动的硬片上，针没有一寸长，平衡地放置在木盘中间的光滑孔内。盘是油漆过的。全周围分24点，在应用上还混着许多古代占星术的思想。盘的周围还刻着许多同心圆，还附着玄妙的记号，我们说磁针指北，他们却说是被吸向南，所以向南的一端染上红色。红色在他们是带有神秘的效力的。上面已说过，神像上所披的也是红布。凡舵、锚索、桅、船的其他主要部分，都挂上一些红布，说是可以避灾的。在船的两舷，还雕画着两只大眼睛，船才能认他的路。起先我不懂他是什么意思，叫陈去问舵公。陈翻译着说："有了眼睛才能看东西，没有眼睛不好看东西。"凡遇着特殊的宗教仪节，这一对眼睛也得挂上红布，一次望着一只轮船，很像日本巡舰，他们忙着在他们旧式武器、前膛枪等，上边也挂上红布。这样供奉着他们的抵御物，就觉得很平安了。我想那辈依英国式训练的海军船员，一定已经抛弃了这种希奇的观念，并已教会了欧洲的指南针。至于三仁和他熙熙攘攘的船员们所有的观念，却已同那种船一样老了。

我还说到那位官员朋友。他的名字是克昌，一个五品职。官职的记号就是帽子上的水晶顶，现有四十六岁。聪明和善，举止高雅。在航行中我同他常谈话，请陈做翻译。我教他一些英文，教他写他的英文名字。这点成就是他十分用以自骄的。

他和其他中国学者一般，能写一手好字。他是一个富裕而有势力的人。

金兴是一只极安稳的海船，但是慢得要命，他无法超过8海里的速率，这已是算平生最好的速度了。我们碰到两次大风浪，船的态度极为惊人。一个晚上，先是闪电雷鸣，围着四周。后来风转了西南，成了飓风。船上把一切的帆都落下了，只剩前帆张着一半。大舵需25人驾驶。我们从甲板上的水桶里汲去了八吨重的水。甲板上的东西都缚住了。船身摇动异常厉害，但并不入水。天明时，天气转和，我们可以加张几帆，但在二三个钟头里，风又转了西北，吹的比刚才更凶，还加了大块冰雹，把我的脸都打碎。我们再把中帆落下，前帆亦放下了四折。三点钟时，船身突然倾侧，把下风一边的小艇冲去了。天色乌黑，30码外就看不见东西，风已吹起了浓雾。六个钟点，风带着暴雨，一点不减退，可怖的浪向船打来，海全成了白浪，浪打得很高。仗着风阻，才回下去。这时，帆已全落。风稍退，我们又把帆张起来。突然，暴风又起，把人都冲到船边。一只小艇又被吹去。前帆破裂，因舵公疏忽，移动主帆，以致他直倒下来，幸亏没有大损。更幸是这帆很迅速和很简易地落下，只要把辘绳一割，他就会自动下落。这次风浪里，船的举止使我很惊服，他简直没有进水。所进入的只是些浪花罢了。但是这稳健的性质，正是他滞慢的原因。无论何处，

第三部分 译 著

他总是沉着安定。有一夜,我们需在一处很危险的下风处抛锚。船员们在舵索上就扎了些额外的红布,就在死神狰狞下,很安详地进他们的晚餐。我对他们只感着羡慕。他们的锚,和他们的自信力一般的坚固,都具有不移不拔的固着性。

中国人虽早已有了指南针,但是他们在航行中缺乏勇敢,却和在其他事物上一样,在可能处他总不敢远离海岸。我很注意他们沿岸航行的好尚。并且因为未曾经惯长距离航行所需的常时戒备,他们的工作规则是很松弛随便。没有适当的守班。到夜,船长时常悄然地去把主帆下了二摺,后帆全下了,全体船员都回到他们的舱里,只剩一个管舵在甲板上。夜半,船员醒来吃了一顿夜饭。吃完饭,舵也松了。船员们再回去睡觉。

在这样办法下,很可想象我们前进速度的滞慢了。一路还发生了许多喧闹。有些船员不愿工作。兵士们,闹吃得不饱。我们好几次请求北上的中国和外国船舰,将这不安静的战士载了去。可是他们却一致很客气,很坚决地拒绝上述请求。我们不得不耐心地前进。一部也靠了那位官员对于他们的许诺。结果,一切总会有个了结,我们与下年一月初到了我们的埠头。

我也不必再多说。克昌极感激我,除了款待我得十分殷勤外,还给我金钱上的帮助。这是我那时所急切需要的。当然,这笔债我早已偿清了他。

419

我乘了一艘法国船到加洛（Callao①）[秘鲁（Peru）]，再从加洛到旧金山。我就去看 H 先生。他告诉我哥伦布（那时不在港里）又出去航行了一次。但结果所得的利很微，所以他不愿再把她去冒无利的险。我想哥伦布已名不符实了。

第二个是在锡特乃（Sydney②）[威尔士（Wales③）]碰到的威勃斯脱。他很简单地解释我怎样被弃在旅顺。这位无赖在日间吃了酒，就把我不在船上的事忘却了。邱勃以为我已经回船。尤其因为我已把我和中国委员用的那只小艇先送了回船。直到明天朝晨，才发现我不在船上，那时船已开得很远。威勃斯脱要回船来寻我，但是邱勃，他所在意的只是那位大班，决绝地不同意。他冷冷地说，他们可以下次航行时来接我，若是威勃斯脱认为这是他的过失，尽可游泳回去寻我。我当时听到这不义的话，就大冒起火来，若是这位高贵的邱勃在旁边，我会给他看些颜色。但是，我到现在还没遇见过他。

以上是我所目击，所亲历的种种事物，正当那龙旗在他的眩耀的无能中飘荡着。除了关于沙船的构造和装置外，我当场都没有记录。所记录的也不过为我个人的考查。隔了好久，才想到把

---

① 今卡亚俄。——编者注
② 今悉尼。——编者注
③ 应指澳大利亚的新南威尔士。——编者注

这些经过情形写下来。但我敢信任自己，对于这些的记忆尚属可靠。若是这小小的记事，于用以消遣之外，能给人一些激励，则我这一番冒险痛苦的生涯也就不枉过的了。

参考史料序言

中土史籍，于甲午一役记载最详尽者，首推姚锡光氏《东方兵事纪略》。惟此书已不多觏。罗惇曧氏曾因之作中日兵事本末一篇，现载左舜生编《中国近百年史资料》等书，篇页既限，难免过简，所记尤多出自中国一方面之观点者。其次有林乐知、蔡尔康合著《中东战纪本末》一书。林氏系美国教士。是书广集各国电信报纸，以及政府函牍，私家论著，故以史料言，实有特殊价值。王炳耀《清日战辑》，体制略同林书，详尽则不及。日本方面所有记载之已经迻译者，则以龚德柏氏所译陆奥宗光《日本侵略中国外交秘史》，原名《蹇蹇录》一书，最足珍贵。是书重于解释此次战役在日本外交上之背景，固非为事实之详尽记载。中国官牍，则以北平故宫博物院《清光绪朝中日交涉史料》、《东华续录》，二书最要。其他私家著述，有《李文忠公全集》，马建忠《适可斋记言记行》，徐庆璋《甲午辽阳防守记》，沈敦和《日本师船考》等书，均足参考。近人著作，如刘彦《中国近时外交史》亦名《帝国主义侵略中国史》，论者有谓为自日本史籍中迻译成书者，记载上反多有利日本之处。王钟麟《中日战争》一书，参考翔实，允称信史。王芸生编《六十年来中国与日本》一书，取材极富，洵为后起佳构。

不佞迻译是册，其动机固已于卷首言之。然窃考战役之为史，欲其叙述入微，不失事实，难矣！盖以参加战役之人，类多感情激荡，难于静观，既静观矣，难免偏颇，免偏颇矣，而能不顾一己利害，一国荣誉，作翔实之记载者，百无一二也。本书作者，以异国之贱工，机缘巧遇，适置身于中日战争之黄海之役及旅顺陷落二大史剧中；身非当局，属笔无讳饰之虑，壁上高寒，俯瞰有全收之胜。其所记载，可信良多。顾犹恐其非即时记录，记忆或有误忽，故于迻译之际，曾就架上图籍，逐节参考，乃信作者尾节征信之语，诚非过言。参考所得，地图凡三帧，已间插本文中，史料凡十有六节，兹特附录于下。阅者读是书，有能进而正史乘之误，则尤不佞所厚望者矣！

书成后二月，不佞以养疴来北平，得尽睹姚氏《东方兵事纪略》，王氏《清日战辑》，故宫博物院《清光绪朝中日交涉史料》等书。钩稽所得，复获史料若干节。顾书刊已半，因附篇末，序存其旧，所以留纪念耳。呜呼！寇气如焰，大难方兴，执笔至此，感痛深已！

中日战争目击记将另印单行本，参考史料兹从略。

译者注

大战后世界政治之推演及其前途[1]

译者注：本篇原文载今年春季英国《圆桌杂志》，原题为"军缩会议之基础"。虽所论多侧重英国观点，对于远东问题更语焉[2]不详，然于阐释战后世界政治之推演，实不失为核要有见之作。译时曾略删原文枝节处，复依文意，易以本题。

——译者

国际形势现已进入一空前危机。国际盟约与凯洛格公约所代表之国际体系，是否能继续进展，抑将转入国际军备竞争，而终引起一更大之世界大战，实胥系于满洲僵局及军缩难关之如何打

---

[1] 原文载《再生》周刊1932年第1卷第9期。
[2] 原文为"也"，似笔误，径改。——编者注

开。此外复以经济恐慌之凑合，使问题益形复杂。惟吾人亦不愿因是过抱悲观，且认为在此情势震撼中，或足产生一更稳固经久之体系，亦非不可能。本文旨在综览1913年以来，世界政治之实象，而探求军缩与世界和平之真正基础。

一、战前体系及巴黎和约

战前国际情势系一无政府状态，各国主张绝对主权。主权国中，有进步与民主者，如法美是。有君主与专制者，如德俄是。更有古旧而少受近代文明影响者，如中国及波斯是。列强复获有殖民地与属国，尤以在东方及非洲为多。彼时既无国际会议之组织，复无所谓欧洲世界之协调。国际法更承认战争为解决国际争端之方法。英国以最大工业国故，坚主自由贸易政策，俾将其过剩资本与工业品换取原料与食粮。其他泰西各国均采温和之保护政策，所以为其萌芽工业保留国内市场，除德国外，无一作竞争世界商业之想者。在无政府状态下，各国不得不唯自己之军备是依，或进而与邻国同盟。当国际关系日密，政治与经济上之失调更甚，复以民主主义之抬头，少数民族之主张自治，及各国间关于殖民地与市场之冲突，使各国不断扩张军备，而终于形成外交与军事上之紧张状态。任何细微误会，即有招致巨祸之可能。是以奥皇子之被刺，足使欧、亚、美诸国，尽卷入大战漩涡中。

第三部分　译　著

当大战之进行也，在英美有二大理想渐行滋长。第一为民族自决，即任何持久之解决办法，须确认一切文明民族自决及自治权。第二为建立一全体国家之永久联盟，规定定期会议，并须有以和平方法解决一切国际争端。凡有违反此种约章而擅自战争者，联盟国家须采共同行动以阻止之。此二种理想终于巴黎和会中获得实现。一为多数新国家之创立，二为国际联盟之成立。

所不幸者，此种理想，竟为战争所引起之感情所摧残。第一点，和约之成乃为武力所强制，而非出于自愿。且使有效期长至15年之久。第二点，新国划界，虽较战前为合于民族自决原则，然仍多有欠公平。德国所有海外领土复尽被剥削。第三点，和约未曾顾及经济实际性，因其所定战债及赔款额过于巨大，且对于足以妨碍国际贸易之高额关税，亦未予防止。

虽然，当时固有希望新秩序之稳固，可由其自身之优点及国联盟约所保证者矣。盖国联盟约既规定大会得修正不公平或过期之条约，且禁止盟员国在将争端申诉于国联前，不得从事战争，凡有违反此规定者，其他全体盟员国须对之经济绝交。但法国尚惴惴于自身之安全保障，故英美复为之缔结保证条约。依次条约，英美允诺"当法国受德国非被激而发之侵犯时，立刻予以援助。"此保证须继续有效，直至国联理事会"已认为国联自身足供充分之保证"时刻止。

二、过去 12 年

巴黎和约,宗旨旨在创造一世界新秩序,然其内在之缺点,终以情势之推移而逐渐暴露。过去 12 年中所发生之重大问题,盖莫不渊源于巴黎体系之崩坏。考其崩坏之最大原因厥有三端。一为美国回返于 1787 年以来之传统外交政策,不特拒绝参加国联及法国保证条约,抑且拒绝全部凡尔赛和约及与欧洲任何合作。二为俄国对于整个欧洲文化之反抗。三为众所忽视之经济律之残酷影响。

兹就下列四项以追溯 12 年来历史之推进:甲,欧洲稳定与安全之企求;乙,英美关系及海上自由;丙,远东情势;丁,赔款、战债及经济问题。

三、欧洲稳定与安全之企求

法国于过去 50 年中,受敌国之侵入者凡二次。于第二次中,仅以获得英、美及其他国家之助,始得将敌人骗出国境。现法国突见美国退出国联与欧洲,英美担保条约亦归失败,其惊惶失措之情,可以想见。此项行动之结果,不特减弱和约所予保证,而壮德方胆力,抑且予国联之能力以绝大打击。国联既因此失却一最重要之盟员,而英国之是否将遵守盟约十六条,及其有否遵守之能力，亦因此发生疑问，以其深恐美国将认此为违犯海上自由主义也。于是，法国政策乃不得不专注于设法为巴黎和约及本国之安全造成一新的保证体系。此新的保证体系非他，即法国本国及其同盟国，比利时、捷克、波兰、罗马尼亚，之军备是也。于1920、1921、1924、1927年，法国曾与各该国缔结等于军事同盟之条约。于是已被解除武装之德、奥、匈、宝加利亚①乃尽为无可抵抗之武装集团所包围，后者能于任何时间强制彼等遵守和约。1923年，法国曾运用此项保证，出兵占据德国鲁尔地区，以强迫其履行赔款义务。

鲁尔出兵，在军事上虽属法国之胜利，而在经济上则不然。更以世界舆论之压迫，德国不容永久屈伏之信念，俄国对于欧洲之压迫，意大利之反抗，凡此种种终于造成欧洲均势之局，以代替法国之称霸。当时企求和平之愿望，更努力于创造一足以代替巴黎和约之体系，1924年法国及其同盟国曾提出日内瓦草约，内含有仲裁、保安、军缩等方案。但以英国拒绝负担该约内之新军事担保，终归失败。

此后有1925年之洛加诺条约，在该约前文内，英外相张伯伦确实声明，英国对于东欧，除国联盟约所规定者外，不能再予

---

① 今保加利亚。——编者注

任何担保。条约内容分二类：第一，德与法、比、波、捷共约，对于战争之为解决国际争端方法，完全予以废弃，而应代之以仲裁或调解。第二，英国担保德比、德法间国界之不可侵犯，并使莱茵地带成为解除武装区。同时德国参加国联。

路加诺条约之成，一时殊增加欧洲和平之希望。史特莱斯曼之"守约"政策，与白理安及张伯伦之唱和，使德国重入欧洲国际友好关系，而促成1929—1930年莱茵之撤兵，及法国之裁减军额。虽然，路加诺条约之去对德真正修好，固仍极辽远也。凡赔款、战债、波兰回廊、西里西亚与匈牙利边界等问题，该约均未予解决。法国对德恐惧，曾不因是减灭，更无修改巴黎和约之意思。不特此也，彼等对于路加诺条约自始即不认其有多大价值，因见于国联理事会终不能责令英国立即采取军事行动也。其结果，法军及其同盟国以军事优越地位为和约制裁之形势，依然不变。昙花一现之路加诺精神，终乃渐行消逝。意大利不特遇处孤立地位，且进而在巴尔干及地中海方面与法国抗衡。德国对于平等权、取消赔款、修改东欧约款之要求，日趋强硬。选举中希特勒党获得巨额票数，白鲁宁混合政府终归崩溃，巴本领导下之直率的非国会政府，乃应运而生。旧德帝国精神之是否即将恢复，已引起他国之焦虑注意。巴本登台后，即对协约国提出正式要求，承认德国之平等权。此种要求，虽未必包含法德军备上之绝对平等，然法国及其同盟国于巴黎和约下所享军事优越权之从此终止,则可断言。且东欧约款之修改,无论出于双方允诺与否,已属不能避免。是则吾人显已达到欧洲新秩序之边缘。

四、英美关系及海上自由

美国之拒绝国联与保证条约也,有使英国进入极端困难地位者。英国既不能了解美国之真正态度,因而对于盟约十六条所定义务,不能放心履行。然该条所规定对抗侵略国之国际安全办法,固为普遍军缩之唯一要件也。150年来美国之外交政策,有二主要原则焉。一为避免牵涉于欧洲之政治漩涡。二为反对英国所主张之交战国海上权利主义,即谓交战国于海上得干涉中立国船舰,以检查及没收一切战时违禁品。苟美国已参加国联,则该问题已大部分获得解决,盖依盟约规定,中立之发生机会已绝少。现美既回复其孤立政策,则苟英国对于违犯盟约者所举动,美国是否将认之为有违"海上自由"主义,殊属疑问。不特此也,美国舆论更主张建造强大海军,以强制交战国服从此项主义。所幸者,1921—1922年华盛顿条约成功,使此正在发生中之英美间紧张状态趋于和缓。在华盛顿条约内,英美接受海军平等原则,并废弃多数过额战舰。海军国家间,包含日、法、意在内,更有该条规定其主力舰吨数上之限制。惟对于巡舰则未有规定,致引起此后数年间英、美、日间关于巡舰建造计划之种种严重争议。此项问题及1930年伦敦会议之海军条约始予解决。但伦敦条约并不包含法意两国之巡舰及潜水艇在内，且即英、美、日三国间之协定，亦可由彼等中任何一国采取新海军计划而随时取消。

"海上自由"问题及其与国联盟约之关系，则在华盛顿会议中迄未加以讨论。全部问题均行搁置，直至由美国所建议之凯洛格公约成立，签署者几遍全世界各国，俄美亦在其内。在该公约内，签署者诸国宣称，"禁止诉诸战争以解决国际争端，及用作国际关系间国家政策之工具。"彼等复同意"任何性质之国际争端，唯得用和平方法解决之。"凯洛格公约虽未设立保证机关，更未禁止国家自卫权，然美国所持孤立地位，则确因此项公约而告终。因当该公约遇有违犯时，美国将不得不参加国际磋商。去岁八月美国国务卿司汀生氏，在其向外交委员会演说中，曾有关于此点之声明：

"凯洛格公约之成立，已将全部中立主义，予以变更。战争不复仅有关于交战两国，实有关于世界全体国家。该公约规定一种方法，以动员全世界舆论，使抵抗战争。中立国间进行磋商一节，虽约内未曾明白规定，然其含有此种意义，则甚显然。于1929年中俄争端与1931年中日争端中，即引用公约中之国际磋商原则。"

司汀生氏曾明示凯洛格公约之制裁为世界舆论之总动员，而非为国联盟约第十六条之经济制裁。然当战事急迫，世界各国究应采何项共同行动，以事防阻，英美两大海军国复将如何提携，以作公约后盾，实尤为目前所应加考虑而急不容缓者也。世界和平与军缩前途，将于此卜之。

五、远东情势

巴黎和会对于远东战事仅予以傍及之注意，当时将德国在山东之权利给予日本，并将德国在南北太平洋所有岛屿，依国联委托治理地原则，分属英日两国。及1921—1922年华盛顿会议，远东问题始获真正解决。当时所解决者凡四项：第一，英日同盟之废止。第二，山东归还中国，并由太平洋全体国家约定尊重中国之主权独立及领土完整，予中国以最大与不受束缚之机会，使发展与维持其稳定政府。同时确立各国在中国境内享受平等通商权之原则。复承认中国系包含满洲在内。第三，太平洋内海军军备及炮台之限制，英、美、日均接受互不侵略之原则。第四，磋商原则之确立，即当列强间发生冲突时，应先从事磋商。

该项条约，除于1930年曾略加修正外，确会维持远东和平，以迄于1931年之满洲事件。满洲事件之效果，已使美国与国联间发生密切关系。国联盟约及凯洛格公约已促成国际共同行为，以维护九国及四国条约，应付上海及满洲事件，及任命黎顿调查团。当具有战事危险及破坏重要条约之危机发生时，不论其在任何遥远地点，世界即从事磋商以谋应付。此项磋商原则现在似已确立。惟磋商之是否能为解决争端之有效方法，如日内瓦对于黎顿报告书所将举行之考虑，则尚属疑问也。

六、赔款、战债及经济问题

巴黎和会，在应付战后世界经济实况上，已全告失败。不特对于诸新兴国家所采高额关税，予以首肯，且一任协议国代表挟巨额之赔款及战债要求，欢欣归国。美国之拒绝和约，更使情势益行恶化。巴黎和约，于责令负担巨额赔款外，曾规定设立一赔款五人委员会，内中美国代表一人，本希望其能公正屹立，而操最后决定之票权。该委员会任务，为依据德国实际偿付力，以估定其两年内应行偿付之赔款确额。今美国拒绝参加，于是该委员会主席一席及最后决定票权，均为法国取得。该委员会之原定工作，因而失其意义。

当和会成功之际，固已有见及其对于世界经济之恶果者，惟此种警告，殊不足影响当时一般舆论。且以工商界之不弛努力，在恢复战前繁荣上，有惊人成绩。战后未及数年，全世界之生产量即超越1913年之水平。人口增加百分之十一，生产量增加百

第三部分 译 著

分之三十。虽然，凡关税、企业辅助金、战债及赔款等对于久远复兴之阻碍，终于逐渐显露。初尚以向英美借债，实际状态，得迷朦于一时。但当各国相继从事于农产及工业品之自给，辅助本国境内食粮及原料之生存，并将资本由其自然的经济轨道中，移植于他项制造，同时复勉强偿付巨额赔款与战债，凡此种种终使世界经济平衡逐渐崩溃。1920年之世界财政会议，及此后国联所召集之迭次会议，曾努力于减少对于世界贸易之阻碍，但一无成效。1924年道威斯委员会及1929年杨格委员会，对于赔款总额亦有相当减少，但终不足补救大战、和约及经济国家主义所形成之基本失调。当失调越烈，各国急于自卫，复加高关税，控制贸易，补助国内企业，而病态因之愈深。其结果，在最近两年中，已形成机器时期开始以来最烈之经济恐慌，一部分原料之世界价格竟低至生产费以下。1925年所竭力恢复之国际金本位，又遭覆灭，失业人数增至前未曾有。在此危机中，赔款问题终于获得文雅之葬礼。战债问题将难免遭同一运命。现所显明者，苟世界欲恢复繁荣，则对于政治的与经济的国家主义必须加以限制，国际间更须成立一经济盟约，以限制一切足碍国际经济发展之制度，一如限制军备然，并确立关于经济事件国际所应具礼貌之最低标准。

七、结论

综观大战后世界政治之推演，吾人可得四大结论焉。第一，国际盟约及凯洛格公约之基本理想全属美善，人类和平与进行实系于此等理想之实现。不然，即将趋于国际无政府状态，与之偕来者为军备竞争，及周期的世界战争。惟欲凯洛格体系之推行，则必须推行之于全世界，在远东与南美须与欧洲一律，各国对任何侵略国，须立采有效制止之行动。此国际新体系，显非一朝一夕所能确立。且在实际上，此国际体系背后之制裁力，除欧洲外，实全操于英美两国之手，而美国对于违反彼所参加之和平约及其他国际条约之国家，果将立于何种地位，迄今尚属疑问。无论如何，英国真正外交政策之第一责任系在维护国联及凯洛格公约之体系，并协同美国增强共同力度。

第二结论：国联体系之在巴黎，实过于与欧洲内部政治相牵涉。其结果，二者俱受其害。一方面，使美国退出国联，因其不愿牵涉于欧洲内部政府。他方面，复使英国仅一半侧身于欧洲，于是法国及其同盟国，对于巴黎和约，认为有维持军事制裁之可能，而不再努力于欧洲内部之确立平衡。惟为国联与凯洛格体系之发展，及维持欧洲之真正和平计，英美两国均应自欧洲内部政治中退出，俾欧洲能成立一局部组织，不依赖局外保证，而确立一欧

第三部分 译著

洲各国所同意至稳定基础。就此点论,路加诺保证条约实有修改之必要,因其关于莱茵区域废除武装之规定,决非欧洲永久和平之一部,且措辞含混,足增德法两国之猜忌。英国在欧洲局部组织中当然亦有其地位,但此仅根据历史之实际性,例如英国极注意于维持比法两国之完整,但设此二国为欧洲其他部分事件而参加争端,则英国即不应牵涉。

第三结论:欧洲军缩问题之最后解决,唯于巴黎和约修正后始能获得。修改和约必出于自动与同意,此外即不能有任何保证。法国现已了解,其安全之真正保证,系在防止德国之再行武装,而使巴黎和约所规定之军备平等,自侵略意义变为自卫意义。前此法国所以反对修约者,以其有军事优越地位之保障,今此种保障既以军备平等而消灭,则修约已为势所必然。修改和约,不能出于武力,凡有借武力修约者,国联盟员国及凯洛格公约签署国,即应出而禁止。当协定修约已经成功,欧洲始有达永久和平之望。惟此项谈判固极冗长困难也。

第四结论:世界政治稳固之最后基础,尚在国际经济问题之解决。国家,如社会阶级然,苟受他国经济行动之影响,而发生贫穷与失业,则决不能望其对他国有合理行为。故无论最后经济组织应如何,目前所需要者,在各国废弃经济的国家主义,易言之,即废弃国家政治对于经济之一切干涉。在战前,各国欲得政治上

435

之安全保障而从事军备竞争及政治的国家主义，终造成空前大战。此与今日各国之欲得经济上之自足而从事限制经济之自然发展，及厉行经济的国家主义，实具同一意义，其结果将不免各国社会之大崩溃耳。

现代经济学[1]

柯尔 著 费青 译

今日大学学生所诵习之经济与政治学说，系创于个人主义全盛时期，且亦所以为该时期作辩护者也。此项学说之发生滋长，适值人力对于自然力之控制，有迅速与无限之扩张，尤以所谓"工业革命"者为其矫矢。凡此种种，实为现代资本主义之基础，而上述学说亦多以之为根据。当兹生产力量之突飞猛进中，前以所有对于经济生活之集合管理组织，至是已成无足轻重，或竟变为有害，故社会改革者之首要责职，系在扩（廓）清一切足以阻碍经济与政治发展之古旧废物。边沁氏首创功利主义之彻底论，乃开此种扩（廓）清运动之先河。"最大幸福"原则，对于现已有害之古旧制度，不啻一强烈之溶解剂。边氏著述，虽以政治为本，

---

[1] 原文载《再生》周刊1932年第12期。

而其思想上之最大成功，则实在经济，盖彼所解释之新势力，均以经济为其基础也。

在原则上，功利主义固无必属个人主义在，然当时环境竟迫其不得不采个人主义之形式。盖当时经济的新势力，均操诸个人手中，而旧有集合势力，则多与此辈个人之发展相敌对。于是所谓进步之奋斗，成为击破旧有集合控制力之奋斗，而一般倾向，不仅赞助此辈个人，使能获取完全利用新生产力之权，抑且设法改革政治制度，使与新的经济个人主义相协调。在经济学上，"人"被认作一生产上的个人主动者，各依其生产力之秉质而影响自由市场。任何人之固有志望，系在成一企业者；且苟有具有企业者必需秉质者，则任何法律或习惯即不应阻抑其努力。地主已不为一般人所取，以其所有权力系基于独占，而非由于个人创造。工资劳动者既无取得独占利益之权，复乏成为企业家之秉质。唯有企业者乃为全恃己力而获得成功之个人，人类进步即唯彼等之企业是赖。

此项经济学说，尚需一政治理论，与之相辅。一切贵族政治理论，因其以独占的特权为基础，故均遭排斥。所取者民主政治是也。边沁派学者在理论上莫不为彻底之民主论者。彼等拒斥"自然权利"等"虚幻观念"，而认"一人一票"为唯一合理之政治原则，因此原则在政治上之意义，即谓任何人有尽其能力，以

第三部分　译　著

取得生产力之平等权利。唯此原则，始能使最大政治企业家获得左右国事之最大权力。

是以，国会民主政治系经济上资本主义之逻辑的相辅物：经济上"适者生存"之理论，必须得政治上"最大多数之最大幸福"原则，为之调剂。亚丹斯密①氏创"经济的和谐"一概念，即谓个人在征取其本身利益中，多少将被遵于为全社会获得利益。在一方面，有主张企业及贸易之完全自由，足以促成财富之最大量生产，而生产越大，复必然的将增加劳工报酬之基金额——此即正统经济学者之有名的"工资革命"论——在另一方面，当"工资基金"论被弃后，复有"劳工生产力越高，则工资越多"之代之以起。此外，耶冯氏（Jevons）等倡论谓：价值有恃于效用，而所以衡量该效用者，与其谓系劳工或生产费用，毋宁谓为消费之需求。此项理论，使经济和谐之基本概念，改造而成新形式。彼等之论曰：每一消费者常为自身需求之最良判断者，且市场之完全自由，即一任消费者自由选择所出售之一切货物，将自然的形成最大满足，即每一消费者将使用其进款于最所需求之事物，苟有短缺，亦仅是减去较不急切之需求而已。

该项见解，显具一根本假定。据其主要阐释者奥国学者所指

---

① 今译为亚当·斯密。——编者注

称，苟给予任何个人消费者以确定进款，彼必然的将使用之于所能获取之最良利益，因以取得最大满足。此派学者更进而假定：凡在任何个人消费者为然者，则在全体消费者及整个市场，亦莫不皆然。虽然，彼等实有所忽视者在焉，盖不同之消费者实具有不同之进款，故在满足需求上，各个消费者多处于不平等地位。在市场上，凡质量相同之生产品，均具有相等价格，故贫者手中之一先令，与富者手中之一先令系具有相等之购买力。且任何人既对于最急切之需求，常予以最先之满足，故自进款中每一先令所获得平均满足言，贫者常较富者为高，但贫者所能使用之先令既少于富者多多，则其所获满足之总额，亦比较少，虽贫者之需求或满足量能，并非必较富者为少。吾人因是获得一假定，即凡社会中进款分配越臻平等，则获自此项进款所购货物之满足，为额亦愈高。故依边沁氏之原理，不平等一现象，只在其为获得最大财富生产总额所必需之程度内，始能认为正常，故至少仅系一"不能避免之罪恶"。且最大生产总额之不平等分配，较之较小生产总额之平等分配，其所能产生之幸福总额，或反不如。

不仅如此，多数经济学者已承认金钱对于不同购买者所具不平等之边际效用，但彼等仍认"自由市场"多少足以保证最大幸福。此种见解，苟就其先悬之论点言，显有恃于视"欲望"与"需求"为同一事物之谬见，然在事实上则经济体系从不顾及"欲望"，除非"欲望"已在市场上取得有效"需求"之形式。故郁冯氏，奥国学者，及现在放任论者所持之理论，认价格系决定于需求条件，复认需求条件系与"效用"同属一物，实具双重谬误。效用与需求，非必相符，此其谬误一也，进款亦不能离生产过程而独立存在，此其谬误二也。

此辈经济学者，苟听由其出发于"进款有独立存在"之假定，即能依据逻辑，以证明其"价格决定于需求"之见解，虽彼等对于提供最高价格之满足，确能保证人类最大幸福一点，仍未能予以证明。但事实上进款既系产自生产过程，故前项假定，即难成立。"欲望"在逻辑上之先于"供给"，固易证明，因货物之不为人所欲望者，其生产显为情理所不容。虽然，此非即所谓需求系先于供给，或能决定供给，因需求于供给，实非一物：欲望仅系单纯之欲望，而需求则为欲望之有"进款"为辅者，亦即具有购买能力之欲望也。

卒是之故，凡假定需求之存在，作为经济分析之出发点者，必为不通之论，不然即须同时假定形成需求之诸种条件。且吾人不论需求则已，苟论需求，即须同时研究"进款"，以其为使欲望成为需求之因素。此项研究，将立使与奥国学者所倡学说之简单性，归于消灭。盖在吾人视之，需求不特非为生产之唯一原因，且自身亦系生产过程中之产物。任何时期之需求，其程度及方向，一方面系决定于生产方法之规模，他方面系决定于生产组织中进款分配之比例。

需求论学派，对于上述理论，虽已在某程度内予以接受，但彼等复行退守其第二防线。其言曰：生产组织中之每一生产原素，均依其"边际生产力"而获得报酬，易言之，即依据每一生产原素所加予生产之最后单位价值，而定其报酬价格。消费者一方面依据市场上之货物数量，他方面依据该货物对于本人所具边际效用，而定其所愿付之价格。此项价格复分配于诸种生产原素，其分配比例，系决定于诸原素间获得雇用之竞争。每一原素最后所获报酬，必适合于各原素之边际生产力。

凡所云，骤视之，似极合事实，盖当吾人就一特殊时间以观察经济现象，则进款确然存在，购买者之好尚复确然构成一综合的需求额，且消费者之需求最后更影响生产组织，以形成对于每一生产因素之需求及价格上之变动。此项因素，包含各项劳动、原料、机器、保险及借贷资本或投资资本。吾人苟假定进款之存在，或假定在某一特殊时间在市场观察所得者，则其他种种，即能依逻辑而得。

虽然，此种理论，殊非吾人所取，盖生产之为需求的渊源，实与相偕而来之进款分配，且有相等之真实性与重要性。未有生产，固不能有进款，然无进款以购买生产品，则生产亦不能存在。是故凡以经济组织之一单纯方面为出发点,再从之以演绎其他方面之抽象方法,绝不能与事实相符合。经济组织系具有整个性者,其所有之各方面,唯能共同存在。各方面间之关系,非为一因果关系,而系一相互决定之关系。

或谓此种理论殊与个人主义无涉。然著者则认二者间实有绝大关系。上述抽象方法,系属一种原子论。彼欲借各部分之个别分析方法,以使吾人了解经济现象,尤欲借一想象中之典型则例,作为此种分析之根据,彼复主张以研究一典型商人对于一典型消费者所有需求之反应行为,作为出发点,所不幸者,彼所予消费者、商人及二者所有行为之详切说明,并不能除[①]吾人对于整个经济组织,获得深切之了解。何则,彼等所有行为实不外对此组织之反应,苟此组织有所变易,则彼等所有行为亦将随之变易。

放任论者之目的,系在说明:在任何有经济组织之社会中,均存在一获得平衡之可能性,且经济势力,苟获自由发展,则该平衡更有实现之倾向。故彼等假定称,苟消费者具有定额进款,复依效用原则,予以分配,则必然的将产生一组价格,依此价格,一切生产因素将完全获得雇用。于是,凡任何生产原素之未能获得雇用,即不外一"失却平衡"之征象,而必系由于某种阻碍势

[①] 原文如此,似笔误。——编者注

力使某种货物之价格,过于高昂(除非仅系经济变动中有失调之偶然结果)。此种过于高昂之价格,得因于企业独占,工会压力,社会立法,或其他所加于自由市场规律之干涉。彼等复坚主:平衡价格,系属必需,在此种价格下,货物始能全被吸收。

苟进款及其分配,系不受生产原素价格所生变动之影响,则上述主张,全属真实。然事实上则价格即系进款或进款之原素,进款一有变动,即将影响需求性质。足使一切生产原素获得完全雇用之价格水平,或有存在可能,然在现有工业制度下,则似非可能。高额工资及利率固能造成失业,因其足使生产对于企业者成为不复有利,然低利率足以阻碍资本集中,低工资足以减低消费者对于某物之需求水平,故其所生结果,正复与前者相同。且在此二种情形之间,非必存有一适当工资或利率,足使一切生产原素获得雇用。盖价格体系之足使企业者在现存水平下完全雇用一切生产原素者,将予进款的水平与分配以绝大变动,其结果必为平衡之再度倾覆。

卒是之故,凡主张放任主义足以防止失业及保证最大生产之假定,实不能成立。吾人苟欲确立一完全雇用一切生产原素之平衡,必须予诸种原素以联立的控制,而不能听由诸种价格(因之进款)自得水平。其原因并非如某种人所想象,认为现有经济中本含有一种倾向:就其与生产额之关系言,购买力常有短缺。然

第三部分　译　著

事实上，则除由于偶然原因者外，实无此种倾向之存在。其基本原因所在，与其谓为进款之总额，毋宁谓为进款之分配。为欲获得完全雇用，则进款之分配，必须足使因进款分配之需求，相调适。苟此双重调试，能得成功，则生产原素不获雇用之超过由于偶然失调者，即可灭迹。但吾人又不能依赖自动的调试，而一任诸种原素不受约束，盖单方面的试行获得平衡，恒足推翻其他方面之平衡也。

现代资本主义社会机械之不能自行调试，固为极明显之事实，然此外尚有更潜在之真理：即在经济及政治上，现代社会机械所根据之力量并非为多数独立之个人，在简单之市场中，以货物相交易，而实为诸种具有不同结合力之团体、会社、阶级，以其结合力而形成诸种交易条件。所谓独占，非系对于自由市场所加之偶然的与例外的干涉，而实系一无往不在之条件，该项条件，常在不同场合中，具有不同之力量及程度。在此种经济组织中，生产虽受消费者所欲购买之限制，然非系仅对于需求之反应，盖借暗示及广告以诱致消费者之购买已成为生产组织中一不可缺之部分，且企业家借控制价格，更能限制需求，一似听由需要条件决定价格者然。且也，消费者之需求亦非为绝对存在者，而实系于现存价格体系之反应，该项价格体系常被进款分配因生产而生之变动所影响，亦被生产者所设计之新货物及新生产方法以及

445

各种定价所影响。介于生产者与消费者间之商人，亦被供给条件及消费者好尚之变更所影响。最后，消费者之购买虽大部分仍系个人的或家庭的，然需求则已趋于团体的及阶级的，其根据，系在社会时尚及生活习俗，而非在消费者之个人评价。生产者，为借大规模生产以减低生产费用，常使生产品趋于标准化。消费者因亦产生标准化之需求，其原因非仅欲行廉价货物，抑亦为对于生产者之暗示及商人之标准化物品所为反应也。

生产与消费市场之集合化，已逐渐限制个人行为之范围，而使主张放任论者想象中之一切经济现象的分析，不复适用。在现有环境下，放任主义实不啻一倒置之乌托邦主义——即希求一属于过去之经济制度，而非为现有生产制度之改良；所谓放任，绝非为多数不完全与局部的独占之间之竞争，但在今日世界中，苟拒绝以国家作为经济的约束之工具，则此种放任，实为唯一可能之结果。吾人现时所值困难，其原因非在国家干涉之过多，而实在国家干涉之仅属自外的与消极的，惟其如是，致不免与任何其他局部的与有限的控制，同样造成失却平衡，而缺乏调处诸种干涉，使整个体系获得平衡之权力。近年来国家所有干涉，常促成事态之混乱，一般人因而认为国家不应从事干涉，但事实上则国家干涉已日多一日，此非由于政府之有意出此——反之，大多数政府常执放任论者之偏见——而实有不得不干涉者在，即所以纠

第三部分　译　著

正产自经济组织自身之失调。

此种失调之最严重者，系产自现有生产方法之过度组织。在个人生产之简单社会中，货物系直接出售于市场，其价格复系以他种货物为标准，而决定各种生产者之生活程度。一切进款，均直接产自市场上所出售之货物。赢取进款之希望，成为对于生产者之直接激励物。然在现代组织中，企业者之特殊阶级，常代表多数股东，以雇用资本及劳工，于是情形乃大异，所足以激励生产者，严格言之，仅系企业者及股东所具赢取进款之希望，而其他债权人及工资劳动者之进款，则退处于生产费用之列，因其足以减少企业者及股东之进款。工资劳动者之进款既为购买生产品上所必需，故就此点言，亦成为生产之激励物。但作为工资及薪金所付出之款项，只能以出售生产品相抵偿，而作为赢利所付出之款项，则代表一不为支出所平衡之需求，企业者之目的，即在获得最大量之赢利。工资、利息与赢利，虽同属进款，亦即产自出售生产品之诸方式的购买力，然工资及利息（租金亦在内），因其为支出所平衡，故成为生产之阻碍物。工资及利息等之高涨，足以减少生产费用与出售价格之差额。

是以，在独立生产者之社会中，价格之低落，并不引起生产之减少，而在资本主义社会中，则立刻将引起此项反应，俾能避免工资及利息之负担。生产苟行减少，其结果将减少进口及生产品，而使供给与需要再达一较低水平之平衡。因此，生产原素一旦解雇，即无再获雇用之必然理由，且经济衰落亦无不能自续之必然理由。在事实上，苟吾人全恃经济组织自身之内部律动，而不借衰落范围以外之势力或故意的膨胀行动，则衰落实无自行终止之必然理由，生产与消费间固不难于任何水平上获得平衡，虽偶然失调，或所不免。最完全之平衡因无过于生产全行停止，与消费者全数死亡者矣！

卒是之故，当吾人分析现代经济组织，必须完全顾及不仅进款与生产消费间之整个关系，或各种进款分配所加于消费者所有需求之影响，抑且应将构成生产费用，因而阻碍生产之进款，与进款之产自价格超过生产费用额，因而构成生产之激励物者，予以区别。吾人复须决定生产活动之水平，不仅在其在进款分配上之相对度量，抑且在其所应取之方式。任何社会，苟其进款，有为生产费用者，有为非生产费用者，即难免失却平衡，易言之，生产原素即不免失却雇用。

对此之挽救方法，不外使一切进款回复其在经济组织由独立生产者推进时之形式，惟须以现代生产方法之集团性质作根据，而出以新的途径。此方法将使国家进款或为国家红利，即每一公民对于货物及服役之供给总额，均能有一份要求权。当社会能借价格之集合控制，以调节定额金钱要求（如工资、薪金、利息及

第三部分 译 著

租金等）之购买价值，使与货物与服役之供给额相等时，每一公民对于货物及服役的供给总额之要求权，始能与彼等之定额金钱要求相符合。反之，苟听由价格自由变动，则对于一切进款形式亦应任其变动，不然，生产与需求间之平衡即将失却。虽然，变动之价格与变动之进款，究不能与任何利用生产原素之有效计划相容，故吾人为获得最大量之利用计，必有恃予进款及出售价格以审慎及和谐的调节，而使合于获得此项结果所必需之水平。

故在较轻范围内，现代生产之局部的独占性，将必然的促成社会化。对于产自诸种团体及阶级所有不平等势力之不平衡倾向，唯有借一统制的公家独占，以代替此种局部的势力，始能打开。在政治范围内，亦复如是。凡以个人公民或个人选民为立论点，以分析现时势力，或认候选人仅属个人政治企业家，各以其个人力量以号召选民，则将一无结果。盖实际上候选人均有团体、阶级及利益之分，复依集合欲望而行动：彼等更系政党之代表，所谓政党，不外根据此种不同团体所有政策之集合体而已。任何政治学说，苟盲目于此种集合实象者，即系全无意义并不合实际之论。是以，欲避免局部利益所有冲突之唯一方法，系在融合诸种竞争团体于一较广之集团。政治与经济，实同有社会化之必要。但政治团体既大部为经济阶级及利益之反映，故事实上政治目的的改造，须在经济生活已经社会化后，始能实现。

凡对于现时事实及将来趋势,欲作唯实的研究,必不能以典型的个人作为论据,而须明了诸种互相冲突之集团力量与影响。经济与政治分析之价值,唯在其能予现时事实以翔实叙述,并阐明驱使吾人进入社会发展中此后阶段之诸种趋势,盖趋势亦系事实,且较静止概想中之抽象事实,更为真实与重要。苟政治或经济中诚有平衡一物,则必为一动力的平衡,而非为静止之平衡。最后,吾人不应认个人公民、个人消费者或个人生产者,为政治或经济中之决定力,复以之作为抽象理论之根据。反之,吾人必须承认:不断发展与相互关联的团体,始能给予个人活动以形式及实质。以动力为形式之经济学及政治学,较之个人主义学派所倡之空泛公式,或难于学习。但任何科学,苟为使问题简易计,而竟有违真理,则决不能以其较易,即为较佳。

费青文集

下册

白晟 编

商务印书馆
2015年·北京

下　册

法律哲学现状[1]

[美] 霍金 著 费青 译

陈颐 勘校

勘校说明

一、本书勘校所依据的底本，系上海法学编译社编辑、会文堂新记书局1937年1月再版发行的竖排繁体铅印本。本译著依据的底本系1926年耶鲁大学出版社（Yale University Press）出版的霍金（William Ernest Hocking）著 *Present Status of the Philosophy of Law and of Rights* 一书。

---

[1] 原文载霍金著《法律哲学现状》，该书1937年由上海法学编译社编辑、会文堂新记书局再版发行。以此为底本的陈颐勘校本由中国政法大学出版社于2007年出版。陈颐的勘校本除了将原文录入外，增加了必要的注释（注明"勘校者注"），补充了相关资料并统一了一些外国人名译名，是研究费青著述的重要文献。本书收录时酌情收入（非原文及勘校部分加以注明），并向勘校者陈颐博士致以谢意。——编者注

二、本书作者霍金（William Ernest Hocking，1873—1966）系美国著名唯心主义哲学家。哈佛大学学士（1901）、哲学博士（1904），哈佛大学哲学教授（1914—1943）。有关霍金更详细的介绍参见本书译者费青教授的"译后记"、本书附录的瞿菊农（世英）教授为霍金《哲学大纲》一书所写的"译者序言"。

三、本书译者费青（1907—1957），江苏吴江人，系我国著名国际私法专家，东吴大学法学院毕业，历任东吴大学法学院教授、北京大学教授、北京大学法律系主任、《中国建设》主编[①]，1952年院系调整后任北京政法学院教授、副教务长。曾任中国人民政治协商会议第二届全国委员会委员。主要著作有《法律不容不知之原则》（1929）、《国际法上"情势变迁"原则之研究》（1929）、《从法律之外到法律之内》（1946）等。[②]

四、本书原系霍金与美国著名法学家庞德联合开设的国家哲学与法律哲学联合研讨课的讲义。我国著名哲学家瞿菊农教授系霍金教授门人并曾选修了本课程。因此，本书附录了瞿菊农教授在《哲学评论》第一卷第五期（1927）上刊发的本书的评介文字。

[①] 应为《中建》半月刊（北平版）主编。——编者注
[②] 有关费青教授更详细的介绍，参见何勤华：《中国法学史》（第三卷），法律出版社2006年版，第707—709页。——勘校者

第三部分 译 著

五、本书另行附录了瞿菊农教授为霍金《哲学大纲》一书所撰写的"译者序言",以及霍金《哲学大纲》一书的最后一章"一哲学系统之结构",以便读者诸君了解霍金哲学思想的大略及其基本的哲学态度。

六、本书英文版内页原有"献给罗斯科·庞德"字样,中译本未列,今据英文本补上。

七、原书涉及诸多相对生僻之人物,现据《牛津法律大辞典》([英]戴维·沃克著,光明日报出版社1988版)、《布莱克维尔政治学百科全书》([英]戴维·米勒、[英]韦农·波格丹诺主编,中国政法大学出版社2002年修订版)、《哥伦比亚百科全书》网络版(*The Columbia Encyclopedia*, Sixth Edition, 2001, http://www.encyclopedia.com)、商务印书馆编辑部编《近代现代外国哲学社会科学人名资料汇编》(商务印书馆1965年版)以及《世界历史词典》([英]杰拉尔德·豪厄特主编,商务印书馆1988年版)等辞书酌情以出校注说明。

八、本书勘校中其余的相关技术处理参看本丛书"凡例",不另一一说明。

九、本书的勘校得到了华东政法学院何勤华教授、苏州大学法学院胡玉鸿教授以及中国政法大学出版社李克非先生的大力支持和帮助,在此一并表示我们诚挚的谢意。此外,尤需说明的

453

是，由于学识和时间等各方面条件的限制，尽管我们尽可能严肃认真、诚惶诚恐地去做这一极需功力、耐心和时间的工作，但错漏不当之处仍在所难免，诚望读者诸君批评指正，以便我们再版时修订。

陈颐

2006 年 8 月于沪上苏州河畔

第三部分 译 著

献 给

罗斯科·庞德

目　录

著者原序

前　论

一、过去的成就

二、施塔姆勒①的标准

三、柯勒的标准和它的应用

四、柯勒和施塔姆勒间的歧异点

后　论

五、正义标准和社会功利标准

六、假定权利

七、自然权利

八、对于立法者的几个特种指导

译后语（略）

附录一：霍金《现代法律哲学》评介／瞿菊农

附录二：霍金著《哲学大纲》译者序言／瞿菊农

附录三：一哲学系统之结构／霍金

---

① 原书译为"斯丹姆勒"，现依通译径改。——编者注

第三部分 译 著

著者原序

从只负有服从义务的人看来,法律确然是主权者的命令。但在主权者方面,若是对于所应命令的事物感到难于决定时,这样一个法律解释就绝对不能给他以希望和指导。在近代国家的分裂的主权下,尤其是在现时极速的社会进步中,法律除了顾到历史和先例,更须顾到将来;除了顾到"现实的",更须顾到"可能的"和"正当的"。在这里,我们若是有一个哲学,得为法律所应用,则法律一定能够很好地应用它。

自然权利哲学曾因了洛克(Locke)[①]及其后继者的努力,在英美盛极一时;它确曾给我们以不少的助益。但也不免带来了一些流弊。到了现在,它已不复能做我们的向导了。欧洲的形而上学派法学者,在过去已给我们不少帮助,在最近新人物的著作中——现在大部分已有英译本——他们还能给我们很多的贡献。真实的事物原是永远真实的。一个伟大思想家是永远不会过时,并且永远

[①] 约翰·洛克(John Locke, 1632—1704):英国哲学家和政治学家,1689年英国光荣革命的拥护者。主要著作有:《论宽容》(*A Letter Concerning Toleration*, 1689)、《政府论(上、下篇)》(*Two Treatises of Government*, 1689)、《人类理智论》(*An Essay Concerning Human Understanding*, 1690)、《教育漫话》(*Thoughts on Education*, 1693)和《基督教的合理性》(*On the Reasonableness of Christianity*, 1695)。其《政府论》一书从理论上支持了光荣革命,对美国独立战争、法国大革命以及后世的政治哲学与法哲学产生了重要影响。——勘校者注

不会为国界所限的。但是在我们自己，却必须在自己所固有的基础上，建筑起我们自己的思想。我们苟想把不同地域和不同时代的法律哲学家的著作，和我们自己法律哲学家的著作，以及我们自己所有问题，发生有用的关系时，必须先做一番诠释的工作。

在此种诠释工作里，一个未习过法学的哲学者的思维或能有些微的贡献，若是研究法学的人能来半途相迎。在此项努力上，著者得和庞德教务长（Dean Pound, Roscoe）①在1920至1921年及1925至1926年的哈佛大学哲学系的讨论班上，互相合作，实曾获得不少益处。内中第二期的讨论班在著者尤感兴味，它是一个教育方法上的试验。在大部分的讨论期间，我们两人都出席。在这两个半年内，我们轮流着提出论文题或讨论题，并且贡献意见或参加讨论。著者相信这样的用谈话方式来直接交换意见，使各种不同的方法互相补益。各人的内心得到交流，在学生们一定也受到很多益处，像我自己得益一样。对于本论文内任何未成熟

---

① 罗斯科·庞德（Roscoe Pound, 1870—1964）：美国法学家，曾任哈佛大学、芝加哥大学教授，美国社会法理学派领袖。主要著作有《法理学（五卷）》（*Jurisprudence*, 1959）、《法哲学导论》（*Introduction to the Philosophy of Law*, 1922）、《法律与道德》（*Law and Morals*, 1926）、《美国刑事司法》（*Criminal Justice in America*, 1930）、《普通法的历史与制度》（*The History and System of the Common Law*, 1939）、《通过法律的社会控制》（*Social Control Through Law*, 1942）和《法理学大纲》（*Outline of Jurisprudence*, 1942）。原书译为"滂德"，现依通译径改。——勘校者注

的见解，以及它的理论上的倾向，庞德教务长当然是不负责任的。但著者相信：他必须接受著者对他的巨大助益所致的谢忱。

这本小册是一个较大体系的一部分，这体系就是现在印刷中的《人及国家》[1]一书——这书是对于政治生活的哲学概论和心理学。缺少了法律哲学，讨论国家的哲学，就不能算完璧。本论文是著者所认为在该区域内的指导原则的概述。著者希望将来能再阐发这些理论，以成一本论权利——人和国家的权利——的整册；更希望在该较完全的研究中，能得到对于本书批评者的助益。

霍金序于麻州康桥[2]

前　论

一、过去的成就

当人们认为法律是直接由神所创制时，凡建议修改法律的人，必须是一个勇敢的先知。依此说法，则现在我们西方人士，一定自信都具有先知的能力，因为无论何地，都正在很愉快地和赶速地创制着法律。

---

[1] Man and the State, 1926.——勘校者注
[2] Cambridge, Massachusetts. 现通译马萨诸塞州坎布里奇。——勘校者注

在此项创制法律的艰巨工作中，神愈卸脱他的责任，人就愈需要神的智慧——对于立法原理的智慧。并且，此项智慧苟已普及全人类，而诚实地应用，则负有立法职司的人亦将因之减轻负担。所以，从任何一方面讲：我们对于现有的含糊和片段的立法原理，正应当努力获得有系统的了解。

为节省精力计，我们得选择几个人物，他们一方面已结束了过去，他方面却已指出了现在和将来的问题的所在。在这里，我们得特别提出现代德国法学中的两个巨擘：柯勒（Josef Kohler，1919年任教授于柏林）①和较后的施塔姆勒（Rudolf Stammler）。②说起来很是奇怪，这两位法学者彼此很少

---

① 约瑟夫·柯勒（Josef Kohler，1849—1919）：德国法学家，柏林大学教授，人类学研究的发起人，比较法律史学者的先驱，新黑格尔主义法学的代表人物。主要著作有《法律哲学读本》（*Lehrber der Rechtsphilosophie*，1909）、《法的起源》（*Der Ursprung der Rechts*，1876）、《国家与法律生命的开端》（*Die Anfange des Sttats-und Rechtslebens*，1878）、《法律的基础》（*Die Grandlagen des Rechts*，1884）以及《人类学法学的根本缺陷》（*Grundriss der ethnologischen, Jurisprudenz*，1894—1895）。——勘校者注
② 鲁道夫·施塔姆勒（Rudolf Stammler，1856—1938）：德国法学家，曾任莱比锡、柏林等地的大学教授，深受康德的影响，是新康德主义法学最重要的代表人物。主要著作有《经济与法律》（*Wirtschat und Recht*，1896）、《正当法学说》（*Lehre von dem richtigen Recht*，1926）、《法学理论》（*Theorie der Rechtswissenschaft*，1923）以及《法哲学教程》（*Lehrbuch der Rechtsphilosophie*，1928）。——勘校者注

第三部分　译　著

提及过——柯勒在他的《法律哲学读本》(*Lehrber der Rechtsphilosophie*，1909)的卷首仅简短地把施塔姆勒驳斥了。①施塔姆勒则多在论及黑格尔(Hegel)时间接说到柯勒。②所以他们两人学说的比较，不得不俟诸后人了。

但是在法学史上，这两人必就置在一起，因为他们的思想的主要动机是相同的。柯勒《法律哲学读本》序文内的下述一段文字，很可移用于施塔姆勒的任何哲学著作：

---

① "另一种尝试是发于施塔姆勒。他用康德作出发点，好像黑格尔从未存在过。施塔姆勒承认法律必须变易，所以我们讨论一个完善法律，只能限于纯粹形式方面。这点是与旧有的自然法学派相反对的。对于这形式的法律，施塔姆勒设法表显它是一个出于法律形式的正义体系；这体系从诸种不同的标准，综合而得；这些标准在实质上关系渊源于人类文化的光大发展的事实。但施塔姆勒却认这些标准为个人生活或社会生活的永久不变的确定条件。在这里，施塔姆勒是完全错误了。例如他曾说：在人类文明的任何阶段上，奴隶制度都不能合于正义。这句话实在是荒谬无比。这是从黑格尔的历史立场回返到康德的自然法的非历史的说法的一种退步行动。我们对于这个整个思想派别，包含新康德派在内，很可以把它完全忘掉，和埋葬了。"柯勒：《法律哲学读本》，第26页。关于这书后有注说明。——译者注
② 例如在《经济与法律》(*Wirtschaft und Recht*)一书中，施塔姆勒曾指出辩证法应用于历史的牵强，这点是他和柯勒相同意的。又如在《法学理论》(*Theorie der Rechtswissenschaft*)一书中，他曾说黑格尔忽略了历史中康德所创形式与实质的区别，所以将"条理的观点"(Systematic View)和"发生的观点"(Genetic View)相混，而历史中的理想原素因之失其应有的重要性(第550页)。——这点责难，柯勒一定乐于接受，因他反而认它是一点长处。——原注

461

"只借着单纯的历史方法,我们将一无所获;仅牢守着应用方面,将使法学思想趋于卑浅;仅仅解释现行法,也是不够的——这几点在现时已是极端明显。"[1]

他们两人都有强烈的形而上学的倾向。两人都深信法律的目的系与人类知识和道德界的其他部分互相关联,所以,我们要明了这一部分,必须先研究它所属的全部。两人都是一种反动:与其说他们是对于前此的法律哲学的反动,不如说是对于一个法律无哲学时代的反动。两人都将自己的见解和德国较早的唯心论相连结;所以他们都斥逐他们的同国人耶林(Rudolf von Jhering)[2]到低级哲学的囚阶——柯勒更用了他出名的火气说:"这样可怜的浅薄

---

[1] Albrecht 氏的英译本,第43页(书前部)。本书内所引柯勒《法律哲学读本》均依此。译者按:《法律哲学读本》一书系柯勒于1908年在柏林所著。由 Adalbert Albrecht 英译,简称《法律哲学》(*Philosophy of law*),现编入美国法律学校协会(即美国法学院学会,The Association of American Law Schools——勘校者注)所发行之《现代法律哲学丛书》(*Modern Legal Philosophy Series*)内。——原注

[2] 鲁道夫·冯·耶林(Rudolf von Jhering, 1818—1892):德国法学家。1843年成为柏林大学法学教师,但执教于许多大学,1872年后定居于哥廷根大学。他创建了社会功利主义哲学,被称为社会法学之父。主要著作有:《罗马法的精神(全四册)》(*Geist des Romz:schen, Rechts*, 1852—1863)、《法的目的(全两卷)》(*Des Zweck im Recht*, 1877—1884)和《为权利而斗争》(*Der Kam pf ums Recht*, 1872)。——勘校者注

论，只有像耶林的非哲学的头脑，才能认为满足"。①

再进一步，两人虽都驳斥历史学派和他们的实证论的（Positivistic）演述，但同时却和这学派同认为：固定的自然权利论（Natural Rights）已绝无希望；并且认为：用哲学的见地来解释历史，是使法律适应新时代所不可缺少的准绳。两人都是提倡法律"应当如何"（What ought to be）的使徒，使它和法律"现在如何"（What is）及"过去如何"（What has come to be）相区别。但同时他们又都深信：苟不详考法律"现在如何"及"过去如何"，则具体的"应当如何"也就无法得到。

著者认为：我们想对于这两个思想家的共同基础做确当判断，莫如就下述一问题的性质加以较详确的研究：法律所应遵依的理想或标准，对于法律历史的变易的和相对的事实，究有什么关系？"应然"（What-ought-to-be）怎样有关于"实然"

---

① 《法律哲学》，第26页。施塔姆勒批评耶林称：（一）他认法律必须树一鹄的，这是很对的，但他却没有适当方法来探求这鹄的到底是什么；（二）他错认了权利一概念，以为它是社会为了安全等目的而另外加上去的东西，而实际上它是任何社会组织所本有的，并且它是使社会成为可能时所必需的（这是用康德派的说法）："当耶林定义法律为：'形之于权力的社会主要条件的安全保证'时，他忽视了下列一点，就是：社会并非先已存在，然后再由法律予以安全保证。实际上，社会只是指'合法结合的人民'，所以与其说法律保证社会的安全，不如依一般的术语说，它使社会具有组织。"《经济与法律》第二章，第486页。——原注

（What-is）。

一

任何地点和任何时代的法律，有的是可加批评的，有的是不许批评的。但除了"法律"是不容改良外，法律的"实然"和"应然"间至少必须具有一逻辑上的区别。

这个道理在常识上极其明显，所以和它相反的论调好像绝不会发生，除非因为法律一概念曾经了荒谬的应用，才会引起了这样一个反动。我们觉得很是不幸，自然权利学派竟真的激起了这样一个反动，它使整个世纪的法学家都埋首于过去和现在的法律事实中，以求他们所要得的启示。他们共认为这种启示是绝不能得之于完全不顾历史的理想中的。

现在另一个世纪开始了，我们复见常识在抬头。自然权利论者至少在下面一点上是并未错误："法律应当如何"至少是一个正当的问题，甚至于他们所推定：人的意志对此具有几许干系，也是很真实的。但法律哲学已受了一次教训，它不会再和事实分手：历史，相对性，进化，变易，已成为任何信条中的成分。学者间的分野，大部只在他们如何应用此种事实原素于他们的理想罢了。

二

这情形的逻辑是很有趣的。若是我们思维得够彻底，则我们

第三部分 译 著

是采用"实然"作标准,或是采用"应然"作标准,这二者间是否尚有最后的歧异点,倒使我们很有些怀疑。

试就最极端的唯实观点说起,我们将在实事中发现下述一点:法律的存在并非为了睡着的人,而是为了醒着的人;换言之,法律是存在于人的意识中,它是存在于立法者的意识中和守法者的意识中。在守法者的意识中,法律具有某程度的强制力——这是一个心理事实。最唯实的实证论者也必须承认:法律的强制力并非只因于法律的存在的一个事实。这位实证论者必须更将探究进一步的事实,例如法律是由进化而来,并且"进化"确有了很好的成绩。他或将结论:在事实上,法律之所以具有强制力,最后乃由于法律的合乎自然。他更不得不承认:当人们干涉着"自然"或是"自然"不得不借着"人"而动作,——例如法律——则"自然"的产物将多少染着具有强制力的"自然德性";于是"实然"和"应然"的区别,复出现于这件事实里了。

那位实证论者苟一看过去的和现在的立法者的心理,他就不得不承认他们的心理作用是一种意志,这意志在从事立法工作时是具有欲达的鹄的。所以他们所忠实地报告的"现实法"(actual law),若就他们的内心说,实不啻报告诸种不同的心理动机的结果,内中一种就是他们的权利论。并且这些动机更多少具有外界证据。

我们苟顺从极端的"现行法"(existing law)势必接受不

变的法律，但这样反将成为对于"现行法"的最大的违犯。因为我们苟极端顺从"现行法"，实在不啻将法律的暂时状态背后的意志力量（effort of will）全部切断。凡一个人想最驯服地模仿一个思想家或实行家，他绝不能仅仅摭拾他们的思想或行为的结果。除非他自己已变成一个思想家或实行家，则他只是一个不真实的模仿者，他对于本欲向往的鹄的，将反而背道以驰，因而得不到所要的结果。

所以，任何立法者苟欲知道应该怎样立法，而我们对他说："须去研究过去和现在的法律"，则这句话自身当然没有什么不对；但我们若是就此为止，则就等于一点没有说。因为他要知道现在和过去的法律，只有先去知道产生此种法律的思想和意志的意义。这些东西是不能得之于有形的事实。唯有借着自己的努力，来懂得它们的真实解释，才能得到。

历史学派曾说：一切法律的最先前提（first premises）都早已存在于一切过去的法律中。著者认为这句话是完全真实的。但这句话的困难却在没有给我们任何指示，或仅给我们以错误的指示。因为我们所要的前提，乃存在于模糊不明的企求（obscure strivings）中；这些前提，除非根据着人性而予以解释，是无从了解和应用的。并且，因为我们反躬观察自身的人性，比了猜度构木为巢的民族所具的人性，或即使罗马人的人性，较为容易和有望，所以历史方法只是一种无甚助益的方法，除非另外具有解释的根源为之指导。

我们不能不顾历史，但也不能完全靠历史。著者认为：这句话是19世纪思想在这问题上的唯一贡献，也是柯勒和施塔姆勒的共同立场。

三

然则，柯勒和施塔姆勒间的主要的异点是在哪里呢？这异点是在：他们在决定法律的"应然"时所用以增补历史的独立标准上，实具有不同的见解。

柯勒着眼于历史变易的实际动向；他发现在变易中的任何已开化民族所有生活的每一时期，都具有它的"理想倾向"（ideal tendency）。我们选取这"理想倾向"，即所以从现有事实本身里寻求次一时期的事实的应然性。

施塔姆勒则设法想使立法者注意于任何社会所共有的某种形式的先决条件（formal preconditions），从而发现几种无往不当的标准（standards which are always valid），但此种标准的援用则须随时变易，所以是一种"内容常在变易的自然法"（natural law with changing content）。

在柯勒看来，施塔姆勒的标准是过于固定，他不啻"对于个人和社会生活竖立几个永久不变的确定条件"，而实际上则此种终极的公式是不可能的。例如施塔姆勒决不同意于奴隶制度曾经合于正义。柯勒则认为这样的拒绝承认历史相对性实在是极端的荒谬。我们很可利用这点对于奴隶制度的不同判断，作为两个哲学家间歧异点的重要试验品，所以我们就请对于他们获得这点不同判断的推理，试一探究；这项工作是很值得的。

四

柯勒是把文化进步（development of culture）的必要性，作为他的推理的出发点。文化发展是人事中最重要的一点。人权（human rights）诚亦重要；但为了当时文化的发展，人权就应退处次要地位。

"我们苟完全从人权的观察，就无从认识奴隶制度在历史发展中的重要性。人权并非对于任何发展均属有益：技术必须进步，全人类必需要工业上的发达。几个世纪来这种进步都不免牺牲了人的生命。为了文化而牺牲乃是个人所能为的牺牲中的最高尚的一种，但这也是他所必有的牺牲。"

上述的论据很明白地说明：当柯勒要从德国唯心论的大师中认定一位宗师，他何以选择黑格尔而不选择康德。

黑格尔的形而上学曾给予柯勒以这个信念：理想是包含于

任何历史过程中的。或更妥当点说：黑格尔的形而上学，对于柯勒的重视历史变易，和他的随地而安的应变本领，给予以理论上的支助。黑格尔使柯勒相信：历史中的真实性是和我们同源的，我们在此须得和它共事，并且设法来了解它。康德和康德的一切著作中，所最不合柯勒的脾胃的，是在康德的二元论（dualism）。康德把经验中的形式（form），从它的实质（substance）里蒸馏去了，好像从一种外来的和无从了知的不合理的物料中蒸馏去了一般。于是他更赋予形式以一种先验的（a priori）性质，使它们固定地控制着一切变易。同时，这些形式却使我们对于真实事物无从知道。柯勒和黑格尔都相信：我们对于支配世界的真正权力的知识，决不容康德所树立的藩篱加以限制；康德俨然以狱吏自命，想独断地限制将来任何形而上学的企图。他们二人都认为：凡足使我们现在能知道我们的"自我"的，亦足使我们知道这大世界的"自我"；并且我们发现：

外界世界的活动，和我们"自我"的活动，在本质上是同一的。

我们每个人都是"无尽中的一霎"（ein Hauch der Ewigkeit），[①] 所以，柯勒至少准备和黑格尔同程度地从"昔然"和"现然"里来认取"应然"。

[①] 《法律哲学》，第19页。——原注

任何社会结构都是理智（reason）和其他事物的产物。这理智不断地在设法实现它所认为的"应然"。这就是黑格尔所谓"实在的必是合理的"（what is, is rational）。但他不说一切"存在的"（exists）都是合理的，而只说一切"实在的"（wirklich）都是合理的。"实在的"所以是合理的，正因为——也是只因为——这句话的另一部分："合理的是实在的"。这就是说：准向着理智的努力必须形之于事实，所以事实中的合理部分才是它的主要部分。例如一个人苟认：现有的财产制度和家庭制度是"错误"的（wrong），这句话在他或许是对的。但他若是说：这些制度是"不正当"的（not right），这样他就错了。因为无论现有的财产制度等在其他方面怎样，但它们总是一种向着理智的努力（efforts to ward reason）。并且，它们是一种具体的努力，不只是空谈。依前一个理由说，它们是绝对正当的。就后一个理由说，它们比任何其他理想之仅为理想者，已高得多多。任何新的制度，逍遥地想来取旧者而代之，是不会"正当"的。它们要成为正当，须在已成了"实在的"（wirklich）之后；这就是说，须在它们和世界上正在行动中的活理智和良心已经发生了关联之后。

黑格尔认为：一切法律必须是实现的（positive），[①]一切哲学

[①] 原文如此，似"实在的"笔误。——编者注

第三部分 译 著

必须建筑于事实上,乃是就这个特殊意义而言的。

但是在奴隶制度的判断上,柯勒却比黑格尔还进一层。黑格尔认为奴隶制度曾同时是"错误的"和"正当的"。这制度若是从主人和奴隶两方面讲,都是"错误的",因为两方都接受了"奴隶"这一名词的错误定义,这定义是:奴隶是一个具有意识(consciousness)但没有"自我意识"(self-consciousness)的东西,所以缺乏自制的能力。这制度也是"正当"的,因为在某一发展过程中,少数人已具有自己主张自由的精神时,它是一个足使这种精神普及于一般人的唯一方法。凡已经具有此种精神的人,就负有必须使用此种精神的责任,使用时就得压服他人。这时众人方面就应知道:要想获得自由,必须先自否认自己是奴隶。①

在黑格尔看来,在任何时期,有一个比个人自由更为重要的东西,这就是较大自由的一般条件。在柯勒看来,凡工业的急需,苦役的久重训练的必要,技术上的关系,都够使个人为之屈服。对于施塔姆勒所制定的固定公式,柯勒则代之以进步时所需要的变化的要件,作为法律的准绳。"法律的条件就是文化的条件"。②

---

① 黑格尔:《权利哲学纲要》(*Grundlinien*),第57节注及增文。——原注
② 《法律哲学》,第58页。——原注

至于柯勒所谓文化或文明，究有什么特殊意义，我们当在下面研究。现在先看看施塔姆勒对于奴隶制度一问题如何说法。

二、施塔姆勒的标准

五

施塔姆勒在他的《法学原理》(*Theorie der Rechtswissenschaft*)一书中曾讲到奴隶制度。这书是1911年出版的，较柯勒的《法律哲学读本》迟两年。

施塔姆勒在这书里注意到，[1]"某某作者"(Einzelne Schriftstelle) 曾和特里希克(Treitschke)[2]同样地主张：奴隶制度的成立，实表示文化上的一个进步。但施塔姆勒则认为：这种主张蓄奴比杀戮俘虏较为正当(more rightful)的理论，实在是一种思维上的错误，因为这两种办法都缺少了"正当性"。施塔姆勒的这种说法，并非否认奴隶制度得为进向"正义法"

---

[1] 第545—550页（系指施塔姆勒《法学原理》一书页码——勘校者注）。——原注

[2] 现通译为特赖奇克(Heinrich von Treitschke, 1834—1896)：德国历史学家和政治学家，普鲁士学派政治历史学家的代表。他的全部大量论文和最主要的著作《十九世纪德国史》(*Deusche Geschichte im neunzehnten Jahrhundert*, 1874—1894)公开说明的目的，就是为推进新教普鲁士的军国主义和侵略政策领导下的德意志国家统一事业。——勘校者注

（Rightiges Recht）的可能性中的一个阶段，或甚至是一个必需的阶段。但是这两个办法中没有一个能称为合于正义的办法，因为存在于两个意志的关系中的"正义"（Right）乃暗示一种"自愿团体"（community of willing）的存在。当"自愿"完全只在一方面时，就不能成为"团体"，所以不能合于"正义"。我们说：两个意志互相束缚在一个义务的团体中，而内中一个却被视作没有参与；这是一种矛盾的措辞。所以，自历史的见地说，主奴关系或已达到了正义的门限，但正因它尚在门限，所以尚没有进入正义的室内——它正指示出适用"正义"的形式上的极限。至此为止，若是我们接受施塔姆勒的原则，就是：没有"意志团体"（conmunity of wills），就没有正义；则他的论据似极合逻辑。黑格尔和柯勒则倾向于把一个事态的所产物来做该事态的辩护理由。他们认为：我们苟能从一个事态的所产物里获得正义，则原始的正义必早就存在于该事态里了。但施塔姆勒握了"意志团体"的准绳，认为这种说法不啻自认正义阶段尚未达到。至于诉诸工业效能或政治力量的需要，则我们一方面诚然承认它们是很重要的目的，但适因它们是特殊的和具体的，所以不能具有绝对的真实性。它们自身也须用"自由意志者的团体"（community of free-willing men）的最后标准来衡量。

六

但施塔姆勒的结论,认为"自由意志的团体"一理想是绝对标准,究竟怎样达到的呢?并且在立法的普通应用上,这个标准究能达到些什么?

著者所见到的施塔姆勒对他自己的基本主张所为最清晰,也是最新近的说明,是1918年在柏林所发表的关于蒙坦维尔的《蜜蜂的寓言》(The fable of the Bees)①的演说。在这篇公开演说里,施塔姆勒用最简明的方法来说明他多年研究的结果,尤其是注重于他的学说里的基本原则。现在将他的论据,重述于此。

蒙坦维尔《寓言》的所以动听者,乃因我们都认为我们得借观察来知道一个社会的盛衰,并且我们都轻率地接受蒙坦维尔如下的默示假定:一个特质上繁荣的社会即是一个满足各分子的意

---

① 蒙坦维尔(Bernard de Mandeville,1670—1733)是一个英国哲学家。他的主张曾被当时人认为乖僻败俗。他认为"德行"(virtue)实有碍国家在商业上及知识上的进步(所谓"德行",他定义为:人的违反自然冲动,而以道德理智作根据的一切"利他的"及"自抑的"行为),只有"恶行"(vices)或自私行为,才能借奢侈生活所需要的发明和资本流动,来促进社会的活动和进步。蒙氏最著名的著作就是那篇《蜜蜂的寓言》(The Fable of the Bees,1705年初版,1729年再版,以后复重版了好多次)。(该书新译本由肖聿译出,Mandeville译为曼德维尔,书名译作《蜜蜂的寓言:私人的恶德、公众的利益》,中国社会科学出版社2002年出版。——勘校者附注)在该寓言中,他举示一个具备一切"德行"的"自足和诚实"的社会,终沦于活力消竭而至于完全麻痹。他的结论是:"私人的'恶行'乃是公众的利益"。——译者注

第三部分 译 著

志的社会。但这点动听之处,也就是它的错误之点。对于蜜蜂社会的第一种状态,就是:各分子的罪恶和贪婪助成了公共财富和权力,我们不能立即承认它是完全美善的。并且它的第二种状态,就是:因为各分子的谦逊和责任心而使社会渐趋衰败,我们也不能认之为完全恶劣的。我们苟求彻底的推论,则对于国家的美善状态必须另有一个标准。

我们苟一加思索,就会觉得上述第一个状态中的财富和权力,和第二个状态中的克己主义,都显然不具绝对价值,它们都不成为健全状态,至于个人的无限制的自由[这是罗素(Bertrand Russell)直到现在还推崇为一切政治的善的首要点]是绝不能成为一个确定的标准的,因它和一切法律及秩序所需要的制裁正相冲突。最大多数的最大幸福也不能适用,因为实际上并没有这样一个东西——所谓"最大幸福"的假定量并没有一个主体;既没有主体,则该假定量也就不能存在。凡一切目的,含有一个虚构个体的幸福,例如社会的幸福,都不免如此。认"社会"为具有真正人格一概念,乃是一种"致命的近代神话"(Fatale Moderne Mythologie)。社会本身既没有感觉,所以法律和政治的努力决不能把它当作目的。

我们要寻一个真实的标准,必须先想想一个社会,就要素上言,究竟是一个什么东西——它是一种意志的结合(Verbindung)。这些意志，苟没有结合，就要互相冲突；各个人都认自己的目的最为重要，而认旁人只是他达到该目的的工具；但旁人也同样地认他是工具，所以这些特殊目的显然不能因其存在或发生而拘束他人，更不能拘束全体。

反之，任何足以拘束全体的目的，必须避免属于一分子或一派别的利益的特殊性。但当我们已把一切具体的和范围小的目的摒斥后，此外还能剩下些什么呢？所剩下来的目的苟不能做到特殊目的所不能做到的事情，就是：把一切私人的目的都从属于社会的需要，则我们所需要的结合（Verbindung）就不会实现。我们必须视该结合系在我们之上，好像习惯、风俗甚至武力似的压着我们。但这些武力和习惯等的渐占势力，大部分是因它们潜取了正式的、最终目的的地位，而披上了该最终目的的外衣，所以很多部分是非真实的。它们并不是真正具有拘束力的东西，只是具有拘束力者的象征而已。我们只能说：它们和真正具有拘束力者大致相似。然则那些真正具有拘束力的东西究竟是些什么呢？

施塔姆勒的答案是很武断的。他达到这个答案的理由，只是驳斥一切其他答案，而不能证明他自己的观点的必要性。他的答案是如下：凡足为一切可能企求（Striving）的绝对真实标准（Richtmass）的，只是一种纯粹形式的指导方法，形成一个理想

第三部分　译　著

上的目的，来作为我们下判断时的准绳（第27页）。[1]每个个人必须承认（也是事实上所多少承认的）：他自己的特殊目的是特殊的，所以不是绝对真实的。各人必须设想一种情状，在此情状下，他能避免那些偏见的蔽障，而准向着他的"粹化意志"（Purified Will）所企求的一个完全正当和绝对必需的目的。若是全体已经达到了"意志粹化"（Willensreinheit）的理想状态（像我们大家所隐约地承认的），则实现社会联立性（Social Solidarity）的工作已就能像理想般简单化了。因为各个人除了受到团体利益的限制外，将不把任何分子作为工具。这样一个社会就成为一个"自由意志者的团体"。这样一个"纯粹社会"（Reine Gemeinschaft）的理想乃是多少不自觉地拘束着每个实际意志的理想，并且构成该理想所承认的在社会制裁的具体事件中的正义原素。

七

我们若是把施塔姆勒的冗长的措辞加以扩清，则它的含义好像有些空虚，空虚得有些顽固。依他的意思，社会的真实目的乃在社会的存在，或是：社会要达到正义，除了做到"团体"或"社会"一词所含有的完全意义外——就是：将任何"意志的自由结

---

[1] 原文如此，当指施塔姆勒《法学原理》，第27页。——勘校者注

合"中所含有的同意原则,完全使它实现——此外还剩些什么呢?当然,理论上一贯的要求,在短时期内,可给予任何社会以足够的工作,但这是否就能包含对于实际立法加以判断时所需要的一切事物呢?这是否把一个"必要条件"(Necessary Condition)来负担"满足条件"(Sufficient Condition)的职务呢?

人家批评施塔姆勒的立论过于固定,他却不仅自认,并且力主:这样的纯粹方式并不会产生固定的权利观念,它所建立的乃是一种思维程式。我们能于任何时间用它来决定:怎样的法规才最切近"正义法"。当一个人已具有上述的"意志粹化"的精神,想就诸种可能办法中,来审考何种办法系受"纯粹社会"的理想所支配者时,他或能达到一个在当时当地具有客观正当性的决定。这决定当然不会是绝对正当的,因为历史中绝不会有绝对正当性。施塔姆勒的准绳仅系对于有远见的立法者的一种思维上的"导线"(Richtlinien)或是"观点"(Blickpunkte),这是施塔姆勒所喜欢用的两个名词。但是这些"观点"是否具有实际效用?或是,它们在施塔姆勒手里所似乎具有的效用,是否真应归功于它们?抑应归功于另外的未经知道或未经发现的标准?则我们觉得尚有怀疑余地。我们认为:正因为"意志粹化"一概念,在用作准绳时,缺乏一种严格的逻辑演绎的可能,所以那些另外的外来标准才能偷偷地混进。对于施塔姆勒的纯粹形式准绳,我们

第三部分 译 著

不特不感到过于严格,反而觉得它的内容失于空泛,因之各人得任意将内容灌入。譬如奴隶制度,我们苟就过去言,诚可视为"不正当",因它适处于正当关系的限度之外。但这并非斥它为"错误",因这制度已被承认为具有历史上的必需性——就定义上言,柯勒对于此点亦能同意。反之,我们苟就将来言,则任何事物都不容摒斥为不可能,因为,社会苟愈是有益于各分子,则它的利用各分子来达它自身的目的,也就愈成正当。于是,我们以前责难施塔姆勒的桎梏历史,至此似得了相反的结论。我们看见柯勒所要求于立法者,实比施塔姆勒更多。现在的问题已成了:施塔姆勒所要求者是否过少?

为了逻辑上的兴趣,我们可注意到下述一点:康德(Kant)对于道德上"正义"标准的理论,也曾受到两种相反的责难。就人事的相对性言,康德的理论失之过于严肃,但在另一方面,则失之过于空泛。严格地说,他的道德标准简直没有命令些什么。一般人斥责康德为道德学上的一个不可能的严肃论者(Rigorist),而杜威则认为康德应负世界大战的较远责任,就因为他的道德规律的过于空泛。杜威说:康德的"绝对信条"(Categorical Imperative)仅制定一个空泛的义务形式,因之他的后继者不得不填入某种切于实用的绝对目的。在黑格尔的哲学里国家就成了一个似乎正当的目的。但是我们对于康德或施塔姆勒决不能同时加以上述两种相反的批评（即过于固定与过于空泛）。我们必须先详究他们所主张的原理的如何应用，才能给予公平的批判。这里我们得举引施塔姆勒在前述演说中所引的一个案件，就是著名的普鲁士邦腓特烈大皇（Frederick the Great）①时的磨坊主人亚诺特一案（The case of the Miller, Arnold）：

　　该磨坊系坐落于鄂特（Oeder）河②一条支流上。在亚诺特磨坊上游的一个地主，建筑有鲤鱼池数方，并且引导那条流过他所有地的小支流的水来灌注他的鱼池。在最低的一个池边更筑有闸口，用来斟泄水流。因之亚诺特磨坊就不能常常得到足够的水流，来推动磨石。亚诺特的出货因之拖延，卖主们就向他提起诉讼。亚氏败诉，磨坊付之拍卖。他的亲属为他抱不平，特对鱼池主人提起诉讼。

　　鱼池主人答辩称：他既没有超越他行使本有权利的限度，所以磨坊的能否得到足够的水流，对他绝无干系。他说：

---

① 即普鲁士国王弗里德里希二世（Frederick Ⅱ，1712—1786），1740—1786年在位，主持起草了著名的《普鲁士邦法》（*Allgemeines Landrecht*）。——勘校者注
② Oeder 或为 Oder，现通译"奥德河"，在德国与波兰的边界上，向北注入波罗的海。——勘校者注

第三部分 译 著

这是一个简单的常识问题,因为苟不如是,就将发生严重的违反正义,他的明显的产权及继承权将因而被剥。

地方的新政府(Regierung,充第一审法院),和此后的最高法院(Kammergericht)都认该鱼池主人的答辩为有理由,而驳斥亚诺特亲属的诉由。

但普皇则对此判决极为震怒。至于他怎样出面干涉,并下了一个很严厉的判决,现时已成了一个家喻户晓的掌故。受理该案的推事们,虽在判决时确是根据了他们所认为最高明的见解,却都被普皇贬斥下狱,并命他们用私产来补偿亚诺特亲属所受损害。亚诺特重新取得了那座磨坊。鱼池都被拆除。

我们知道(施塔姆勒评论说),该睿智的普皇怎样的受因于此案的程序上的不确定。……(第29、30页)

但普皇在实质上是合于正义的,推事们泥守了当时的先例,却都错误了。施塔姆勒认为推事们的所以错误乃在他们都着想于许多各别的私权,而没有一个"团体"(Gemeinschaft)概念。他们没有想到社会生活的意义只在使生存竞争成为一个共同的竞争,从这点我们复可推演:"各人只能在顾到他的邻人的限度内,行使他的权利。"

481

法律上凡提及"诚信"（Treu und Glauben）、"合理"（Billigkeit）、"避免滥用"等等，总之，一切未经确切定义的标准时，则我们就须援用"意志自由者的团体"一理想。我们虽不能从这个普遍理想内演绎成特殊的法律条规，但仍能从它演绎到某项原则，使"愿与此项精神相冥合的任何人"能用它们作指导，以达到较确定的结论。此项补充的指导原则凡二：

一、在诸种互相冲突的可能办法中，我们应该选择那对于各当事人都尊重为各自目的的一种办法，而应该抛弃那只视各当事人为他人主观要求的工具的一种。

二、对于因为生存的共同竞争而在权利上互相结合中的任何个人，不能被任何其他个人所任意逐斥。

亚诺特案件和对它的讨论，似乎能说明施塔姆勒的指导原则并非不切实用。我们虽不能从它们在实质上得到些什么，但仍能用它们来批判而获得好的结果。它们确能多少表明：所谓法律里的"正义"，在人类的共同意识里，到底含有什么意义。它们对于迷途的立法者至少是具有实际功效的。一个纯粹形式，不一定是一个空泛的准绳，我们在起初能对于该形式所含有的意义得到一个意识上的详尽了解，则它虽不能成为共同企图的全部绝对目的，

第三部分　译　著

但至少也能成为它的真实的一部分。这很像在你和邻人谈话的一个简单运作里，你也能得到个人道德规律的好一部分，因该动作实含有诚实及意志和知识上某程度的平等，以及达到一共同批判标准的希望等等。是以"团体"一概念对于法律亦多少具有它的意义。我们在这里所说的若是真实，则另一个批评——就是柯勒的批评，他说施塔姆勒的批评过于严格——是否也是真实的呢？

八

若是我们所谓一个标准过于严格，系指它"对于个人和社会生活树立了一些永远不变的确定条件"，则著者认为我们必须承认柯勒的批评。因为无论施塔姆勒怎样的力主他的指导原则并非是固力的法规，但真正的问题乃是：它们是否将不顾时间和空间，对于同一的具体问题，都给予同一的答案。著者认为我们实在无法避免下述的结论：只须该项批判标准有提出答案的可能，则它们的答案将永远同一（例如对于奴隶制度）。

这样的"正义"当然是具有变易的内容的，因为不同的环境将产生不同的问题；甚至奴隶一制度，无论在社会上和心理上，也不是一个永远同一的问题，因为在"奴隶制度"一个名词内，我们实包含了许多种数不相同的关系。施塔姆勒也不必假定所谓"同意"（Gonsent）或"参与契约"（Participation in an agreement）只含有"是"或"否"的两种可能性。实际上，它

483

们是含有很多不同程度的可能性的；成人间的权利关系原不像父子关系那样绝对的。依施塔姆勒的见地，对于具有同一名称而内容不同的制度，当然不必做同一结论。但这样推论并不能变易施塔姆勒的判断。同时，他的批判标准和其他任何固定的概词（generality），并没有什么不同。例如"服从政府"一法规，正和其他相似的法规一般，也是具有一个"变易的内容"的，因为我们先须知道这里的统治者是否是 Dahomeyan①的暴君，或西藏的喇嘛，抑是英国的国会。所以"变易的内容"一词是完全无意义和不清晰的：它给我们一个历史的相对性，但这相对性却依旧不敢变更任何普遍条件。只对于那些认"确定性"的任何因素系暗示一完整宇宙者，这"变易的内容"一词才能给予一个答复。于是施塔姆勒和柯勒间乃形成了一条很深的鸿沟——除非我们能证明柯勒的信奉相对性，并不像他自己所说的那样坚确。

我们现在可进而研究柯勒的标准和它的应用；看它在时间上如何的相对，以及它的相对的程度。我们更得一问：柯勒所谓："人权并非对于任何进步都是有益的"，是否指他对于正义一词还有一个较施塔姆勒的更为妥当和更具弹性的定义？柯勒在"有益的"一词中是否隐示：法律，在它的抽象定义外，尚须顾到其他

---

① Dahomey（达荷美），今西非贝宁共和国（Benin）的旧称。——勘校者注

第三部分 译 著

的价值？最后，柯勒所谓"文化"或文明——它们是时刻在给予法律以某种标准的——究竟指些什么？

三、柯勒的标准和它的应用

九

凡读柯勒著作者所最先得到的印象是：他的标准很是含糊不明。法律是用来达到文化的目的：但文化是什么？一条法规的是否能用来达到这目的，又是怎样决定？

柯勒甚至受到一种流行的批评，说他对于这个重要的名词——"文化"——并没有明晰地定义。①但公平地说，在这点上他并没有像批评者所责难的疏忽。《法律哲学》里的起首几章可认作对于"文化"的一个概叙，说明它是诸种心理动力的产物，例如种族性格、宗教、家庭本能、求食（尤其是在获取财富的本

---

① 这一类的批评是起始于他的同派拉逊（Lasson）——他也是一个新黑格尔派——在 1909 年 3 月份的《法律哲学及经济哲学汇编》（*Archiv Für Rechts-und wirtschaftsphilosophie*）里对于柯勒《法律哲学读本》所作书评。这篇书评已由郭壳莱克氏（Kocourek）英译并附于英译本《法律哲学》之后。

英文中"文化"（Culture）一词不能作为柯勒的 Kultur 的切译。庞德曾说过，该名词最相当于英文中的"文明"（Civilization）。但因 Albrecht 既将 Kultur 译作 Culture 而著者又时常引用该译本，所以也就沿用了这一译名，惟为辨别计，特冠以大体字母。（译者现一仍霍金氏之旧，以 Culture 译作"文化"，而以 Civilization 译作"文明"。）——原注

能方式上)、支配欲,及"其他性质较高尚的原则"。

他在《近代法律问题》(Moderne RechtsprobLeme)一书中曾下一个如下的定义,内中除了"最高可能"一词的数量不确定外,其他都是很明晰的:

"文化是人类所具潜力的发展,它的鹄的是在人类知识和创造力的最高可能的发展。"①

在1910年1月份的《法律哲学及经济哲学汇编》(Archiv für Rechts——und wirtschaftsphilosophie)里他曾说:

"在法律哲学上,文化的要点是在人类知识和控制自然的最大可能的发展"。②

同时,我们也能想见:柯勒对于不容精确定义的事物,本性地不信任能给予精确的定义:这是一种很合理的不信任。他反而甘于接受定义含糊的不良效果。

---

① 《近代法律问题》,第2页。——原注
② 曾于《法律哲学》第329页注引及。——原注

第三部分 译 著

文化既不是一件可容清晰指明的事物，它当然不是可容机械地应用的标准。但它并不因之成为不真实。柯勒自己承认：这标准要成为完全明确，尚需要科学上很大的进步：

"一时代的文化系与一民族的灵魂和精神相关。文明的测量是民族心理学上的工作。我们必须承认：这项学问尚需要大大的发展。……因了心理上的必然，才有各时代的不同的习俗，但它们究竟遵依着什么规律，则现在我们还有很多可能不能知道。"①

十

我们上面说：标准的不容演绎为公式，并不使标准自身成为不真实。但这句话并不指：我们无从知道和应用这些标准。柯勒的原意固不在介绍一个不可知道或不可应用的标准。若是文化的动向必需一个先知才能捉到，则黑格尔确曾认为真有先知能够这样做。柯勒则更谓：先知不必等到"暮色渐至"，才能了解一时代的理想和它的应用。

我们若问：我们对于这样一个标准，怎样可以知道和应用？

---

① 《法律哲学》，第36页。——原注

则我们可得到两个可相像得到的答案：（一）一个社会应信任它的先觉们，他们具有预见的能力；（二）文化自身也具有一种创造力，多少能表示它自身的需要；这表示是借着群众运动，或是习俗的力量，或甚至是一个有组织的"一般意志"（general will）——这"一般意志"系被视作一个真实的个体。柯勒在先后著作里似乎把这两种都采用了。他对于立法者或推事们，在应用该项标准于具体法律时所有的心理作用，并没有讨论过，但从他的许多措辞中间，我们很可推知他的意见。

柯勒最不信任个人立法者。他认为我们应诉之于一个较高的东西。"立法者是他的时代的产物"[①]——这话的含意是什么呢？我们是否能信任一个时代的产物来说明该时代的精神？——实际上他是不能不如此说明的。反之，这样的推论将为"从实然里寻求应然"一原则的滥用的好例。立法者自身既为时代的产物，他的思想就不能具有最后的真实性，因之我们必须"从社会观点来解释他的思想"。然则什么人才是有权的解释者呢？"国家比个人较能得到一个准确的权利概念"，[②]但国家也不能单独来解释，它必须和一个原始性的和创造性的个体——文化——相合

[①] 《民法读本》（ Lehrbuch des bürgerlichen Rechts ）。——原注
[②] 《法律哲学》，第 243 页。——原注

作。因为：

"文化既不仅创造了法律，且更创造了权利，所以国家就不应该推翻此种权利而加以蹂躏；它于尽量拥护此种权利时，须与文化的发展相适应。"①

总之，在这里，我们认文化同时是立法作用的前因和后果。这大概是亚里士多德所谓自然界的循环关系的一个例子。好像吃东西同时是一个身体上的活动的后果和前因。但无论如何，立法权力总是一个复杂体，它不只限于任何个人的思想。

但柯勒在他著作里的另外一节内，显又极端信任"有远识的头脑"。他很崇仰尼采的社会学，所以这点也无足为奇。若是历史真如黑格尔所设想，只是文化的逻辑发展，则我们得一任该逻辑的必然发展的摆布。我们苟不这样消极，也得由历史哲学寻出该逻辑的线索，因以获得立法的准绳。但在这点上，柯勒却审慎地拒斥了黑格尔的理论。他认为历史并不是一种逻辑过程，它正含有很多的不合理和过失之处："无理和野蛮永远伴着智慧和稳妥"。文化自身有向前和后退的性格。立法不能只是像布鲁克斯·亚当斯

---

① 《法律哲学》，第 208 页。——原注

（Brooks Adams）[1]所提倡的对于诸种"力"的奴性的研究。

"反之，在法律倾向中实永远存在着一个分裂的可能性。一方面是众人力争着一个相当于他们的野蛮状态的法律；他方面则有先觉者向他们反对，想来改良法律。我们要了解这点，只须回想那些杀人献祭、杀戮女巫等制度；直到现在，还有很多人认为决斗是不可少的。在那些时候，我们实需要一种超众人的立法精神来和一般人的见解相搏战，以减少它的不合理的效果"。[2]

这里所说的先觉者当然可以是立法专家，但他们无论如何必须是人生哲学家：他们必须负起一种责任，知道什么文化运动是反"文化"的，而起来予以反抗。

---

[1] 布鲁克斯·亚当斯（Brooks Adams, 1848—1927）：美国历史学家，美国总统约翰·昆西·亚当斯的孙子。他的主要著作有《马萨诸塞州的解放：梦想与现实》(The Emancipation of Massachusetts: the Dream and the Reality, 1887)、《文明和衰退的规律》(The Law of Civilization and Decay, 1895)、《美国的经济优势》(Americas Economic Supremacy, 1900)、《新帝国》(The New Empire, 1902) 与《社会革命理论》(Theory of Social Revolution, 1913)。亚当斯一生致力于将物理学的能量发散原理应用到社会变迁的解释上。——勘校者注
[2] 《法律哲学》，第58页。——原注

第三部分　译　著

"先觉的立法者实能减轻很多的不幸。我们对这整个的动向虽必须搏战到尽头,但人生哲学家却能缓和很多悲惨的趋势。他能用种种方法来助长进步或改善它所含有的痛苦,这是立法者的应有态度,若是他同时是一个法律哲学家。"①

所以,柯勒虽是很热切地相信文化的进展必须经由人的灵魂——他的意思是指:民族灵魂的进展是有节奏的,它必需要"反常"、狂妄的恶作剧和刺激,所以不能永远循着直线进行——但柯勒却同样地热切相信:我们对于初发生的"反常"是可以知道它的"反常"性的,但能知者则属之一时代的先觉者。他们对于此种"反常"得用"文化"的名义,予以反抗。

对于我们怎样知道"文化"一问题的加以充分讨论,著者认为是很值得的:一方面因了它本身的兴趣,另一方面因它对于柯勒的整个思想的每一部分都有重要关系。

著者认为:依柯勒的意见,立法者和他立法标准间的关系,在最后分析后,是一个神秘性的关系(mystical relation),这就是:立法者永远不能说:"这是文化所需要的,我且能予以证明"。

---

① 《法律哲学》,第41页。——原注

他所能说的只是："我的'慧见'（vision）告诉我：这是文化所需要的"——但他却很信任他的慧见。"人类的命运，注定着对于世间和超世间将有深切的了解。"这是宗教情绪的实质根源，这情绪不特使人类进入另一个世界，并且进入一切文明生活。依柯勒的意见，人类对于国家、正义、法律和其他一切共同生活制度，所抱的态度，都应受制于这种情绪。"伟大的精神力已渗入了整个自然界和人类，这个概念是人情所必具的。从时间的起始点到文化的最高圈，它永远跟着我们。"[①]但这些力量所需要的东西却是无法举示的。所以，立法者和文化间的关系乃是信神者和神间的关系。于是柯勒，和施塔姆勒一样，最后也诉之于直觉的批判，和具有特殊能力者的直觉批判。

十一

从上节"我们怎样知道文化"一问题的讨论，我们更可得一重要的推理。这就是：柯勒不知不觉地在他的标准里采取了几种确定的原素。我们可看它们怎样发生：

我们说：法律应由文化给它规范。这句话，就历史动向言，至少具有三种可能的意义：

一、法律应助长现有文化；

[①] 《法律哲学》，第45页。——原注

第三部分 译 著

二、法律应助长行将达到的文化，这文化是由现有文化里所产生的；

三、法律应准向着文化，视它是一个辽远的目的。但该目的的几种性质，则我们在现时已能认为真实的，并且具有真实力的。

一个真正相对论者必将摒弃第三种，而采取第一种或第二种。依柯勒的语意，他对于第一和第二两种显然是兼取的。法律必须"合于文化"，但它也必须"帮助文化胚子的生长，"①法律必须保存现有秩序中的所有美善的事物。"因为进步应当永远这样地进行，使行将过去而具有美善结果向胚子得保存下来。在黑格尔所娓娓解释的世界进展的逻辑辩证论中，这一点就是它的真实部分。"②就法律和现有文化的关系说，它的任务是在对于该文化所要求它完成的事物，形成一个概念，如此才能从它的现实性里掉转到它自己所需要的方向。于是，第一种标准已渐与第二种标准相切近：

"我们所能想到的任何式样的法律都不能相当于一时代的文化。只有能使文化内的胚子得到发展，并使该文化更

---

① 《法律哲学》，第58页。——原注
② 同前书，第43页。——原注

切近于它的理想者,才能相当。"①

于是柯勒,仍像一个忠实的相对论者,很审慎地将下列两种理想相分别:一是特殊文化所独有的理想,二是全体人类所共有的文化理想。他在同一著作里更重申他的立场:

"在每一个不同的文化里,法律也必须相异,这样才能实现它的目的。……所以'永久法律'(eternal law)是没有的,我们也不能预言:几百年后的法律将成怎样。柏拉图和亚里士多德都不能预见我们现有的时代。……我们所能见到的只是世界进展的概略,所以做到的只是帮助法律在最近将来的进步。"②

这些有力的话,很可以把上面的疑问解决了;并且在一辈柯勒的解释者,确认这问题已经解决了。苟没有前一节所讲到的借先觉者来矫正文化的理论,则现在所说的话确可把问题完全解决。但这些先觉者既须以文化的名义自拔于现有的文化,且更须

---

① 《近代法律问题》(*Moderne Rechtsprobleme*)第二版,第10页。——原注
② 同前书,第11页。——原注

第三部分　译　著

自拔于现存的任何趋势。他们必须知道：文化在什么时候是在前进，什么时候是在后退而到"无文化"。他们既须知道这些，则他们心目中的文化必须超越于现有的历史动力。即在柯勒自己的心目中，我们很有证据知道也是如此的。所以，依此而言，他也采用了上述的第三种标准。

因为柯勒时常说到文化像是一组目的（Zwecke），这些目的不仅具有暂时的真实性。例如柯勒在上述著作的开端曾说："任何人要知道法律，必须知道文化，并且必须知道人类文化系对着什么鹄的（Ziele）进行。"所以柯勒对于文化的定义当然不是没有内容的。这个定义苟是永远真实——这当然是他所意欲的——则该内容对于人类在历史上所努力企求的至境，也得多少予以确定。这至境就是所谓知识的最大量和创造力的最大量。

柯勒对于将来虽持相对的存疑论，但仍不能自制地用了最强的词句来讲述人类最后命运的概况：

"人类的命运是注定着来创造和统治的：在艺术上来创造，对于地球则来统治，并且靠了技术科学，更会进而统治宇宙的其他部分。"[1]

---

[1] 《法律哲学》，第49页。——原注

495

我们要达到这个目的,有两点是必需的(柯勒并不说:"在我们这时代是必需的",或附有其他任何条件;他却指:"现在和永远必需的"):

"第一点,加力地发展个人,对他一切智力予以最高可能的训练;第二点,巩固团结,使人类不致涣散成为各个人,因为除了个人间的精诚的,或至少有效的集合活动外,整个巨大事业是没法成功的。"

上节苟由施塔姆勒属笔,他大概将如此措辞:"纯粹社会或社会的共相(community ueberhaupt),是一切文化价值的先验的(a priori)必需条件。"他或将很有理由地主张:他自己的指导原则或观点(blickpunkte)已都包含在内。柯勒对于这句话当然是极端反对的。但现在我们却渐渐看到:柯勒和施塔姆勒间的相异点是这样:柯勒在他的文化标准里,比了施塔姆勒确包含了更多的个人和社会生活所永需的条件。但施塔姆勒的条件却引起了柯勒的仇视。

诚然,柯勒的相对论——这是表示他对于历史变化的好尚——和他所有黑格尔式的对于绝对知识的彻底信任,实难免互

第三部分　译　著

相冲突。他对于文化的，所以也是法律的，世界的怎样进展，不愿意置若罔闻。他说："相对性所影响于过程者多，而影响于目的者少"；"在最后的发展中，得胜者将属之理智"。[1]我们只须看到这个不吉利的黑格尔式的名词——理智，已偷偷地进入了柯勒的著作里，我们即能知道这时相对论已经退了位。法律自身是一种"使人们进向合理生活的内心冲动"的结果。这句话在柯勒是指：第一，法律须克服历史中的不合理部分，和民族灵魂（volksgeist）里的兽性冲动，并制服个人生活中的意外事件，使能加以预计；第二，文化不仅是从一个阶段进入另一阶段，它实是一种具有累积性的东西，好像它自身里的一个分子——知识——一般，正因了文化是累积的，所以我们能说出一些它所永久含有的事物。

　　著者敢于相信我们根据了柯勒自己的主义，也能树立几项立法原则，和施塔姆勒的两项指导原则及他早期著作中的四项原则，具有相同的永久真实性。所异者，柯勒的原则将较为具体。我们为什么不能将柯勒所予文化的定义演展成如下两项指导原则呢？一、在诸项互相冲突的可能办法中，我们应该选取足以促进人类知识至于最高度的一种；二、我们不应采取足以减低人类创造力的步骤，无论该步骤在当时怎样的有利。柯勒对于这样的

---

[1]《法律哲学》，第21页，参阅第59页。——原注

滥用他的定义无论作何感想，著者认为该两项指导原则的最大困难是在它们不够包括所应包括的东西。我们应得说及将来任何文明所必具的两项永久条件，就是："巩固团结"和"个人的加力发展"。这两项条件，可成为另外两项指导原则的原料。据上所论，柯勒在实质上，是和施塔姆勒一般，只是一个相对的相对论者。他所辩护的"变易的内容"，乃建筑在他所言外假定的永久原则之上。此说果确，则柯勒和施塔姆勒间的歧异点并非在我们骤视时所见到，和一般人所同意，也是柯勒自己所拟测之处。

然而他们两人间确有一个根本的歧异点，我们必须再做一番努力来发现它。

四、柯勒和施塔姆勒间的歧异点

十二

两个极端反抗当时笼罩着历史实证论空气的思想家间，在对于该项反抗精神的让步和对于相对性的信仰上，当然不免会分个高下。但此种让步的可能性和价值总得有一个限止，若是我们意欲建立任何式样的法律科学的话。

因为一切科学，虽差不多都以变易的现象，做它们的对象，但它们能否成为科学却有赖于变易现象所遵循的永久规律的发现。科学的成就，系和它对于任何变动系统中所发现的"常素"

(invariants)的成就,成正比例。法律哲学的成就实有赖于它所具有的能力,用来测定人类社会生活的理想中的永久真实部分。凡限制该项真实部分至于最小度的企图,自身本来没有特殊的科学上的价值,有之,只在它使归纳步骤较为谨慎而已。因为我们并没有一种"先验的"理由来相信:关于人性的正义标准,系比了人性自身,更多变易。是以,法律哲学的范围,必然的比普通人类心理学的范围,较为狭窄。科学的任务既不是否认相对性,尤其不是屈服于相对性,而却是了解相对性和发现它的规律。柯勒和施塔姆勒的企图都须以此原则为准绳。柯勒认为应注意于"变相"(variations),因而用它来说明法律。施塔姆勒则注重于"规律"(law),认为历史是它的具体的表现。但这两种说法只在言辞上有不同,实不能构成科学上的歧异点。

十三

著者甚至敢于相信他们两人对于下述一问题的见解并没有像他们自己所想象的那样不同;这问题是:"历史变易"所影响于"正义"的意义,究有多少?或是:我们是否可以说:"凡一时合于正义的也是永久合于正义的?"施塔姆勒似将赞成这句话,柯勒则似将予以反对。他们对于奴隶制度所抱的不同意见,更好像是这点异见的表征。

但当我们已把这问题的真义弄清楚后,他们所有表面上的歧异点就开始自行消失。这问题的意义并非是:"在过去"什么事物是合乎正义的,而实在是:"在将来"什么事物是合乎正义的。大多数绝对的相对论者,乃造成于他们对于风俗历史博物院的兴趣。在这些博物院里,我们当然能够发现无穷尽的变易;在这里,民族学者更在不懈地继续发掘。

我们只需对它略一顾视,就会得到一个印象,就是:"风俗能使任何事物成为合乎正义"。但在实际上,这句话并不是以事实作根据的。比这句话更真实的是下述的心理上的推论:"人的半睡半醒的状态,足使任何事物好像都不错误"。

"渐觉律"(law of increasing sensibility and discrimination)是历史心理学的基础。人类的自觉是渐渐形成的。人类的成为各个人也是渐渐发生的。他们逐渐地了解了正义问题和这问题的所在地。人类都具有某程度的良心,但各人良心上遇到的问题则各各不同:从对于杀死亲族的犹豫,以至于最精微的良心学说。过去的历史是蒙了半知觉的面幕而进行的。甚至于时至今日,尚有很多的风俗,将来一定会成为正义上的争点的,但现在我们却不敢过问,或仅假定它们是合乎正义的。社会暴动只是强迫这些问题使进入麻木的群众意识的一个方法。醒觉和睡眠间的区别不只是一个单纯的"是"和"否",而是一个程度上的差异。人类意识不会绝对是醒觉的,但人类自己总认自己已经具有完全醒觉的意识；他们把现时所有的醒觉程度认作标准的醒觉。至于过分醒觉之由于醉酒、党徒的刺激、狂妄的惊奇，或强迫灌输知识——这一切对于知觉表面的人工的紧张作用，都不免受制于本论文开端时所讲到的规律：醒觉的增加将抵消于眼界的缩小和判断力的紊乱。醒觉的神圣水平本不容暴力予以增损：历史是在半意识的面幕下造成的。

上述历史观的一个结论是：习俗的变易不能解释为人类对于正义一问题曾有不同的判断，而只能说人类从未予以清晰的判断。该问题从未使人们醒觉，所以从没有带进过判断的法庭内。在这样的心理状态下，我们苟问人类的判断是否正当，实在只是空谈。当各人的社会地位尚被认为是一种固定的生活现象，在上者和在下者都不去反对它时，则奴隶、寡妇殉葬、刑审等制度都不会发生是否正当的问题——柯勒对于刑审也没法加以辩护[①]。具有科学价值的唯一问题是：一个问题——任何关于正义的问题——苟已清晰地提出，且已得到答案，该答案是否"此后"将永远真实？"在过去什么是真实？"一问题并不具有科学上的价值。"在将来什么是真实？"一问题才能给我们以有意义的答案。

[①] "神判制度有一个极端罪恶的结果——刑审。它是人的荒谬的头脑里所曾经想出来过的罪恶制度中的一个"等。《法律哲学》，第255页。——原注

人类心理的运命早注定了将稳定地发展它的醒觉程度，我们更将渐积地获得正义的概念。现在我们对它可划分成两个区域：一个是试验中和生长中的区域，另一个是已经大致解决的区域。相对论的时代是一个努力认识任何试验中的区域的时代。这是我们现在已经获得的了。现在全世界上已没有一个主张完整宇宙（block universe）说的先知，无论是对于事物或正义概念。我们现时已至少承认："一切试验都以有所树立为鹄的。"苟无可树立，则试验本身就不必做。我们为了试验的精神的自身，也必须说明试验是能获得成功的——我们能由试验学得一些东西，它将永久不再失掉。

无论柯勒怎样地讲他的相对论，他必得承认上述的论点，这是不必得心理分析家加以证明的。柯勒的黑格尔派的色彩不容他不相信——有时还表示——"人类永远地在文化上进步着；这意义是指：具有永久性的文化价值正在一天一天地产生，人类在知识上也一天一天地在逼肖上帝"，[1]人类对于正义原则的知识当然也不能例外。因为当柯勒说：

人对于自身的权利，或人格权，必须为每一个法律体系

---

[1] 《法律哲学》，第26页。——原注

第三部分　译　著

的起点,因为任何权利必需一个主体……①

他这里对于"每一个法律体系"所立的定理,我们无法看出它是应受历史相对性所限制的。据著者的判断,柯勒一定也相信:我们对于正义的真实原素的概念是能渐积的。并且他更认为这些概念不只限于施塔姆勒所想象的形式方面,而是具有具体形象的。

十四

只当我们已明了了柯勒和施塔姆勒间的表面歧异点的主要原因后,我们才能知道他们的真正歧异点的所在。事实上,他们实是在答复两个不同的问题,而一般人则遽认他们的答案是对于同一问题的。施塔姆勒的问题是:"在正义法的标准里,究竟有些什么'常素'?"

柯勒的问题是:"无论法律是否变易,他的任务是什么?"

施塔姆勒对他的问题所得到的答案是:正义具有一个不变的原素,它虽只是一种纯粹形式,但仍能拘束着文化的变易状态。柯勒对他的问题所得到的答案是:法律所服役的主人不止一个,而有两个:它不仅须对正义服役,还须对一组巨大利益服

---

① 《法律哲学》,第80页。——原注

503

役，这巨大利益就称为文化。①柯勒认为正义标准没有顾到：大部分的法律是用来促进人类的文化利益，并使此种文化利益得到生命。但文化利益乃是正义以外的一个独立问题。施塔姆勒不会反对柯勒对他自己（指柯勒）的问题的答案，因为他并不是一个对于立法者的范围上主张放任主义的人。正义只是法律结构的一个条件，但并非是法律全部使命的说明。反之，柯勒也不会反对施塔姆勒对他自己的问题的答案。因为他从未用文化来答复"什么是正义"一问题。他认为正义是一个独立的问题，它有它自己的标准。例如讲到刑罚原理时，他就和黑格尔采取同一见地，不先诉之社会便宜，而却提出一个报复形式的正义。他认为：将刑罚视作保护社会和减少犯罪的方法，实是一种"极端浅薄和不真实的见解"；②这理论隐示一个人必须为他人而受难，这点更是我们所"不能容忍"的。——这里的"不能容忍"绝不关于任何文化需要，而是直接发自柯勒的正义意识。他的下述几句话也表示他对于正义判断的独立性："依正义，一个人应该对他的不法行为负责，虽是他只用了自然界的因果关系来达到他的目的。"③"权利（人身权）的伸长，须以该权利享有者继续被认为权利的主体时

---

① 《法律哲学》，第66、208页。——原注
② 同前书，第283页。——原注
③ 同前书，第34页。——原注

第三部分　译　著

为限。"①后一句话简直具有十足的康德风格。

讲到这里，我们所从事比较的两个人好像已合而为一。但我们问："文化和正义苟相冲突，则应该怎样办？"两人的真正歧异点复即显明。

柯勒的答案是：抽象的正义应当让步。这个答案是很合乎黑格尔的精神的。黑格尔曾将"抽象正义"一章置诸自由辩证论的开端，以便后来把它搁置不用。

著者相信施塔姆勒必将说：这问题的本身是不通的。它假定权利要求和文化要求得相冲突，这在实际上乃属不可能。因为，除了将正义掺入文化外，我们还有什么文化？文化还有什么价值？②

柯勒固深知个人在历史上对于"大我"所有的必要牺牲的惨剧：

"个人时常会成为有碍社会，社会就回头来把个人毁灭了。这是人类的献祭场；在这里，宇宙历史的灵魂时时在受难，时时在死亡，然后再从坟墓里带了新的光明出世。"③

---

① 《法律哲学》，第70页。——原注
② "我们所谓'文化'（Kultur）其意义不外在知识上及意志上向正义的奋斗。"《社会主义及基督教世界》(Socialism and christendam)，第100页。——原注
③ 《法律哲学》，第48页。——原注

"文化的要求时常需要现存权利的覆灭。"①

"我们必须顾到（在讲神判刑审的错误时）：个人的牺牲实保存了社会的和平。……宇宙历史时常需要着个人如此地被牺牲，进化的铁蹄已踩蹦了亿万的生物，这一个可怕的现象我们必须尽力予以改善。……但在这里我们只能接受'神'的做法，并且了解：只有如此才形成了世界的进步。"②

这样说明了柯勒和施塔姆勒间的最后异点，我们就可抛下他们而自己来研究这问题。但我们必须说明：柯勒对这"可怕的现象"并不是消极的。他认清"国家不应只是一个'文化的国家'，而须成为一个'法律的国家'"。所以，当文化的要求需要毁灭现存权利时，我们尤应设法解决这困难。例如"公共征用（expropriation）一制度，它在取消一个权利时，同时有予以相当赔偿的可能"。③我们更得进一步说：柯勒只对于过去历史的回溯判断上，才甘心跪服于进化的残酷需要的脚下，但对于将来事物则并不如此。就理论言，他将不迟疑地认定：法律负有较高和较

---

① 《法律哲学》，第 208 页。——原注
② 同前书，第 253 页。——原注
③ 同前书，第 208 页。——原注

低的任务，较高任务就是文化。正义必须接受生自文化的一切结果。我们至此已清晰地说明了他们两人间的歧异点。

后　论

五、正义标准和社会功利标准

十五

我们先请假定下述几点，作为辩论的基础：没有政治的国家组织，就不会有开化的文化；没有大多数人民愿意为国家的生存而牺牲，就不会有政治的国家组织。我们更须承认：每一世代的个人必须多少为下一世代而牺牲，这是历史发展的条件。在我们的社会结构里，各种牺牲只是一种常态。

但我们对于下述两种牺牲则须予以逻辑上的区分：一是自我或幸福的牺牲；二是正义的牺牲，苟正义已被认识的话。特兰弗斯（Dreyfus）以兵士的身份，愿意为国家事业而牺牲他的生命。但他不愿牺牲他所认为应有的权利，甚至于为了国家或军队的利益。④某一次一个具有经验和重任的军官，在讨论军人道德的

---

④　特兰弗斯一案（Dreyfus Affair）是 18 世纪和 19 世纪交替时 [原件如此，当为"19 世纪和 20 世纪交替时"之误。——勘校者注] 法国政治上一件极重要的事件。它的效果使法国的军阀敛迹，共和党抬头。但这里我们只需一述该案

问题时，曾说过：他若是确实知道一个被告的军人是无罪的，但同时也知道全部军队都认该军人为有罪，所以该军人的释放足以在最紧急的时机降低军队道德时，他唯有命令对该军人执行有罪判决。他说：对于个人的正义，至多只是"差不多"而已，但事业的利益却是最高的。一个军官在轻微的案件上若是过于慈悲和详尽，反而会造成不良印象。对于过失、违命等案件的简捷处理，实比了迂缓精细的处理，较有益于一个军队的精神，后者只造成一种犹豫和软弱的印象而已。任何兵士都很知道他会受到些不应受的谴责，他必须时刻提防远离祸患。"违反正义"当然是一件不幸事件，但这里的些微的"违反正义"却是一种必需的不幸。

军队方面既是如此，在较大的社会中是否也这样的呢？正义

（接上页）的概略。特兰弗斯是一个生在阿尔萨斯（Alsace）州的犹太人，任职于法国陆军参谋本部。1894年因他有出售军事秘密与德国的嫌疑，被军法处判决有罪，处流刑。他在行伍里素乏友情，所以这事起时外界很少知道。1897年新任法国侦探队长比加上校（Piquart）开始认为特兰弗斯的有罪判决是冤枉的。比加是一个共和党人。他指出该案的真犯是皇党人埃斯特海齐（Esterhazy），并谓特兰弗斯的被诬，乃由于军队中反犹太人主义。但整个法国军界则大大反对比加所为，因他们认为该案判决的推翻，将有碍于法国全体军队的荣誉，比加因而归于失败。不料这时复引出了小说家左拉（Emile Zola）[原件译作"查拉"，现据通译径改。——勘校者注] 接着替特兰弗斯辩护。事件就因而扩大。全国共和党人都一致拥护左拉的主张，而保皇党、教会、军官、反犹太主义者，则立于反抗阵线。一件小小的案件竟成了全国政事的焦点。结果，因舆论的激昂，特兰弗斯终获得大总统的特赦，于1906年恢复原职。——译者注

第三部分 译 著

的牺牲，和幸福的牺牲，是否是常态里的一部分？我们能否接受它作为一个立法原则呢？

事实上，任何人都得承认：在任何实际社会中，我们必不能避免很多的非故意的违反正义，例如由于审判者（不问他是否官吏）的时间上和知识上的有限性。但著者相信：我们找不到在某种情形之下，曾为了一个较高的利益而故意牺牲正义；这在审判各个案件时如此，在一般立法时更是如此。我们有时为了较大的利益而牺牲个人利益（例如在公共征用时的没收私产），这只是幸福的牺牲。同样的利益苟是对另外一个个人而牺牲的，这就成为正义的牺牲。但据著者所信，我们从未有过为了公共利益而牺牲正义的事例。法律所必须遵循的原则是：我们不得明知地违反正义。

这原则虽未经约翰·斯图亚特·穆勒（John Staurt Mill）[①]和多数功利论者所明示，但他们早已予以默认。至于它的含义则他们尚未了解。他们所主张的公式——每人在不侵犯他人同样自由的

[①] 约翰·斯图亚特·穆勒（John Stuart Mill, 1806—1873）：英国哲学家、经济学家、政治家。1823—1858年任职于东印度公司，此后，隐居法国南部的阿维尼翁。主要著作有：《逻辑学体系》（Syste of Logic, 1843）、《政治经济学原理》（Principles of Political Economy, 1848）、《论自由》（On Liberty, 1859）、《代议制政府》（Considerations on Representative Government, 1861）、《功利主义》（Utilitarianism, 1863）等。——勘校者注

限度内得有充分自由——乃指一个人没有因自己的幸福而侵犯他人已经确定的自由的权利,无论该幸福怎样大。这里我们已抛弃了功利原则,不只因为我们在快乐的数量外,更见到它的质量,并且我们已认清:不应用他人的小量痛苦来换取自己的大量快乐。财产权的意义就在这里。一个社会的快乐的总和必须牢守着较低的水平,无论该水平得因财产的简单的重行分配而立即升高。这就因为财产的如此的重行分配并不含有一些正义的影子。

十六

我们在树立立法上的"不应违反正义"一原则时,我们必须先行假定:在法律和社会功利外,我们更能多少知道"正义"或"违反正义"。我们不假定我们对于"正义"已知道得很多。实际上我们所知道的"违反正义"实比了"正义"多得多。予无罪者以有罪判决,我们知道是有违正义的。但该被告苟已被定罪,我们应该怎样更正这种错误才合正义,则到现在尚是一个未决的问题。凡有能力偿债而故意不偿,我们亦知道是有违正义,但偿债一行为是否已全合正义原则,则就不易决定。我们容易感受违反正义,正像我们容易感受痛苦一样。因了生理上的关系,我们对于违反正义,有似痛苦,比了它的对体(指正义)较能得到确定的和深切的感觉。但我们如此说法,也非谓我们对于违反正义已都知道。我们只假定在几项事件上我们确能知道"违反正义",

第三部分 译 著

且这种感觉,和我们对于社会幸福的知觉,完全无关。对于这些事件,法律必须遵守"不应违反正义"一原则。

我们更得附带声明:这原则并不一定和社会功利原则相反对。著者的信念是:它们并不互相冲突。我们得再树立一个同样真实的批判原则如下:

"凡我们确知是有害于文化总利益的事物,它绝不会合乎正义。"

但这里所需注意之点是:在很多情形下,我们苟不顾及"正义"的利益,则文化的总利益也就无从计算。"正义"的利益已经具有一种相对的独立力量。此项利益须得在社会功利论者所列表格内占据一个项目。我们苟摈斥了"正义"的特殊利益,和"超利害关系的愤怒"(disinterested resentment)的深潜的心理冲动,则法律的任务就不能用其他的文化福利来予以定义。当特兰弗斯愿意牺牲他的生命,但仍坚持他的权利时,社会不认此项坚持是一种自私行为。因为凡一个人主张一个权利,实在就是为一切享有此项权利的他人——在同一法律系统下的现在和将来的任何人——主张他们的利益。在任何特殊权利下,这辈人的全体所实际享有的社会幸福是一个不可知量。没有一个功利论的计算法能够帮助我们权衡此项社会幸福,使它和处罚一个无罪者时所满足的一般欲望的利益相比较。我们不能确知特兰弗斯的释放将有害于整个文化利益,因为我们无从知道该整个文化利益是什么。我们在这里所知道的只是:这处罚是违反正义的。我们更知道:此项违反正义的感觉苟已成为社会意识的一部,则该社会对于法律的信任心将受到大害。于是我们根据了社会功利论的理论,得树立一相当于上述原则的另一个原则如下:

"凡我们确知有违正义的事物,它对于整个社会利益也不会有利。"

我们认为:在很多情形下,正义观念实先于一切社会功利的计算。是以,在此种情形下,我们苟不先行顾到正义,则社会功利原则也就无法运用。我们更进一步认为:这理论将永远真实。于是,我们根据了一切严格的社会功利原则,得树立一个关于正义的批判核心,作为法律的永久准绳。

十七

"不应为了任何社会幸福而容许已经明知的违反正义"一原则,系法庭在许多案件中时时须予考虑的。

第三部分　译　著

"国家诉特德兰"（Regina v. Dudley）[1]一名案，苟见之于诡辩者的书里，就会像是一件虚构的设辞。该案的案情如下：一群翻了船的水手，为了他们最大多数的最大的明显幸福，把他们中间的一个水手，杀来吃了。他们竟能因此，而免于死亡。但法庭却根据普通法（common law）上的下述原则，认他们的行为为有罪。该原则认为：除了自卫外，杀害任何人都是违反正义的，无论这杀害是为了什么巨大利益。[2]

对于损害较轻的案件，至少美国法庭，有时会疑难两可。

---

[1] 该案基本案情如下：一艘英国游艇"米格诺耐特号"的船员——三名水手（达德利、斯蒂芬斯和布鲁克斯）和一名客舱侍役——在一场风暴中，被弃置在离好望角1600英里的地方，而且被强制拖到没有甲板的木船中。没有水喝，除了两罐子一磅重的大头菜外，没有任何吃的东西。4天以后他们捉到了一只海龟，12天以后就没有任何可吃的东西了。20天以后，达德利与斯蒂芬斯为了和自己的家人团聚，决定杀死侍役。——布鲁克斯始终持反对意见。他们做了一次祷告，就把他杀了，并吃了他的肉，喝了他的血。毫无疑问，他们当时认为如果不杀死那个侍役，他们就一个也活不了。其实，4天以后，他们获救并被带回到了英国本土的福尔茅斯港（Falmouth）。登陆后，他们立即将事件报告了海关官员。此后，达德利与斯蒂芬斯被逮捕并被控犯有谋杀罪。在法庭的建议下，陪审团成员一致认为，达德利和斯蒂芬斯构成被指控的重罪和谋杀。法庭据此判处两被告人死刑。这一判决后经英国女王减刑为六个月监禁。详细讨论可参见[英]丹宁勋爵：《法律的未来》，刘庸安、张文镇译，法律出版社1999年版，第59—62页；[美]博西格诺：《法律之门》，邓子滨译，华夏出版社2002年版，第42—51页。——勘校者注
[2] 见15 Cox's Criminal Cases, p. 624: 14 Queen's Bench Division, p. 273。——原注

譬如山上一个树林，周围都是私人土地，使该树林不能通到公路。该树林的主人是否就不能将他的木材运赴市场，因为这样就将构成对于不允让路的邻地权的侵损行为（trespass）。沃兰贡（Oregon）[1]和华盛顿（Washington）两个毗连州的最高法院对此问题下了相反的判决。[2]

在损害更小的案件内，一个纽约平衡法院（New York Court of Equity）曾对某原告予以胜诉判决：该原告的土地正坐落在一个供给某大市镇的水电公司的上游。为了工程师在建筑水坝时的些微错误，使原告的土地因水坝过高而稍受损失。该法庭宣称：对于这种案件，"平衡法将缩去它的谨慎和慈惠的手"。但据著者的猜度，我们的法庭将不欢迎这个"衡量损害"的政策，因它好像是为了一些较大的功利而容许一些较小的违反正义。至于它是否确实如此，则将在后节详加研究。

十八

这种判决的加多，并不能增强或减弱我们的主张，因为正为了这种案件，法庭才需要一个指导原则。但我们苟多研究些这种

---

[1] Oregon，现通译为俄勒冈州，系美国西北部太平洋沿岸一州。与华盛顿州毗邻。——勘校者注

[2] Anderson v. Smithpower Logging Co., 139 Pac. 736: State ex rel Timber Co. V. Superior Court, 77 Wash. 585. ——原注

第三部分　译　著

判决，则法庭现在对于财产权的处置显然较过去为自由，它们使财产权屈服于某种更基本的东西，有似佛莱特烈克皇[①]对于亚诺特一案的处置一般。他们好像在说："如此苟为违反正义，则我们正觉得多多益善。"

假使我们认为这种态度是正当的——著者相信确是如此，则它的理论可分为两种。第一，我们得予"正义"以字面上的意义，而认它应屈服于较高的福利，这福利我们称为社会功利。第二，此种案件的蹂躏一个确定权利的行为，已不复成为违反正义。这两种理论不仅具有字面上的异点，它们的异点是在对于"违反正义"所下定义的不同。主张前一理论者认为"违反正义"确已成立，它是为了较重要的社会福利而必须存在的。这理论实先假定：在上述案件内财产权是一个绝对权利。主张后一理论者则假定财产权并不是一个绝对权利，并且凡侵害它的习惯上的内容的行为，已不复是"确知有违正义"的行为。

著者相信，法庭在判决上述那些案件时，实本能地采取了第二种理论。著者对于此种判决的原则更得就心理上予以如下的解释：自然权利学派（Natural Rights School）曾遗留给我

[①] 原文如此，据前文，应为腓特烈大皇，并请参见前文勘校者注。——勘校者注

们一张权利的名单,和一张此种权利如何被侵犯的名单。因之我们有了一种先人之见,认为权利是绝对的,并且属于每个个人的,所以权利的侵犯也是绝对的,而于每一案件中决定了不容疑义的"违反正义"。此种先人之见已被包含在我们所有诸种宪法性的权利状(Bills of Rights)[①]内。但到了现在,我们的绝对信念已在多方面受到动摇。我们现在所有的假定是:一切已经定义的权利都受制于某种条件,但这些条件究竟是什么,则我们现在尚不能确知。不过它们中间的一项,我们似乎已能够知道,这就是:任何人在行使权利时必须对他的同伴和公共幸福具有一种善意(good will)。一个人的诉诸法律苟显非为了维护他所宝贵的事物,而只是为了妨害他人或他物,这时我们就认定——虽传统观念正与我们相反——一个专门学术上的"违反正义",甚至在法律上,已不复成为"违反正义",因为这里的权利已不复成为权利。我们现时所考虑的已不是哪一造的福利的数量;我们已对于全部法律起始考虑到:一个行为的心理动机已成为该行为的性质的重要条件,更成为确定字面

[①] 指对倡导个人应拥有的对抗国家和政府的人权或民权的一般宣言的总称。最著名的如1689年英国的《权利法案》(*Bills of Rights*, U. K.)、1791年美国的《人权宣言》(*Bills of Rights*, U. S.)以及1789年法国《人权宣言》(*Déclaration des droits de l'homme et du citoyen*)。——勘校者注

上所谓权利的实际内容的重要条件。在刑法的某几部分,我们确已有了此种考虑。

十九

但我们的主张是否具有下述的流弊?它把人民在法律下所享有的权力和权利逐出了清晰和客观的定义的领域,而使法庭在判决时须根据了飘忽不定的估计。这估计并非是对着社会功利——社会功利的原素至少尚能用明确的名词来形容——它是对于不可捉摸的内心倾向的估计。依该主张,一个人的所有物的受到保护,并非因为它是他依法律的所有物,而是因为法庭认他是一个存心善良的人。这种主张是否将使我们后退到从前的专制的人的政治?

对于上述的驳词,我们得提出两个答复。第一,一个原理在应用上的困难和危险,并不能证明该原则自身的不真实。反之,凡一个原则好像能够机械式地应用,因之应用起来很容易,它倒不会十分真实,因为人就不是一架机械。一个真实的原则一定含有一种生命,所以应用起来也不免相当的困难。

但就第二个答复言,我们必须同意于批评者的指摘:一个原则虽具有了真实性,但不一定就能在法律上予以应用,除非我们能给它深一层的定义,使它在应用时的流弊不至于超过它的长处。所以,著者必须负责给予"正义"的意义以较确定和切合实用的说明,若是我们否认"正义"只是承认一组在法律上已经定义的不变权利。著者将于下章提出四条界说来设法说明"正义"。

六、假定权利

原则一:法律权利是假定权利。

二十

法律所对付的不是实际的个人,而是予以人造的定义后的个人。我们不信立法者真会错觉地认为人人都是平等的。立法者甚至不会承认人人都具有相同的理性、相同的法律知识,或对于自身的权利和旁人的权利都具有相同的道德感觉。立法者大概从未盲目于人和人间的不齐的显著事实。但是,任何社会的法律——不仅是现代社会——在对付某种大群集中的各个人时,却故意认他们"好像"(as if)在法律前都是相同的。就反面言,法律故意不顾下列一部或全部事实:例如身长,体重,在某限度内的不齐的智慧、体力、功绩,在某限度内的不齐的财富,在某限度内的年龄、性别、种族、履历、家族关系。法律,尤其是我们这个时代的法律,既不顾这些实际上造成人在社会上的绝大差别的事物,却故意认定一切成人都像平等地具有知识、责任和应受保护。

第三部分 译 著

二十一

　　法律为什么对于某种基本权利有这平等的假定呢？它是否有鉴于所对付的人数的过多，恐其他任何假定足以引起无从措手的麻烦，才这样地使问题简单化呢？它是否因为人类常对于任何应得的显赫具有一种本能的嫉妒，才造出这个必需的拟制呢？据著者的判断，这些都不是它的真实原因。

　　在一方面，这假定是一种直率的承认：这些被忽视的差别是与本题无关的。在任何涉及权利和义务的场合，人和人间的大部分的差别是与本题无关的。就普通情形言，一个人的应否偿债一问题是和他的体重、肤色、家族史，绝无关系的。我们说，在偿债的义务上，人人都应视为平等。这句话只是一个具有逻辑意义的原则。

　　亨利·梅因爵士（Sir Henry Maine）[①]本不是一个喜欢平等假定的人，但当他主张："社会的进步是由身份到契约"（From

---

[①] 亨利·梅因爵士（Sir Henry Maine, 1822—1888）：英国法学家，杰出的古典派学者。1847—1854年任剑桥大学钦定民法教授，1852年起任四大律师学院罗马法与法理学第一高级讲师，1862至1869年任印度总督委员会的法律委员，1869年起任牛津大学法理学讲座教授，1887年任剑桥大学韦威尔国际法讲座教授。主要著作有：《古代法》（Ancient Law，1861）、《村落共同体》（Village Communities，1871）、《早期制度史》（Early History of Instimtions，1875）、《早期法与习惯论集》（Dissertations on Early Law and Custom，1883）以及死后出版的《国际法》（International Law，1888）。——勘校者注

Status to Contract）时，他就不知不觉地予该原则以有力的支助。身份一原则——它自身是一个人造假定的大巢穴——曾对于不应齐一的人，造成了齐一的阶级待遇；它对于不应差别的，却造成了差别待遇。契约原则的优点就在它具有一种倾向：将一个社会里的分子，各依他们的所宜，而拣分成诸种不同的职分。它的方法是将人们在选择自由一点上置诸平等地位。他们既能自由选择职业，就容易找到适宜的位置。在这里，平等假定的意义是："将与本题有关的差别原因，来代替无关的差别原因。"

二十二

为进一层证明该原则的上述意义，我们更得注意：当一种差别对于一项权利或一项义务具有显著关系时，法律立即顾到此种差别。

是以，一个人的是否"对于自身利益具有判断能力"，[①]系与债务问题具有关系。当我们假定不具有这种能力时，例如未成年人、经宣告的精神病人及其他被监护人，则法律立即取消对于他们的平等假定。

法律的现有趋势确是在进而顾到与权义有关的较精细的差别程度，甚至于根据各个人的应得而各为处置，例如，宁使刑

---

① 梅因：《古代法》（Maine: Ancient Law）第五章尾。——原注

罚较适合于犯人，而较不适合于犯罪行为。一条法规苟具有生命，而不是机械的，则在援用时更会自然而然的趋于"个别化"（individualization）[1]。倒转来说，若是个别化系产生自承认与本题有关的差别时，我们得视它为一条具有普遍性的法规的援用，在该条法规下，人人都是平等的。赛跑者所以达到终点时有先后者，正因他们的赛跑是受相同的条件所限制。

二十三

至此为止，我们的结论是：在尚无法律上所认为与本题有关的差别的限度内，法律假定社会中的一切分子都是平等的。

但这个结论只讲到了所谓"法律是假定的"的表面。因为我们有时看见法律对于显与本题有关的差别，竟故意视若无睹。例如，有些人显然的比他人较适于生存，而法律则仍坚持着认他们都有平等的生存权。我们不难举出几种情形，它们是有关于生存适宜性的。出生和性别当然和这点无关，所以我们更不应因婴儿为女性或生于穷苦家庭而予以抛弃或残杀。但是道德的堕落、一般的财具、个人的患难和对己对人的累赘，苟超过了某一种度，显然的会损害生存适宜性，正像它们会损害生存欲望一般。这点在一般人的判断上本极明显——无论他们在应用上或会错误。然

---

[1] 原件作"个别死"，应系排版错误。——勘校者注

而法律在生存权的假定上则丝毫不示让步。你或我的是否适于生存,或适于生存的程度怎样,法律完全不问它,甚至不允许我们判断自己的适否生存。它只训示我们和医士们:

不得杀死任何人,无论我们已有了最充分的理由和最明显的事实,认为那人不应再活。除非我们有了极重大的犯罪行为,法律绝不会对这假定有所①犹豫。并且法律决不因犯罪者所杀的是一个恶人而减轻他的犯罪。

在这里,生存的权利就成了一个假定的权利。这意义是指:它是一个经过熟虑后所赋予的人造的平等权。著者认为这点的理由是和全盘立法事业具有重大关系的。在下述第二条界说里,著者将予这理由以说明。

原则二:法律的假定是一种创造性的假定:它们指向着所欲达到的状态,因此,才不顾现实的状态。

二十四

平等的假定或会反乎现状,但决不反乎我们的希望。实际上我们并非平等地适于生存,平等地应负责任,平等地应得法律的保护。但我们得具有此种希望,则绝无疑义的。

苟进一步言,在任何可受感动的心理上,凡对于所希望的状

---

① 原件作"所有",应系排版之误,现根据上下文语意径改。——勘校者注

第三部分 译　著

态设定一种假定，则该假定自身即是一种力量，足以促成所假定的事物，换言之，它足以创造此种事物。我们待遇儿童时，苟视他好像具有比较实在年龄稍大的年龄，这样就可帮助该儿童达到成年。所以"稍大"者，则因为一个假定苟与实际相去过远，就会失去它的效用。法律上基本假定的理由是在这里，而它的限度也在这里。它们苟因离事实过远而不复具有创造性，则它们的存在理由也就失去。

二十五

政治上民主政体的假定所以能适用于某某民族而不能适用于另一些民族者，乃原因于上述原则。事实上本没有一个民族能绝对吻合于这个假定。选举平等权的假定是否不离事实过远，和能否成为有效的假定——我们是否应该在基本法内重新承认有关本题的差别点——到现在还是疑问。性别当然无关本题，但知识或有闲性上的差别则很有关系。但我们暂时的假定是：平等适宜于选举的假定，将促成选举的平等适宜。这很像一切职业具有平等尊荣的假定和废除特权阶级的假定，曾促成农奴阶级的消灭和社会中的自尊的风气。

二十六

亚里士多德的奴隶制度论的错误，并非在他对于人性有何错误观察，而是在他不知道第二个原则，亚里士多德所谓：有些人是天生发命令的,有些人是天生服从的;又谓:有些人的智慧足以了解命令,但不足以拟发命令。这些话著者认为都是真实的。但他所没有见到的却是:法律不应只接受此种状态,视之为"静止的"和"永久的"。苟如是,他就把人性的基本事实弄错了:人性是永远在向着期望而自己完成的。

亚里士多德已在同书里提到这个希望。他说:最好的政治是对于平等者的政治,而不是对于卑下者的政治。我们苟接受了这条原则,就是:立法的任务是在用假定(和其他方法)来促成所希望的情状,于是法律理论就全部改变了。

二十七

对这点,卢梭(Rousseau)比亚里士多德持有较妥当的法律功能的概念。我们所尤感兴味的是:卢梭在这点上是和他的整个思想体系的其他部分不相调和的。一个力主民主论的卢梭,在这里竟极端不信任一般民众有自己立法的能力。他的理由是:制定和接受完善法律时所需的知识和智慧,必须产自法律自身。

> "欲使一个新成立的国家能容许完善的法规……我们必须使它的效果变成它的原因;社会精神本由国家一制度所形成,但我们必须使它控制国家自身的诞生;人民本来也是由法律所造成,但我们更须使他们先于法律。"

第三部分 译 著

在法律应该大大改变人性一点上，这位公认为自然状态论者，实在讲得比任何人更为激烈。

"凡敢于为一国制定制度者，必须觉得他自己确有能力来变易人性，使每个独立自足的个人都变成一个较大体中的一部分，并用社会、道德的生存来代替我们从自然得来的独立的、物质的生存。……自然的能力愈是被毁，则我们学得的能力愈是坚强，各种制度愈是完固。"

但法律对于人的塑型具有创造的作用，它就必须知道它所意欲造成的型式是什么。从现存的和过去的事物里，它绝不能找到所需的指导。它不能只是消极地接受历史所造成的，和相对于任何特殊情形的事物。它必须选择、认定和了解它自己的将来，并且必须根据它对于人性的可能性的洞鉴。但这洞鉴并非每个人所具有——也不是每个立法机关所具有。于是卢梭不得不采一个自相矛盾的说法——一个激烈民主论者的矛盾说——就是："我们必需一个上帝，把法律给予人们。"

"我们必需一个最高的智慧，他能见到人的一切欲念，而自己却超越此种欲念；他和我们的性质没有丝毫关系，而

525

却彻底知道我们；他的快乐并不有赖于我们，但他很愿意来注意我们的快乐。最后，一个人能在时间过程中保存着一种将来的光明，他才能在一个时候劳动，另一个时候享受。"①

现在我们正可听受些卢梭著作中所未为当时人听受的教训。法律不仅是行为的调整者，它更是性格的制造者；它能使人类成为奴隶，也能使他们在精神上获得自由；它能放任人类的兽性、懒惰和愚蠢永久存在于群众间，但它也能承认雄心、荣誉、公平、博爱等观念使它们成为一个国家的传统性质。它在此种工作上，不只靠它所明白表示的，而尤须靠它所假定的或所希望的；因为后者是沉默的；所以它更具效力。

二十八

这样的一个法律观念足使真正的民主政体和下述两个主张相辨别：一个错误的民主政体和一个错误的贵族政体。错误的民主政体系根据于人在道德上及政治上一列平等的理论；同样错误的贵族政体则根据于在道德上及政治上绝不平等的理论。在事实的说明上，贵族政治论者实较为真实（虽是他们的主张过于容

---

① 上面所引都系从《社会契约》(*Social Contract*)第二卷第二章。在第一卷第一章内，我们也能找到同样活跃的文字，讲到法律的创造性的效果。——原注

易，因之全无意义），但他们的错误观点却在：他们对于不平等一事实认为无可改造。治国者的主要问题是在：我们是否希望在道德上和政治上人人都能平等、互相亲爱如弟兄、各人自尊、并具有责任心——事实上确是如此——则治国者的责任就在使它们能够实现。他们必须为了实现将来的民主政体，而终身尽力；他们必须自己献身于社会契约——并非神秘的古代所签订的契约，[①]而是现在和将来的各个人的自由精神所能参与的契约；他们共同核准一切过去历史中的约束、努力和梦想。

二十九

但同时法律必须治理实际的人。它的假定必须在现时已能发生效力。我们所说的假定，像生命权一般，系归属于各个人，并且以人性的底层中所现有的潜能作为对象。是以，我们对于这些创造性的假定，必须从人性中去找它们的存在理由。下面的第三条原则就将说明此点。

七、自然权利

原则三：自然权利是一些条件，在这些条件下，个人能力才能得到常态的发展。

[①] 原件此处缺漏"约"字，径补。——勘校者注

三十

著者认为,二三千年以来的社会哲学的研究结果,没有比了下述一点更为显著:社会的生存和繁荣必须出之于各个人的本有的冲动。亚里士多德对于柏拉图的理想共产主义所予批评亦不外:利他主义自身必须产自个人中心;一个人要施予,必须先有所有,社会束缚不会比了所束缚的个人更为强固;所以我们要获得一切社会福利,必先发展社会中的个人。

黑格尔之所以热烈欢迎亚当·斯密(Adam Smith)[①]的经济学者,原因亦正在此。亚当·斯密曾给予蒙坦维尔寓言中的矛盾论以较正确的说法:个人的繁荣变成了国家的繁荣。黑格尔把这条原则普遍化了,使它成为近代国家的基础。"近代[②]国家实具有巨大的力量,使个人主观性一原则能自己完成,以达于各个人特殊性质的独立极端。"[③]"我们苟没有一个特殊性的个人知识和意志,来坚持他的权利,则普遍目的就显然不能有所进步。我们一

---

① 亚当·斯密(Adam Smith, 1723—1790):英国的道德哲学家和政治经济学家。1750年任格拉斯哥学院逻辑学讲席,两年后,改任道德哲学教授,直至1764年。主要著作有:《道德情操论》(*Theory of Moral Sentiments*, 1759)和《国民财富的性质和原因的研究》(*An Inquiry into the Nature and Causes of the Wealth of Nations*, 1776)。——勘校者注
② 原件作"近化",应系排版之误,径改。——勘校者注
③ 《权利哲学》(*Philosophy of Right*)戴克(Dyke)英译本第260节,或248页。——原注

第三部分 译 著

方面固须予普遍性以积极的促进，但在另一方面，主观性也必须获得充分的和有活力的发展。"[1]

对于这同一论点，现在却另有一种不同说法。这个说法里采用了"机能"（function）一名词。个人的活动乃所以达到个人的目的，但同时它在一个健全的社会秩序里，也完成一个公共的机能。例如商人，他的个人的谋生活动同时就完成了部分社会营养的机能。狄骥（Duguit）[2]认为：个人的所以有权利，就因为他有一种机能；权利的范围更以机能的范围为限；权利是一些条件，只在这些条件之下，才能完成该个人的机能。说得更妥当些，个人所有的是一种机能，而法律在好像保护他的权利时，实质上是在保护它所希望他所应尽的机能。若是他的机能需要财产，社会就予他的财产以保护，并且亦以此为止。所以，凡财产之非为机能所需者，该财产就不复成为权利。

"个人本来没有权利，团体也没有权利。……但每个个

---

[1] 《权利哲学》，增卷第 249 页。——原注
[2] 狄骥（Léon Duguit, 1859—1928）：法国法学家，波尔多大学宪法学教授。主要著作有：《拿破仑法典以来私法的普通变迁》(Transformations Génénrales du Droit Privé depuis Le Code Napoléon, 1912)、《公法的变迁》(Transformations du Droit Public, 1913)、《宪法论》(Traité du Droit Constitutionnel, 1921—1925)。——勘校者注

529

人在社会中都负有某种机能，须完成某种工作。我们不应妨碍他完成机能或工作，因为社会将因妨碍而受到损害……他在完成他因在社会中所处地位而负的使命时，社会就应保护和保证他的一举一动。"①

从这点看来，国家的利益和个人的利益原来是分不开的：个人机能的发展乃是二者所有幸福的不容分开的一部。

三十一

但社会无从把权利适调于实际的机能。这是"机能"说的根本的错误。社会无从适调，因为在社会的机能里还有许多尚未为社会所知道，或未为完成此种机能的个人所知道。

就机能来说，则最重要的一点是：社会秩序是有赖于天才的施展，而此种天才却不容强迫或依规律来预测。任何社会组织必须由个人来主持，该组织工作的良好与否，实全恃该个人的本领。你设立了几个行政或司法机关，于是你再物色相当的行政人才和司法人才，来担任这些职务。当时你固深信一定能够找到这些人才。但实际上你的区域内或竟没有合格的人才。这时你不得不降

---

① 《私法变迁概要》（*Les Traneformation Generals du Droit Privé*）庞德（Pound）英译本。更可参考陶甑（R. H. Tawney，英国社会哲学家和经济史学家，1880—1962）《占取的社会》（*The Acquisinie Society*）。——原注

第三部分 译 著

格以求，或竟抛弃你原有的计划。就整个社会讲，苟每人都负有一个机能，并且苟像狄骥的说法："这些机能是不容许他不负担的"，则任何社会中的最重要问题似乎是一个材能知道德心的收获问题，[①]即是人才的问题。

著者关于此点的信念是：我们所谓权利，并非只是一组促进完成机能的条件，而实是一组"促进发展能力"的条件。

社会，也是法律，所应该应负的实际事实是这样：没有一个人能知道任何人的可能性，甚至于自己的可能性。无论人格究竟是什么，它始终是一个不容预料的源泉：它的不可知的原素是在那不可知的和充满了希望的性质里。我们绝不能武断地知道：一个人的能力已在什么时候达到了它的限度。但无论如何，个人和社会都有赖于这个未知的和不容知的事物的发展。这里我们所确知的成分是：在个人能力的常态发展下——无论是些什么能力——社会是一个假定的受惠者。这句话的另一方面是：该发展的被阻，足以招致社会的和个人的假定的损害，这损害是无容计量的。

在这确知的和不知的事物的基础上，我们建筑起正义的全部假定结构。个人的应该发展他的能力——无论这能力是什么——

---

① 此句原件如此，疑误，或为"一个才能和道德心……"。——勘校者注

是客观地合乎正义的。这客观正义乃是法律权利的真正标准。法律权利是一些条件，或应该是一些条件，在这些条件下，我们假定个人能力能得到最好的发展。至于该项能力的能够适合于机能，则是我们所必须确信的；我们苟愿意，也能诉之概然性的统计。一个婴儿在具有机能前早就有了权利：在这里，权利和机能是绝不相关的。无论什么，只需能使人的能力获得自然发展，它就是假定权利。

大部分的能力苟在自由的条件下始得获得最良发展——事实上确是如此——则自由就是一个假定的权利。除了我们确知有些人在奴隶地位中较能发展他们的权利外，我们必须假定个人自由为一个权利。传说若是可信的话，伊毕克坦特斯（Epictetus）或伊索（Aesop）①的个人能力是在奴隶地位上能得最好的发

---

① 伊毕克坦特斯（Epictetvs，约 50—130 年）是一位希腊哲学家，约生于西历纪元后五十年，起初隶奴隶籍，后在尼罗（Nero）帝时获得解放，成自由人。他的哲学主张是属于斯多伊克（Stoic）学派。他有两句格言："除了意志外没有善恶"；"勿做预测或指挥事物的妄想，只须以智慧接受事物"。他所悬拟的人的极则是一个"无室无家，一衣以外无长物，忍受苦难，对鞭挞自己者爱之如父兄，哀怜其无知"的人。

伊索（Aesop，620—560 B. C.）以寓言闻名当时及后世。其平生已不可确考。据通行的传说，他原是一个奴隶，后被解放始获自由。普鲁他克的《七贤宴会记》（Plutarchs, *Sym-Posium of Seven Sages*）一书中，载有这辈希腊贤人对于伊索所为嘲笑，说及他曾隶奴隶籍，盖当时伊索正为他们的上宾。

著作引彼二人，乃因他们幼时都是奴隶。——译者注

展——他们大概在不如此严厉的纪律下就不能发展他们的能力——则在这两个人,奴隶地位就成为一种权利。但这事实是否属实,你、我和任何人都不知道。甚至于这事是否将对于有些人成为真实,也只有上帝知道。因为我们对于这事不知道,所以我们不能假定:人的能力在自由和奴隶地位中能得同样发展。事实上,我们的假定正和它相反。是以,除了特殊情形能提出相反的证明外,个人自由将永远是合乎正义,而奴隶制度则永远是违反正义。我们的意思是:权利是一些条件,在这些条件下,我们必须假定,人的能力能获得最好的发展。

三十二

因为全人类对于这一点所不知和所确知的程度,是差不多都相一列,所以我们能使大部分的权利体系成为机械化。

我们苟在这里已获得了权利的真正理由,则同时也就获得了停止权利的理由。因为我们也能和道①某种使能力不能获得发展的条件。例如,苟恶意是一个条件,足使人的能力不能自由发展或循正轨发展,则恶意一旦证明,它所有关的假定权利就须停止。倒转来说,诚信是任何假定权利的条件。凡一个人没有诚信,他就没有任何假定权利,除了一个尚容有变更思意的机会权利。因

---

① 原件如此,疑有误,或为"我们也能知道……"。——勘校者注

为思意的证明很是困难，所以法律的承认这条原则，也不会完全扰乱了假定的机械性。我们不必预先恐惧：这样一个主观性的标准将混淆法律的执行。反之，我们所应恐惧的危险是：正因它是主观的，所以不能完成正义所需要的变化。

社会在赋予权利时必得甘冒两个难以预测之点：一，这权利果否能够发展个人的能力；二、所已发展的能力果否有益于社会。这两点的难以预测是不可避免的，它使欲借计算社会利益以发现权利的全部企图，成为不可能。

原则四：我们有一个自然权利，只这一个。

三十三

苟许多不同的假定权利确然是促进个人能力发展的许多方法；苟法律所以合于正义只是因为——也是只限于——它具有这促进效力；反之，法律苟丧失这效力，它就同时丧失它的正义性；于是，这个估量正当性或正义性的准绳就给我们以"正当"或正义的性质。它定义了我们所谓的自然权利。它当然更定义了权利。

一个人得应该发展他所具有的权力，乃是合乎正义，或是绝对合乎正义的。我们也能这样说：他具有一个"自然权利"来发展他所能发展的。这是他所有的唯一的自然权利。至于他对于自由、对于谋取幸福（除非这是指发展他的能力），甚至于生命，都没有所谓自然权利或绝对权利，除非我们能证明人的生命乃是这发展的一个不可缺的条件——这证明却是很不容易的。并且甚至于这个自我发展的权利也只在它的永久性和它的不容为外力所移让的一个意义上，才能说它是绝对的。但这所谓绝对并非指它没有任何条件。一个人得停止或永远抛弃他自己的权利，或凭他的自由选择来不发展他所能发展的。这样的自由意志并非是这个不容转让的权利的主体。自我完成的意志才是它的主体。凡"道德企图"（moral ambition）存在之处，亦即该权利存在之处。

我们必须假定："道德企图"系存在于人的潜意识界（sub-consciousness），所以甚至于当意识的自我已把该企图摈弃，但只需社会尚有使它发为动作的可能，它还是存在着。这好像救生者必须假定溺水者尚具有生命，直至他已用尽了他的救助恢复呼吸的一切可能方法。

三十四

这里我们好像已踏进了法律原理所不能进入的区域。但这只是表面如此而已。我们上面已经说过：法律只能及于假定权利，它只能执行些已经由具体标准定义后的假定权利。这样说法当然是很对的，但苟定义尚时时在变易，且在许多已存在的定义间，选择当时所适宜的定义时，法律尚须诉诸未经定义的准绳，则这时法律，和道德家一般，就必须知道这许多定义的唯一共同渊源。当律师遇到这些最后的基本事件时，他将自然地抛弃了完整法律的便利，而接受普通人的不很安适的态度。这些基本事件是活的，不容捉摸的，所以只有我们的直觉才能接近。

这是柯勒和施塔姆勒所被迫而最后采用的方法。

三十五

我们现时所采用的标准是和施塔姆勒、沙兰易（Saleilles）[①]及法国其他的自然权利学派的标准，有一点相近。它们同样是一个正义的标准，并且同样地树立了"不得违反正义"的原则，作为立法和司法的规范。这点是和柯勒及其他新黑格尔派相异的。

但我们的标准也和上面的许多人都不相同。它并非是一个不具内容的纯粹方式，更非一般人间的"纯粹社会"关系。我们所采的是个人的意志，该意志所企求的具体福利，和该企求（我们称之为"道德企图"）对于一切能予它以影响者的要求，无论这些能予它以影响者是具有立法权能的个人，抑是社会。

施塔姆勒派的错误是在他们认为一个纯粹的方式足以使任何事物成为合乎正义。其实足使任何行为或任何法规成为合乎正

[①] 沙兰易（Raymond Saleilles，1855—1912）：法国法学家，尤以比较法权威著称，现通译萨莱耶。主要著作包括：《对德意志帝国第一次民法典草案中责任的一般理论之研究》（Etude sur la théorie générale de l'obligation dáprés le premier projet de code civil pour l'émpire allemand，1890）、《论意思之宣告》（De la declaration de volonté，1901）、《论不动产之占有》（De la possession des meubles，1907）和《论法人资格》（De la personalité juridique，1910）。——勘校者注

第三部分 译 著

义的,只有一个东西,就是利益。足以辨别一条法律是错误的,也只有一个东西,就是一条比他更好的法律,或一个更好的法律概念;而足以赋予法律以较好或较劣的性质者,却只在它能否促成具体的结果。就这点讲,耶林的思想应成为此后一切法律哲学的基础。

施塔姆勒所谓:任何特殊目的,除了对于怀有它的个人外,不能加予任何其他意志以拘束力;这句话诚然是很真实的。但这真理的推论并非是:我们必须从这标准里除去一切内容。它的推论应该是:"这标准必须包含一个对于一切意志都有利益的内容。"一个纯粹社会并不是任何意志所关心的东西。

一切意志所关心的乃是一个企求公共福利的社会。我们在上面所说的就是:无论公共福利的性质怎样(柯勒的"文化"确说明了它的大部分),它必须包含个人的发展,这是一切其他福利的先决条件。艺术、科学,和控制自然界的技术,都是这公共福利的一部分,但依柯勒的说法,这些东西好像能离开享受者、艺术家、科学家、技术家等等个人而独自存在。我们却指点出:这些文化的各部分,苟离开了这些个人,就不能存在。

就教育上讲,一个能传授的文化诚然是发展个人能力的主要源泉;个人的发展始终不能很高的超出遗传下来的社会的精神财富的限度。但在另一方面,文化的生长及存在却有赖于已经发展的

537

个人才能的鉴赏。所以,这些才能的发展才是权利所关心的东西。

三十六

用一个纯粹方式来调节法律的企图,不只有一个消极的不便,它更有一个积极的危险。因为它不得不假定:意志间的冲突本身是一个罪恶,而意志间的和谐本身是一个善端。它倾向于对冲突自身加以判断,而不知道冲突自身实在是几个具体判断相互间的一个争点。它更倾向于认为:几个特殊目的间的冲突事实即足以证明这几个特殊目的都是错误的。但实际上则绝不如此:在任何冲突中,一个意志常比另一个意志较近于正义,对于这些案件,"和谐"一词实在不能解决些什么,虽它确指出了所欲达到的结果的方式。我们所必须得到的,也是法律所必须帮助我们获得的,乃是一个根据于予争点以正义判决的和谐。此意义以外的一切即非我们所需,也非我们所能获得。是以,和谐只能成为次位的准绳(secondary guide)。

三十七

我们的标准所以别于上面几位学者,也是所以别于前此所曾提出的任何标准者,还有另外一点,就是:它能表显我们所给予各项权利的差等的重要性。先期的自然权利学派的最大错误,并非在他们树立了一个绝对权利,而是在树立了过多的自然权利。在他们所开名单上的每一项权利都是固定不屈。像国家主权一

第三部分 译 著

般,每个权利都各自独立而处于最高地位。在这样一大窠的绝对物中,我们就再也找不到生命。它们不得不互相妥协,但任何妥协均足致绝对性于灭亡,于是经验的自然结果只有将它们完全抛弃。到现在,"自然权利"这一名词,只在"保证具有变化的内容"的安抚人心的告示下,才敢提出。

其实这个辩白是不必要的。任何人只须是提出任何标准,他一定就是提出一个绝对标准,无论它是否这样标明,我们对这个逻辑正不必畏惧。只当我们已能超脱了对于名词的畏惧,尤其是超脱了最下乘的学者所有时尚及恐惧的虚伪时,我们才能得到学术上的真正进步。"绝对"和"标准"原是二而一的名词。

但一个真实的标准必须能做到标准所应尽的工作。它必须能够解释我们现有的诸种权利的意义,更能领导我们得到现尚未有的诸种权利。它的解释是将诸种权利依次排列,也就是表明它们怎样从标准里推演而得。这排列包含两部分:先是排列诸种权利于标准的本身之下,然后排列诸种权利间的顺序,而表明它们的重要性,哪些是中心的和重要的,哪些是周围的和较不重要的。它能给予法律原理以一种粗简的数量性。我们认为这数量性正是法律现所需要的事物中的一项。

从一种意义上说,虽每一条法规即是"法律",它具有整个法律的尊严;每一个违法行为即是一个对于"法律"的违反,所以一点违法即是违犯整个法律。但从另一方面说，可宽恕的罪过和重大致命的罪犯间的区别，总会跻进立法者及法官的透视。法律和权利的主体的心理状态，总难摈于法律结构之外。我们可以看看它的几种结果。

三十八

威斯脱马克（Westermarck）①曾推究道德观念的历史渊源系出自人类所具"无利害关系者的愤怒"的习性——就是：一个无关争端的旁观者对于侵侮他所表同情者的愤怒。亚当·斯密对于良心的渊源也有相同的见解。

但愤怒是有不同程度的。我们苟将不法行为予以心理上的定义如下："我们站在无利害关系的地位上所愤怒的东西"，则我们就能为诸种不法行为制成一个顺序表格——例如：从借得物的过失误用起，以至于一个恶棍的凶杀。

我们对于愤怒的程度上的不同，究能给予什么解释呢？——这些不同程度的愤怒，当我们想象遇到诸种假设的不法行为时，

---

① 威斯脱马克（Edward Westermarck, 1862—1939）：现通译韦斯特马克，芬兰哲学家和社会学家。1894年任赫尔辛基大学讲师，1907至1930年任伦敦大学社会学教授。主要著作有：《人类婚姻的历史》（The History of Human Marriage, 1891）、《道德观点的起源与发展》（The Origin and Development of the Moral Ideas, 1906—1908）、《摩尔人的神圣观念》（The Moorish Conception of Holiness, 1916）、《伦理相对论》（Ethical Relativity, 1932）、《基督教与道德》（Christianity and Morats, 1927）等。——勘校者注

或想象历史上的不法事件时，即可体验得到。在这里，我们是否受支配于禽兽时代的遗传性？凡不合于我们远祖的禽兽时代社会的反社会性行为，我们是否对之最感愤怒呢？苟不然，则在人类的愤怒，和将来的人类社会的福利间，是否存有更合理的关系？

三十九

在著者看来，历史对于这点已表显得很清楚。骤然的狂怒确是禽兽时代的遗传物；直到现在，我们对于直接加诸身体的暴行，比了一个影响全国而很雅致的犯罪行为，仍本能地更觉得愤怒。但后一类的对于战争及革命等的愤怒实在具有另外一种性质。人类对于伪善的和雅致的掠夺行为实比了对于直率的残暴行为，具有更深潜的愤怒，这愤怒并非是人猿所遗传下来。人类所对之奋斗得最用力和最长久的，乃是石器时代的人所从未梦想到的事物。

这点关于愤怒的新度量，只有借自我意识的生长才能解释。申言之，人类对于内心里所朦胧地认为自我的伸展区域，正在逐渐增加其欲予以保护的心理倾向。就心理上讲，我们现时对于损害田地的行为所怀的愤怒，已较之对于损害谷物的行为所怀愤怒大得多。良心和虔信都是围绕着我们人格的伸展区域的边地，也是个人及社会的生命所寄的新思想的嫩芽。我们对于这些事物已能清晰地感觉到，这事实表示：人类个人已认识了他的自我发展的权利的最高重要性，和用这个标准来衡量其他权利。

"能生产的"（generative）不一定比了"所生产的"（generated）更为重要。在人类的历史中谷物比了田地，赤鹿比了弓矢，确曾被视作较为重要。但当人类"已从船底里爬了出来"，价值观念也就倒了过来。他们已开始在珍视着和保护着"能生产的"，对于任何足以危害它的事物，表示了最高的愤怒。

这点就是宗教在历史上对于立法所予深远影响的不容磨灭的重要性。有组织的宗教对于法律所具有的直接效力现在虽已不存，但它所代表的心理原素却不因之就被毁。若是杀婴、堕胎、自杀的犯罪行为，曾特别的见责于较古的宗教精神，因为它们是有关于"灵魂"的犯罪；若是清教徒的价值顺序曾无微不至地渗入了它们的政治设计，则我们无论怎样地将它们的狂妄的细目小节加以修正，但它们对于相对的重要性的一般直觉大概将继续存在下去。我们现时仍觉得生命权比了财产权更为神圣，真正宗教性行为的自由比了集会自由更为重要。

诸种权利的价值顺序，乃被决定于它们对于个人智力发展的相关程度。

四十

哲学所贡献给法律的指导公式，苟没有这样一个数量性的权衡，它就绝无益处。

第三部分　译　著

　　正像施塔姆勒的"团体"原则，苟能始终止于纯粹方式的区域里，将成为一无用处，或令人转入迷途，所以任何企图，苟想只借了汇集诸种有关的利益，来指导法律，也将同样地令人转入迷途，除非它更提出一个衡量这些利益的重要性的方法。

　　若是一个刚才出生的婴儿，正遇着生命的危险——譬如说他是一个身躯不全的婴儿——这里的有关系的利益究竟是些什么呢？母爱的利益吗？——这时只是一个可怜的痛苦的利益——"个人生命的社会利益"吧？——这时的判断是倾向于把它毁灭了。在事实上，这些利益已骤然变成不确定及无从计算，因为它们所根据的主体已成为不确定。但我们苟能够认为这小生命能自己尊重自己像一个人的生命，且将达到一个我们所谓"道德企图"之境，则我们也就会立刻重视他。这就是宗教所注意之点，就是宗教所提出的：那里是否有一个灵魂存在？有组织的宗教对此问题，诚会像任何人的判断一样，于答复时将摇曳不定，但对于"这究竟是个什么问题"上，则它就绝不会犹豫的。总之，"调适一切有关的利益"的一个公式，仍像"和谐"一般，不能得到要领，除非我们另有一个根据，能借以知道为什么有些利益比了其他利益更为重要。我们在排列此种利益的重要性的顺序时，实在即是制成一个在我们所谓"意志"范围内的人类本能的系统。

543

对于这点,著者曾在他处详细讨论过。①我们这里所须注意的只是:我们的标准确曾为此种衡量留出余地。

我们现在可以讨论:我们是否能够使我们的权利的一般原理,对于法学家及立法者的工作,发生较密切的关系。

八、对于立法者的几个特种指导

四十一

哲学家的任务是在将法律系联于物性的永久基本,而非在进入特种法律结构的区域。后者是法学家的工作。法律遇到了柯勒、施塔姆勒、霍母斯、②或庞德,诚是大幸事,因为在他们,法学家和哲学家已合于一人。但造诣较狭的人则只能自足于自己的区域,直等到他已经确知自己的区域已与相邻的区域发生了关系。

我们已为法律树立了一条普遍标准,就是:个人的自我完成的自然权利。像一切的普遍原则,它比了较接近于特种法律问题

---

① 《人性及其改造》(Human Nature and its Remaking)。——原注
② 霍母斯(O. W. Holmes, 1841—1935):现通译霍姆斯,美国法学家。1866年毕业于哈佛大学法学院,1870年起任哈佛大学法学院讲师、教授,1882年起任马萨诸塞州最高法院法官,1899年起任院长,1902年起就任美国联邦最高法院法官。主要著作有:《普通法》(The Common Law, 1881)和《霍姆斯法官的司法见解》(The Judicial Opinions of Mr. Justice Holme Shriver ed., 1940)。——勘校者注

第三部分　译　著

的特殊原则，反较为不切实用。但我们已说过：较特殊的权利原则只是"假定的"，若是假定有变易，它们也须跟着变易。它们的实用性是以相对性换来的。

但著者相信：我们对于个人发展的几种条件是有理由视为具有永久性的，这和几种心理学上的定理，对于任何人都具有永久真实性，正复相同。我们苟能举出一组像这样的永久条件，我们就能得到一个有似自然正义的法典的东西，和一组较切实用的次等法律标准。

我们在考虑一个人怎样达到他的最高发展时，自然须顾到两组条件：一是他的身体和活动的条件；二是他的环境的条件。我们现在得一究我们在这两组条件里是否能找到些具有永久性的东西。

四十二

我们得先予"人"以一个定义，"人"是一组概念，努力于控制一个物质的身体和它的相邻物，我们所谓一个人的发展实指这些概念愈成为清晰有力，和在控制上愈形有效。这里我们应注意：依这些概念的本性，它除了被具有它的人使用外，就没有其他东西可使它发展。一个人勉强地实行他人所思想的，实在没有使用他自己的概念，所以他并不在发展。这一点给我们以一个发展的永久条件。它更给我们以自由的定义如下：自由是一个人使用自

545

己的概念来控制自己的行动的权利。

这些行动复能视作具有三个方向——控制自己和自己的生活；控制他人；控制物质世界。这些足以表示自由权的几个永久性。

甲、这是永久真实的：一个人要得到适当的发展，必须使用他的概念来管束自己的身体，自己选择职业、住所、朋友，自己决定自己的礼貌和道德行为，在这些决定上，须自为尝试（限于他种权利所限制的范围内），将自己的生命诉之于自己的良心，证实于自己的信仰——信仰可定义为人性发展点的培养。我们对于这样的使用一个人的概念的权利（普通称为人身自由权、信仰自由权等等）得称之为自治的自由权（right of liberty in self-management）。

乙、这是永久真实的：一个人要达到适当的发展，他必须使用他的概念来努力说服他的同伴。一个概念要具有生命，它必须在具有它的个人外，更能进入他人的头脑里。他的自我传播的本能（和其他利益）迫使他不得不和旁人交谈，宣传他自己的见解，缔结朋友关系，加入党派，和树立试验性的团体。这些团体中的最基本的和最持久的即是所谓家庭：在这里，两个人管束了从二重源泉所发生的诸种概念，使它们趋于一致，来得到一个生命的共同调节。我们对于这样的使用一个人的概念的权利（普通称为言论自由权、结社自由权，及诸种关于家庭的权利）得称之为取得社会约束的自由权（right of liberty in seeking social control）。

丙、这是永久真实的：一个人要达到适当的发展，他必须使用他的概念，来控制物质的客体。它在某种范围内已包含于甲、乙两项中，因为自我控制和加于他人的控制是大部分实现于物质客观的支配。正像一个人不能不吃东西而达到成年，所以他不能没有对于物质世界的某种控制而完成自我。

这是我们普通所称为财产权的复杂权利的绝对原素。我们通常将这权利归之于我们对于物的使用及享受的利益。这种利益诚然站在我们对于财产所有心理态度的最前线。但这权利的永久原素则系出自一个较深在的利益，就是：我们的所以使用物质客体物乃因为它是个人发展的必需条件。我们称这权利为控制自然界的自由权（right of liberty in controlling nature）。

这些自由的三个方面，都是自我发展的必要条件，我们不能说哪一个比另一个更为重要。它们虽多少都同时存在，但第一个实比了其余两个更为切近，所以应给以较大的重量；其他两个就依上列的顺序。

四十三

某程度内的恐惧和危险正构成生命的兴趣。詹姆斯（William

James）①所以选择他的实效哲学（pragmatic philosophy）者，最大的原因是：他认为这个哲学不使人感着绝对唯心论（absolute idealism）所具有的可畏的安静。沃拉斯（Graham Wallas）②更认为：人类的喜欢危险乃是社会心理中的基础动机。但柯勒则见到人的理智确能对于意外事件的领域予以限制。他并且提出一条定理如下：文化永远是一个理智的境界，它使无谓的意外事件减至最少额。

　　探险家都是某种和某程度内的危险贪嗜者。他甘冒生命的危险去探寻北极，苟他确认北极是一定存在，交通方法又给他有达到北极的把握，并且他的探险苟获成功，则一个具有地理好尚者的团体就会认该工作是极有价值的。但绝无意义及绝无可能的危险，则绝没有人愿意去尝试。对于此种无意义的危险——火灾、疾病、暴风、战争——人类和各国都正在尽力设法保证它们的不

---

① 威廉·詹姆斯（William James, 1842—1910）：美国哲学家、心理学家，晚年为美国哲学界的公认领袖。主要著作有：《信仰意志》（*The Will to Believe*, 1896）、《实用主义——若干老想法的一个新名称》（*Pragmatism: A New Name or Some Old Ways of Thinking*, 1907）。——勘校者注

② 格雷厄姆·沃拉斯（Graham Wallas, 1858—1932）：英国政治科学家。1881至1885年任教伦敦海格特学校，1890至1923年任教伦敦经济学院，1914至1923年同时兼任伦敦大学政治科学大学教授。费边社会主义的创立者之一和《费边社会主义文集》的撰稿人。主要著作有：《政治学中的人性》（*Human Nature in Politics*, 1908）、《"伟大的社会"：一种社会分析》（*The Great Society: A Psychological Analysis*, 1914）、《社会的正义》（*Social Judgment*, 1934）等。——勘校者注

第三部分 译 著

发生。甚至于两极探险家或现代步兵现在亦多保有寿险。这样看来，最夸大的实效主义者也不免和柯勒及黑格尔同意。

人的生命中现时尚未扑灭的危险，大概在任何时间已足能够满足一般人的冒险欲。但无论如何，我们必得承认：人类不会愿意回返到以前的状态，那时必须耗费巨量时间和精力，才能保卫生命及财产。我们得很合理的承认：人类从此种恐惧和耗费中获得解放，乃是人类较高能力的发展的永久条件。这就是说：人身的安全，和人的能力，在常态发展及行使时，所需要的财产的安全，在现时和将来，将永久是假定权利。

四十四

另外更存在着一种不具物质利益的危险。它是发生自相对人的意志的不可靠性。

这是无疑的：一个人必须在应付各色各种的人物上，自己造成他的品性，并且必须借着许多次的人事的失败经验，才能学得做人的微妙的判断。但"无定则"苟成了常态，人间的诚信少得无从互相预料时，则此种智慧即无需造成；在欺诈的战斗上，个人习惯的养成将反为有害。

只当人类的对人环境中已有一部分具有如物质界规律一般的可靠性时，人的能力才能获得常态发展。换言之，一个人的根据他人的诺言，而对之预期和信靠它的履行的权利，在现时和将

549

来将永久是一个假定权利。

四十五

我们相信：这里所逐一指明的安全权，和上节的自由权，在将来任何社会中，将永久真实。苟将安全权像上述的自由权一般的详晰起来，我们将有身体安全权、契约安全权和财产安全权。

永久假定权利的纲目是如下：

自由权：

甲、自治

乙、设法约束他人

丙、约束自然界

安全权：

甲、身体

乙、契约

丙、财产

但它们尚未具有精确定义，足敷法律上诸项特种目的之用。

例如身体安全权尚需依人性中所易发生的侵害的种类而加以厘定，在我们的社会中，故意的侵害只占一个人所遇的危险中的绝小部分。我们所受侵害实多发生于邻人的过失，或间接发生于他们的行为，或发生于他们所未能控制的足以侵害他人的所有物。在法律和自我安全的目的上，一个人不只包含他的身体，此

第三部分 译 著

外更需加上他的行为、行为的效果、他的所有物和所有物的效果。一个社会不能完好地存续,除非站在此复杂体系的中心的理智,能控制上述的一切。

所以,我的安全权必须根据这个个人体系而予以如下的定义:我得假定,具有名义上控制力的理智,在实际上已确实具有控制权,因之,它所相当的体系能避免受到损害。这个体系就是我的姓名所代表的体系。

这个体系的复杂性的发展,乃和人的能力的发展,以及约束它的理智的发展,成正比例。法律苟能有效地促进个人能力的发展,它自身的工作也将因之加多,它的特种条规也将因之须加变易。只有安全权自身是不会变易的。在这点上,历史变易性和永久性好像已合而为一。

四十六

我们苟转头来看看英美国家现所施行的普通法,并抉出该法系的最基本的原则,我们就会发现:这些原则正和我们所演绎出来的假定权利的纲目互相衔接。这正是永久性和历史变易性的交点。

这方面是属于哲学的法学家的工作,现在他们已有了很好的发轫。

在庞德的《美国法导论》(*Introduction to American Law*)[①]中,

[①] 1919年康桥腾斯特书局(Dunster House Bookshop, Cambridge)出版。——原注

他曾提出五条"法律设定"（Jural Postulates）。它们是表示美国现有文明中的特有理想；它们不一定是"放之四海，衡之古今"皆准的原则。但当著者在这里抄述该项设定时，读者得自己评判：在庞德氏的提炼此项设定的高妙工作中，是否已使相对性和永久性互相携手？

> 法律设定一
>
> 在文明社会中，人们必须能得假定：他人将不加彼等以故意的侵害。
>
> 法律设定二
>
> 在文明社会中，人们必须能得假定：他们对于自己所发明的，以自己劳力所创造的，和在现存社会的和经济的秩序下所取得的，得为利益目的予以控制，并拨归自己使用。
>
> 法律设定三
>
> 在文明社会中，人们必须能得假定：在社会一般交往中，他们所与交接的人将根据诚信而行为，是以：
>
> 甲、对于他们的诺言或其他行为所合理地造成的事物，得予以适当的期望。
>
> 乙、他们将履行他们的诺言，一依社会道德观念所加予的期望。

第三部分 译 著

丙、对于因错误或意外情形而取得的在实际上不能合理取得的物件，他们必须将原物或相当物返还原主。

法律设定四

在文明社会中，人们必须能得假定：他人当积极行为时，对于能相当预见的结果，将加以相当注意。

法律设定五

在文明社会中，人们必须能得假定：他人苟保有某种物件，有逃脱约束而加以损害的可能时，将加以限止或置诸适当限制内。

在第二、第三、第五条设定的详细内容里，我们得发现美国文化所具理想的特殊规定。但读者也显然能看到：庞德五条设定的所以异于上面第四十五节内所述安全的假定权利者，只是在详细节目上。事实上，我们得认它们系由该三种权利演绎而得。法律界的读者更不难发现：著者在四十三至四十五节里的讨论，不无受到这些法律设定的影响。

读者至此必能判断：哲学和法学间的沟通是否已经确定。著者则认为此项沟通已经做到，至少关于安全权是如此。

四十七

著者非谓这是法律和哲学间唯一的接触点，更非谓这几种假定权利是立法者唯一的哲学指导。

我们所主张的是：违反正义苟为我们所明知时，则"不得违反正义"一原则必须站在其他任何原则之先。但事实上，凡合乎社会利益的事物很多正是合乎正义的。它的理由是上面第十六节所说明的：凡确实知道是违反社会福利的事物，是不会合乎正义的，在这方面，我们的原则只指出个人权利中的一个固定点，凡国家或社会侵犯这一点，它们决不能有所获益。我们的原则更指出诸种假定权利怎样的具有差等的重要性。在极端的特殊案件中，个人绝对权利的需要，得使次位的权利屈服于社会福利之下。

这里是柯勒的伟大的实证论的著作和现代社会法学派的领域。

四十八

苟非因了我们所谓人的"诸种能力"的特殊性，法律哲学里这两个方面——社会利益和个人绝对权利——的关系，将难于确定。

一个人的"诸种能力"实是一个单一权力的诸方面，像我们在另一处所说明过的。在文明社会中，这单一权力所表显的方式并不是互相冲突的，反之，它的最高点正是和他人的权力互相帮助的境界。"表显于概念的权力"（Power Through Ideas）才是人的特殊权力。只当这种权力所表显的概念已成了社会和国家的财产或仆役时，这种权力才能发生。是以，个人不能完成他的自我，除非已存在了一个社会或是社会所含蓄的精神生活已具有相当能力，来继续保有它所被托付的东西。个人永远不应该为了己用，或甚至于为他的精神自我所用，而牺牲国家的历史生命。

但国家的"存在"和"繁荣"间实具有很大的区别。个人不能主张他的自我发展的绝对权利，除非他准备为了国家的存在而牺牲自己和一切的假定权利。但他苟为了国家的繁荣、享乐、所有，甚至于秩序，而竟放弃了非他所私有的正义，则他就断送了他自己的和国家的完整的元气，这是社会罪恶的原素，这也是社会死亡的厉阶。

附录一　霍金《现代法律哲学》评介[①]

瞿菊农

霍金教授是美国的一位很重要的唯心论者。他的哲学是一种注重实际生活的唯心论。唯心论者常被人批评为玄虚的学者，有的唯心论者的确也有时不免有这种缺欠，但凡看过他的《人性与其改造》一本书的人，就许不会对他有这种批评。从一般的倾向看来，他很受康德、黑格尔、罗哀丝、詹姆斯[②]的影响而与鲍桑凯是一派的。

1924年的秋天，霍金教授与庞德（Dean Roscoe Pound）学长共同主领一班研究生，研究法律哲学与国家哲学，彼时我正在哈佛，亦加入这一班。这是一使我不能忘记的好经验，他们两位，

[①] 载《哲学评论》第一卷第五期（1927），第162—165页。作者瞿菊农：哈佛大学教育学博士，曾师从霍金。1927年与张东荪、黄子通等人创办《哲学评论》，是平民教育促进会的主要成员、教育家。主要作品有：《中国教育史》（与毛锐礼、邵鹤亭合著）、《中国古代教育史》（与毛礼锐、邵鹤亭合编）；译有约翰·洛克：《政府论》（与叶启芳合译）、康德：《康德论教育》、康福斯：《保卫哲学——反对实证主义和实用主义》等。——勘校者注

[②] 系指美国著名心理学家、哲学家、美国实用主义运动领袖詹姆斯（William James, 1842—1910）。——勘校者注

第三部分　译　著

一位是唯心论者，一位是社会学派的法律哲学的领袖，他们两位在研究班里的辩论，真使我们得了不少的益处。

这本《现代法律哲学》的材料，大部分是霍金教授在讲堂里讲过的。所以在读这本书时，特别觉得有兴味。据霍金教授说，他将来还预备写一本关于法律哲学的著作，很希望那本书能早日出版。这本《现代法律哲学》实在只是一本小册子，全书不满百页，但其中颇有值得我们咀嚼的文字。全书分两部分。第一部分所讨论的是新康德派施塔姆勒（Stammler）与新黑格尔派的柯勒（Kohler）的学说。第二部分是霍金自己的主张。在他自己的主张里，他很能采取社会学派的法律哲学的长处予以一种唯心哲学的理解。

萨维尼（Savigny）一派的历史派的法律哲学确有他的长处，但法律又不能全靠历史。在这一点上施塔姆勒与柯勒是相同的。但对于法律应当怎样的问题，两家的意思就不同了。柯勒以为在变迁中的文化有其"理想的趋势"，从此可以探索将来社会应当怎样。但施塔姆勒却要找一种永久不变的标准，一种批导的标准。（社会理想）（第7页）柯勒以为法律是要"适应"文化的，而施塔姆勒却要找一个纯粹形式的批导标准，是一种理想。这两派的思想是不一致的。于是就形成新康德派、新黑格尔派两派的法律哲学。

霍金以为施塔姆勒与柯勒的不同之点是两家的问题不同。而人们以为他们的答案是答复一个问题的，所以就觉他们两位学者

557

真是背道而驰了。霍金说:"施塔姆勒所问的是:法律的公道的标准中,什么是不变的。"

"柯勒所问的是:法律的全部责任是什么,不管它变还是不变。"

"施塔姆勒对于他的问题的答案是公道有不变的原素,是一纯粹的法相,对于一切变化中的文化阶段都是有效的。"

"柯勒以为法律有两个主人……要公道亦要能对付许多种利益(interest),这就是文化。"(第42页)①

据霍金说,其实施塔姆勒未必不承认柯勒对柯勒的问题的答案。柯勒也未必一定不承认施塔姆勒对施塔姆勒的问题的答案。

但是假如公道的要求与文化的要求冲突时怎么办?在这个问题上,两家的主张就不同了。柯勒以为如果"文化"与公道冲突时,牺牲抽象的公道。施塔姆勒以为不然。他以为公道的要求就不该与文化的要求冲突。文化而不包含公道,又是什么文化,又有什么价值。在这个问题上,我们以为施塔姆勒的话是对的。

霍金教授在这本书的第二部分提出他自己的主张来:

第一原则:法律上的权分(或译权利)是假定的权利。

第二原则:法律上的假定是创造的假定:着眼在将来要有的

---

① 此处指原书,后文类似情况不一一标注,同此处。——编者注

情形，只有在此种原因之下不问现在的情形。

第三原则：假定的权分是个人能力得以常度发展的条件。

第四原则：只有一自然权分（即个人应发展其自有之能力），这是他的自然权分。

霍金教授提出来的这四条原则据我看可以分两方面说，一方面，法律应当构成一种状况使个人得发展，决不应以个人为工具、为手段，应以个人为目的。

一人有发展自身的权分（或权利），这可以说是自然权分（个人绝对有发展到他可能发展到的地位）。法律上的权分可以说是个人人性发展的条件。此种条件可以分为两大类：一是关于他的人格与活动的，一是关于他的环境的。（第86页）分析言之：

（一）自有的权分：

（a）自主；(b) 取得社会制裁之自由权；(c) 裁制自然之自由权。

（二）安全的权分：

（a）身体；（b）合同与契约；（c）财产。（第91页）

霍金以为上列六项，虽则应用上有各种不同，但无论什么将来的社会，都是确当的。

我对于霍金教授的主张没有什么批评，但总觉得他的话未免抽象在理论上很一贯，但不知法律家能否合用。尤其是假如两种权分冲突时，能否有合宜的解决。

附录二　霍金著《哲学大纲》译者序言[①]
瞿菊农

我最初知道霍金教授，是在读了罗吉士的《1800年以来的英美哲学》[②]之后。罗吉士说：霍金有唯心论的倾向；虽则对于神秘主义颇有同情，而对于宗教经验的解说确有实在论的意味。在这几句话里，就觉得霍金必然是一位能融合众说，自成一家的学者。

后来常和吴德先生谈到霍金教授，才知道霍金教授对于国家哲学与法律哲学也很有主张。

1924年的秋天到了美国的冈桥，[③]赶紧拿着朋友的介绍信到昆西街16号，去看霍金教授。

霍金教授约摸有五十多岁。满面红光，精神饱满。在严正的

[①] 载霍金：《哲学大纲》，瞿世英（菊农）译，言行出版社1938年版。列入该出版社"大学文库"（第一辑）。——勘校者注
[②] 系指 Arthur Kenyon Rogers 1928年出版的 *English and American philosophy since 1800 : A Critical Survey*。——勘校者注
[③] 冈桥，即哈佛大学所在的马萨诸塞州的 Cambridge，现常见的译法有"坎布里奇"和"康桥"（以区别于英国的剑桥）。——勘校者注

第三部分　译　著

态度之中，含蕴着无限的同情。在黄稀稀的胡须里，似乎更表现一团的和气。说话沉着，声音不高。当时就觉得他可敬可爱。敬重一位学者容易，爱敬一位学者要难些。与霍氏一谈之后，觉得即使对于他的主张都不赞成，也必敬爱他的可敬爱的人格。

在冈桥两年，霍金教授讲的功课差不多都听了。最得益处的是形而上学（Phil. 9）、国家哲学（Phil. 5），以及霍氏与庞德（Roscoe Pound）①两位的国家哲学与法律哲学的联合研究班（Phil. 209）。②他讲演很清楚，很有条理。批评别人的时候，无处不表现其同情的了解。陈说自己的主张的时候，无处不表现其信仰的真切。讲书不是武断地下断案，而是和学生一同推究道理，至终归到一种推理的结论。他是一位精于辩证法的人，有的时候他的演讲就是柏拉图式的一段问答。与庞德学长的联合研究班，更有趣。一位是社会学派的法理学者，背后的哲学是实验主义——最好说是社会的实验主义。一位是介乎施塔姆勒（Stammler）的新康德派与柯勒（Kohler）的新黑格尔派之间的客观唯心论者。他们两位常常意见不同，辩论起来，我们真觉得学问是要讨论辨难的；而双方之力求互相了解，力求得一更合理

---

① 即美国著名法学家罗斯科·庞德。——勘校者注
② 本书（《法律哲学现状》）即为该研讨课的成果。——勘校者注

561

的答案，都给我们很深的印象，很好的影响。

有一天偶然谈起，他正在预备一本关于政治哲学的著作，彼时我对于政治哲学的兴趣很浓，他许我每天下午到他家里读他草稿。对于他的主张有意见时，要我另纸写出来供参考，有时也有不赞成他的主张的时候，就另外写出来交给他看。他就告诉我我的话对不对，我的批评有没有理由。这部草稿的一部分，就是后来出版的《人与国家》(Man and the State)。这种教师是不常遇见的。

我在《现代哲学》上说，"现在美国的唯心论可以霍金教授为代表。他的《神在人类经验中之意义》一书，实在是他的形而上学。他很有神秘主义的倾向，但亦很看重经验。……在他的系统里，自我的位置极重要。……他的国家哲学以人格观念为国家生活之基础；以向权力之意志（Will to Power）为国家之渊源。……他的做学问的长处，在能领略并吸收与他学派不同的学说的长处。"

要用一百多字说明霍氏的学说，是不可能的。在写这一百多字的时候，很希望表明他治学的范围与方法。霍氏的研究有关于形而上学的，有关于人生哲学的，有关于社会心理的，有关于政治法律的，他的重要的著作有：（一）《神在人类经验中之意义》(The Meaning of God in Human Experience)；（二）《人性与其

第三部分 译 著

再造》(Human Nature and Its Remaking);(三)《人与国家》(Man and the State);(四)《自我之身体与自由》(The Self: Its Body and Freedom);(五)《最近法律哲学之趋势》;[①](六)就是现在翻译的《哲学大纲》(Types of Philosophy)。最近得到他的信,听说正拟著《世界政治之精神》一书。[②]

从霍氏已发表的著作看,可知其为学之博。但"博"并不是任意杂凑,亦不是随便折衷。如其是杂凑,则是满屋散钱无从捡起。依此书所说,折衷不见得很有力量,比较起来,独创力也要小些。折衷不是思想得到完全安放的处所。进一步说,我们说霍氏的长处在能领略并吸收与他学派不同的长处,这也可以见到其为学之博。但这句话的意思,并非说他是一位折衷派。他对于别派的学说虽然很能有各还其本来面目的本事,很能替别人想,很有同情的了解,但他自有其全体的见解(Synoptic View Point)。这就是他的约的工夫。要博才能融合众长,要约才能得到解释各方面的道理。他一方面采取各派的主张,顾到经验事实,一方面从客观唯心论的立场,在全体的见解之下(亨莱教授说客观唯心论就是全体的见解),将各派的所见,都找一个安顿,这是他治学一

---

① 即本书(《法律哲学现状》(Present Status of the Philosophy of Law and of Rights)。——勘校者注
② 该书(Spirit of World Politics)于1932年出版。——勘校者注

方面博、一方面约的方法。这种方法，在这本书上表现得最清楚。至于他自己的主张究竟怎样，以后再说。

依霍氏的见解，初学哲学有三种方法：第一是读哲学史。这种方法的长处，在能发现思想与伟大的思想家及社会变迁的关系。因与"人类思想的英雄"的动机有接触，更加深他的探索真理的努力。但是这种方法，也有缺点。二三千年来的思想，太丰富了，初学者有无所适从之苦。读哲学史的正道，不在一切都记得住，而在全部思想的发展上，找几个持久的重要的理智上的朋友。第二种方法是直接研究哲学的问题。例如：

"什么是心灵与身体的关系？人类的行为是否是自然机械的一部分？有灵魂没有？是否不死？善恶的性质是什么？我们怎么办？在科学之外，我们能知道什么？"（霍金教授原序）

我们对于这些问题的答案，即是我们的哲学。这种方法未尝不好。与其很费力地读哲学史，不如直接研究问题。但非对于这些问题已有兴趣，恐怕也不见得就能见到这些问题的重要而直接研究。初学的材料，也恐怕不够。

第三部分 译 著

　　第三种方法就是霍金教授这本《哲学之派别》[1]所用的方法。是以派别为研究方法的一本哲学大纲。这种方法想要联合历史的研究法与问题的研究法，将思想史上各各种类的复杂系统，归纳到常常发现的几派的世界观。重要之点在研究这些世界观是否立得住，而不在专研究其历史上的地位。实在也是直接研究哲学问题，同时是在一定的问题之下，认识伟大的哲学家，哲学历史上的代表人物。

　　派别的研究法的最大的好处，在使人思想清楚，使研究的人，自己知道他自己的思想的路数，使自己的思想有条理。哲学上的各派根本上是几种看法，几支根本的信仰，几条思路。我们人人都有我们的断片的哲学思想，或许是未经整理，没有条理的，或许是自相冲突的，结果是一种内心的紊乱状态。如其有根本的看法，自觉其根本的信仰，知道自己的思路，才能明确的见到问题之所在，才能希望得到一种心安理得的解决，才能不至于常在一种内心紊乱的状态之下。中国现在研究哲学的不少，西洋思想也是无限制的输入，在这种时候，恐怕许多人觉得五花八门，无所适从。最好的一个方法，就是很清楚的介绍思想上的几个潮流

---

[1] 该书英文原名为 *Types of Philosophy*，瞿菊农后采用《哲学大纲》为书名。——勘校者注

宗派，使自己知道自己的思想地位。这正是苏格拉底所谓"知道你自己的"第一步工夫。霍金教授最近写信来说，他这本书的目的，是将主要的问题加以清楚的说明，以减少现代思想上的混乱。他说："I had hopes that its might be widely useful in relieving some of the Philosophic confusion of the present time by bringing the leading issues into clear statements."[①]这正是这种研究法，与这本《哲学大纲》的长处。前面说哲学上的派别是思想的路数，人类的思路到底是哪几条呢？依霍金教授的分法，主要的哲学派别有七派：

一、自然主义

二、实验主义

三、直觉主义

四、二元论

五、唯心论

六、实在论

七、神秘主义

依照霍氏1927年在哈佛的讲稿，只列六派，二元论不曾列入。

[①] 酌译为："我希望通过清晰地阐述最主要的论题，能对减少现时代哲学上的一些混乱有相当的助益。"——勘校者注

第三部分 译 著

　　哲学的目的，是要将自己的信仰，加以理智的审查研究，为谋一合理的基础或根据。"我们的信仰"，常以某种信仰为中心，而连缀成一统系，此种统系，可名之为哲学的派别。有的是根本上宇宙观的不同，例如自然主义与唯心论，一元论与多元论，是不同的形而上学的系统。亦有以信仰的来源为出发点，而有不同的派别。例如直觉主义，理性主义，实验主义之类。形而上学的信仰，足以相当的支配其知识论的主张。知识论的主张，亦足以影响其形而上学。本书所提出来的是比较重要的派别。自然主义是形而上学之一派，实验主义与直觉主义是知识论的派别，二元论、唯心论、实在论与神秘主义是形而上学与知识论的派别。

　　此书列举的七派，并不是圆满的完全的研究，所谓派别，只是研究的下手处。霍金说：

　　"我的目的是要提出重要的与不能解决的问题来，使学生能自己探索自己思想的地位，欣赏大思想家的成功，使他自己能造成他的世界观。此种经过思想的世界观，总比随便取得的以一时印象为基础的思想高明些。我们不想讨论一切的派别，只讨论自然的派别。所谓自然的派别，是在人类思想的大段落上看，各派都有他的是处。进一步说，人类的心灵，人人都相当有此倾向。在此种种倾向之下，观察一

567

切。……再问此各方面的局部的真理,如何能造一一贯的哲学。"

霍金将提出来的七派逐一研究,说明各派的真相,评衡各派的道理,指点各派所包含的真理,指点一种综合的倾向——全书可认为是一活的辩证行历。霍氏曾经说过:"辩证法是一种前进的思想行历,在柏拉图的对话的办法之下,讨论到的各种假设,就是他当时的各派哲学:各派哲学犹如自己到会参加讨论,各人对于最后的结果都贡献他的一部分。"讨论的结果,是一种新的综合。各派所见的真理都得到他的地位。如其你将这本书全部当作一各派哲学的代表会看,各人陈述自己的立场,经过分析的批评,又引出一派新的意见,至终得到相当的结论。从这一点看,全书是一篇谈话,也是一完整的艺术品。

霍金教授的综合是怎样的?根据他的讲义,他有一段话,很简单地说明他的综合。他说:

"一个人的哲学,必须有见到人类各派思想的价值的能力,而不至于将各派之所见,断片地搜集起来,毫无线索,毫无贯串。要得到此种能力,必须有一原则,能联合各派的真理,说明各派错误的理由。我以为此一原则是:实在是与

第三部分 译 著

自我的性质相同（如唯心论所主张），但此所谓自我，不是容易测度说明的，其深远神秘，是无限的（如神秘主义者所主张），必须理智地了解此自我（如唯心论所主张）；以之为科学研究之对项①（如自然主义所主张）。但我们也知道，要直接知道自我的真性质，只有靠直觉（如直觉主义者所主张）。这种看法，可以解说自然主义的见解。自然主义与实在论一样，是将世界当作独立实在而加以研究的结果。也可以解说实验主义，因为正在进行之中的世界，比唯心论平常所表现的世界，广大得多。在此正在进行之中的世界，信仰之意志，有其正当的作用。我们遇见的人生，不是自由的，不是神圣的，不是不朽的，自由是要奋斗得来的。然后我们的世界才是我们所信仰的世界，我们所创造的世界。我们的前途，是我们自己创造的，这个世界是值得我们努力的。"

这是霍金教授的综合，这是他的宇宙观与人生观。他的道德哲学、国家哲学与法律哲学都是在这种根本见解之下的思想。如其我们一定要用一个名词概括他的学说，还是用客观唯心论一名词比较妥当些。但一个孤单的概念，不能范围他的思想，他的确

---

① 原书如此。——勘校者注

有融合众说的本领。旁人对于他的思想，可以有不同的着眼处。例如瓦尔（Wahl）就说他是实在论者。

这本《哲学大纲》，虽则是为初学预备的，但对于哲学有研究的人，依霍氏的意见，也不是没有用处。因其陈说各学派论证的先后，有相当的论理的次序，比较对于哲学有研究的，更容易欣赏，更有益处。

一位思想家所以能成为权威，就在他不随便相信权威。我们的理性生活是要我们自己在思想上努力不断地求取的。我们对于霍氏所介绍的学派，与霍氏自己的主张都只能当作一种提示，仍旧要以批评的态度来研究分析，才能达到哲学的目的。翻译实在不是一件容易事，这又是以工作余暇偷空翻译的，其中想必不免有错误的地方，希望读者予以指正。在翻译的时候遇到费解的意思文句，有时亦参考著者讲授时的讲义，与译者从前听讲时的笔记，力求达意。再者此书书名，直译应为"哲学之派别"，现在改为"哲学大纲"，这一点是应该声明的。

菊农瞿世英，十九年十二月

第三部分　译　著

附录三　一哲学系统之结构[1]

霍　金

到现在为止，我们的工作在了解哲学上的根本的各派，而不在下判断。虽亦时有批评的话，然我的目的不在提出断案，而在指明我不以某派为圆满而要进一步追求真理的动机。现在我们的工作，是要各人自己想一想，自己的地位在哪里。不过这决不是要完成自己的世界观，不再改变，这是无益的希望，而是要问一问我们自己哲学派别的哲学对于我们有什么结果，有无一贯的见解或倾向。

你的哲学是你所见到的真理的总和。现在对于各派的讨论，将从前模糊见到的观念，更明白地表现出来，对于你的观察见解必有帮助。也许你已经觉得有的派别正是你自己的思想。同时，人类思想的大潮流——例如这些派别——对于你不见得会是完

---

[1] 本文系霍金著《哲学大纲》（瞿世英译，言行出版社1938年版）最后一章。对了解霍金本人的哲学态度颇有助益，特附录于此。原文每节前有序号，但无标题，本文不具列。——勘校者注

全不同的。也许你会觉得你属于所有的派别，同时又一无所属。心理上的兼收并蓄，常有为积集的许多未经选择的信仰（为各派思想的片段所合成）所阻碍的危险。觉得各有各的长处！这种心理态度是智慧的，是自由的。然而缺少力量，没有决断——是一种成功，然而是相对的失败。没有人要依一种草草缀补的哲学生活。我在不限制你们的远大的眼光的范围之内，想带上一条路，走出此种为难的情境。

读者也许已经注意到，没有多少大思想家是为派别所限的。斯宾塞不是一位纯粹的自然主义者；因为他相信自然之后或者自然之外有一实在，虽不可知，而是有的。柏拉图是一位二元论者，然而他以物质为一种无有（或非存在），又颇有唯心论的倾向——一种很有趣的唯心论，一派新实在论可从其中发生！亚里士多德的性情与思想的路数是另一派实在论的，而他的形而上学却有很强的唯心论的倾向。

许多派不同的思想都导源于苏格拉底，都说是以苏氏为基础。笛卡尔、康德与黑格尔都可以这样的说。一个人不必要做多元论者，他的哲学就可以有多元的倾向。一思想家的刺激思想引起思想的力量常是一种道德的与直觉的勇气的征象，常越出论理的范围。这种人以他所见到的真理为真理，不问他们所把捉住的是否完成圆满的系统；相信真理自身是一贯的，不必急急于发现

第三部分 译 著

其互相构合的情形。同时，他们不受我们的分类；我们觉得他们思想伟大丰富很难安放到一种"主义"上去。——似乎一派哲学的门户宗派的说法有看轻第一等天才的人的意思。现代的各种哲学系统亦有不受分类的性质，不必一定是他们的伟大，而是由于他们的思想复杂，与他们对于哲学史的知识，亦有时由于他们故意要有独创的见解。深一层说，这是现代相信的取得哲学知识的方法的自然结果。此种方法并非任何学派所独有。现代的治哲学方法是经验在前，而综合一切的范畴在后。经验（包括直觉而言）是思想的一种侦察功能。如其仅以他此时此地所能整理的所得为限，他一定自陷于贫乏。所以一个人哲学思想相当的缺少条理或没有次序不一定是驳倒他的话。詹姆斯就可以说是没有系统；他的思想里有唯心论、实在论、神秘主义、实验主义，并不曾造成一一贯的系统。

哲学史上常有从各种来源的信仰集合而成一完全的哲学的，哲学史上有一特别的名词即是折衷论（Eclecticism）。历史上知名的折衷论者，大部分是很精细而不见得是很有力量的思想家，比较起来独创力也要小些。他们的哲学不是由于富有探索的精神，而是由于容易感受旁人的思想。认为各有断片的真理，他们认为他们能联合起来，互相适合；然而他们没有能力见到哲学真理如何适合。因此，折衷派的一个名词在哲学上不是一极高的荣誉的事。思想家如菲洛（Philo of Alexandria）、辛普立西乌（Simplicius）、西塞罗（Cicero）、贺拉斯（Horace）、门德尔松（Mendelssohn）与库赞（Victor Cousin）①都是折衷派。

库赞应该有一特别的地位。折衷主义在他的思想里成为一很明了的自觉的承认的原则。他说："每一系统表白多数现象与多数观念的一种秩序，实在是真实的，然在自觉众还有别的……因此，每一系统，不是错误而是不圆满的。试联合一切不圆满的系统，应该可以得一圆满的哲学，对于自觉全部是满足的。"如其他相信关于世界的一切重要的真理都已有提议，哲学的心灵的工作只能是精当的选择与配合，还可以采用此一原则。折衷主义者心目中直接见到的是思想的历史。而因有独创的见地而思想无秩序的思想家，心目所注意的是经验——他的观察与直觉。

然而折衷派与不能归入派别的有创见的思想家的不同不过是程度的。因为无力是怎样的创见，不能不顾哲学的历史，

---

① 亚历山大的菲洛（Philo of Alexandria，约公元前20—公元50）：哲学家，出生于亚历山大，研究古希腊文化；辛普立西乌（Simplicius，约490—560）：亚里士多德、欧几里得等希腊思想家著作的注释家，雅典学派的领袖；西塞罗（M. Tullius Cicero，公元前106—前43）：罗马共和国后期最伟大的演说家和政治家；贺拉斯（Horace，公元前65—前8）：伟大的罗马诗人；门德尔松（Moses Mendelssohn，1729—1786）：德国哲学家；维克托·库赞（Victor Cousin，1792—1867）：法国教育家、哲学家。——勘校者注

第三部分　译　著

或不采取其所认为真的真理。就这一方面说，亚里士多德也相当于①是一位折衷派；又如圣托马斯②联合亚里士多德与基督教的神学，更是一位折衷派。实在论的对于世界的态度当然更容易引起折衷的倾向；极端的经验论，要我们完全虚心，对于世界不要丝毫的偏执，即内部的整饬或一贯性亦不必坚持，更易于唆动此种倾向，以无须原则为一种原则。

折衷似乎是哲学建设的预备阶段，搜集的阶段。其精神与我们所谓容忍的奇怪的美德相类，使我们对于偏见都存一种小心谨慎之意——也许对方的话值得一听；他的想法也有理由！凡能很清楚的把捉住他的信仰的条理，绝对不信其所不信，因为他信其所信的思想家，容忍是一种很难的美德。除非这是教育家或立法者的美德，是心里不完全打定主意的美德，或者是折衷派的美德，不断地努力搜集永久搜集不完的真理！

折衷派与怀疑派之间很有密切的关系。从各方面都有所取的人在各方面都要有折扣；因为凡他赞同的意见，对于他的对方或其未来的批评者必有共同之点。与怀疑派一样，对于什么思想都不肯完全采取。兼收并蓄只是普遍怀疑的正面的方式。

---

① 原文为"相当的"。——编者注
② 即圣托马斯·阿奎那（Saint Thomas Aquinas，约1225—1274），意大利多明我会修士，中世纪最伟大的哲学家和神学家。——勘校者注

折衷主义不能是思想得到完全安放的处所,也许是必须经过的一阶段。一信以为真的信仰,在当时虽尚未能见到他与其他信仰的关系,亦很难拒绝不信。一个人要了解世界第一件事是积累。

然而积累的总是一自我:自我是一种统一不能永久安于心理上的不安状态。不能不相信实在世界自身是一贯的;不整饬或不一贯是一种主观的情形,而不是一客观的事实。如其我们的信仰之间外表上不整齐一贯,则真的信仰其中必有一内在的一贯,非找到不可。在未曾把捉住我们的零碎分散的见解之间的内在的和谐,成为一原则,造成一一贯的世界观之前,我们不能有一完全理性的生活。

要能兼收并蓄而不陷于折衷派,只有一条路:即发现一单纯的原则,以表明真理各方面互相连贯的关系。你的哲学不是你的搜集所得:是你的原则。

辩证法 在哲学史上很有人要探索,一系统的方法以发现此种最后的原则。苏格拉底与柏拉图发展一种心理上试验的方法,柏拉图名之为辩证法——一种宜于谈话或对话的方法。先提出一位谈话人愿意提出来讨论的任何信仰;以之为一解释,而严格的追到极端的结论。此种演绎的办法在熟练于辩证法的希腊思想家手里很滑稽有趣,因为主张此一假设的人偶尔会发现他的论证是在反面驳倒他的主张的。因此——或其他理由——而不能承认原来的假设，必须要重新试验一新假设，直到引到没有错误的结论为止。由此可见辩证法是一种前进的思想行历。在柏拉图的对话的辩证法上，讨论到的各种假设就是他当时的各派哲学：各派哲学，犹如自己到会参加讨论，各人对于最后的结果都贡献他的一部分。真的假设是辩证法的存留——不是达尔文派的所谓留存，因为参与竞争的各部分，并非受淘汰而灭绝，是在纠正错误之后取得其附属的地位。此种方法与今日的经验的与试验的方法颇有共同之点：实在是归纳法之一式。

在近代哲学上，此种方法又重新发现，格外锐利。黑格尔最善用此法。他以为凡不完全的意见，如推到其论理的结局，必陷入对方的范围。相反的意见互相生发，犹如暴君专制容易引入无政府，无政府状态亦容易发生暴君专制；可以各自存在，不自知其关系而认为是纯粹敌对的。但在发现此种情境之后，正与反需一综合——综合是一种新意见，保存原来相反的意见之中的真理，而消除其抵牾之点。黑格尔有时以为综合是论理上从反支上引申而出；然而大部分是因一种归纳的发现所得的新概念，与任何其他的新观念一样。任何综合都比原来的正支比较真实。然而本身也许是不完全的真理，自己发生其反支，于是又需要一新的综合。如能得一命题使一切否认适足以确立其真理，是最后的综合。黑格尔将此种方法应用到哲学的历史上：他发现各种不同的哲学互相生发，有合正反两方面而得的一新综合发生时即为此新综合所代替。这样，他在他最后的结果上保存相反的派别的真实的成分（当然是指他自己的哲学而言，因为人人都以为他自己的信仰是他所见到的思想历史所引到的真实的信仰）。同时，在他进行之中，此真理世界之结构即逐渐对他表现出来：他因此而完成一极伟大丰富的经验的与历史的世界观，并没有折衷的意味。他最后得到的真理是世界是"精神"：知道在观念世界，在自然中，在历史上，以辩证的行历表现其自身，是"精神"的本性如此。宇宙是一绝对的思想行历之获得的、有生命的、进步的具体表现。如其我们得着了观念之正当的辩证法的联合，就可以发现实在的本质，而在我们自己心里复现世界的计划。

我们不必问黑格尔的结论，而可以承认他所谓"综合"的观念，与将各种种类不同的观念加起来的一总和不同，与调和亦不同——折衷派之避免。亦可以见到辩证法很可以帮助我们发现此哲学的根本原则。完全顾到我们的时代的经验的与实验的天才，承认其根据，而亦承认在发现的次序上的最后的真理可以是一必然的真理——最初就是在我们思想里未经承认之一原素（这是经验派所不承认的）。归纳方法之最后的成功是必然的或先验的真理之显露。我们得到这种真理的时候，我们知道，因为在我们要否认他，更确定他，犹如怀疑派要以没有真理的法为说真理。

第三部分 译 著

不问你的哲学是什么，一部分必定与一派或若干派的思想相类；因为这些派别是对于根本问题的各派可能的答案。你不能避免将"主义"引入你的收藏；除开为虚名之外，亦没有故意要避免的理由。并且，不问你的哲学是什么主张，必定是一个人的认知，是关于世界之一直觉的报告，决不会与他人的看法确实相符。各个人都是普遍的，又是特别的：普遍云者，与他的同类共有一感觉世界、思想世界与历史，特殊云者，各人观察世界各有其立场与看法——他的哲学的原则亦是这样普遍而又特殊的。我看是先特殊而后普遍。每一个人的生活最初是对于实在的一种概括的不能与人共有的直觉；他的任务就是要探求此一直觉的意义，再设法尽力表明或达出他所了解的意义。这是他的责任，亦是他的快乐。

关于犹太人问题[1]

马克思 著　费青 译

（本书根据1927年德国法兰克福版《马克思恩格斯全集》第一卷上半卷德文原著译出）

---

[1] 本文原载人民出版社1954年版单行本。

关于犹太人问题[①]

一、布鲁诺·鲍威尔[②]著:《犹太人问题》。布伦瑞克1843年。二、布鲁诺·鲍威尔著:《现时犹太人和基督教徒获得解放的能力》。《瑞士二十一印张》。乔治·海威克出版。苏黎支与温德图尔1843年。第56—71页。

一、布鲁诺·鲍威尔著:《犹太人问题》(布伦瑞克1843年)

德国犹太人热烈要求解放。他们热烈要求什么样的解放呢?国家公民的(staatsbürgerliche)解放,政治的解放。

[①] "关于犹太人问题"一文,是马克思在1834年9、10月间在克鲁支那赫所基本上写成,于该年底完成于巴黎,此后发表于1844年年底于巴黎所刊行的"德法年鉴"第一、二两期合刊。本文的直接论题,是批判布鲁诺·鲍威尔在1843年所发表的两篇论犹太人问题的文章,所以本文也分为两大段,每段都在文前标明所批判的鲍威尔文章的题目。——译者注

[②] 布鲁诺·鲍威尔(Bruno Bauer, 1809—1882):德国神学者,宗教历史学者,初与马克思同属左翼黑格尔学派,1842年因批评基督教被革去波恩大学讲师职,后逐渐趋向保守,为普鲁士反动政府辩护。——译者注

布鲁诺·鲍威尔回答他们：在德国，没有任何人在政治上已经获得解放。我们自身也是不自由的。为什么我们便应该解放你们呢？如果你们作为犹太人而要求一个特殊的解放，那么你们犹太人是利己主义者。你们应该作为德国人而从事于德国的政治解放，作为人而从事于人的解放，对于你们所受特殊式样的压迫与侮辱，你们不应该觉得是通则的例外，而应该觉得是通则的证实。

或者，犹太人是否要求和信奉基督教的国民有同等地位呢？这样做，他们便承认基督教国家是正当的，也就是承认一般压迫的统治。如果他们满意于一般的压迫，为什么他们不满意于他们的特殊的压迫呢！如果犹太人对于德国人的解放认为与己无关，为什么德国人对于犹太人的解放应该认为与己有关呢？

基督教国家只知道特权。在这个国家里，犹太人具有作为犹太人的特权。他，作为一个犹太人，享有那些基督教徒所不能享有的权利。为什么他还热烈要求那些他所没有而为基督教徒所享有的权利呢？

若是犹太人要从基督教国家解放出来，那他便是要求基督教国家抛弃它的宗教成见。可是，犹太人自己是否也抛弃他的宗教成见呢？要不然，他是否有权利要求别人抛弃宗教呢？

基督教国家，依它的本质，不能解放犹太人；而犹太人——鲍威尔加添着说——依他的本质，也不能被人解放。当国家还是

第三部分 译 著

基督教国家，犹太人还是犹太人的时候，二者同样地没有能力，无论是解放对方，或是接受对方的解放。

基督教国家只能用基督教国家的方式来对待犹太人，就是用特权的方式：它允许犹太人从其他国民分别开来，却又使他们感受到被分别开来的其他部分的压迫，尤其因为犹太人在宗教上站在和统治宗教相对立的地位，所以更加深了他们被压迫的感觉。可是，犹太人也只能用犹太人的态度来对待国家，就是以一个局外人的态度来对待国家：他把他的幻想的国籍和真实的国籍对立起来，把他的幻觉的法律和真实的法律对立起来，他妄想自己有权利从人类分别开来，他原则上不参与历史运动，他冀求一个和人类共同的将来毫无共同之处的将来，他把自己看作犹太民族的一分子，而把犹太民族看作神的选民。

那么，你们犹太人根据什么名义来热烈要求解放呢？为了你们的宗教么？它是国教的不共戴天的仇敌。作为国家公民么？德国并没有国家公民。作为人么？你们不是人，正像你们向之呼吁的也不是人。

鲍威尔，对犹太人解放问题迄今的各种提法和解放加以批判之后，重新提出了这个问题。他问：应被解放的犹太人和应解放他们的基督教国家，他们的性质究竟是怎样的？他的答案，是对犹太人的宗教的批判，他分析犹太教和基督教间的宗教的对

583

立，他说明基督教国家的本质——这一切批判、分析和说明都充溢着勇敢、锋利、明智和透彻，同时更运用了精确、结实和壮阔的文笔。

那么，鲍威尔究竟怎样解决犹太人问题呢？得到怎样的结论呢？问题的提法，便是问题的解决。犹太人问题的批判，便是犹太人问题的解答。现在将他的结论略述如下：

我们必须解放我们自己，而后才能够解放别人。

犹太人和基督教徒间最坚强的对立形式是宗教的对立。对立怎样解决呢？是在使对立成为不可能。怎样可以使宗教的对立成为不可能呢？是在扬弃宗教。一旦犹太人和基督教徒，把他们相互对立的宗教看成是人类精神发展中的不同阶段，看成是在历史过程中所蜕下的不同的蛇皮，而把人类看成是蜕下过这些蛇皮的蛇，那么，他们就不再是站在一个宗教的关系中，而是站在一个批判的、科学的、人的关系中。那时，科学便是他们的统一。而科学上的那些对立会由科学自己来解决。

特别就德国犹太人来说，是与一般政治解放的缺乏和国家的显明的基督教性对立着。可是，依鲍威尔的意思，犹太人问题有着一个普遍的意义，而与特殊的德国的状况无关。它是宗教对国家的关系的问题，是宗教偏见和政治解放间的矛盾的问题。他把从宗教解放出来，定为一个条件，对于要想在政治上被解放的犹

第三部分 译 著

太人是这样,对于应该解放犹太人和解放自己的国家也是这样。

"好的——人们说,犹太人自己也这样说——犹太人诚然不应作为犹太人而被解放,并不因为他是犹太人,也不因为他具有一个这样卓越的有普遍性的人类道德原则;犹太人反而会自动地退处到其他国家公民之后而成为国家公民,虽然他还是,和始终还是,犹太人。这就是说,虽然他是国家公民,并且生活在一般的人的关系中,他却是,和始终是,一个犹太人:他的犹太人的偏狭的本质,将永远胜利地征服他所负的人的和政治的各种义务。偏见,虽为普遍性原则所战胜,却依旧存在着。只要偏见还存在着,它就更会进而战胜其他一切"。"犹太人只能诡辩地和表面地在国家生活中保持为犹太人。可是,当他要保持为犹太人时,原只是表面的东西就会胜利地变为本质的东西,这就是说,他在国家中的生活就变为只是表面的,或变为反乎本质和通则的暂时例外"(鲍威尔:《现时犹太人和基督教徒获得解放的能力》,《二十一印张》,第57页)。

在另一方面,我们听听鲍威尔怎样说明国家的任务:

"法国最近(1840年12月26日众议院中的辩论)关于犹太人问题——和其他一切自七月革命以来所存在的政治问题一样——呈现给我们以一种自由的生活景象中,可是在法律上却把它的自由撤回了,因此也宣布了这种自由为一个假象,而另一方面在实际上又以行为否定了它的自由的法律"(《犹太人问题》,第 64 页)。

"在法国,普遍的自由还不是法律,犹太人问题也还没有解决,因为法律上的自由——一切公民是平等的——在仍被宗教上的特权统治着和分裂着的生活中是受到限制的。这一生活中的不自由转过来影响法律;它强迫法律,对于原来自由的公民分成被压迫者和压迫者这一事实,加以批准"(第 65 页)。

那么,就法国来说,犹太人问题在什么时候才会解决呢?

"当犹太人不再让他的法律阻止他自己履行对于国家和对于其他公民的义务的时候,例如在犹太教的安息日出席众议院和参加公共的集会,这样,他才不再是犹太人。任何一种宗教的特权,从而任何一个具有特权的教会的独占,都必须废止。如果有几个人,或是多数人,或是甚至于绝大多数人,还相信必须履行宗教义务,那么,这种履行应该作为纯粹私人事件任由他们自己去处理"(第 65 页)。"没有了具有特权的宗教,也就没有了宗教。剥夺了宗教的绝对权力,宗教也就不再存在"(第 66 页)。"正像马丁诺德(Martin du Nord)先生认为:在法律中不再提到礼拜日的提案中,含有宣告基督教终止存在的建议;同样有理由地——这理由是充足的,宣布安息日法不再拘束犹太人,将是消灭犹太教的宣告"(第 71 页)。

第三部分　译　著

这样说来，鲍威尔一方面要求犹太人放弃犹太教，一般人放弃宗教，为了使他们被解放为国家公民。另一方面，他认为宗教之政治的扬弃，在逻辑上就等于扬弃宗教自身。以宗教为前提的国家，还不是真国家，还不是实在的国家。"宗教观念当然给予国家以保证。可是，给予怎样的国家呢？哪一种类的国家呢？"（第97页）

在这点上，显出了对于犹太人问题的片面的认识。

只查究：谁应该解放别人，谁应该被解放，是不够的。批判必须针对着第三点，它必须问：究竟是哪一种类的解放？根据于所要求的解放的本质的，究竟是哪些条件？政治解放本身的批判，才是犹太人问题的终局批判，也是这问题在"时代的一般问题"中的真正解决。

因为鲍威尔没有把问题提到这样的高度，他才陷入矛盾中。他举出了一些并不以政治解放本身的本质为根据的条件。他提出了一些并不包含在他课题中的问题。他完成了一些并没有解决他的问题的课题。鲍威尔关于反对解放犹太人的人说："他们的错误只在于他们先入地把基督教国家当作唯一真实的东西，而没有给予像对犹太教那样的批判"（第3页），而据我们看来，鲍威尔的错误是在：他只批判"基督教国家"，而没有批判"国家本身"；他没有查究政治解放和人的解放间的关系，因而提出那些只由

587

于缺乏批判地混淆了政治的解放和一般的人的解放才会说出的条件。如果鲍威尔问犹太人：从你们的立场，你们是否具有要求政治解放的权利？那我们就反问：从政治解放的立场，你们是否具有向犹太人要求放弃犹太教，向人类一般地要求放弃宗教的权利？

在犹太人所在的不同国家里，犹太人问题有着不同的表现形态。在德国，因为政治的国家，或是像样的国家，还不存在，所以犹太人问题只是纯粹的神学问题。犹太人在宗教上是处在和国家相对立的地位，因为这个国家自认是以基督教为基础的。这个国家是"职业的"神学家。在这里，批判是神学的批判，是两方面的批判，一方面是基督教的神学的批判，另一方面是犹太教的神学的批判。可是，这样做，我们始终是在神学中转动，无论我们很想批判地转动。

在法国，在这个立宪国家中，犹太人问题是宪政问题，是政治解放的半截性问题。因为这里有着一个国家宗教的外貌，无论这宗教只具有一个无意义的和自相矛盾的形式，或是一个多数人的宗教的形式，所以，犹太人对国家的关系，也保持着一个宗教的、神学的对立的外貌。

只有在北美的自由各邦中——至少其中一部分——犹太人问题才丧失了它的神学的意义，而成为一个真正的现实世界的问题。只有在政治国家完全长成了的地方，犹太人，一般信奉宗

第三部分 译 著

教的人们，对政治国家的关系，也就是宗教对国家的关系，才能把它的特性，它的纯粹性，呈现出来。这一关系的批判，将不再是神学的批判，只要国家不再以神学的方式来对待宗教，只要国家开始像一个国家地，也就是政治地，来对待宗教。于是，批判便变成为政治国家的批判。在这一点上，就是在问题失掉了神学意义这一点上，鲍威尔的批判也就失掉了批判的精神。"在北美合众国，没有国教存在，没有宗教被宣告为大多数人所信奉，没有一个优先于其他的宗教派别。国家自居于一切宗教派别之外"［卜蒙（G.de Beaumont）：《玛丽或北美合众国的奴隶制》，巴黎1835年版，第214页］。是的，在北美有那些邦，"宪法不规定公民以信奉宗教和参加宗教派别为取得政治特权的条件"（同书，第225页）。虽是"在合众国没有人相信一个不信宗教的人会是一个善良的人"（同书，第224页）。虽是像卜蒙、托克维尔（Tocqueville）和英国人海密尔顿（Hamilton）异口同声所保证，北美是一个具有突出的宗教虔诚的地区。可是我们只把北美各邦当作例子。问题是在：完成了的政治解放，对于宗教，有着什么样的关系呢？甚至在完成了政治解放的地区，我们仍看见不仅存在着宗教，而且活泼有力地存在着。这就证明：宗教的存在并不阻碍国家的完成。但是，因为宗教的存在是一个缺陷的存在，所以这个缺陷的根源，必须在国家自身的本质中，才能找到。在

589

我们看来，宗教不再是现世的偏狭性的根由，反而只是它的现象。因此，我们用自由的国家公民的现世的偏见，来说明他们的宗教的偏见。我们不主张：为了扬弃他们现世的障碍，必须扬弃他们宗都的偏狭性。我们主张：只须他们扬弃他们现世的障碍，他们也就立刻扬弃他们宗都的偏狭性。我们不把现世的问题转变为神学的问题。我们却把神学的问题转变为现世的问题。历史已经够长久地消融在迷信中，我们现在要把迷信消融在历史中。在我们看来，政治解放对宗教的关系的问题，已成为政治解放对人的解放的关系的问题。我们批判政治国家的宗教的弱点，这样做时，我们针对政治国家的现世的结构加以批判，而并不计及它的宗教的弱点。我们把国家和特定宗教——像犹太教——间的矛盾人间化了，使成为国家和它的一般前提间的矛盾。

犹太人的、基督教徒的和一般信奉宗教的人民的政治解放，便是国家从犹太教、从基督教和一般地从宗教的解放。当国家把自己从国教解放出来，也就是，当国家，作为一个国家，不再信奉任何宗教，而只承认自己的时候，国家才把它自己，依照它作为国家的形式，和依照它本质所原有的方法，从宗教解放出来。可是，政治地从宗教解放出来，并非是彻底地、无矛盾地从宗教解放出来，因为，政治解放并非是人的解放的、无矛盾的方法。

政治解放的限度立即呈现如下：国家可能从某一个障碍获得

第三部分 译 著

解放，而人并没有从这一障碍真正获得解放，也就是说，国家可能是自由国家，而人并不是自由的人，鲍威尔自己也默认了这个事实，当他对于政治解放提出如下的条件："任何一种宗教的特权，从而任何一个具有特权的教会的独占，都必须废止。如果有几个人，或是多数人，或是甚至于绝大多数人，还相信必须履行宗教义务，那么，这种履行应该作为纯粹私人事件任由他们自己去处理"。国家可能已经从宗教获得解放，而它的绝大多数人民还信奉着宗教，并且，这绝大多数人民，并不因为只"私下"信奉宗教，而不再是宗教信奉者。

但是，国家，尤其是自由国家，对于宗教所持的态度，总还只是组成此国家的人们对于宗教所持的态度。由此可以结论：通过国家这一媒介，人从一个障碍政治地获得解放，这是由于他只是自相矛盾地、抽象地、有限地和局部地超越这个障碍。进一步可以结论：人迂回地通过一个媒介——尽管是一个必需的媒介——而获得解放，这是由于，他只政治地获得解放。最后可以结论：人虽然通过国家而自行宣告为无神论者，也就是，人虽然把国家宣告为无神论者，他始终还是被宗教束缚着，这正是因为，他只迂回地通过一个媒介而承认自己。宗教正是对人的迂回的、通过一个中介物的承认。国家是人和他的自由之间的中介物。正像基督是一个中介物，人把自己的整个神性，整个宗教偏见，加诸基督的身上；同样地，国家也是一个中介物，人把自己的整个非神性，整个人的无偏见，移放在国家的身上。

人超越宗教的政治上提高，分担着一般政治上提高的一切缺点和优点。例如：当国家取消选举和被选举资格的财产条件时——像在北美很多邦中已经实现的——它是以国家的地位废止了私有财产，这也就是，人们以政治的方式宣告私有财产的废止。海密尔顿对于这个事实曾从政治的立场准确地解释做："在这件事上，平民已经对私有财产者和金钱财富取得了胜利。"当无产者变为有产者的立法者时，私有财产不就在观念上被废止了么？财产资格是承认私有财产的最后的政治的形式。

但是，政治上对于私有财产的取消，不仅没有把私有财产废止了，反而把它作为前提。当国家把出生、身份、教育、职业宣告为非政治性的差别，当它不问这些差别而宣布人民中每一分子都是人民主权的平等的参与者，当它从国家观点出发来对待现实人民生活中的一切原素的时候，国家就以国家的方式废止了出生、身份、教育、职业上的差别。尽管这样，国家却还任令私有财产、教育、职业依照它们的方式，这就是说，作为私有财产，作为教育，作为职业，而发挥作用，并使它们的特殊本质发生效力。和废止这些实际差别背道而驰，国家反而只在它们存在的前提下才有自己的存在，只有与它的这些原素处于对立状态中才感到自己是

第三部分　译　著

一个政治的国家，才能使它的普遍性发生效力。因此，黑格尔完全准确地确定了政治的国家对宗教的关系，当他说："为了使国家能够作为精神的一种自觉的伦理的实在而存在，它必须从威权和信仰的形式区别开来。可是，只当教会方面自行分裂的时候，这一区别才会呈现。只有这样地在那些特殊教会之上，国家才能获得思维的普遍性，即它的形式的原则，而使此普遍性形诸存在"（黑格尔《法律哲学》，初版，第346页）。当然！只有这样地在那些特殊原素之上，国家才能把自己构成为普遍性。

　　完成了政治的国家，依它的本质，是人的"类族生活"（Gattungsleben）；这和他的物质生活正相对立。这种自私生活的一切前提，是超乎国家范围而存在于"市民社会"①中，但正是市民社会所本有的性质。在达到真正发育的政治的国家中，人不仅在思想中、在意识中，也在现实中、在生活中过着双重生活，一个天国的，和另一个尘世的生活。一个是在政治的"共同体"（Gemeinwesen）中的生活，人把自己当成一个共同体。另一个

---

① Bürgerliche Gesellschaft，这里译成"市民社会"，而不译成"资产阶级社会"，因为，像马克思自己在1859年所写"政治经济学批判序言"中所指出，"这些物质的生活关系的总和，就是黑格尔依照第18世纪英法人的例，用'市民社会'一词所包括的"，而马克思在本文中也还依照黑格尔的例来用这一名词。——译者注

是在市民社会中的生活，人作为一个私人活动着，把他人看作工具，也把自己降低为工具，成为任由外来权力玩弄的皮球。政治的国家对市民社会的关系，正似天国之于尘世，也是唯灵主义的。政治的国家对它（市民社会——译者）是站在同样的对立地位，克服它是照宗教克服俗世偏狭性的同样的方式，这就是说：也同样地必须重新承认它并恢复它，任由它统治着自己。人，在他的最直接的现实中，在市民社会中，是一个世俗之物。在这里，人把自己和别人都当作实在的个人，他是一个非真实的现象。相反地，在国家中，人当作"类族体"（Gattungswesen），他却是一个想象的主权中的一个想象的分子，他的实在的个人生活已被剥夺，却被填补上一个非实在的普遍性。

人，作为一个特殊宗教的信奉者，和他本国的全体国家公民间，和其他作为共同体中一分子的人们间，所存在的冲突，最后归结为政治的国家和市民社会间在世俗中的分裂。在身为"市民"[①]的人，"国家中的生活只是幻影，或只是反于本质和通则的暂

---

① Bourgeois，这里译成"市民"，而不译成"有产者"，因为它是用来和 citoyen（"公民"）相对立，也是和德文 bürger 一词相当。可是，自从马克思在"黑格尔法律哲学批判导言"一文内初次提出"无产阶级"（proletariat）和与它相对立的"资产阶级"（bourgeoisie）两个概念起，bourgeois，bourgeoisie 一词在此后马克思文献中便取得了"有产者"、"资产阶级"的新意义。这里应该附带地提到马克思在这一阶段中三种重要经典著作的次序和时间：（一）"黑格尔

时的例外"。的确,"市民",像犹太人一样,只诡辩地处于国家生活中;恰如"公民"(Citoyen)也只诡辩地是犹太人或"市民"。可是,这种诡辩并非是个人的。它是政治的国家本身的诡辩。信奉宗教的人和国家公民间的差别,乃是商人和国家公民间,零工和国家公民间,地主和国家公民间,活的个人和国家公民间的差别。信奉宗教的人和政治的人之间所有的矛盾,乃是"市民"和"公民"间,市民社会的成员和他的政治外貌间,所有的同一矛盾。

犹太人问题所最后归结的这一世俗的纷争,就是政治的国家对它的前提的关系,无论这些前提是物质原素,像私有财产,或是精神原素,像教育、宗教,也就是普遍利益和私人利益间的纷争,也就是政治的国家和市民社会间的分裂——这些世俗的对立,鲍威尔一任其存在,却喋喋不休地辩驳它们的宗教表现。"正是在市民社会的基础上,在市民社会获得存在和保证它的必然性

(接上页)法律哲学批判",大约开始构思于1842年5月,到1843年8月写完;(二)"关于犹太人问题",在1843年9、10月内基本上写成,只在这一年年底加进些他人新出版的著作的引证;(三)"黑格尔法律哲学批判导言",在1843—1844年岁尾年头写成。(二)、(三)两种著作,如前所述,此后即发表于"德法年鉴",而(一)种著作,则马克思生前未曾发表,且有散失,由后人辑佚成篇,已不完整。因为这三种著作的次序和时间,攸关马克思在这一阶段中思想发展的实况,所以译者认为有在这里附带一提的必要。——译者注

的欲望上，布满着攸关其存在的经常的危险，包含着一个不安的原素，产生着贫富祸福的不断的交替分合、普遍的变化莫测（第8页）。

我们可以比照一下"市民社会"（第8、9页）整章，它是模仿黑格尔的《法律哲学原理》写成的。市民社会和政治的国家对立着，这被认为是必然的，就是因为政治的国家被认为是必然的。

政治的解放当然是一大进步，它虽然不是一般的人的解放的最后形式，但它确是在直到现在的世界秩序中人的解放的最后形式。不言而喻，我们在这里说的是实在的，实际的解放。

人从宗教中政治地获得解放，这就是，他把宗教从公法中放逐到私法中去。宗教不再是国家的精神，在国家中，人——虽然只是有限地，以特殊的形式，在特殊的范围——和他人共同把自己当作类族体。宗教已变成市民社会的精神，这里是利己主义的，"人人相争"的范围。宗教不再是共同性的本质，而却是差别的本质。它已变成为人和他的共同体，和他自己，和他人，相互分裂的表现——这原是它的本来面目。它只是特殊的悖理、个人的任性和专擅的抽象的承认。例如宗教在北美的无底分化，已在外表上给它以纯粹私人事件的开展。它已被拆斥到私人利益的行列中，作为共同体而被放逐到共同体之外。但是我们不应被政治解放的限度所迷惑。人分裂为公的人和私的人，宗教从国家移转到市

第三部分 译 著

民社会——这些并非是政治解放的一个步骤，而是政治解放的完成，政治解放不仅没有扬弃了人的实在的宗教心，并且没扬弃它的企图。

人分解为犹太人和国家公民，分解为新教徒和国家公民，分解为宗教的人和国家公民，这样的分解并不是对于全体国家公民的欺诈，也不是政治解放的躲避，而是政治解放本身，是使自己从宗教解放出来的政治方式。当然，到那个时期，当政治的国家作为政治的国家，从市民社会内部暴力地诞生，当人的自我解放采取政治的自我解放的形式而努力实现，那时，国家才能够，也必须，前进到扬弃宗教，消灭宗教，但也只当它前进到扬弃私有财产，到限制财产最高额，到没收，到累进税制，前进到扬弃生命，到断头台的时候。政治生活，在它特殊自觉的瞬间，将努力压制它的前提——市民社会及其原素——而把它自己构成为实在的，无矛盾的，人的类族生活。它能够这样做，只有通过对它自己的生活条件进行暴力的对抗，只有把革命宣告为永久的，才有可能，并且，政治的戏剧因此也必然地将终结于宗教，私有财产和市民社会的一切原素的重行恢复，正像战争将终结于和平一样。

是呀！所谓基督教国家——它把基督教认作它的基础，认作它的国教，因而排斥其他一切宗教——并不是一个完成了的基督教国家。相反地，无神论的国家，民主国家，把宗教摈弃到市民社会的其他原素中去的国家,才是一个完成了的基督教国家。因为这种国家依旧是神学者,依旧官样地声明信奉基督教,依旧不敢把自己宣告为国家,所以它就不可能以世俗的人的方式,在其国家的现实性中把人的基础表达出来,而基督教却正是人的基础的夸大的表现。所谓基督教国家,简直只是非国家,因为,真正能够在人的各种创造中有所成就的,并不是作为宗教的基督教,而只是在基督教后面的人的基地。

所谓基督教国家,是基督教对国家的否定,而绝不是国家使基督教得到实现。当国家还是以宗教的形式信奉基督教,它就还没有以国家的形式来信奉基督教,因为它还是宗教地对待着宗教。这就是说,国家不是宗教的人的基础的真正实现,因为它还以非现实性,还以人的实质的幻想形象为根据。所以基督教国家,是未完成的国家,而基督教正是那未完成者的弥补和救治。宗教因而必然成为基督教国家的手段,而基督教国家是一个伪善的国家。这里有着极大的区别:或者是一个完成了的国家,它由于国家的一般本质中所具有的缺点,把宗教算为它的前提之一;或者是一个未完成的国家,它由于它的特殊存在中所具有的缺点,作为一个有缺陷的国家,而把宗教宣告为自己的基础。在后一种情形,宗教变成为不圆满的政治。在前一种情形,甚至完成了的政治,都在宗教中表现自己的不圆满性。所谓基督教国家,便需要基督教来把它自己完成为国家。民主国家，现实的国家，却不需要宗教来达到它政治的完成。它反而能够撇开宗教，因为，在这种国家里，宗教的人的基础已经以世俗方式形式获得实现。与此相反，所谓基督教国家，却政治地对待宗教，而宗教地对待政治。它把国家形式降低为外表，同时也就把宗教降低为外表。

为了使这一对立更为明显，我们现在来观察一下鲍威尔对于基督教国家的解释，这解释是根据基督教的日耳曼国家的观点做出来的。

鲍威尔说：''近来有人为了证明基督教国家的不可能或不存在，常引证《福音》书中的一些话，而这些话不仅未为（现有）国家所遵循，甚至于也不可能一次遵循，除非它愿意自己（之为国家）完全解体。''''但是，事情并不这样容易地就解决了。到底《福音》书中的那些话要求些什么呢？所要求的是：超自然的自己克制，服从启示的权威，背弃国家，扬弃世俗的关系。既然这样，那么，这一切正是基督教国家所要求和实行的。基督教国家已经采取了《福音》书的精神，如果说它没有重述《福音》书中的字句，这是因为，它是用国家形式来表现这一精神的；这些形式，虽是借用自俗世的国家制度，但在它们必然要经过的宗教的再生过程中，已被降低为外表。基督教国家是对于国家的背弃，而这一背弃是利用国家形式来实行的''（第55页）。

鲍威尔于是进一步发挥：基督教国家的人民，只是一种非人民，不再具有自己的意志；它所臣属的首领，才是它的真实的存在，然而这个首领，就它的性质说，对于人民本是外来的，换句话说，是由上帝所赐予的，而不是由人民自己的任何协力而降临的；这人民的法律，并不是人民的创作，而是真正的启示；它是元首，是它与原来的人民即民众间所必需的特权中介者；而这些民众本身被分解为偶然地构成并确定下来的一大批特殊小集团，由于它们的利益，和独特的狂热和偏见，使它们彼此有别，更由于特权的授予，使它们互相排斥（第56页）。

但是鲍威尔自己又说：“政治，如果它不外乎是宗教，就不成其为政治；正像厨锅的洗涤，如果被看作是宗教事件，就不应该被看作是家政事务”（第108页）。可是在基督教的日耳曼国家，宗教是"家政事务"，而"家政事务"也是宗教。在基督教的日耳曼国家，宗教的统治，就是统治的宗教。

把"《福音》书的精神"和"《福音》书的字句"分裂开来，是一个反宗教的行为。如果国家让《福音》书用政治的字句来说话，用圣灵的字句以外的字句来说话，它就犯了渎神的罪行，虽不一定在人的眼光中是这样，但至少在它自己的宗教的眼光中是这样。在这些国家，基督教既然是它的最高规范，《圣经》既然是它的宪章，人们就必须面对《圣经》里的字句，因为这书的每一字句都是神圣的。当人们对国家引证《福音》书中的一些话，而这些话"不仅未为它所遵循，甚至于也不可能一次遵循，除非它愿意自己（之为国家）完全解体"，那么，这个国家，连同它所依据的尘寰，就陷入一个惨痛的、在宗教意识的观点上无可克服的矛盾中。并且，国家为什么不愿意完全解体呢？关于此点，国家无法答复自己，也无法答复别人。在它自己的意识中，正式的基督教国家是一个不可能实现的"应然"。它只知道用诳言来说明它自己存在的现实性。它因而始终是一个怀疑的对象，一个不可靠的和有问题的对象。所以，当批评者迫使这个以《圣经》为根据的国家陷于意识错乱，使它不再知道自己是一个幻想物还是一实在物，使它以宗教做幌子的世俗目的的卑鄙性，和它以宗教作为世界目的的宗教意识的纯洁性，陷入无可解决的矛盾中，这样做，批评者是完全正当的。这个国家只有当它成为天主教会的警吏时，才能解脱它内心的痛苦。在天主教会面前，当这教会把世俗的权力宣告为替它服役的机关时，国家是没有力量的，自命为宗教精神的统治者的世俗权力，是没有力量的。

在所谓基督教国家中，被尊重的是"异化"（Entfremdung），而不是人。唯一被尊重的人是国王，它是一个和其他的人特殊地区别着的人，因而有着自己的宗教性，他是直接关系着天国和上帝的。这里统治着的关系，还是信仰的关系。所以，宗教精神还没有实际地世俗化。

但是，宗教精神也不可能实际地世俗化，因为，它除了是人类精神一个发展阶段的非世俗形态之外，还是什么呢？宗教精神，原是人类精神一个发展阶段的宗教的表现。只当人类精神的发展阶段，以世俗的形态展现出来，并且把自己建立起来的时候，宗教精神才能够实现。这一情形正发生在民主国家中。这种国家的基础，不是基督教，而是基督教的人的基础。宗教依旧是国家成员的观念的和非世俗的意识，因为宗教正是在这种国家中所达到的人的发展阶段的观念的形态。

政治国家的成员国的宗教性，是由于：个人生活和类族生活间，市民社会生活和政治生活间的二元性，是由于：人把他现实的个性相对立的国家生活当作他的真实生活，是由于：这里的宗教是市民社会的精神，是人和人相分裂相睽离的表现。在政治的民主国家中，不只是一个人，而是每一个人，都被认为是主权者，是最高者，但是，人却又是无教化和无社会性的现象，一个偶然的存在物，一个平凡起居中的人，为我们整个社会组织所蚀害、自弃、被出卖、被统治于非人的关系和原素，一句话，人还不是真实"类族体"的人——这样的政治的民主国家，便是基督教的。想象的图景、幻梦、基督教的教条、人——但作为一种不同于实在的人的外物——的主权，这些便是民主国家中的感性的现实性、现在性和世俗的准则。

在完成了的民主国家中,宗教的和神学的意识,好像并没有政治意识和世俗目的,而只是厌世感情的所有事,只是理性偏狭的表现,只是任意和幻想的产物,也只是真正彼世的生活,正因为是这样,所以这意识愈被认为是宗教性的和神学性的。在这里,基督教就成为世界性的宗教意义底实际表现。这是由于,在基督教的形式中,千殊万异的世界观,分门别类地并立着;这更由于,基督教不再向别人提出基督教的要求,而只提出一般宗教的要求,也是任何一种宗教的要求(参照上引卜蒙的著作)。宗教意识正浸淫在宗教的对立和多样性的富有中。

据上所说,我们已经指出:从宗教解放出来的政治解放,依旧让宗教存在着,虽然不是让特权的宗教存在着。特殊宗教的信誉者,和他本国的全体国家公民间所存在的矛盾,只是政治国家和市民社会间所存在的一般世俗矛盾的一部分。基督教国家的完成,便是这样一个国家,它承认自己是一个国家,并且把自己从它成员的宗教中抽象出来。从宗教解放出来的国家解放,不是实在的人从宗教解放出来。

因此,我们不像鲍威尔般向犹太人说:你们不能够在政治上获得解放,除非你们彻底地把自己从犹太教解放出来。相反地,我们对他们说:正因为你们不必完全地和无矛盾地放弃犹太教,已经能够在政治上获得解放,所以,政治解放本身不是人的解放。如果你们犹太人要求获得政治的解放,而并不要求获得人的解放,那么,这样的半截性和矛盾,其咎并不仅在于你们,而且在于政治解放的本质和范畴。如果你们执著于这一范畴,你们也就共有着那一般的偏见。犹太人,纵然是犹太人,只要要求国家公民权,便是政治化了,正像国家,纵然是国家,只要基督教地对待犹太人,便是新教化了。

但是,人——纵使是犹太人——虽然能够在政治上被解放和获得国家公民权,他是否就能够要求和获得所谓人权呢?鲍威尔否定这点。"问题是在:身为犹太人的犹太人,既然自己承认,由于他的真正本质,不得不永久地和他人隔离着生活,那么,他是否能够获得一般人权并给他人以一般人权呢?"

"就基督教世界来讲,人权这一思想,是在上一世纪才被发现的。对于人,这一思想并不是天生的,反而是人在和他直到现在被教育着的历史传统所作斗争中争取来的。所以,人权不是天然的礼物,也不是以往历史的赠与,却是对于出生的偶然遭际和对于历代相承的特权所作斗争的代价。人权是教化的结果,只有亲自获得而当之无愧的人,才能够享有它们。"

"既然这样,犹太人能够真正享有人权么?只要他还是犹太人的时候,这个使他成为犹太人的偏狭的本质,就会制胜了那个使人与人相结合的人的本质,而把他和非犹太人相隔离。由此隔离,他宣告了:这个使他成为犹太人的特殊本质,才是他的最高的真正本质,在这一本质面前,那一人的本质必须退避。"

"同样地,基督徒作为基督徒,也不能够赋予人权"(第19、20页)。

依照鲍威尔的意思,为了能够获得一般的人权,人必须牺牲"信仰的特权"。我们现在且来考察一下所谓人权,尤其是在真实形态中的人权,像它的发现者——北美洲人和法国人——所享有的人权吧!这种人权的一部分,是政治权利,既只有和他人联合才能行使的权利。共同体的参与,尤其是政治的共同体即国家的参与,构成这些权利的内容。它们属于政治自由的范畴,属于国家公民权的范畴;而这种范畴并不以无矛盾地和积极地扬弃宗教,所以也不以扬弃犹太教,为它们的前提——这点我们在上面已经看到过。所还需考察的人权的另一部分,便是"人权"（droits de l'homme）,它们是和"公民权"（droits du citoyen）相区别的。

在这些权利的行列中,有着良心的自由,就是任意行使一种宗教信奉的权利。这一信仰的特权,是作为一种人权,或是作为一种人权——自由——的效果而被承认的。

1791年《人权与公民权宣言》,第10条:"任何人不应该因为他所持意见，即使是宗教的意见，而感到不安"。在1791年宪法第一篇中，对于"任何人行使他所属宗教的信奉的自由"，是作为一种人权而保证的。

1793年《人权宣言》，第7条，把"行使宗教信奉的自由"列入人权中，是呀，关于表示思想和意见、集会和宗教信奉的权利，甚至于这样说："宣告这些权利的必要，是以专制政体的存在或是它的新近记忆为前提的"。参照1795年宪法，第十四篇，第354条。

宾夕法尼亚宪法，第9条第三款："所有的人都由自然赋予依照良心感应来信奉上帝的不可剥夺的权利，任何人不得在法律上被人强迫违背自己的意愿而归属、组织或维护任何一种宗教信奉或宗教教会。任何世俗威权在任何情况下不得干涉良心问题和控制灵魂权能"。

新汉普夏尔宪法，第5、第6条："在自然权利中，有些是依照它们的性质不容割让的，因为它们是无与伦比的。在这些权利中，有着良心的权利"（卜蒙：前引书第213、214页）。

在人权这一概念中，宗教和人权并没有不一致性，所以，皈依宗教，任意地皈依宗教，和行使一种特殊宗教信奉的权利，常常以明文列入人权中。信仰的特权，是一般人权中的一种。

"人权"之作为人权，是和国家"公民权"相区别的，究竟谁是和"公民"相区别的"人"(homme)呢？他不外是市民社会的成员。为什么市民社会的成员被称作"人"，被简单地称作"人"，他的权利被称为人权呢？这一事实，我们怎样解释呢？只有从政治的国家对市民社会的关系，从政治解放的本质，才能解释。

首先我们认清这一事实：区别于"公民权"的所谓"人权"，不外是市民社会的成员——也就是，自私的人，从他人和共同体相分离的人——的权利。是激进的宪法，1793年宪法，说明这点如下：

《人权与公民权宣言》，第2条："这些权利（自然的和不可剥夺的权利）是：平等、自由、安全、财产"。

自由是什么呢？

第6条："自由，是人可以做不损害他人权利的任何行为的权力"，或是依照1791年人权宣言："自由便是得做任何不损害他人的行为"。

这样看来，自由便是，只要不损害他人，任何事都可以做的权利。至于不损害他人而行动的界限，则由法律来规定，正像两块地的界限由篱笆来划定一样。人的自由，被看作是孤立的，退缩在自身中的"单子"(Monade)。依据鲍威尔的意思，犹太人为什么不可能获得人权呢？"只要他还是犹太人的时候，这个使他成为犹太人的偏狭的本质，就会制胜了那个使人与人相结合的人的本质,而把他和非犹太人相隔离"。但是自由这一人权,并不以人与人的结合为根据,反而以人与人相隔离为根据。它正是这个隔离的权利,正是偏狭的,偏于一己的个人的权利。

自由这一人权的实际应用,便是私有财产权这一人权。

私有财产权这一人权,究竟是什么呢?

第16条(1793年宪法):"财产权是属于一切公民的权利,他得任意享有和处分他的财产、他的收入以及他的劳动和经营的果实"。

这样看来,私人财产这一人权,便是:任意地、和他人没有关系地、对社会孤立地享有和处分自己的财产的权利,即自利的权利。那个个人自由和它的这个应用,构成市民的基础。这基础使每一个人把他人不看作是他的自由的实现,反而是他的自由的限制。但是这基础却首先把人权宣告为:"任意享有和处分他的财产、他的收入以及他的劳动和经营的果实"。

现在只剩下另外两种人权:平等和安全。

平等,在它的非政治的意义上,不外是上面描述过的自由的同一物,这就是,任何人都被平等地看作是安于自己的"单子"。1795年宪法,把平等一概念,依其意义,规定如下:

第3条(1795年宪法):"平等,是法律对于一切人都是一律的,无论是它所保护的,和它所惩罚的"。

安全呢？第 8 条（1793 年宪法）："安全，是社会对其每一成员，为保有他的人身、权利和财产所给予的保障"。

安全，是市民社会最具有社会性的概念，它是警察的概念，这就是：整个社会的所以存在，只是为了保证它的每一个成员保有他的人身、权利和所有权。黑格尔，依据这一意义，把市民社会称作"必要的和悟性的国家"。

市民社会并没有经由安全这一概念而超越了市民社会的利己主义。安全反而是利己主义的保证。

这样看来，所谓人权，没有一种超越了自私的人，超越了作为市民社会成员的人，也就是，超越了自囿于私利私见而和共同体相隔绝的个人。在这些权利中，人绝不被看作类族体，反之，类族生活本身，社会，却都表现为对于个人的外部局限，表现为他原有的自立性的障碍。把个人们结合起来的唯一纽带，是自然的必需、欲望、私益，和对他们财产、对他们自我本位的人身的保全。

这已经是一个谜：当一个民族刚开始解放自己，废除民族中不同成员间的一切阻隔，建立起一个政治的共同体的时候，这样一个民族，却把自私的人，把与他人和共同体相隔绝的人，郑重地宣告为应当的（1791 年《宣言》）；当唯有英雄的自我牺牲才能拯救祖国，因而迫切需要自我牺牲的瞬间，当市民社会一切利益的牺牲正提上了议事日程，利己主义必须作为犯罪而处罚的瞬间,这样的宣告居然立刻又重复了一次(1793年《人权宣言》)。尤其是谜的,是如下的事实:政治解放者,甚至于把国家公民资格和政治的共同体,降低成为一种维护所谓人权的手段;他把公民宣告为自私的人的仆役;他把人自视为共同体的范围,降低到自视为部分体的范围之下;最后,他把作为"市民"的人,而不是作为"公民"的人,当作原来的和真实的人。

"一切政治结合的目的,是在维护人的自然的和剥夺的权利"(1791年《人权宣言》,第2条)。"政府的设立,是为了对人保护他享有自然的及不可剥夺的权利"(1793年《人权宣言》,第2条)。这样看来,甚至于当政治生活正有着青春热忱,环境的驱使,这热忱正发展到高峰的时候,政治生活却把自己宣告为只是一个单纯的手段,而市民社会的生活才是这手段的目的。真的,政治生活的革命实践,和它的理论有着显著的矛盾。例如:当安全被宣告为人权的时候,书信秘密的违犯却公然地被提上了议事日程,当"出版的无限制自由"(1793年宪法,第122条)正作为个人自由的人权的效果而得到保证的时候,出版自由却被整个地取消了,因为"出版自由,当危及公共自由时,就不应该允许"[少年罗伯斯庇尔(Robespierre)语,见布显及路赫(Buchez et Roux)著:《革命法国的议会史》,第二十八章,第159页]。这样就是说,自由这个人权,只要它和政治生活相冲突,就不再是一个权利；而依据理论，政治生活只是人权——个人的权利——的保证，所以当政治生活和它的目的——人权——发生矛盾时，政治生活就必须被抛弃。但是，实践只是例外，理论才是通则。即使我们把革命实践认作是这关系的准确的状态，却还有这样一个谜需要解决：为什么在政治解放者的意识中，这个关系会倒置着，目的表现为手段，手段表现为目的？他们意识中这一视觉上的错觉，却始终是同一个谜，无论是一个心理上的谜，或是一个理论的谜。

这个谜，是可以简单地解决的。

政治解放，同时是旧社会的解体，在这一旧社会的基础上，稳立着和人民相隔离的国家制度——统治权力。政治革命是市民社会的革命。旧社会的特性是什么呢？一言以蔽之，就是：封建制度。旧社会有一个直接的政治性质，这就是：市民生活的种种原素，像所有权、家庭或劳动方式，已经以领主权、等级身份和行会的形式，而提升为国家生活的原素。旧社会以这种形式规定了各个个人和国家整体的关系，这就是，他的政治关系，亦即他和社会其他部分相分离相隔绝的关系。因为，那些人民生活的组织形式并不把所有权或把劳动提升为社会性的原素，反而促成它们从国家整体的分离，使它们构成社会中的特殊社会。因此，市民社会的生活机能和生活条件虽然始终是政治的，即使所谓政治的只指封建制度的意义,也就是说,这些机能和条件使个人和国家整体相隔绝,它们——这些机能和条件——却把个人的行会和国家整体间的特殊关系,转变为个人本身和民族生活间的一般性关系,正像把个人的特定的市民性的活动和地位,转变为他的一般性的活动和地位一样。由于这一组织的结果,于是国家统一体,和国家统一体的意识、意志和活动,即一般的国家权力,都同样地必然呈现为和人民相隔绝的统治者及其仆从们的特殊事务。

政治革命,打倒了这个统治权力,把国家事务提升为人民的事务,把政治国家构造成为一般事务,也就是构造成为真实的国家,政治革命就必然地摧毁一切作为人民和共同体相分裂的表现的等级身份、行会、行帮和特权。这样做,政治革命便扬弃了市民社会的政治性质。它把市民社会瓦解为它的两个简单成分:一方面是个人,另一方面是构成这些个人的生活内容和市民地位的物质的和精神的原素。它把好像分散、割裂和分流在封建社会的各种不同死巷里的政治精神解除了束缚,把这精神从分解中聚集起来,把它从和市民生活的混杂中解放出来,更把它构成为共同体的范围,构成为理想地独立于市民社会的那些特殊原素之外的一般人民事务的范围。特定的生活活动和特定的生活地位,降低到只具有个人的意义。它们不再是个人对国家整体间的一般关系。反之,公共事务变成为每一个人的一般事务,政治机能变成

第三部分 译 著

为每个人的一般机能。

可是，国家的唯心主义的完成，同时就是市民社会的唯物主义的完成。政治桎梏的解除，同时就是约束市民社会利己精神的束缚的解除。政治解放，同时就是把市民社会从政治解放出来，从一般内容的幻影里解放出来。

封建社会被分解为它的基础，被分解为人。但是作为它真实基础的人，却是利己的人。

这个人——市民社会的成员——现在是政治国家的根据或前提。在人权中，他是作为这样的人被国家承认着。

但是，利己的人的自由，和对于这种自由的承认，反而是对于精神和物质原素的盲目活动的承认，这些原素正构成了利己的人的生活内容。

因此，人并没有从宗教解放出来，他反而取得了宗教自由。他并没有从所有权解放出来，反而取得了所有权的自由。他并没有从企业的利己主义解放出来，反而取得了企业自由。

政治国家的建立，和市民社会的被分解为独立的个人——这些个人间的关系便是权利，正像等级身份和行会间的关系是特权——是完成在一个和同一的政治行为中。但是，作为市民社会成员的人，非政治的人，必然也呈现为自然的人。"人权"呈现为"自然权利"，因为自觉的活动都集中在这一政治行为上。利己的人，是社会分解的消极的和仅仅被发现的结果，是直觉的对象，所以是自然的对象。政治革命把市民生活分解为它的成分，可是并没有对这些成分进行革命和加以批判。政治革命，把市民社会，把欲望、劳动、私益和私权，当作是自己存在的基础，当然的前提，所以也是自己的自然根据。最后，作为市民社会成员的人，才被认为是本来的人，和"公民"相区别的"人"，因为他是有着感性的个人的直接存在的人，反之，政治的人却只是抽象的、人为的人，只具有寓言的和道德的人格的人。现实的人只在利己的个人的形态中被承认，真实的人只在抽象的"公民"的形态中被承认。

关于政治的人的抽象性，卢梭有确当的描述：

"谁敢于尝试把人民组织起来，他就必须相信人性是能够变化的，必须相信能够改变每个个人，把自足的和孤立的个人，改变为更大整体中的一部分，在这个整体中，个人才能够得到他的生命和存在，也必须相信能够把部分的和道德的存在，来代替人的物质的和孤立的存在。他必须使人抛弃他原有的力量，而给以另外一种非由他人协助不能使用的力量"（《社约论》，第二卷，第67页，伦敦1782年版）。

一切解放，是把人的世界和关系，还元为人自己。

政治解放，是把人一方面还元为市民社会的成员，利己的独

第三部分 译 著

立的个人,另一方面还元为政治的国家公民,道德的人格。

只当现实的个人,把抽象的国家公民资格收回,而在他的实际生活中,在他的个人劳动中,在他的个人关系中,变成了"类族体",只当人已把他的原有的力量(forces propres),认识为和组织成社会的力量,因而社会力量不再以政治力量的形态而与人分离,只在这个时候,才完成了人的解放。

二、布鲁诺·鲍威尔著:《现时犹太人和基督教徒获得解放的能力》(《二十一印张》,第56—71页)

鲍威尔用这一标题处理了犹太教和基督教间的关系,及它们对批判的关系。二者对批判的关系,便是它们"对获得解放的能力"的关系。

他的结论是:"基督教徒只需跨过一步,就是跨过他的宗教,便能够完全抛弃宗教",因而获得解放,"相反地,犹太人不仅须得和他的犹太人本质割绝,还得和他宗教的发展和完成相割绝,即和一个他还不知道的发展相割绝"(第71页)。

这样做,鲍威尔把犹太人解放的问题,转化为一个纯粹的宗教问题。神学上的老问题:"谁先有得救的希望,犹太人还是基督教徒?"这里以开明的方式重新提出:二者中谁有更多的获得解放的能力?这里不再问:基督教或犹太教能否获得解放?反而是问:犹

615

太教的否定或是基督教的否定，哪一个更能够使人获得解放？

"犹太人如果要获得解放，他们应该信奉的不是基督教，而是解消了的基督教，一般的解消了的宗教，这就是说，他们应该信奉开明运动、批判及其结论——自由的人性"（第70页）。

这里始终提到犹太人的信奉，可是不是信奉基督教，而是信奉解消了的基督教。

鲍威尔要求犹太人和基督教的本质相割绝，这一要求，像鲍威尔自己说过，并不是渊源于犹太人本质的发展。

鲍威尔，于结束"犹太人问题"时，把犹太教只认作是对基督教的粗率的宗教批判，因而"只"看到一个宗教的意义，我们就不难预见，他也会把犹太人的解放转化为一个哲学的和神学的行为。

鲍威尔把犹太人的观念的抽象的本质，他的宗教，当作是他的全部本质。所以他当然会这样结论："犹太人不会对人类有所贡献，如果他轻视他偏狭的教律"，如果他抛弃他的整个犹太教（第65页）。

据上所说，犹太人和基督教徒间的关系就是如下：基督教徒对于犹太人的解放，唯一的关心，是一般人类的、理论性的关心。在基督教徒的宗教的眼光中，犹太教是一个讨厌的事实。只要基督教徒的眼光不再是宗教的，这个事实也就不再讨厌。犹太人的

第三部分 译 著

解放，就其本身说，并不是基督教徒的工作。

相反地，犹太人，为了解放自己，不仅须得完成自己的工作，更得完成基督教徒的工作，例如对《马太传》、《路加傅传》、《马可传》三福音书编造者的批判，完成《耶稣传》等。

"他们会自己看到：他们将自己决定自己的命运；但是历史不会开自己的玩笑"（第71页）。

我们现在试行击破这问题的神学的看法。在我们看来，犹太人获得解放的能力的问题，应该转化为如下的问题：为了扬弃犹太教，我们应该克服什么特殊的社会原素？因为，现时犹太人获得解放的能力，便是犹太教对现时世界解放的关系。这一关系必然地产生自犹太教在现时被奴役的世界中所处的特殊地位。

让我们观察一下现实的世俗的犹太人，我们不像鲍威尔那样观察安息日的犹太人，而是观察日常的犹太人。

我们不从犹太人的宗教中去寻求他的秘密，反而要从现实的犹太人中去寻求宗教的秘密。

什么是犹太教的世俗的根据呢？实际的欲望，自利。

什么是犹太人的世俗的信仰呢？市侩牟利（Schacher）。什么是他的世俗的上帝？金钱。

很好！从市侩牟利、从金钱，解放出来，因而从实际的真实的犹太教解放出来，才是我们现代的自我解放。

617

一个社会组织，如果消灭了市侩牟利的前提，也就是消灭了市侩牟利的可能性，那么，也就使犹太人成为不可能。他的宗教意识，在社会的现实生活空气中，会像烟雾一样自行消失。另一方面，如果犹太人认识了他的实际本质的一无价值，而努力使它消灭，那么，他就会超越他的以往的发展，直接努力于人的解放，而对着人类"自我异化"（Selbstentfremdung）的最高的实际表现作斗争。

所以，我们在犹太教中看出了一个一般性的现代反社会的原素。这一反社会原素，经由犹太人在这一罪恶关系上热烈协助的历史发展，已经达到了现在这样的高度，而必须自行消灭。

犹太人的解放，在它最基本的意义上，是人类从犹太教获得解放。

犹太人早已以犹太人的方式自行解放了。"例如在维也纳只被宽容着的犹太人，依仗他的金钱权力，却决定着全国命运。在德国最小的邦中可能是一无权利的犹太人，却决定着全欧洲的命运"。

"行会和行帮，虽然排斥犹太人，或对他们没有好感，而工业的勇往直前却在嘲笑这些中世纪组织的顽固性"（鲍威尔：《犹太人问题》，第114页）。

这绝不是孤立的事实。犹太人已经以犹太人的方式自行解放，这不仅是因为他占据了金钱权力，而尤其是因为通过犹太人或者没有犹太人也一样，金钱已变成世界权力，实际的犹太人精神已经变成基督教各国的实际精神。有多少基督教徒变成了犹太人，就有多少犹太人获得了解放。

例如海密尔顿上校（Oberst Hamilton）曾经报道过："新英格兰的虔诚的和政治上自由的居民，是一种'老沃公'①，它们在蛇的绞缚中并不挣扎解脱。拜金主义是他们的偶像，他们不仅在口头上，而且是用身心的全部力量，去礼拜它。在他们的眼光中，大地只是一个交易所；他们确信：在这个世界上只有一条法则：要比他们的邻居更为富有。市侩牟利占有他们的全部思想，唯一鼓舞他们的事，就是变换牟利的对象。俗语所谓，他们即使在旅行时也背负着他们的账柜，他们所讲的无非是利息和利润。他们偶而没有注视自己的生意，只是因为正在寻嗅着别人的生意"。

是的，在北美，犹太教对于基督教社会的实际统治，已经达到了明确和正常的表现：福音传道，即传教士职位，已经变成了商品，破产了的商人去传教，致富了的传教士去经商。"你所看到的那位可尊敬的教会主持人，他原始是一个商人，因为经商失败，才做了牧师。另一位，他原始是一个牧师，但有了些钱的时候，就

---

① "老沃公"（Laokoon）是希腊神话中的一个祭司，他和他的两个儿子，都被蛇所绞死。——译者注

放弃牧师职位而去经商。所以在大多数人的眼中,牧师职位只不过是生意行业"(卜蒙:前引书,第185、186页)。

犹太人在理论上被剥夺政治权利,而在实践上却握着非常大的权力,他们的政治影响,在零售方面被缩小了,而在批发方面却扩大了,这在鲍威尔看来是一个虚假的情况(《犹太人问题》,第114页)。

犹太人的实际政治权力和他的政治权利间的矛盾,正是政治和金钱权力一般间的矛盾。在观念上,前者占了后者的上风,而在实际上,前者却成为后者的奴隶。

犹太教在基督教旁边存在着,它不仅是基督教的宗教的批判,也不仅是对于基督教宗教出身的具体怀疑,这是由于实际的犹太精神,即犹太教,在基督教社会本身中存在着,甚至有着最高的扩展。作为市民社会中一个特殊成员的犹太人,只是市民社会的犹太教的特殊表现而已。

犹太教,不是违反历史地,而是通过历史地,继续存在着。

市民社会,从自己的内脏中,不断地产生着犹太人。

什么是犹太教的根本的基础呢?实际欲望,利己主义。

因此,犹太人的一神教,实际上是许多欲望的多神教,甚至是一个把厕所也看作是由神律所规定的多神教。实际欲望,利己主义,是市民社会的原则,当市民社会从自身把政治国家完全产

第三部分　译　著

生出来之后，这一原则便纯粹地展现出来。实际欲望和自利的神便是金钱。

金钱是以色列人的嫉妒成性的神，在他面前，没有其他的神可以存在。金钱蔑视人所崇拜的一切神祇，而把他们转化为一件商品。金钱是一切事物之普遍的和独自构成的价值。它因而把整个世界——人类世界和自然界——的原有价值剥夺了。金钱是和人相分裂的人的劳动和存在的本质，这一外来的本质却统治着人，人更向它膜拜着。

犹太人的神已经把自己世俗化了，它已经变成一个人世间的神。票据是犹太人的真正的神。犹太人的神仅是幻觉中的票据。

在私有财产和金钱的统治下所形成的对于自然的看法，是对于自然的真正蔑视和实际低估。在犹太人的宗教中，自然纵然存在着，但只存在于想象中。

在这一意义上，托麦斯·明川（Thomas Münzer）认为如下的事实是不能容忍的："一切物类，像水中的鱼，天空的鸟，地上的植物，都被变成私有财产——这些物类也必须获得解放"。

抽象地存在于犹太教中的对于理论、艺术、历史和人的自尊心的蔑视，这正是唯钱是尚者的现实的和有意识的观点和品行。类族关系本身，男女关系等，都变成生意对象！妇女被买卖着。

犹太人的幻想中的国籍，是商人的国籍，是一般唯钱是尚者

621

的国籍。

犹太人的无根无据的教律，只是对那无根无据的道德和法律一般的宗教漫画，只是用来给那自利世界敷衍场面的形式的宗教讽刺画罢了。

在这里，人的最高关系是法律关系，是对法律的关系；法律对人来说是有效的，并非由于它们是他自己的真正意志和本质的法则，而是由于它们正统治着，由于违反了他们会受到报复。

犹太教中的耶稣会主义（Jesuitismus），鲍威尔从犹太《教律》（Talmud）书中所见到的极其实际的耶稣会主义，便是自利世界对统治着它的法律间的关系，而对此法律的狡猾的规避，便成为这一世界的首要技艺。

是的，这一世界在它法律里面的运动，必然地是对法律的继续不断的扬弃。

犹太教，作为一个宗教，在理论上不可能再向前发展，因为，出发自实际欲望的世界观，依其性质，是偏狭的，是很快会枯竭的。

实际欲望的宗教，依其本质，不可能完成于理论，而只能完成于实践，因为实践才是它的真理。

犹太教不可能创造新的世界，它只能把世界上新的创造和关系拉进它的活动范围，因为，以利己为精神的实际欲望，只能被动地自处，而不能任意自行发展，它只能跟着社会情况的前进而发展。

第三部分 译 著

　　犹太教在市民社会的完成中达到它的最高点；可是，市民社会却只在基督教世界中才得到完成。只在基督教的统治下，只当基督教把一切民族的、自然的、道德的、理论的关系变成外在于人的时候，市民社会才能够完全从国家生活分开，才能够撕毁人的类族联系而代之以利己主义和自私的欲望，才能够把人的世界解消为一个相互隔绝、相互敌对的个人的世界。

　　基督教从犹太教中产生。它重又解消在犹太教中。

　　基督教徒最初是理论化的犹太人，犹太人因而是实际的基督教徒，而实际的基督教徒已经重复变成了犹太人。

　　基督教只在表面上克服了真正的犹太教。基督教是过于高贵和过于唯灵主义的，如果它要用扬弃以外的办法来扫除粗野的实际欲望。

　　基督教是犹太教的高尚理想，犹太教是基督教的庸俗应用。但是，只有在基督教，作为一个成熟了的宗教，已经在理论上完成了人和自己的、人和自然的"自我异化"之后，这个庸俗的应用才能够成为一般性的。

　　在这以后，犹太教才能够取得一般的统治地位，才能够使客体化了的人，客体化了的自然，变成为可转让的、可出卖的，和已成了利己欲望、市侩牟利的奴隶的对象。

　　转让是客体化的实践。正如一个人在宗教的束缚中，只有把他的本质转化为一个外来的幻想的本质，他才能想象得出自己的

623

本质来；同样地，在利己欲望的统治下，人只有把他的生产物和他的活动置于一个外来本质的支配之下，而赋以外来实体——金钱——的意义，他才能实践地工作，实践地生产出东西来。

基督教徒的灵魂得救的利己主义，在完成了的实践中，必然地会转变为犹太人的肉体的利己主义，天国的欲望转变为尘世的欲望，主观主义转变为自利。对于犹太人的顽强性，我们不从他们的宗教来说明，反而从他们宗教的人的基础，从实际欲望，从利己主义来说明。

因为犹太人的真实本质已经在市民社会中普遍化了和世俗化了，所以市民社会不能够说服犹太人使他们相信自己的宗教本质的非现实性——这只是实际欲望的想象的直观。因而，不仅在摩西五经或犹太《教律》书中，同时在当前社会中，我们都看到，现代犹太人的本质不是一个抽象的，而是一个极端经验的本质，它不仅是犹太人的偏狭性，而且是全社会的犹太人的偏狭性。

只要社会成功地扬弃了犹太教的经验的本质，即市侩牟利和它的各种前提，犹太人就会成为不可能，因为他的意识不再有对象了，因为犹太教的主观根据——实际欲望——人性化了，因为人的两种存在——个人的感性的存在，和类族的存在——间的矛盾已被扬弃了。

犹太人的社会解放，是从犹太教解放出来的社会解放。

黑格尔法律哲学批判导言[①]

马克思 著　费青 译

（本书根据1927年德国法兰克福版《马克思恩格斯全集》第一卷上半卷德文原著译出）

[①] 本文原载人民出版社1955年版单行本。

黑格尔法律哲学批判导言[①]

就德国来说，宗教的批判，基本上已经结束了，而宗教的批判，乃是一切批判的前提。

当谬误假手家神和灶神所为天国的说教（himmlische oratio pro aris et focis）已被驳斥之后，谬误在人间的存在也就暴露了出来。那个曾想在天国的幻境里寻求超人却只找到自己的反映的人，是再也不会甘愿在他寻求和必须寻求自己真正的现实性的地方只找到自己的假象，只找到非人。

反宗教的批判的基础是：人创造了宗教，不是宗教创造了人。宗教固然是那些不是还没有获得自己、便是已经再度丧失了自己的人的自我意识和自我感情。但是人并不是抽象的、蛰居在

[①] 这篇论文是马克思在1843—1844年岁尾年头所写，此后发表于1844年底在巴黎刊行的《德法年鉴》第一、二两期合刊上。——译者注

世界以外的东西。人就是人类世界，就是国家，就是社会。这国家、这社会产生了宗教，产生了一个颠倒了的世界意识，因为这国家、这社会便是一个颠倒了的世界。宗教便是这个世界的一般原理，便是它的包罗万象的纲领，它的通俗形式的逻辑，它的唯灵主义的攸关荣誉的极限（Point d'honneur），它的狂热，它的道德的制裁，它的庄严的补充，它借以自慰和自尊的一般根据。宗教是人的本质在幻想中的实现，因为人的本质没有具备真正的现实性。所以，对宗教的斗争，间接地也就是对那个以宗教为其精神香味的世界的斗争。

宗教里的苦难，一方面是现实苦难的表现，另一方面也是对于现实苦难的抗议。宗教是被压迫众生的叹息，是无情世界的感情，同样也是精神丧失状态中的精神。它是人民的鸦片。

扬弃作为人民虚幻幸福的宗教的，就是要求人民的真实的幸福。人民要求抛弃对他的处境所具有的幻觉，就是要求抛弃那个使他必须具有此种幻觉的处境。所以，宗教的批判，胚子里就是这苦难世界的批判，宗教就是这苦难世界的灵光圈。

这批判已经摘除了锁链上的想象的花朵；这样做，并不是为了使人依旧背负着这条没有幻想、没有慰藉的锁链，而是为了使他丢掉这锁链，折取那鲜花。宗教的批判把人唤醒，是为了使他能像一个清醒而具有理性的人那样思想、行动、建立他的现实性，是为了使他能围绕着他自己，围绕着他实在的太阳转动。宗教只是幻觉中的太阳，当人不围绕着自己转动时，它就围绕着人转动。

因此，当真理的彼世已经消灭之后，历史的任务便是建立起此世的真理。当人的自我异化（Selbstentfremdung）的神圣形象已被揭穿之后，为历史服务的哲学的任务，首先便是揭露那非神圣形象中的自我异化。于是，天国的批判转变为地上的批判，宗教的批判转变为法律的批判，神学的批判转变为政治的批判。

下面的阐述——对于这种批判工作的一点贡献——并不是针对着原本，而是针对着一个摹本，针对着德国的国家和法律哲学。这样做，别无其他原由，只因为它是针对着德国。

如果要想针对德国的现状本身，纵然用的是唯一适当的方式，也就是否定的方式，结果依然是史实的时代错误（Anachronismus）。甚至对于我们政治现状的否定，也早已成为近代诸民族历史废料室里满被尘土的史实了。当我否定了敷粉的发辫时，我终究还保有那条不敷粉的发辫。而当我否定了1843年的德国状况时，我仍几乎不可能是处身在依照法国史实编年的1789年，更不可能是在当前的焦点。

的确，德国历史以一个举动自诩，这举动前此未为天上任何民族所做过，此后也不会再做。这就是，我们分到了近代诸民族的复原，而没有分到它们的革命。我们复原了，第一是因别的民

第三部分 译　著

族敢于进行一次革命，第二是因为别的民族遭受了一次反革命，前者，是因为我们的统治者有所恐惧，后者，是因为我们的统治者无所恐惧。当我们的民牧们高高在上的时候，我们始终只有在自由被埋葬的那天，才一度与自由为伍。

一个学派，它用昨天的罪恶来使今天的罪恶合法化；一个学派，它宣布农奴反抗鞭笞的每一声呼号为叛乱，只要这鞭子是一条陈旧的、祖传的、有历史性的鞭子；一个学派，历史对它，正像以色列上帝对他的奴仆摩西一样，只在事后（a posteriori）显示自己，这学派就是历史法学派。因此，历史法学派可能已经杜撰了德国的历史，如果它本身不是德国历史的一件制造品的话。历史法学派这个夏洛克，可是仆役式的夏洛克①，发誓要索取从人民心头剜下的每一磅肉，凭着它的字据、它的历史的字据、它的基督教日耳曼的字据。

相反地，好心的热情者——血液里德意志主义者和思想上自由主义者，却从我们史前的条顿原始森林中去找寻我们自由的历史。但是，如果自由的历史只有到森林中去找寻，那么我们的自由历史和野猪的自由历史还有什么区别呢？谁都知道，我们怎样

---

① 夏洛克（Shylock）是莎士比亚所著"威尼斯商人"剧中的一个角色。夏洛克是一个残酷的高利贷者，和他的一个债务人立有誓约，当后者不能如期偿还债务时，他就可以割下后者心头上的一磅肉。——译者注

629

对着森林叫唤，森林便会给我们怎样的回声。还是让条顿原始森林安静些罢！

向德国的状况斗争吧！当然！这些状况虽然够不上历史的水准，虽然值不得做任何批判，却依然是批判的一个对象，正像一个罪犯，虽然够不上人性的水准，依然是绞刑吏的对象。在对这些状况作斗争时，这批判并不是头脑的愤激，而是愤激的头脑。这批判并不是一柄解剖刀，而是一件武器。它的对象便是它的仇敌，不是要予以驳斥，而是要予以歼灭。因为这些状况的精神早被驳斥了。这些状况绝对不是值得重视的对象，而是应予蔑视并且已被蔑视了的存在物。这批判决不需要和这种对象有所谅解，因为彼此早已透彻了解了。这批判已经不再是为批判而批判，而只是一个工具。它主要的感情是愤怒，主要的工作是谴责。

必须这样描述：一切不同社会部门彼此间的沉闷压迫，普遍的萎靡忧郁，时而自高时而自卑的偏狭，凡此种种都嵌入一个靠保存一切卑鄙事物而生存着的政治组织的格局中，而这个政治组织本身亦不外乎是统治着的卑鄙的东西而已。

怎样一幕活剧啊！社会不断地、无穷地分化为各色各样的族类，它们以狭隘的敌视、恶意、野蛮的庸俗性对峙着，更为了彼此间暧昧和猜疑的地位，形式上虽各各不同，但没有异致地任由统治者当作特许的存在物对待着。甚至于,他们的被支配、被统治、被魘迷,也还必须承认和宣称为出于上天的特许!另一方面是那些统治者,他们的重大性正和他们的人数成反比例!

具有这样内容的批判,是肉搏斗争中的批判。在肉搏斗争中,敌人是否是一个高贵的、门第相当的和一个有趣的对手,都无关重要,有关重要的乃是在予敌人以打击。有关重要的乃是在:德国人已经片刻不容宽恕自己的迷误和消沉。必须对现实的压迫加上压迫的意识,用以使现实的压迫显得愈加厉害;必须把耻辱加以公布,用以使耻辱显得愈加可耻。德国社会的每一个阶层,必须当作德国社会的阴部来描述;对于这些僵化了的社会关系,必须歌唱它们自己的曲调,才能迫使它们舞蹈!为了激发民族的勇气,必须给它以当头棒喝的教训。唯有这样,德国民族的一个不可抗拒的需求才能完成,而各民族的这些需求,其本身就是使这些需求得到满足的究极的根据。

对德国现状的偏狭内容所进行的这一斗争,对于近代诸民族也不是没有意义的;因为德国现状正是旧有政制①的坦白的完成,

---

① 旧有政制(Ancien régime)是指法国在1789年革命前的专制腐败的政治制度。——译者注

631

而旧有政制则是隐蔽的近代国家的缺陷。对德国政治的现在斗争，就是对近代诸民族的过去斗争，近代诸民族还依旧为这个过去的追忆所烦扰着。近代诸民族，既然经历过旧有政制的悲剧，现在看到这个政制正作为德国的幽灵而扮演着它的趣剧，这对于它们是具有教训意义的。当旧有政制还是世界原有的权力，自由还只是个人的奇思异想的时候，一句话，当旧有政制还对自己的存在具有自信或者必须自信的时候，它的历史是悲剧性的。当作为当时世界秩序的旧有政制，正和一个新生的世界相抗争的时候，站在旧有政制一边的，是一个世界历史的谬误，而不是一个个人的谬误。因此，旧有政制的没落是悲剧性的。

相反地，德国今天的政制——它是一个史实的时代错误、一个对于众所是认的公理的显著违反、为供世界观览而陈列着的旧有政制的虚幻体——想象自己具有自信，更要求世界对它也这样地想象。如果这个政制对自己的本质具有自信，它怎会把这个本质隐藏在一个他物的假象下面，而求援于伪善和诡辩呢？这个现代的旧有政制只扮演了一个世界秩序的丑角，而这一世界秩序的真正主角却早已死亡。历史已经经历了很多阶程，并且已经在基本上完结，才把一个陈旧的形态送进坟墓。一个世界历史形态的最后阶程是它的趣剧。希腊的神祇们，在

第三部分　译　著

埃斯库罗斯所著《被锁缚着的普罗米修斯》①里已经悲剧地受伤而死了一次之后，必须在罗辛的《对话》②中趣剧地再死一次。历史为什么有此过程呢？这是为了使人类愉快地和他的过去相诀别。这个愉快的历史命运，我们现在向德国诸政治权力请命。

可是，当近代政治的、社会的现实性一经批判，也就是批判一经提高到对于真实的人的问题时，批判立即超越了德国的现状，不然的话，批判的对象便会失之过低。一个例子！工业——也是一般的财富世界——和政治世界间的关系，是现代的一个主要问题。德国人用什么方式处理这个问题呢？他们用的方式是：保护关税、贸易限制制度、国家经济。德国古风的崇尚已经从人进到物质，我们的棉花骑士们和钢铁英雄们已经一朝变成爱国之士。所以，在德国，人们开始自内地承认独占（垄断）的统治权，

---

① 希腊的悲剧大作家埃斯库罗斯（Aeschylus，公元前525—前456）曾著有《被锁缚着的普罗米修斯》这一神话性的悲剧。它的剧情是这样：普罗米修斯曾经受命于天神宙斯用水和土造成人类。他在造成人类后，由于对人类的怜恤，更从天上偷取了火来给他们。这件事触怒了天神，天神把他锁缚在高加索山上。那里有一只鹰每天飞来啄他的肝脏，使他受到致命的创伤。他更知道有关天神命运的秘密，但顽抗地拒绝把这个秘密告诉天神，所以天神终于把他处死了。——译者注
② 罗辛（Lucian，115—200年前后）是希腊作家，著有《神的对话》和《死人的对话》等，用滑稽的言词来嘲笑古代的神话和宗教。——译者注

633

由于他们已授予独占以对外的统治权。所以,在法国和英国行将终了的事情,在德国现在正在开始。那两个国家在理论上已经对之反叛,但是依旧不得不像锁链般忍受着的陈旧腐烂的状况,却在德国正被当作美好未来的初升朝阳而受到欢迎,这个美好未来几乎还不敢离开狡猾的①理论而走到残酷的实践。在法国和英国,问题是叫作:政治经济学,或是社会对财富的控制;在德国,却叫作国家经济学,或是私有财产对国家的控制。所以,在法国和英国,问题是扬弃那已经充分发展了的独占,而在德国,问题是要使独占充分地发展起来。在那里,问题是在解决,在这里,矛盾才被提出。这是德国式处理近代问题的适当例子,这个例子说明,我们的历史,怎样像一个笨拙的新兵,直到现在只有演习陈旧历史的任务。

因此,如果德国整个的发展不能够超越它的政治的发展,那么,一个德国人充其量只能像一个俄国人那样地参与当代的那些问题。但是,如果个别的人可能不为民族的局限所束缚,那么,整个民族更不会因为个别的人的解放而获得解放。希腊曾经把一个

---

① 狡猾的(listig)一词在这里有着双关用意。当时德国有一个著名的经济学家里斯特(Friedrich List, 1789—1846),盛倡保护关税等理论,所以本文内"狡猾的理论"一词同时也得解为"里斯特的理论"。——译者注

斯克西亚人①归入希腊哲学家的行列，但是斯克西亚民族并不因此而更接近了希腊文化。

我们德国人幸而不是斯克西亚人。

如同古代诸民族在幻想中、在神话中经历它们的史前期，我们德国人则在思维中、在哲学中经历我们的史后期。我们是现代的哲学的同时代人，而不是现代的历史的同时代人。德国哲学是德国历史的观念的延续。这样一来，我们既然不是批判我们现实历史的未定稿（Oeuvres incomplétes），而是批判我们观念历史的遗著（Oeuvres posthumes）——哲学，所以我们的批判恰当地触到了问题，正如现时所谓：那就是问题所在（That is the question）。在先进诸世族构成对近代国家状况的实践的决裂，在德国，由于这种状况尚未一度存在过，首先是对这种状况的哲学反映的批判的决裂。

德国的法律和国家哲学，是唯一与官方的近代现状站在同一水平（al pari）的德国历史。所以，德国民族必须将它那个梦

---

① 这里所称的斯克西亚人（Scythen）是指哲学家阿那卡雪斯（Anacharsis）。他以"八百行诗篇"坦直描写斯克西亚和希腊的社会制度而闻名当世。约在公元前591—前588年他从故乡到希腊去，谒见当时希腊国王梭伦。俊伦起初因为他不是希腊人而不愿意接见他，但当他说希腊才是他真正的故乡，梭伦终于请他做上宾。他对于希腊文化的热烈崇拜，使他的哥哥斯克西亚国王卡第大斯（Cadurdas）对他很妒忌，最后把他毒死。——译者注

635

幻历史和它这些现存状况打成一片，不仅对这些现存状况，同时也对这些状况的抽象延续，加以批判。德国民族的前途，既不能限制于对它的国家和法律的现实状况的直接否定，也不能限制于对它的国家和法律的观念状况的直接实现。因为，它的这些现实状况的直接否定就存在于它的观念状况中，而它的这些观念状况的直接实现，则它在对邻近诸民族的观察中几乎已经亲身经历过了。德国的实践的政党因而要求哲学的否定，这是对的。所不对的是，这个政党只停留于提出这个要求，而既未曾、也未能认真地使这个要求实现。这个政党认为，对于哲学，只须背向着它，头偏转着，说些冷嘲热骂的话，便能够实现对它的否定。这个政党眼光的偏狭，不仅不把哲学算在德国的现实性的范围内，甚至于不想象哲学得归入于德国的实践和为实践服役的理论的行列。这政党要求，人们必须和现实的生命胚芽相联系，但是却忘记了，德国民族的现实的生命胚芽迄今只生长在它的头脑里。一句话，这个政党不能够扬弃哲学，因为没有使哲学实现。

　　从哲学出发的理论的政党，也犯了同样的错误，虽是有着相反的因素。

　　在现时的斗争中，这个政党只看到了哲学对于德国这个世界的批判的斗争；它却忽视了：迄今的哲学，自身即属于这个世界，并且也是这个世界的补充，虽只是观念的补充。这个政党用批判

第三部分 译 著

的态度对付它的反对者,而对于自己,却用不批判的态度。这是由于它虽从哲学的那些前提出发,却停留于它们的某些结论,或是把从别处剽袭来的要求和结论讲成为哲学直接的要求和结论。然而,这种要求和结论——假定它们是正确的话——倒反只有否定了迄今的哲学,亦即称作哲学的哲学,才能得到。对于这个政党,我们姑且不加以更详尽的叙述。这个政党的基本缺点得总括如下:它相信不必扬弃哲学,便能使哲学实现。

德国的国家和法律哲学,由于黑格尔而取得它最为一贯的、最丰富的和最后的表达。对它的批判,包含着两个方面:一是对于近代国家和与之相伴随的现实事物的批判性的分析,二是对于迄今德国的政治和法律意识的整个方式的断然否定,而这些意识的最高的、最普遍的,并且被提升到科学的表现,正是思辨的①法律哲学自身。思辨的法律哲学,这个对近代国家的抽象而夸大的思想——这国家的现实性始终是在彼世,虽然这个彼世也许只是在莱茵河的彼岸——如果只在德国才有可能,那么,相反地,正因为近代国家把自己从实在的人那里抽象了出来,或者只用一个幻想的方式来满足所有的人,才使这个德国式的、从实在的人那里抽象出来的近代国家的思想形象,成为可能。其他诸民族已经

---
① 思辨的哲学是指黑格尔的哲学体系。——译者注

637

做过的事情，德国人在政治学上曾经想过。德国是这些民族的理论的良心。它思想的抽象和夸大，始终同它现实性的偏狭和鄙陋，并驾齐临。因此，如果德国国家制度的现状表现了旧有政制的完成，表现了近代国家的肉中之刺①的完成，那么，德国国家理论的现状正表现了近代国家的未完成，表现了近代国家的肉的腐败。

思辨的法律哲学的批判，既然是德国政治意识的迄今方式的断然相反物，就不会发展于自身，而会发展到那些课题中，这些课题的唯一解决方法，就是实践。

这里的问题是：德国能否达到一个有着原则高度的（á la hauteur des principes）实践，亦即能否达到一个革命，这个革命不仅把德国提高到近代诸民族的官方水准，甚至提高到不久将来这些民族所将达到的人的高度。

批判的武器固然不能够代替武器的批判，物质力量必须由物质力量来摧毁；但是理论一旦掌握了群众，也就立刻成为物质力量。理论只要对人地（ad hominem）被表现出来，便能掌握群众，而理论只要是彻底的，便能对人地表现出来。所谓彻底，便是从根本上抓住事物。可是，就人来说，根本说是人自身。明显地

---

① 肉中之刺（Pfahl im Fleische）是基督教圣经中的一个成语，指一种令人苦楚的事物。——译者注

638

第三部分　译　著

证实德国理论的彻底性的,从而也证实德国理论的实践能力的,是在于这些理论出发自对于宗教的断然积极的扬弃。宗教批判归结为如下的学说:人是人的最高本质;从而它也归结为如下的绝对命令:使人成为被压迫的、被奴役的、被遗弃的和被蔑视的东西的一切关系,必须推翻。这些关系不可能有更恰当的描写,比了某一法国人对于计议中的蓄犬税所出发的如下的呼声:可怜的狗仔!你们将要如同人一样地被看待着!

只从历史来看,理论的解放对于德国也具有特殊的实践意义。这就是说,德国革命的过去是理论性的,那便是宗教改革。正像那时的革命发轫于僧侣的头脑,现时则发轫于哲学家的头脑。

路德①确曾克服了出于敬畏的奴役关系,因为他把出于虔信的奴役关系代替了它。他破除了对权威的信仰,因为他恢复了信仰的权威。他把僧侣转化为俗人,因为他把俗人转化成了僧侣。他把人从外铄的宗教性解放出来,因为他把宗教性变成了内在的人。他把肉体从锁链中解放出来,因为他把心灵套上了锁链。

但是,基督新教虽然没有真正解决了问题,它却真正提出了问题。现在已经不再是俗人对外在于他的僧侣作斗争,而是对自

---

① 马丁·路德(Martin Luther,1483—1546):德国宗教改革的创始人。——译者注

己内心里的僧侣作斗争,也就是对他自己的僧侣性作斗争。如果基督新教把德国俗人变成僧侣这一事实已经解放了世俗的教皇们,亦即诸侯们,以及他们所有的僧徒,亦即特权者们和鄙夫们,那么,哲学把僧侣的德国人转化为人,将会解放全体人民。但是,如果解放不至于以诸侯为止,那么,财物的收还俗用也不会仅止于教会圣物的抢劫,这种抢劫首先为伪善的普鲁士人所已经从事。从前,作为那件德国历史上最为彻底的事实的农民战争,曾遇到了神学而挫败。今天,当神学自身已经挫败之后,作为那件德国历史上最不自由的事实的我们的现状,将会遇到哲学而粉碎。在宗教改革以前的一段时期内,官方德国曾经是罗马的无条件的奴隶。在它革命以前的这段时期内,德国是普鲁士和奥地利的、是土豪们和鄙夫们的无条件的奴隶,而不是罗马的奴隶。

虽然如此,一个彻底的德国革命,好像正面对着一个主要困难。这就是,革命必需一个受动的因素,一个物质的基础。理论能够使人民的需求实现多少,理论自身也就能够实现多少。于是,在德国思想的要求和德国现实的答案间所存在着的巨大分歧,是否相称于市民社会和国家间、市民社会自身间所存在着的同样分歧呢?理论的需求,是否将成为直接的实践的需求呢?只是迫使思想获得实现是不够的,必须迫使现实自己变成思想。

但是德国并没有和现代诸民族同时走过政治解放的中间阶

程。甚至于它在理论上已经超越的阶程,在实践上也还没有到达。它应该怎样拼命一跳(Salto mortale),不只突破它自身的障碍,并且同时更突破近代诸民族的障碍,即突破那些在现实中它必须作为从它真正障碍的解放来感觉和争取的障碍呢?一个彻底的革命,只能是彻底需求的革命,而这个革命的前提和诞生地似乎都还没有存在。

德国虽然只在思想的抽象活动上追随了近代诸民族的发展,而并未以行动参加这个发展的实际斗争,但在另一方面它却分得了这个发展中的痛苦,而并未分得其中的利益和部分的满足。一方面的抽象的活动,有另一方面的抽象的痛苦和它对应着。所以,德国在终于站上欧洲解放的水准以前,将会一朝发现自己正置身于欧洲没落的水准上。德国得比拟为一个沾染上基督教不治之症的偶像崇拜者。

首先观察一下德国的那些政府,从时代环境,从德国情况,从德国的教化的观点,最后,从自身幸福的本能的驱使,人们会发现这些政府是近代国家的文雅的缺陷——这种国家的长处我们并未具有——结合着旧有政制的野蛮的缺陷——这一政制我们正沾沾自喜地丰富具备着——因此,德国,如其不是有意地,至少也是无意地,必须愈来愈多地参加那超越它现状的国家构成。例如,世界上是否会有这样一个国家,它天真地分到立宪政制的一切幻觉，却并没有分到这个政制的实质，如同所谓立宪德国的呢？或者，把出版物检查制的痛苦，和法国九月法律——这个法律是以出版自由为前提的——的痛苦，揉合在一起，是否必定是德国政府的忽发奇想！正像在罗马的百䄂庙（Pantheon）里可以看到所有一切民族的各种神祇，在神圣罗马的德意志帝国里可以看到所有一切国家形式的各种罪孽。这个折衷主义达到了前未曾有的高度，因而保证了一个德国国王①的政治的、审美的贪饕，他要扮演国王的一切角色：封建的和官僚的、专制的和立宪的、独裁的和民主的，如果不是以人民的名义，便是以他本身的名义，如果不是为了人民，便是为他自己。德国，作为一个由于政治现代的缺陷而构成的特殊世界，将不可能摧毁德国特殊的障碍，除非也摧毁了政治的现代的一般障碍。

就德国来说，彻底的革命、全人类的解放，并不是一个乌托邦式的梦想；是乌托邦式的梦想的，毋宁是部分性的革命、仅仅限于政治的革命、任令房屋的支柱依然如故的革命。一个部分性的革命、一个仅仅限于政治的革命，依据着什么呢？它所依据的是，市民社会的一个部分解放了自己，并且成为一般的统治者；

---

① 这里所称"一个德国国王"是指当时的普鲁士国王菲德列·威廉四世（Friedrich Wilhelm IV）。他在他的父亲菲德列·威廉三世于1840年逝世后践王位。——译者注

第三部分 译 著

也就是，一个特定阶级从它的特殊地位出发，而从事于全社会的解放。这个阶级固然解放了整个社会，却只限于如下的前提：整个社会站上这个阶级的地位，从而，例如，获有金钱和教育，或者可以任意取得这些。

市民社会中没有任何一个阶级能够扮演这样一个角色，除非它在自己和在群众中唤起了狂热的一瞬间；在此瞬间，这个阶级和整个社会友好融洽、彼此交流，并且被感觉和被承认为社会的一般的代表；在此瞬间，这个阶级的要求和权利真正是社会自身的权利和要求，这个阶级真正是社会的头脑和社会的心脏。一个特殊阶级，只有在社会的一般权利的名义下，才能够为自己要求一般的统治地位。要取得这个解放者的地位，使社会一切阶层供自己阶层的利益做政治上的利用，只靠革命的毅力和精神的自觉是不够的。为了使整个民族的革命和市民社会中一个特殊阶级的解放一致起来，为了使一个等级被目为整个社会的等级，那么，必须把社会的一切缺陷集中在另一个阶级，必须有一个特定等级是众所厌恶的等级、是一般障碍的化身，也必须有一个特殊的社会阶层被目为全社会的显著罪恶，因而，从这个阶层解放出来，便表现为全社会的自我解放。为了使一个等级成为特出的（par excellence）解放的等级，就必须有另外一个等级是显著的压迫的等级。法国贵族和法国僧侣所具有的消极的、一般的意义，规

643

定了和它们最邻近却又相对立的资产者阶级所具有的积极的、一般的意义。

但是，不仅是德国的任何一个特殊阶级缺少那种得把它标志为社会消极代表的彻底、尖锐、勇敢、不顾一切等性格。任何一个等级也同样地缺少那种得和民族精神相溶合——纵然只是瞬间的溶合——的精神的宽宏大度，缺少那种得把物质力量提升为政治权力的睿智，更缺乏那种革命的果断，敢向对方投掷这样倔强的誓言：我微不足道，但是我必须成为一切。构成德国人的道德和诚信——不仅是个人的，也是阶级的——的主要基础的，毋宁是那种使德国人的偏狭性，也使对待他们的偏狭性发挥尽致的谦卑的利己主义。所以，德国社会各不同阶层间的关系，不是戏剧式的，而是史诗式的。社会的每一个阶层，其开始自觉，并提出自己的那些特殊要求而在其他阶层旁边布起阵来，都不是在它受到压迫的时候，而是在非由它自己的协力，只因时势的推移造成了一个社会的底层，能够由自己方面对这底层加以压迫的时候。甚至于德国中产阶级的道德自觉，也依据于自视为一切其他阶级的卑鄙的庸俗性的代表的那种意识。因此，不仅是不合时宜地（mal á propos）取得王位的德国国王们，也是市民社会的任何阶层，他们在未及庆祝胜利以前，先已经受了败北，他们在未及克服对面的障碍以前，先已助长了自身的障碍，在未能发展自己的宽大的本质以前，先已发展了偏狭的本质；结果是，甚至扮演一个重要角色的机会，也常在未及到来以前，早就已经过去，每一个阶级刚开始和在上的阶级展开斗争，就发生了和在下阶级的斗争。所以，当诸侯们正向国王斗争，官僚们向贵族斗争，资产阶级向所有这些人们斗争，而无产阶级已经开始向资产阶级展开斗争了。中产阶级几乎还不敢从自己的立场来形成解放的思想，而社会情况的发展，和政治理论的进步，早宣告这个立场已经陈旧，或者至少已成问题。

在法国，为了要成为一切，一个人任便有一些什么就够了。在德国，他除非放弃一切，就什么也成就不了。在法国，部分解放是普遍解放的基础。在德国，普遍解放才是每一个部分解放的不可缺少的条件。在法国，完全的自由必须产生自逐层解放的现实性，而在德国，却产生自逐层解放的不可能性。在法国，每一个民族阶级都是政治的理想主义者，它最初并不觉得自己是一个特殊阶级，而是一般社会需求的代表。因此，法国民族的各个不同阶级以戏剧式的活动轮流充任解放者这一角色，最后轮到那一个阶级，它不再以那种确定的、在人类以外但仍然是由人类社会所造成的条件，作为前提，来实现社会自由，而毋宁是在社会自由的前提下，来组织起人类存在的一切条件。在德国，相反地，实践生活的缺乏精神，正像精神生活的不合实践，所以市民社会中的任何阶级，除非由其直接的处境、由其物质的必需、由其所负锁链自身所逼使，就不会有一般解放的需求和能力。

那么，德国的解放的积极的可能性究竟是在哪里呢？

答案：是在造成一个负有极端的锁链的阶级，它是市民社会中的一个阶级，同时又不是市民社会中的一个阶级。是在造成一个社会等级，它是所有等级的解体。是在造成一个社会阶层，它由于它的普遍的痛苦而具有普遍的性格，它没有特殊权利的要求，因为它所受到的不是特殊的不公平而是绝对的不公平，它不再能以历史的称号却能以人类的称号来呼吁，它对于德国这个国家不是在它的效果上片面地反对着，而是在它的前提上全面地反对着，最后，这个社会阶层，除非从社会所有其他阶层解放出来，从而解放了社会所有其他阶层，就不能够解放自己，一句话，这个社会阶层是人类的完全丧失，所以，只有由于人类的完全重新获得，这个社会阶层才能获得自己。这个作为一个特殊等级的社会解体，便是无产阶级。

在德国，无产阶级是随着工业运动的开始而形成起来的。因为，构成无产阶级的，不是自然发生的而是人工制造的贫民，不是机械地由社会重力所压迫出来的，而是由社会尖锐的解体，尤其是由中产等级的解体而出现的人民大众，虽是自然发生的贫民和基督教日耳曼的农奴显然也逐渐加入了这个行列。

当无产阶级宣告直到现在的世界秩序的解体，其实它只是说出它自身的存在的秘密，因为它就是这个世界秩序的事实上的解体。当无产阶级要求私有财产的否定，它其实只是把社会所已经提升为它的原则的，只是把未经它的协力、已作为社会的否定结果而体现在它身上的，提升为社会的原则。于是，无产阶级关于正在形成中的世界的权利，正和那个德国国王，当他称呼人民为他的人民，称呼马为他的马时，关于既成世界所有的权利一样。当德国国王宣告人民是他的私有财产时，其实他只是说：这个私有财产所有权人便是国王。

正像哲学在无产阶级那里找到它的物质的武器，无产阶级也在哲学那里找到它的精神的武器。当思想的闪光一旦根本地照入了这个素朴的人民基地时，德国人的解放为人，就会完成。

我们的结论可以总括如下：

德国唯一的实际可能的解放，是根据于把人宣告为人的最高本质的这一理论的观点的解放。在德国，要想从中世纪中解放出来，只有同时从部分地克服中世纪的幻想中解放出来，才有可能。在德国，除非摧毁每一式样的奴役关系，就不可能摧毁任何式样的奴役关系。基本的德国不能得到革命，除非从根本上进行革命。德国人的解放是人类的解放。这个解放的头脑是哲学，它的心脏是无产阶级。哲学不能够实现自己,如果没有无产阶级的扬弃,无产阶级不能够扬弃自己,如果没有哲学的实现。

当一切内在的条件已经具备,德国的复活日将由高卢的雄鸡①的轰然高鸣来宣告。

---

① 高卢的雄鸡(Gallisch Hahn):高卢是法国古称,"高卢的雄鸡"是法国在第一共和国时代用在国旗上的图案,标志着当时法国人民的革命意识。——译者注

第四部分

文艺作品

一、诗　词

咏　怀

童心傲骨两难驯

病中不寐

浪淘沙·太湖疗养院早春即景，并吊隔湖三山岛诸烈士

咏　怀[1]

作客思归经数年，不辞道远穷廻川，
移山须学愚公志，避世何能阮籍眠。
对泣怀伤虚岁月，枕戈情重渺云天，
深知力薄成空抱，权遣烦心丝万年。

童心傲骨两难驯[2]

童心傲骨两难驯，
已是天涯病废身；
寂寞湖楼归未得，
听风听雨又逢春。

---

[1] 此诗由费青先生弟子潘汉典提供，作于1943年，系费青先生离沪赴重庆复旦大学之前为弟子潘汉典题于扇面。

[2] 此诗由费青先生大哥费振东之子费皖提供，系费振东从其弟费霍处所得，时间大约在1955年之后。

第四部分 文艺作品

病中不寐[1]

五湖风雪满旧船,求药南来意惘然。

久病唯余诗是伴,无眠怕度夜如年。

鹓鶵肺折沦凡鸟,菡萏香残委逝川。

无复峥嵘往日泪,寒惟起坐看霜天。

浪淘沙·太湖疗养院早春即景,
并吊隔湖三山岛诸烈士[2]

春到大 jī[3] 头,

蓬岛仙洲,

嫣红嫩绿绕琼楼。

---

[1] 此诗系费青先生弟子袁文所记,费青先生曾于1957年5月给袁文的信中抄录了此诗。
[2] 原诗载《人民日报》1957年4月5日第8版。
[3] 原字山加几,左右结构。

一抹烟波浩渺际，
云淡岚浮。

碧血几经秋，
风雨埋愁，
即今花鸟尽风流。
锦绣湖山君管领，
容我休游。

二、小品文

知识与智慧

暑假里的烦恼

吴先生的表——抗战里关于教授的故事

儿童节的故事

字的魔力

梅兰芳失金记

知识与智慧[1]

费青教授在本文内指出了极重要的几点，关系人类的前途祸福，值得我们深思猛发。

（一）知识与智慧是有区别的，但是，有不可分的关系。

（二）知识与智慧最好是平衡的相辅的发展，否则，宁可有明睿的智慧，而不需要有高深的知识。因知识单独的发展，超过了智慧所能控制所能驾驭的限度，其结果，是非常危险的。

（三）比如：知识的极则是科学，科学能利人，也能害人。现时人类知识已经发达到懂得怎样制造原子弹，但是人类的智慧，却还茫然于应该怎样利用原子能。因此，原子能的发达，对目前的世界，毫无裨益，反而威胁和平，引导各

---

[1] 原文载《再生》周刊1946年第137期。

国从事猛烈的竞争，使国际状态，愈发逼近战争。

（四）更重要的一点，费教授指出："虚怀就是真智慧"，这种真智慧，不仅仅借以了解自然界的事物，而且，要应用到人类社会当中。假如负实际责任的政治家，能够虚怀若谷，不把自己的主张认作天经地义，能够和他人不同的主张互相讨究，至少不至于为了贯彻自己的主张诉之不当的手段，如武力。则国内可以安宁，国际也可以和平了。

——编者①

知识（Knowledge）不就是智慧（Wisdom），但二者间却具有不容离析的关系。在一方面，智慧是以知识为工具，在另一方面，知识的获得却更以智慧为根源。

所谓知识，乃指主体对于客体的了解。这了解得有程度上的不同：从初生的婴孩逐渐感觉到一件一件客体的兀然存在，以至科学家对于一件一件客体能知道它们变化中的因果等关系，都不失为一种知识。这种种不同程度的知识却具有一个通性：它们始终以客体为了解的对象，亦即主体在森然的客体中知道怎样自处

---

① 《再生》周刊原编者按。——编者注

的能力。智慧不只需要了解客体,更须了解主体自身,以及了解主体和客体间所应有的关系。

误把知识做智慧,是科学发达的现代所具有的最大危机。人类的知识已经发达到懂得怎样制造原子弹,但是人类的智慧却还茫然于应该怎样利用原子能力。科学是知识的极则,但是科学本身可以有利于人类,也可以不利于人类。它的能成为有利,还系于人类具有应该怎样予以利用的智慧。所以我们说:知识只是智慧的一种工具,而不就等于智慧。就个人言,虽没有专门或高深的知识,只须有明睿的智慧,仍能成一个俯仰无愧的人。相反的,缺少了人的智慧,则专门或高深的知识,正足造成害人害己的巨奸尤慝。

上节所论,我们并非抹杀知识。有了智慧做基础,知识正是一个最有用的工具。了解了客体在变化中的因果等关系,它们才能供主体的驱使,使主体力量所及的领域,日渐扩大。迄今科学上的成就,早已证明了这点。现在的问题却发生于人类知识的发展已经超过了它的基础——智慧——的载重量。人类对于自己的知识,已感到缺少驾驭的智慧。这病象我们认为并非由于知识过多,而实在是智慧不足。补救的方法,不应是裁抑知识,而是增加智慧。我们如是认定,乃因为知识的获得本以智慧为根源。只当人类在获得知识之后,却反把他的根源——智慧——忽略了,才形成现在的病象。这立论的理由,我们将在下节阐明。这里所须注意的是:知识与智慧并非相杀,而是相成的,所以裁抑知识,并不即是增加智慧。

知识的获得,何以以智慧为根源?这是本文的中心问题。知识是对于客体的了解,亦即知道客体的真实性。人类获得知识的最大障碍是把自己的偏见或迷信误认为是知识。在过去,偏见或迷信常凭借宗教而具有绝大的力量。这力量曾阻碍了人类知识的发展。现在常识上几个最基本的认定:如地球是圆的,是绕日而行的,曾受到宗教上长期和极度的压迫虐杀,才慢慢地建立起来,当我们读一部科学发展史,虽会对于前人的愚蠢蛮横,觉得可笑或惊异。但是我们很少愿意反躬自问:我们现在所自认为真实的知识,是否会被后人警笑为蛮横的偏见。知识需要不断地修正,人类对于偏见的自信也就不断地阻碍着知识。因此,人类知识的获得是开始于人类敢于怀疑素所自信的知识。在怀疑前,知识和偏见是不分的,在怀疑后,我们才会用试验的方法来鉴别它们。所谓敢于怀疑我们是用来指:自承无知,或是虚怀若谷。这虚怀态度,我们认为,正是一种智慧。所以我们说:智慧是获得知识的根源。

孔子所谓:"知之为知之,不知为不知,是知也。"前四个"知"字是指知识,后一个"知"字是指智慧。这句话的意义正和我们所说的相同,说得更清楚的是希腊哲人苏格拉底的一段话:雅典的神祇曾称苏氏是国内最聪明的人,这使苏氏惶恐自省,觉得自己最愚蠢也没有,但当他逐一访问了当世公认的聪明人物之后,他才恍然大悟,神祇说他聪明,正因为他自己知道自己愚蠢,而其他公认的聪明人物,却没有一个不是自以为聪明绝世。百世后的我们,仰望这位泰西学术的鼻祖,听他这段千古不朽的至理名言,才会悟道:虚怀是真智慧,它是获得任何知识的根源。

　　我们甚至进一步认为:虚怀态度不只是人类获得知识的根源,亦即主体了解客体的基本条件,这态度更是智慧自身的出发点,亦即主体应该怎样应付客体的基本原则。就人的立场来看,所谓客体不只指自然界的事物,更重要的是指他人。最重要的智慧是指个人应该怎样应付他人,亦即个人应该怎样在他人中自处,简言之,个人应该怎样立身处世。在人事方面,所谓虚怀态度,我们是指:自己不把自己所有宗教上、道德上、政治上等的主张认为绝对不错。

第四部分 文艺作品

暑假里的烦恼[①]

  这是消夏中写着玩的一篇小品文字。内中事实,先曾在和朋友的谈话中做过谈资,当《观察》主编褚安平兄过来拉稿时,他总怂恿着我把这点小经验写下来。所不幸的是这篇文字刚写完,北平就发生了关于这次四大学招考的种种传说,有些朋友就认它是个不祥的预兆,劝我不要发表。但我想这篇文字的主旨既在劝人珍惜学校的清白,和学校有关的任何方面一定都会同情这个基本立场,所以先用它来偿还《知识与生活》的文债。

笔者后记

  暑假到来,终年在粉笔灰里讨生活的我,很想可以清闲一下,

[①] 原文载《知识与生活(北平)》1947年第9期。

看一点平时没有心情看的书，睡几回酣畅的午觉，报纸也想暂时不读，不只可以"聊陋不知，理乱不闻"，还可以省一点钱；当时确未想到，暑假正是学校里招考的季节；而更未料到：招考竟然会带给我——在学校里不负任何行政职务的我——如许的烦恼。

先是接到不少亲友的信，都是为了子弟要考大学，而知道我正在大学里教书，所以来拜托"帮忙"。对于这些信，倒还不难覆信婉谢，虽是已经费了我不少时光和纸笔。所难的却是那些亲自带了子弟来访谒拜托的亲友们，来一次总得敷衍上半天，说不定还得留饭，尤其在当面应对中，很容易使双方都感到尴尬和不快。

在招考前一星期的一个上午，我正在宽衣跣足地躺在沙发上开卷想读罗素的新著《西洋的哲学史》，就来了一位从未见过面的长辈远亲。他带来了我的族兄的一封介绍信，和一位准备考大学的"二小犬"。在敷衍了一会儿亲属关系、家庭状况，时局天气①之后，才谈到来访的本题。下面是那次谈话的摘要：

客："这次务请××兄看了亲戚面上帮个忙。"

我："应该，应该，只可是现在大学里招考确实是严格的很，何况我在学校里更不负责行政上职务。"

---

① 原文为"大局天时"。——编者注

第四部分　文艺作品

客："××兄何必如此客气，就是××兄自己不负行政职务，也务请向负责的同事们转托转托。"

我："实在对不住的很，学校里确实都是公事公办，招考一切手续尤其是严格完密，不容任何人上下其手。我看重要的还是××弟的努力准备，考试时尤其不要慌张，字迹要写的清楚整齐。"

客："遵命，遵命，可是咱们既然是亲戚，不妨讲点体己话。去年，'大小犬'去投考××银行练习生，'三小犬'去投考××中学，最初托了些朋友，因为交情不够，却听了他们一派官话。后来总算托到了亲戚，事情才弄妥。可是，我这几句话请××兄不要误会。我的意思是说，只有亲戚才能彼此了解困难。我这个'二小犬'资质还可以，所以我才指望他能够读个大学。可是实不相瞒，我当小公务员的一点收入，绝对不够供他读大学，所以将来还得拜托××兄替他弄个公费额。"

我："公费制度下半年大概将有变更，若是××弟要申请，我当然应该替他证明家庭经济状况，可是……"

客："这真是感激不尽。现在中国的事，哪一件不是人事问题？读书也好，谋事也好，没有熟人帮忙，就都没有办法。可是话还得说回来，若是只是讲一点人情，本来还没有

663

什么大不了，现在都因为人事已经抹杀了法令，才造成了现在这个局面。例如文武大官们的生活，若是他们真的只靠一点官额薪饷，哪里够住洋房，坐汽车，天天请客，夜夜跳舞？还不是各具神通，能另有办法。苦就苦了一辈小公务员，可是小公务员中也并不是完全没有小办法的，说句体己话，只要人灵活，职务不太死板，油水总能多少捞一点。你知道，大行家哪一家没有两套账簿，一套是预备人家查的，一套是自己用的。官家的层层审计，累累监察，还不是加多了几重贿赂和剥削。中国就是这样一个双重性的社会，一重是官价，一重是黑市。一重是官样文章，另一重是实际情形。做中国人要不吃亏，能生存，就得先摸熟这个黑市，这个实际情形，××兄，你们学校里到底实情如何？亲戚间何妨说说实话。"

我："若是您老人家所说的都是实情，那么，惭愧得很，我们学校里的同人们真是不通世故的呆子，呆得只会公事公办。不呆的早就不再当教授，而去做了官。对于您老人家今天大热天里特地来嘱托的事情，尤其觉得抱歉万分，因为我实在一点忙都不能帮。"

客："我既然已经说了一大堆实话，索性再多说一点。

据说：你们学校去年收新生，就有两扇门，一扇是须经考试的前门，另一扇是不须经考试，而只按分发、保送和种种特权资格而入学的后门。不知道是真的还是假的？"

我："我不负学校里行政上职务，所以不能负责地和详细地答复。我所知道的是：不经考试而准许入学，都是根据了政府的法令。若是说它是扇后门，那么，这扇后门并不是学校自己开的，而是政府或教育部来开的。因了此种法令，有些人或能利用了和其他机关的黑市关系而取得分发、保送或特种资格的证件，竟得入学，也不是不可能，但即在这里，作弊的绝不是这学校，而是那机关。总而言之，我希望您老人家能了解：我并不是打官话，而也是在说实话。"

客："这样说来，你们学校竟是现在中国黑市社会里的一个清白孤岛。"

我当时听了这位老长辈的最后一句话，虽不能认定他究竟是善意还是恶意的，使我自己却已感到耳朵有些热，面孔大概有些红。幸亏这时我的太太正从厨房里出来通知我们就要去开饭，又极力坚留两位亲戚在这里便饭，这才把一个小小危机安然度过。可是这句"黑市社会里的清白孤岛"却深深地在我内心中发起酵来。

当天晚上，我就做了一个怪梦。梦见我和学校里的一辈同人和学生，正身处在一个汉白玉的孤岛上。四周海天如墨，远处雷电隆隆。黑暗中更像有无数的龙蛇龟鳖，张牙舞爪地，正从天上海底来侵袭我们这个孤岛。仿佛又听见有人在高喊："大家起来，保卫这个黑市里的清白孤岛！"这时雷点已近，雨点浪花也开始着袭击。我杂在人群里拼命地向龙蛇搏斗。一个霹雳终于把我打醒，醒来却发现半夜里下着大雷雨。

三十六年八月十七日

第四部分 文艺作品

吴先生的表[1]
——抗战里关于教授的故事

"现在中国的教授已成了一个'凋萎'的阶级，硬撑着褴褛的自尊和一切只属于精神方面的事物。"——裴斐

这里是我的朋友胡冈先生于民国三十四年在昆明讲给我听的一段故事。胡先生是一位不大不小的公务员，在抗战里各处的流浪中，结识了几个教授朋友。这里的一段平凡的故事，我本来早已忘却，只因为最近读到了美国裴斐教授关于中国教授的一句话，使我又突然想起了胡冈先生所讲故事里的那位吴先生和他的表，虽是此后的复旦和内战已不知道又把胡冈先生的吴先生播迁到了什么地方。为使故事

---

[1] 原文载《知识与生活（北平）》1947年第11期，署名"费青"。曾以"吴生生的表"发表于《时代评论》1945年第2共期，署名"故冈"（系费青笔名），重新发表时文字有变动。——编者注

● 逼真,这里依旧用胡冈先生当年讲述的口吻。

　　我从办公室回家,一进门就急着问淑:"你记得吴先生的家乡是不是叫乌山镇?……那位买表的吴先生。"

　　淑正忙着煮饭,对我这突如其来的问题,先是愣了一愣。原来我们和吴先生虽曾邻居过近两年,但自从我们离开碚城,搬来这里住家,已快一年。在这乱离漂泊的年头,谁再会记起一年前,千里外,一个平凡的邻居?可是当我补充了一句"买表的吴先生"时,淑好像一点也不再觉得这问题的突兀,反而很注意地要知道我这问题的缘由。

　　"果真是乌山镇的话,那就糟了!"接着说时,我已沉浸在三年前,千里外的回忆中。

　　那天我也是从办公室回家,淑忙着向我说,隔壁两间空屋里,已搬来了一家新房客,是一对三十多岁的夫妇。我生性最怕管人家的闲事,淑虽还告诉我关于这对夫妇的一大套,我当时都没有听进去,除了他们是姓吴,先生是一个大学里的教授。

　　我和吴先生见面的机会很少,偶尔在门口劈面遇着,彼此也仅颔首而已。淑却和吴太太很容易厮熟,不上两个月彼此已成为闲谈时的莫逆。我在这里所要讲关于吴先生的故事,大部分是从淑间接听来的。

第四部分　文艺作品

　　抗战中教授们生活的艰苦，我早从报章上读到了些，现在有这位吴教授做隔壁邻居，就不免逐渐引起我对他一种惺惺惜惺惺的注意。在两年邻居的岁月中，我冷眼看他穿西装的日子逐渐减少，臂上老是夹着的皮书包，先是脱落了提柄，后来坏了皮带，最后他索性换了一块平价灰色布来包书。这些事情本来琐屑的无足回忆，若不是吴先生那只表的事情怎会使我联想起这一切？

　　吴先生本来有一只很好的挂表，据淑听吴太太讲，这是十年前留学美国时带回来的。这只表，好像也经不起抗战里的风霜似的，逐渐衰病起来。吴先生曾几次三番送它进表铺修理，据说所付的修理费和送取的车钱和时间，已抵得上吴先生写一本《高等逻辑学》的稿费。不幸这只表更逃不了愈修愈坏的定律，最后只能收起来做纪念品。那时谁能预料，这件小小的不幸，竟会铸成吴先生此后哭笑不得的命运呢？

　　我只看见吴太太每天接连地跑来我家，看我们摆在桌上的小钟。同时吴先生的脾气突然变得很坏。不必说他本来是个最讲逻辑、最守时间的人，就说他班上的大学生，有时因他上课时迟到了几分钟，便会先走了一个空，已够使吴先生感到少了一只表的莫大痛苦。吴先生那时虽有购置一只新表的愿望，但家里每月的伙食开支，已须于月初向学校预支，这个买表的小愿望，只得归并入抗战最后胜利的大愿望中。

吴先生的应酬一向很少，这天却换上了久已不穿的西装，吴太太更来向淑借了一只手表，相偕去赴一个同事家的宴会。在那个宴会上，他们碰到了一个在盟军中服务的美国人。寒暄中更知道，这位美国人正是吴先生在美国留学时所寄居的房东家的亲戚。他不久将因公务回国一次，但一年后还得来中国。那时宴席上的谈话逐渐移转到外汇和购运美货来华的问题上。主人第一个提到想托这位美国朋友代带一些自来水笔和手表等回来，即使自己买不起，还能出卖赚钱。吴先生这时已饮了三杯酒，兴致正好，听了主人这个提议，顿然撩起了心头的宿愿。他先在心里盘算，若是买一只值五十美金左右的手表，侬当时美金价额约合国币二万五千元；他正来得及在一年内完成那部已开始写的《西洋古代哲学史》，所得稿费，不是正可买这只表？何况，万不得已，还能卖掉赚钱。他再把这计划和他太太轻轻地商量一会。吴太太本也在想要买一只女用手表，于是折衷办法，决定托美国朋友买一只男女两用的手表，价钱不要太贵，但机器也不可太差。

这天晚上回来，吴先生他俩真是高兴极了。吴太太来归还淑的手表时顺便将买表的计划和宴会上的经过，谈了足足有两个钟头。

此后，我忙着机关里的公事，淑忙着家务。我们常常谈起吴先生的表。淑却很觉奇怪：吴太太自己反而渐渐少提那件事，后来竟绝口不谈。虽同时，吴太太仍不时来看我们的小钟，吴先生更日以继夜地埋头在他那部《西洋古代哲学史》里。对于吴太太反常的沉默，淑只觉奇怪，我却很清楚地知道原委。吴先生他俩原有的买表的美梦，已随了美金的急速上涨，逐渐变成了恶梦。这点惨酷的消息，我对淑也不忍说破。几个月的邻居关系，使我对于这位温文高傲的吴先生，发生了莫名的敬慕和同情。我竟私自为他希望：美金终会回跌，至少稿费也会跟着涨，或是那位美国朋友竟不再来，或是忘了带来那只手表。

在我快离碚城来此前，我为了接洽飞机票奔走，淑在家门口摆地摊，出卖家具旧货。那天晚上，吴太太面色惨白地来说，刚才接到那位美国朋友的信，说是表已带来，值一百五十美金，希望吴先生在一个星期内到他那里去取。这支表的到来，对于吴先生他俩，竟像敌人的秘密武器，久已怕他会来，但还希望能不来，最后终于突然地降临了。一百五十美金照当时的价额合法币四十五万元。吴先生那本如期完成的《西洋古代哲学史》共得稿费五万元。即使变卖了吴先生不急用的衣服、家具、书籍，总共也值不到二十多万元。不向那位美国朋友取那只表罢，本来也可以，因为那位朋友压根儿就不在乎这一百五十元美金。可是以吴先生的高傲，有约必行，尤其对于外国人，这是绝对不许可的。在托买那表的时候，本曾预留了出卖赚钱的退步。但到了一年后的今天，在吴先生熟悉的朋友中，哪里能找到个拿得出四五十万法币来买一只表的人？何况，若要出卖那只表，便得先付现钱，向美国朋友把它取来。这笔现钱复从哪里去找呢？

我们在临走前的几天里，只看见吴先生他俩天天在外面东奔西走，大约是在接洽借款，或是兜售那只表。总之，一直到我们离开磁城为止，他们还没有去取那只表，不然，吴太太一定会拿来给我们瞧。

我们在这里住定了几天后，淑才有空闲向我讲起吴太太曾提到过关于那只表的一个最后办法。吴先生在沦陷了的家乡，离南京不甚远的一个镇上——好像叫乌山镇——还有一家祖传的米馆。这米馆店虽已好几年没有消息，但吴先生却指望能将他做抵押，向磁城的同乡商人中抵借那笔买表的款子。至于这个最后办法到底尝试了没有，尝试后成功了没有，已是我们离开了磁城以后的事。虽是我一有空闲便会想起吴先生那只表，但也始终没有勇气特地写封信去问个究竟。

淑坚持着要知道我突然问起乌山镇的缘由。我不得已才从大衣袋里取出了一张三十四年十月二十四日的《大公报》，在第二版上指给她看一段标题为"休说重庆来"的南京通讯。下面是该通讯里的一段：

第四部分　文艺作品

"前几天有带了定价一元折合伪币五万元的某种币的部队到那里，商人不肯接收，一律收起货物不卖了，部队一怒拉走了壮丁，一把火将乌山镇烧光了。"

三十六年九月九日重写于北平

儿童节的故事[1]

儿童节是一个象征着希望的节日，尤其在今年抗战胜利后第一个儿童节，我们应该丢开眼前的一切黑暗，而为我们活泼泼的儿童，庆祝和祈求光明的将来。

在抗战中长大的惠侄（女），已好几天盼望着儿童节的到来，并且几次要求我讲一段抗战中儿童节的真实故事。我回忆过去八个年头的儿童节，哪一个年头没有些辛酸的故事可讲，可是又怎忍在今天讲给她听？因此我想起了一段确实的故事，虽内容不够曲折，但至少是黑暗中的一点光明，抗战中一件值得称述的史实。

去年我正在某一个大学里教书，那里一个鬓发斑白的职员，有一天特地来找我，为的是他的儿子刚从高中毕业，想进一个半工半读的大学，或者我可以帮助他设法。据他说：他这几年为了

---

[1] 原文载《时代评论》1946年第20期，署名"胡冈"（系费青笔名）。

第四部分　文艺作品

负担两个儿子的教育费用,已经精疲力尽。照他现在的境遇,大儿子能毕业高中,已是幸事,本应立刻找寻职业,自谋生计。可是他总觉得不给这儿子进大学,有些辜负了他。当时我很同情他爱子的深情,便和他想了点怎样能使他儿子升学的方法。在谈话中发现他对于他的两个儿子好像有比一般父母更深的期望。他似乎也觉得我这点感觉,于是在正事谈完之后,他解释着说:

"先生你或者会觉得我对这两个儿子过于溺爱了些,这我自己也不敢否认,好在你既这样的乐于帮忙,想来也不至于见怪。其实呢,一是因为我这点年纪,二是因为他们曾在抗战初年经历了一段相当的危险,才使我不知不觉地特别爱护了些。你若是有兴趣的话,这段危险的经历倒是有点小意思。"

我当时本来闲着,这位老职员尤其是和蔼可亲,我相信他决不是特地来夸耀他的儿子,所以就请他讲这段故事。下面是他所讲的:

自从抗战爆发,我就带了内人和这两个儿子,跟着学校,先从上海撤退,当时大的一个还只八岁,小的六岁,在南京躲搁些日子。局势一天坏一天,沪宁路一带后退的人更是塞满了南京的街道,在南京沦陷前的第二天,学校才弄到了几只木船,准备退往汉口。那天上船是在晚上,沿江的军队难民正像蚂蚁一般拥挤混乱。不幸内人又生了病,我就没法再照护①那两个孩子,等到挤上了船,才发现他们已被挤失。船又不能等,因为军队难民正在抢船逃命。我只有狂呼着孩子的名字,内人更像发痴,跟着我们的船已很快地离了岸,往上游驶去。

到了汉口,起先还痴望着孩子万一会回来;内人在病中更是颠倒梦想,寝食②俱废。但是看到当时逃难混乱的情形,骨肉散失,已是无足为奇的事,我终于逐渐丢掉了希望。并且自身食宿起居,已都成了问题,加以时局的危急,使我们也无暇再为儿子们哀悼。这样过了一个月。

有一天下午,我正从外面回来宿舍,一进门,同事们就笑着对我说:"你的两个儿子刚才由一个士兵送回来,那士兵问清了这里确实我们学校的临时宿舍,以及你确住在这里,就把那两个孩子留下,自己头也不回就跑了。"

我赶回房间时,只见内人一般泪痕,两只手拖住了两个孩子。孩子们都笑嘻嘻在讲述过去一月中的经过。孩子们的话本来是东一句西一句,我就很难从他们的话里知道这一月的经过。甚至最重要的一点:究竟谁救了他们?谁送了他们回来?他们也回答不

---

① 原文为"照呼",似笔误,径改。——编者注
② 原文为"寝舍",似笔误,径改。——编者注

清楚,只说是一个兵,至于这个兵的姓名当然更不知道了。

从儿子们的话里,我所能推定的是这样。那天晚上他们和我们失散后便在江边上乱找,找不着便站着哭。当时有一个兵跑过,他就问他们缘由。我的大儿子那时已说得我姓名和学校的名称,并且把搭船上汉口的事也告诉了他。那个兵就叫他们跟他跑。□□□[①]先还沿江问了几个船,后来便带了他们一同回到一个住的地方。

当时他们对这个兵很怕惧,但是那时已深夜,四围一切,更是可怕。只得不自主地跟了他走。那个兵看上去很有钱,住的地方也好,还有其他的兵服侍他,并且好像很忙。下一天,跟了他和很多兵一同上了一艘船。开了一天便到了另一个地方,他又把他们带到一所房子。他不大和他们说话,吃饭的时候有时回来,有时只由另外服侍他的兵带些东西给他们吃。这时我们的大儿子,对于这兵开始生疑惧,第一怀疑他怎么会有很多的钱,更怀疑他正是从小听到大人们讲起的拐子,会把他们卖去投入大烟囱。两个孩子愈想愈怕,一次乘那个兵不在屋,便偷偷想逃走,可是不巧得很,□□□□□他们送了回来。

我和内人只有衷心感谢那个救了我孩子性命的恩人,但除了知道他是一个兵外,就没法从孩子嘴里更知道他究竟是谁。

[①] 此处原文缺字,下同。——编者注

到了下一年的儿童节,我们学校已搬到了这里,恢复上课,我接到了一封在信封上把我的名字写成了同音异字的信。信的内容是:

"某某先生:你的两个孩子,想来一定很好。他们很是聪明乖觉,希望你能好好教育他们。祝他们在儿童节快乐康健!

一个抢了很多钱的兵"

我先是愣了一愣,立刻去找大儿子问他,曾和那个□□说过些什么?(下缺)

先生,我自从接到了这封信之后,就对我的两个儿子好像感觉到必须负有教养之责。想你也不会错怪我溺爱么?

惠侄(女)听完了这个故事,好像有点怀疑,就说:"兵是不是真会这样好的?为什么昨天我们上黑龙潭去,那个兵在半路上硬要搭我们的马车,会那样强凶霸道呢?"

我一时真不知如何答复惠侄(女)的问题,幸亏她的爸爸也在旁边,来代替了我的答复:"伯伯刚才讲的故事当然是真的。兵是有好有不好,但是我们总得先当他们都是好的,他们才会真的全都变好……"

这篇道德哲学的大议论正在开始,我看惠侄(女)已没有心思听,便偷偷地领了她上翠湖去买松子。

第四部分　文艺作品

字的魔力[1]

美国当代大历史家皮尔特氏（Beard），在他最流行的一本著作《共和国》（*Republic*）里，曾用好几页的地位，来描述"民主"（Democracy）一字在美国人民间所具感情上意义的历史演变。我们现在都把美国认作民主的发祥地，可是说起来也很奇怪，即在一二百年前，"民主人士"（Democrat）一字正是美国人间用来骂人的一个最不名誉的帽子。勇敢如杰斐逊（Jefferson）也不敢以"民主"自称，甚至一生为民主而奋斗的林肯也不敢在几次著名的演讲里用"民主"这个字。

字，本来是人自己造成来的工具，可是一旦取得了感情上的意义，它就可不再受理知的御驾，而握有无上的魔力。大的事情不必说，在我们这一代的记忆里，"革命党"、"孙文"等字眼也曾

---

[1] 原文载《雪风》1947年第2期。

在清末被母亲们用来恐吓顽皮的孩子。孩子从小就听惯"革命党"和"孙文"是青面獠牙，魔术无边，比了塾师的戒尺还可怕。

一个时代过去了，旧有的字的感情意义，会从地狱的囚阶突然升到神圣的宝座，再从这宝座回复到清醒的理知境界。在这个过程中所伴着流的血和泪，这里也不必去计算，而我们所最感诧异的却是：人类会始终不懈地创造着新的具有魔力的字眼。并且，它们的魔力好像愈弄愈大，因而它们的必然过程，从囚阶到神圣，从神圣到人间理知，也需要着更多的血和泪。

看，"红帽子"的魔力，不是已经扩及了全世界？昨天报上还记载着：美国某法院的判决，确认为骂人家作"共产党"可以构成诽谤罪，因为这个帽子确可引起社会上一般人的厌恶仇视。在这一切变本加厉的中国，被戴上的红帽子，更已成为拘捕和格杀的当然罪名！

人类的大敌，不是原子弹，而是自己盲目的感情！所以人类的解救，始终还应该是自己冷静的理知。

有此虚怀态度，我们才能和他人不同的主张相互探究，而发现彼此的错误，至少不至于为了贯彻自己的主张而诉之不当的手段，如武力。人类受了几千年的历史教训，在宗教和道德上确已相当的体验了虚怀容忍的可贵，但是在政治上，则除了少数哲人有此见地外，哪一个实际政治上的人物不把自己的主张认作天经地义,既是天经地义,于是就不得不采用任何卑劣暴戾的手段来促其实现。一般政治学者也不得不把政治定义为权力的关系。美国前最高法院霍尔姆斯大法官在 Abrams v. U.S.A. 案的判决中曾指出:"人知有限,所有的政治方案绝不曾绝对完善,只多是一个试验方案。因此,执政者绝不应禁止反对的意见。"这是民主政治的精义,而其出发点便是我们所讲的虚怀态度。从此更可明了:虚怀的智慧不仅是消极的,不仅是获得知识的根源,它更是积极的确立健全人事关系的出发点。

十月十五日于北平

梅兰芳失金记[1]

伶界大王的梅兰芳,在他几十年的粉墨生涯中,收入颇丰,积蓄了不少产业。抗战期间,他"留髭明志",绝迹红毡。可是他家里人口很多开支浩大,就在那八年中,把所有的产业都吃光了。胜利后,这位年已五十多岁的伶王重披歌彩,虽然声色大不如前,但倾慕他的一般戏迷仍然欢喜去看他的戏,使他过去的声誉,仍然保存不衰。这些年来,他又积蓄了点钱,兑换成二十多条金条藏着。他知道自己年岁渐大,这碗戏饭已到"夕阳无限好"的时光,不积一点可靠的资产,怎么能安然度过那晚年的岁月。"八一九"货币改革,梅氏一时对限期兑换黄金外币的法令非常着慌,就把他这二百多两黄金拿去兑了金圆券。这一大堆的金圆券只给他维持了三个多月的生活开支,目前使他又沦为赤手空拳的

---

[1] 原文载《内幕新闻丛刊》第九辑,新潮出版社1948年版。

人了。梅氏的痛恨，不言可知。他的夫人福芝芳当然亦极其惋惜这些黄金。梅氏夫妇曾为了这事争吵一场。福芝芳指着梅氏说："谁叫你糊涂把金子去换了金圆券来，现在弄得两手空空，这叫家里以后怎么过日子？"梅氏气得脸色发白，半晌说不上话来，他沉思了半晌，突然跳起身来，指着自己的嗓子说："这，这，这……他们总骗不了去的！"

三、挽　联

为"一二·一"惨案而作

第四部分　文艺作品

为"一二·一"惨案而作[1]

此处是民主堡垒,

贫贱未移,威武不屈,

更使尔碧血英魂常共守卫;

空负了锦绣河山,

豺狼当道,鸱鸮飞天,

当此际阴风惨日无限悲怆。

---

[1] 原文载1946年12月8日为"一二·一"惨案出版的《时代评论》悼念专辑。

第五部分

自传、书信、讣告及墓碑碑文

一、自 传

自 传[①]

我姓费名青，号图南，又号仲南，更用过笔名"胡冈"，于1907年出生在江苏省吴江县同里镇。先世原属地主阶级，但在父亲幼年，家里已十分穷困。父亲靠了亲友的帮助才受到教育。前清末年他考取公费留学日本，接受了当时的旧民主革命思潮，在辛亥革命中更参加了本乡的实际革命运动。此后，他便致身于教育工作，一直到现在。母亲也受过当时的新教育，在本乡创办第一所幼稚园，我所进的第一个学校便是这所幼稚园。我五个兄弟姊妹便靠了双亲的薪水所入，养育成人，并都受了很完备的学校教育。所以，我出生的家庭成分是属于很典型的由地主阶级没落而转变成的小资产阶级中的知识分子阶层。这个阶级和阶层成分

[①] 本文系费青之子费平成提供。原文系费青1951年申请加入民盟时所写，原件存于北京市民盟。

第五部分　自传、书信、讣告及墓碑碑文

基本地影响了我此后的思想意识。此外，我从幼年开始起就患有慢性支气管炎症，俗语所谓气喘病。这个痛苦、麻烦，无法根治的老毛病不仅时时阻碍着我的行动，并且也多少影响了我的思想意识。

（一）少壮时期

在"五四"运动那一年，我刚入苏州的江苏省立第二中学校，跟着同学们，尤其是跟着我的大哥，很兴奋地，但还不很清晰地，参加了那次运动中的许多街头演讲等活动。从那时起，我开始具有政治意识，先是爱国主义思想。

1924年我进了苏州唯一的教会所办的大学校——东吴大学。最初我进的是医预科，但下一年所爆发的"五卅"运动和跟着到来的大革命改变了我学医的原定计划。我那时参加了学生会和其他学生革命团体的许多活动，创办过工人义务夜校（这所夜校名称"平成夜校"，24年后我生我第一个男孩，就取名"平成"来纪念那所夜校），帮助过苏州城外纱厂工人的罢工运动，更接触到了许多革命先进人士，像恽代英、萧楚女、侯绍裘等。

1926年暑假，我被举为江苏省的学生代表，秘密地去广州参加第八届全国学生代表大会，看到国共合作中的革命高潮和北伐进军的盛况。那次代表大会的代表，在闭会后回去本省，很多受到反动军阀的迫害。我也受到孙传芳的秘密通缉，不能再返苏州，不得不转学到上海租界上的东吴大学法科。在这里我和同学们发动了收回教育权运动，推翻了美国人在东吴法科里的校政权。

以上简要叙述的是我一生自有政治意识后的一个时期，可说是少壮时期。在这一时期，我虽有热烈的革命行动，但对于革命理论仅有很肤浅的认识。小资产阶级的思想意识使我的革命行动也不会彻底。我虽有很多革命朋友，并且常和他们一起行动，但始终没有加入政党，虽也遇到反动势力的迫害，但最后终是躲避。所以，当1927年蒋介石反动派在上海嚣然发动血洗的"四·一二"大反叛时，我也因学校当局暗中诬告而被反动政权列入学生的黑名单中，我起初虽还冒险找寻到革命朋友的联系，但在当时大环境的极端恐怖，和学校里小环境的权诈的缓和下，我终于失掉了革命联系，自己也就逐渐深埋到书堆里，只想求到一点专门知识，以为将来终会有用处。这样便结束了我的少壮时期，而转入了第二个时期——落后时期。少壮时期若还遗留给我一点可宝贵的东西，那便是我此后对于蒋介石反动政权的极端憎恶，对革命朋友的怀念。这点可宝贵的根苗在此后第三个时期中还发生了积极作用，这是后话。

（二）落后时期

在第二个时期——落后时期——里，我的小资产阶级知识

第五部分　自传、书信、讣告及墓碑碑文

分子性格得到更大发展。在东吴法科里所学到的主要是西洋的法学，有关政治的至多是西洋旧民主的一套公法理论。在思想上，我因为厌恶当时国民党反动政权，甚至进而厌恶政治本身，至少认为政治应该受制于法律，而法律则应该以抽象的公平观念为鹄的。在当时教师中，我欣赏过吴经熊写得非常漂亮的英文法学文章，也敬佩过张君劢敢于在宪法课上痛骂当时气焰正盛的国民党政权。至于他们的政治立场怎样，则非我所屑顾问了。

我在东吴法科念书成绩很不差，所以在1929年毕业时便由学校当局推荐到四川新改为国立的成都大学任教。这个大学便是后来四川大学的前身，当时由张澜做校长。我在那里教的是国际公法、罗马法和英美法等课程。我教书当然很用功卖力，已教了一半年，学生突然不上我的课了。一打听，才知道因为他们不满于我没有出洋留过学。这提示给我当时的一条规律：要在大学里教书必先出洋留学。

1931年我回到上海，一方面执行律师职务，同时在暨南大学教课。这里值得叙述的是我办了几件辩护共产党人嫌疑犯的案件。当时国民党政权对共产党人的迫害是穷凶极恶，并且是不经过普通法院审判的。但在上海租界上，为了取媚于帝国主义者，凡被捕的共产党人嫌疑犯必须先在租界上的特区高等法院分院过一下堂，然后提交国民党政府。可是这个所谓过堂也只是形式罢了，通常更不会有律师敢于认真地替这种案件的被告辩护。我那时还是一个初出茅庐、天真未凿的小律师，更怀着对国民党政权的仇恨和过去革命朋友的系念，却真的不顾自己死活地替他们辩护起来。

记得一个案件里——这案件是由从前苏州一位革命朋友，现任上海江湾中学校长，刘秉彝所介绍——有一个小学校长和两个教员以共产党人嫌疑犯被捕，国民党方面弄出来一个假证人，自称是已经自首的共产党人，他的唯一证言是曾和这三个被告在他们小学校里开过几次共产党人的秘密会议。我那时明知这证人是假的，可能他还没有到过那所学校。我就当庭先请求法官命令那个证人把他所自称曾去过几次的那所小学堂的位置和房子格局简单地画个图样出来，然再命令那个曾在那所小学堂拘捕被告们的巡捕——当时租界上警察的称谓——也另自画出那所学校房子的图样。当时那个法官可能猝不及备地没有想到我的请求的用意，或是他真的相信那个证人曾去过那所学校，所以他竟然依照我的请求而命令他们。结果是两个人画出来的房屋图样完全不同。这就毫无疑问地证明那个证人从未去过那所学校，更没有在那里开过共产党会议，从而不能证明那三个被告是共产党人。我的理直气壮的简短辩护引起了全堂的肃然注意，国民党政府人员的怒目相向和法官的尴尬为难。他支吾其辞地勉强开释了一个较

第五部分　自传、书信、讣告及墓碑碑文

年轻的被告，但仍把另外两个被告毫无理由地交给国民党政府人员带走。这一个被告的开释，据说是空前绝后的。律师朋友更劝我以后不要再如此天真，不然就会遇到危险。

这时（1932年初），爆发了上海十九路军对日本帝国主义的英勇抗战。律务和教课均告停顿，我绕道浙江回家乡，想在那里举办民团，经苏州时和张一麐、李根源等规划，回吴江后将这个计划和县长商量经费。但不久我即大发喘疾，且因乡间缺少医药，病的很重，一拖便是几个月。这时上海战事已经结束，我的病却难复健。这年初冬，我遵医生的指示去北平易地疗养。翌年健康稍稍恢复，就在北平朝阳学院教课，同时在北平晨报馆当国际新闻栏编辑。这时，张君劢在北平办《再生》杂志，以从前师生关系要我写文章，我在这杂志上发表过几篇译稿，如"中日（甲午）战争目击记"等。同时也在《大公报》副刊上发表些文艺性小品文。

1933年夏，我参加留英公费考试，没有成功。翌年夏再参加清华大学留美公费考试，竟然考上了。取的是国际私法一门。我因为英美法系和我国法系太不相类，所以特别请求转赴德国。这请求被允准了。此后一年先在清华大学预备德语和搜集国际私法资料。1935年夏去德国，入柏林大学研究国际私法和有关学科。这时德国正处在希特勒的疯狂和傲慢的统治下，在那里留学的中国学生大部分是国民党派去的党棍子，这些都加深了我对于政治

695

现实的厌恶。在德国的两年半中,我经常独自一人埋头在书堆中,有时独自一人漫游在深山穷谷中。国内外的政治大动向我但愿不问不闻。"七七"事变迫着我去读报。喘病的不时纠缠,虽经柏林大学医学院的冗繁治疗,但无法根治,也是使我悲观消极的一个原因。

1938年春,我自德东返,先在苏门答腊和槟榔屿修养了半年多,想在热带把我的喘病养好。到秋季取道安南返昆明,在西南联合大学和云南大学任教。最初身体很好,每星期担任了二十多小时的教课。也在这个时期,我和早在六年前在北平认识的叶筠女士结婚。但昆明海拔过高,气压极低,对于喘病很不适宜。所以经过一个雨季后,我的喘病又逐渐加重。到1940年夏,日本飞机开始轰炸昆明,而当时喘病的严重程度已使我无力跑警报。因此,学校校医力劝我赶快离开昆明。同时,上海东吴大学法学院(即法科)正来信要我回母校主持法律系。我那时有这样一个错误估计:我认为日本不敢进攻英美,因而上海租界上还能够照旧教书。这几个原因使我倏忽间就决定离昆明回上海。现在回想起来,初时的错误估计正是我十三年来厌恶政治不问政治的错误思想的日益发展的必然结果。这个错误思想不仅使我对世界政治的大动向漠不关心,从而丧失了对它做任何准确估计的能力,甚至把上海租界早是帝国主义者的共同劫持物这一事实,置诸脑后,而盲目从着当时国民党区流行的看法，以为英美真会帮助我们抵抗日本，从而上海的英美租界还是抗战的一个根据地。

1940年秋，我带着家眷取道安南回到上海，在东吴大学法学院教书兼任法律系系主任。喘病每因易地可以好些，这次我从高原迁到海滨，最初确有沉疴顿释之感。父亲原来在上海寄居亲戚家，就接到一起住。久别的亲友重逢，远离的旧地重游，一时苟安的温暖，更麻醉了我早近麻木的政治意识。但麻木是不会持久的，只需有足够强的外来刺激。这刺激不久便突然到来，这就是1941年12月太平洋战争爆发的一声炮响。这炮响震醒了我的迷梦，一年半来苟安的迷梦，十多年了厌恶政治不问政治的迷梦。这炮响警告我必须在政治立场上有所抉择：不是走向光明，便会沦入黑暗，超然是不可能的。我当时下了大决心，要痛改前非，要振作起精神志气，要有计划地逐步走向光明。这样，我便结束了我一生中的第二个时期，也是落后时期，而开始逐步进入我第三个时期，也是前进时期。

（三）前进时期

上海租界是沦陷了，东吴法学院的校址被日军占领了。院长不久后便不负责任地独自离上海，把学校善后的重担交给我和安绍芸、曹杰几位同事。那时学校里有三百多个学生，二三十个教职员。我们先约了学生代表、全体教职员和几位热心的校友，共同商定方针。我们当时决定：凡是可能离开沦陷区去自由区的教职员学生，我们鼓励和帮助他们陆续离去；对于事实上不能离去的，我们办补习班，一直到日本人来干涉时结束。我们组织了一个委员会来主持这个补习班；我被推为教务长，事实上责任最大。事后证明这个决定是比较准确的，因为日本人于发动太平洋战事后一直就忙于军事，来不及顾到在上海像我们这样的教育团体。我们虽碰到很多像校址、经费等的困难，但在师、生、校友三方面的合作下，均能随时解决。这个补习班后来一直继续到抗战胜利，重新并入东吴大学法学院。

我在补习班已上轨道后就计划重返内地。因当时去内地的路程已十分难行，老父病妻不能同去，先须设法安顿。我自己的喘病又常发，请中医诊治，又费了很长时间，才自信能赶远路。1943年9月我终于冒险地离开上海，经由蚌埠、界首、洛阳、宝鸡等地，于两个月后到达重庆。一路上看到战时民间的疾苦，国民党军人的横暴，更遇到几次危险，这一路程对我不啻是一个锻炼。

到重庆稍事休息后，便应复旦大学之聘，任该校法律系教授。在这里重新接触到了进步的师生，像从前的老师张志让等，开始对于国内外政治大动向逐渐有所认识，更自愧十几年来的昏聩迷梦。例如皖南事变这样的大事，我到这里才第一次听到。那时复

第五部分　自传、书信、讣告及墓碑碑文

旦大学里的政治斗争在暗底下很是尖锐，我初到那里当然还摸不清楚，遇事只是仗义执言，可就遭了国民党学生之忌。后来因法律系主任戴修瓒住在中央大学，校方叫我事实上代理系务，系里的国民党学生就借故向我攻击起来。我据理回击，要求校方把系里一个当全校三青团书记的学生开除学籍。这件事使校长很为难，据说一直闹到三青团特务头子康泽那里，校长还受到申斥，到我离开复旦，才不了了之。接着又发生三青团教员陈某玩忽职务溺毙学生案，法律系进步师生就依据当时法律向他控诉。我在复旦两年，好像进了一所政治补习学校，把我少壮时期的政治热情重新唤醒了。在这段时期里我曾写过关于人权的文章，发表在张志让所主编的《宪政》杂志。

1945年8月抗战胜利。我先已屡次接到西南联大（北京大学）的信，要我回去。这时预计各校不久即将复员原址，而我特别向往着北京，所以就决定先回昆明，再跟北京大学复员北京。是年9月，我回到昆明，任西南联合大学（北京大学）法律系教授。这时的西南联大又正是政治斗争日趋激烈的一个中心。教授方面尤其阵容分明，各有出版物。国民党方面正在学校内外加强压力，但进步的学生教员也反抗得更厉害，终于形成"一二·一"惨案。我这时经常在《民主周刊》、《时代评论》等进步刊物上发表文章，主要是支持学生运动，反抗国民党政府的压迫摧残和抨

击国民党所草拟的所谓五五宪草。我最初用笔名"胡冈",为的是当时法律系是校中反动派的一个中心,教员尤其如此,所以我想尽可能避免在系内和同事们摩擦。但摩擦是无法避免的,所以后来还用了真姓名。当时我所来往的朋友大多是民盟分子,但我自己却还认为无进入团体的必要。

1946年夏,我跟学校分批复员北京。途经重庆时听到闻一多在昆明被刺杀的噩耗。当时北平正是国民党政权接收后气焰方盛的时候,各大学经傅斯年、陈云屏的事先摆布,反动势力更是弥漫。但进步的学生教员仍不断地发动了反迫害、反饥饿等运动。进步教员多用个别签名方式发表反抗国民党政权的宣言,内中几次是由我所起草和征集各校令人签名的。后来更组织教授联谊会,加强进步教授的团结。对于被迫害的学生,我尽可能营救、辩护、资助。有些进步的学生,在北京的和从上海来的,我曾替他们找联系上解放区去。

当蒋介石意图制定伪宪,张君劢开始帮凶,张因为读过我在报章杂志上所发表过讨论宪法的文章,曾来电找过我去帮他搞宪法。我回信严词拒绝,警告他不要做将来历史上的罪人,更希望他能悬崖勒马。几年来我和张君劢的师友私谊至此断绝。

这里应该叙述一下胡适来做北大校长后对我和其他进步教授的阴毒压迫。他来的时候正发生了美兵强奸北大女生沈崇案。

沈崇家长先由袁翰青伴同来找我，我们详考法律政治各方面商定了应付的办法。这时胡适深知这案件会在政治上引起重大影响，就以沈崇的监护人自居挺身而出，同时以法律系教授们组织了一个法律委员会，而单单把我的名字除去。这样他既居负责保护学生之名，复可控制这个案件不让它对国民党和美帝国主义太不利。果然，当这个美兵最后由美国政府宣告无罪而释放，胡适就说这是美国法律问题而不是我国人所应顾问了。

另外一件是：我们几个进步教授那时正办一个刊物——《中建北平版》，是现在《新建设》的前身——因为这刊物是以当时还是国民党党员王垠仲做掩护的，所以虽是内容不利于国民党政权，而国民党政府起初却没有注意到。胡适明明看见这刊物里的文章多是北大教授写的，却特地打电话给当时北平的警备司令陈继成，叫他注意这个"一定是共产党办的刊物"。这话是后来陈继成亲自告诉王垠仲的。不久这刊物就为国民党政府勒令停刊。这事可见胡适手段的阴险毒辣。

我的第三个时期——前进时期——是结束于1949年春北平的解放。在这个时期里，我的思想比上一时期提高了一点：我重新认识了政治的重要，已抛弃了超政治的观点，同时对于国民党政权已由消极的厌恶进到积极的反抗，并且不仅如此想，还如此做。这一点提高应归功于许多进步朋友，尤其是进步的青年学生们。但是，所谓提高也就以此为止。至于将来政治究竟应该怎样，还是茫然；解放区的情况，除了传闻的一鳞半爪外，余无所知。毛泽东、朱德的名字是听到了，但是毛泽东思想是梦想都没有梦想到，连一本《新民主主义论》都没有机会读过。这一方面果然是国民党政权封锁思想政策的结果，但另一方面也因为我并没有努力追求过要知道。所以，我在这一时期的思想和行动，由今看来，依旧只是小资产阶级知识分子的性格的另一种表现而已。

（四）学习时期

　　北京的解放使我感到好像突然踏进了一个从未想象过的新天地中。解放军的雄伟，共产党人的浑厚诚朴，马列主义毛泽东思想的博大精深而又平近踏实，一一震撼着我整个旧有的思想意识。"日月出矣，爝火可熄"，这是我开始进入第四个时期——学习时期时的心情。我决心丢掉我的旧包袱，但还不知道怎样丢法，我愿意接受新的立场、观点和方法，但还不知道如何学习。解放后一年中，我独自乱冲乱碰，主观上觉得很努力，工作很忙，客观上则工作无计划、无步骤，成就一无，更不知犯了多少错误。结果是害了一场大病——肺炎、肋膜炎，转成肺脓疡——卧床一年半，于公于私，造成极大损失。现在病是慢慢地有了起色，静中思过，细细检讨过去一生中种种错误，主要还是知识分子自由主义性格

第五部分　自传、书信、讣告及墓碑碑文

在作祟。为了想依靠集体的力量逐渐克服这些错误，进而能真诚地为人民服务，我现在请求加入民主同盟。

1951年12月6日写完

费青

二、书　信

致刘哲民（1950年10月19日）

致潘汉典（1950年11月6日）

致潘汉典（1951年9月）

致潘汉典（1951年10月18日）

致潘汉典（1951年11月11日）

致潘汉典（1951年11月22日）

致潘汉典（1951年11月23日）

致大哥费振东（1955年12月7日）

致刘哲民（1955年12月14日）

第五部分 自传、书信、讣告及墓碑碑文

致刘哲民（1950年10月19日）

哲民兄：

　　大驾离平，承赐电话。该日弟正略有热度，未克亲自通话是歉是怅。贱躯此后即日趋好转，已于十四日出医院，迁来西郊清华大学舍弟孝通寓修养，希望二三日后能完全复原。

　　此次开刀，承兄屡来顾视，并为在沪购买气喘医具，志感志感。因青对协和赵志一医生患喘甚剧，急需应用，即将该具让彼。偿金曾送郑公馆转上，该已收到。弟已另函潘汉典托购较简单之医具。

　　兄有长期来京居住之可能否？文化事业势将以此间为中心，以兄交游之广，岂不及早做北迁之计。匆此敬颂

　　安好！

弟：费青
十月十九日

致潘汉典（1950年11月6日）[①]

汉典：

　　前去一函，未获复为念。伯衍弟来，谈悉近况是慰。北京大学法律系现助教缺额，青已为弟推毂，拟恳即日寄一履历书及请求书来，俾正式转呈学校。虽以谋此职者多，非必成功。青总当尽为设法。

　　匆此即颂

　　安好！

费青
十一月六日

[①] 费青致潘汉典函计六封，均未署年份。潘汉典附有目录，注有每封信的具体时间。——编者注

第五部分　自传、书信、讣告及墓碑碑文

致潘汉典（1951年9月）

汉典：

　　前来信后，曾先复，想已接到。继闻上海光华、大夏两校法律系已归并复旦，闵畴先生已去东吴。因此想到：弟是否尚在复旦或东吴担任功课？如果不的话，是否有来北京的可能？经过详细研究和跟几位朋友讨论后，我先写这封信来和你初步接洽，看你的意见怎样。我在这里将用最诚恳和坦白的态度来提意见，请你也同样给我答复。

　　以你的政治背景清白，本质纯良，勤奋好学，在此后社会中是大有前途的。但这个前途却更系于你能努力向进步方面接近，摆脱旧的一套。你尚未结婚，没有家累，正来得及善用这点自由，来改变环境，努力自我改造。具体地说，上海环境对你是不利的，因为是个落后的环境。银行里做事，虽能暂时给你生活上的安定，但这环境可以潜移默化你的意识状态，使你更远离进步的实际。

这后果可能会严重得非你现在所能想象到的。我相信你或者也已经感到这点。但你会问我：怎样改变这个环境呢？

假使你同意我上提到的意见，我可以讲一讲这边的情形。北京和北大的情况，你大体上是知道的。北大有种种缺点，但在全国旧大学中，它还是进步的中心。它和中央政府靠的近，可以得风气之先，同时它更具有旧的学术上的资本。对于旧社会里出来的青年，真是一所最好的冶炉。我认为你如来北大，对你是最有益的。但你是否能来，却决定于你那边和北大——北大法律系这边的条件。在你那边，第一是你主观的条件，你必须认为这是一个值得争取的机会，甚至是一个值得以某些物质上和地位上的牺牲而争取的机会，才能进而考虑其他在你方面的条件。

在北大法律系方面，我们正需要教员，这是一个有利的基本条件，但（一）选择极严；（二）决定聘任问题的有层层机构，审查极严；（三）法律系的课程正在改革过程中，主要须经常参加实践和学习，始能追上领导机关和学生的严格要求，所以已不似旧有的所谓"教书"，这些是不利的条件。

我现在还算是法律系主任，有推荐教员的职权。假使你对于参加北大法律系有意思，我当尽我的推荐责任。系里对此不会有大问题。但院和校方则不敢必能成功。所以我只能算是先和你接洽，接你回音后，再正式提出和努力争取。

第五部分 自传、书信、讣告及墓碑碑文

这里教员名义依新的规定有一助教、二讲师、三副教授、四教授四等。依旧的规定，则助教和讲师间还有讲员一级。筱鹤才于去夏由助教升任讲员，今年仍是讲员。对于新聘的教员，名义较为苛刻。依你的资历，我想以讲师名义提出。薪额我不太清楚，但一个人的生活费，在北京是绰有余裕的。

根据以上所说这里的情况，我请你考虑是否愿意来。如愿意，希望你即复我，同时附学历、履历（详细）、论文、著作、最近两种译著，其他发表过的文章、讲义。有了这些，我才好正式向校方提出。愈快愈好。或者你还需要了解其他情形，亦请告知。

筱鹤已出发土改，须半年后返来。我身体尚不便行动，在家修养时多，但已有些进步。

你若是不能来，亦盼能早点复我，愈快愈好。

费青

致潘汉典（1951年10月18日）

　　上月二十三四日左右接复信，即于翌日快邮再去函，请您就所提事宜做一决定答复，但迄今三星期尚未接回音，甚以为念。或是因为我自己的错误，来信没有读懂，也可能是写信写得不婉转，太鲁莽所致。我更了解一个人要换一个生活中心或地点的种种困难，种种考虑，可能需要较长时间的斟酌。我本来想再等几天，或是就此把此事作罢。但因为昨天教育部来了一个关于政法干部学校的公事，使我有赶紧做此最后努力的必要。

　　我原来的计划是：若是您能来，这半年先替你安排一个学习或参加实践工作的机会，如土改或参加政法干部学校。工作或学习后再从容决定在北大开什么课的问题。干校是由政法委员会主办，原来以为开学不会如此快。可是昨天教育部的公事，叫北大于十一月十日前就要把参加该校教研室的教员名单提出，干校十一月底开学，六至八个月后卒业，并且名额限于三名。因此，事情就急迫起来，您最终来不来的问题也能愈早决定愈好。

　　或者我另一个错误是太强调了北大聘人的严格。这在事实上

第五部分　自传、书信、讣告及墓碑碑文

我已拒绝了一个资望很老而自己愿意来的教授的请托，确实是如此。同时，因为在解放后我们在校旧教员也曾各把自己著作等，公开审查，以重新决定各人的等级□□①。所以对于新聘者需要审查这些材料，也是事实上所必需的。当然，在寄出上一封信后，我早在非正式进行和有关方面的接洽和说服，只需等您的材料一到，即可完成形式手续，做最后决定。当然，我还不能百分之百的担保一定成功。

一个人的事业和学问，和他认识或接触什么人和多少人有关系。希望您能北来的最大动机，就是认为您在这里可以结识很多您所愿意接触的人，而在上海是比较困难的。

这里的物质生活确比上海低得多。我自己的薪水只有一千一百八十□□，□□可得也仅一千□□元，合一百四五十万人民币。讲师最高恐怕□□米。其他物质生活一定比上海苦的多。这是因为上次信忘记提及，特此补叙。

希望您能考虑周详，赶快给我一个决定性的答复。祝
康乐！

费青

十月十八日

----

① 此处原件缺字，下同。——编者注

致潘汉典（1951年11月11日）

汉典：

　　今天上午北大聘任委员会完成了关于你的事的最后手续，我特地先将这个消息告诉你，这可说是个好消息，但也可能是不太好，因为又要使你进退两难地睡不好觉。我终于把这件事办成功了，所以今夜可以安眠了。

　　我们不仅欢迎你赶快来，并且已把你的名字报到教育部参加第一期政法干部学校教研组。甚至把老教员的名额让了出来。另外，因你曾表示过希望参加土改，我也在和你特别设法，详细情形来了再说。总之，你可以先经过学习和实践，然后再到北大任课。

　　我希望你能愈早来愈好，因为：（一）这里教员正在从事□□学习，你来了可以看见北京和上海的区别；（二）政法干校报到时间迫近；（三）如能参加土改，则更需立即参加，因为其余的人都□□回，先来摸熟一下北大情况，这是在信上无法完全转达的。

在一个人的人生重大转角上,总是有冒险,甚至吃亏,顾虑当然需要考虑,但也不要太细,主要是:大处着眼,远瞩高瞻。我总认为北京比了上海,对你来讲是较为有益,在换了一个生活环境时,初起总不免有许多不便和失望,你有勇敢,能克服这些困难。这是人生重要关头,在你尤为重要。

你的四日所发信和最后一批稿件,一直到昨天才收到,所以已不及交校方审阅。你的许多顾虑,我完全同情,因为我是过来人。小资产阶级出身的知识分子多的是顾虑,我一生中更经过好几次这种关头,现在想来,当时的顾虑很多是多余的。

好了,我已尽了我力所能及,并且还在继续替你到北大尽力,希望你能来,至少希望你决定了先给我回音,免得如第二信来后的拖。你来时东西不必带很多,尤其是书,尽可以后慢慢地寄来。这半年内你须□□去政法干校,所以不会住在北大的。

再会,候好音。

费青

十一月十一日夜

致潘汉典（1951年11月22日）

汉典：

您决定北来的信已接到，至所欣快。北大聘书已发出，现存青处。

政法干部学校于本月二十五日前即须将报名人确定并送去需填表格。该表格已先暂时由青代填。参加土改事因已过迟，恐已无特别方法可想，详情须面尽。

望你能愈早来愈好。来时请注意下列几点：

（一）现任银行方面职务，最好能取得离职证件，因国立各机关人事处于用人审查颇严（此系统一办理者），尤防兼差（另有人事调查表格，亦暂存青处，俟弟来后自填送去）。

（二）今年北地酷寒，且为增产节约，学校等处少生火炉，你务需多带衣服被褥。

（三）政法干校下月十五日起即须报到。地点大概仍在前金国楳等去过的新法学研究院，生活情况恐亦大体相似，可先问问他们，好做准备。

（四）北京各大学即将调整院系，即北大清华的文法学院将合并，故在半年内将有大变动。现在宿舍只能临时应付，一定不太舒服，好在只须住半个月，此后即须去政法干校。即问

安好！

费青
十一月二十二日

致潘汉典（1951年11月23日）

汉典：

昨日发的信，想已发到。

昨夜读您所编马列国家法律论参考资料，内有（辛恩：柳若水译本《黑格尔法律哲学批判》）一段，不知此书弟能否带来？是中文抑日文？文内又云：费尔巴哈等著黑格尔哲学批判，柳若水译，不知究何指？我正在想翻译《马克思：黑格尔法律哲学批判》，所以很想看此柳本。如译得好，我就不必再译了。

政干校还有些手续，如检查身体等，必需弟来后可办，依一般规定须于二十五日前办妥。所以希望弟能愈早赶来愈好。匆问

旅安！

费青

十一月二十三日

第五部分　自传、书信、讣告及墓碑碑文

致大哥费振东（1955年12月7日）①

大哥：

　　来沪后接到过哥自京寄来一信，后即闻哥即将赴汉口南京考察，故未即复。忆仙到沪后曾上一信，寄京，未识于离京前得及读到否？

　　弟来沪两个半月中，变化颇多，详情非笔墨能传，俟将来见面时再详谈。昨晚仙来，谈到哥已到南京，将专来视弟，为商弟此后行止事。特先上此函，俾供哥定行程做参考。

　　弟最近一个月多来身体很有进步，药物治疗有把握，且已能开始做锻炼。后者尤为割肺以来所未有之好现象。医院里各种条件具备，原来想能够这样继续一个冬天，不出毛病，明春回京，一定能够逐步参加工作。但和医生详谈后，方知这只是我的主观愿

---

① 此信系费振东之子费皖提供，原件存费皖处。——编者注

意，而和客观情况殊不能合。因为这里是治疗医院，有很多急病重病人都在等候床位，想进院治疗。所以像弟现在情况，就应该回去疗养院继续治疗锻炼。所以现在已由医院向无锡太湖疗养院接洽床位，有空即去。那边现在也是粥少僧多，像各大城市猪肉买不到的情况一样。

也考虑到现在就回北京，但有三重困难不易克服：第一，是北方现在已很冷，南方无论如何冷究竟不同。现在突然由南去北，以弟现在身体程度，大概还吃不消，会出毛病。第二，是这里医生的治疗方法，可以在无锡继续执行，药也可以到上海来配。去了北京，就无法继续。另换医生治疗，又要大走弯路。第三，我现在很相信锻炼，就是户外深呼吸及柔软体操。现在每天做三次，每次在半小时以上。这样锻炼再能继续三四个月，我相信能够使我恢复到以前在南洋住半年后的健康程度。但在北京，因我的宿舍太小，室外空气太冷，这样锻炼将无法继续。

无锡比这里冷，条件也没有这里好，但比北京还强。并且弟现在一个半月的锻炼基础，大概无锡的冷已经吃得消。

总之，来沪两月多的收获，最大的是弟已有信心，可以自己掌握经常锻炼。当然，药物治疗也需要，但只能从旁临时帮助帮助而已。

AM49又在开始吃，是这里医院最近买到的，所以不发生外汇问题。医院可以像其他药物一样，向公费医疗处收费。本来医院想给我吃六瓶，现经讨论后，大概可以给我多吃几瓶。在配合其他药物和锻炼下，我相信这次吃这药可能发生效验。这药在这里价上真贵，一盒要四五十块，十盒就得四五百块。

不知道哥在宁需住几天。我去锡的日子还不能定，大概最早须在下星期二。仙和平成还在这里，预备送我上无锡。但是如果无锡疗养院短期内无床位，我想叫他们先回北京去，以后我再请他人送去无锡。仙的工作、平成的学业，再耽搁是不太好了。辛舅在今天同了好婆去北京。霍弟、嫂暂时还住在愚园路陪伴大舅父。仙现住在好叔家。其余的事可以面谈。如果兄同意弟上述行止计划，而时间又极迫切，那么，弟想兄不来也可以。明春在北京再会。祝

　　健好！

青弟
十二月七日

致刘哲民（1955年12月14日）[①]

哲民兄：

弟等于昨日由沪重返无锡大萁山华东疗养院，行前以诸事匆忙，未及告别是歉。

在沪二月又二十日，屡承下顾，实深感激。奈住医院如入囹圄，竟未能一次造谒畅晤。内人后亦以小孩时有不适，虽屡欲造府道谢，晚间总乏便出门，未能为愿。殊极歉憾。

弟此次重来疗养，以三个月为期，希望此后即能北返参加工作。想此后与兄会晤当在北京焉。此致

敬礼！

弟：费青

十二月十四日

[①] 此信系费青独子费平成提供，原件存费平成处。——编者注

三、讣 告

讣　告[1]

　　北京政法学院副教务长、新建设杂志总编辑、中国人民政治协商会议全国委员会委员、中国政治法律学会理事、中国人民外交学会理事、北京市律师协会副主任委员、北京市人民代表大会代表费青同志，因病不幸于1957年7月24日下午5时20分逝世于华东疗养院，享年50岁[2]。费青同志骨灰已运抵北京，停灵于嘉兴寺殡仪馆。

　　定于8月11日下午1时30分举行追悼大会，生前好友如送挽联花圈，请于8月10日前送嘉兴寺殡仪馆。

---

[1] 原文载《光明日报》1957年8月8日，第4版。
[2] 原文为52，依碑文径改。——编者注

第五部分　自传、书信、讣告及墓碑碑文

费青同志治丧委员会

王艮仲　刘镜西　刘　昂　刘少农　邢西萍　孙承佩
李进宝　吴　晗　吴恩裕　吴茂臻　胡　冰　侯冠儒
郭　纶　闵刚侯　曾炳钧　程筱鹤　张志让　雷洁琼
赵德洁　潘汉典　钱端升

四、墓碑碑文

费青教授之墓碑碑文[①]

费青教授1907年生于江苏吴江县，1929年毕业于东吴大学后，即在四川大学、朝阳大学任教。1938年自德留学归国，先后任西南联大、东吴大学、北京大学讲师、教授、教务长等职。在此期间，曾参与进步学生运动，发表进步文章，掩护进步学生，并在国民党反动法庭上为共产党员进行辩护。解放后，仍从事人民教育事业，历任北京大学教授、系主任，北京政法学院副教务长兼中国政法学会理事，并为全国政协委员、北京市人民代表。

嗣因长期患病，久治不愈，于1957年7月24日逝世。享年50岁。

1957年12月
北京政法学院立石

[①] 原文载北京政法学院所立费青先生墓碑，碑文由北京政法学院所撰，由北京政法学院职工关朴所书。现存北京八宝山革命公墓。

第六部分

忆费青

费平成：父亲费青与叔叔费孝通

费平成：从中老胡同三十二号所想到的

费孝通先生谈费青（青哥）（访费孝通，袁文记）

费皖：我的叔叔费青

王艮仲：忆费青

陈友松：忆费青教授

吴惟诚：怀念费青先生和《中建》半月刊

刘哲民：太平洋战争时期的中国比较法学院

李文杰：东吴大学与中国比较法学院的关系

刘造时："孤岛"时期的东吴法学院

父亲费青与叔叔费孝通

费平成

费孝通是我的五叔,我的父亲费青是他的三哥。他们兄弟姐妹共有十一人,是两个奶奶生的。第一个奶奶生了四男一女。她去世后,我的姑妈费达生(老二)把自己一个很要好的大龄同学介绍给我的爷爷。这样我才有了第二个奶奶,她又生了三男三女。所以有人说费孝通有兄妹五个;也有人说是十一个,其实这两种说法都有道理,原因就在于此。

这十一个兄弟姐妹有着各自的经历。但有意思的是,前五个均为民主党派成员(老大费振东、老三费青、老五费孝通是民盟盟员,老二费达生是九三社员,老四费霍是民革党员),后六个除

---

① 原文载民盟西城区委员会官网:"盟史回顾"(http://61.49.3.9/pub/xch_tongzhanbu/minmeng/xxyd/mshg/index.html),浏览时间:2012年4月10日。

第六部分　忆费青

老六费开在改革开放后加入民盟外,其余五个都是中共党员,而且其中有三个还是解放军。

仅此费家兄弟姐妹的政治面目这一点,就可看出中国社会从旧民主主义直至社会主义革命时期,这一漫长历程中中国社会的变迁,对中国知识分子的人生观所产生的影响。

在这十一个兄弟姐妹中,尤以我的父亲费青与费孝通有许多相似之处,回想起来也很有意思。

我的父亲费青出生于1907年,比五叔费孝通大三岁,他们都出生在江苏省吴江县同里乡平成里,[①]都上过自己母亲创办的幼稚园,又都在吴江县城里的雷震殿国民小学读过书。可能是某种遗传基因的影响,兄弟二人,也只有这兄弟二人,从小都患有支气管哮喘症,而且经常周期性发作。这也是我父亲1957年过早去世的原因之一。直到我五叔费孝通上个月去世前,他每次身体不适,也总会引起此症复发。"哮喘"真成了困扰这两兄弟一生的顽症。

正因为兄弟二人患有此疾急于根治,更是为了钻研医术治病救人,所以高中毕业后兄弟俩不约而同先后考入了当时设在苏州

[①] 经与本文作者费平成及费孝通之女费宗惠核实,费孝通出生于吴江县松陵镇富家桥弄。——编者注

的东吴大学医预科。

　　1924年，正是北伐战争的高涨时期，父亲考取东吴大学后，受到大哥费振东进步思想影响，积极投入到大革命的洪流中，组织同学参加欢迎北伐军入城的活动。"五卅"惨案后，全国学生纷纷响应，东吴大学的学生不顾校方的阻挠上街游行宣传。父亲则邀请恽代英、萧楚女等人来校演讲，影响很大。后来他又组织了东吴大学学生会，创办了"平成工人义务夜校"（我的名字费平成就是用以纪念这一学校的），支持苏州郊区纱厂工人的罢工运动。1926年，他被推举为全国第八届学生代表大会江苏省代表，去广州参加大会。后遭军阀孙传芳通缉被迫离开苏州。他感到学医只能医治自身的疾病，不能拯救国家。在当时"依法治国"思想的影响下，毅然转到东吴大学设在上海租界的法学院就读法学专科。

　　五叔费孝通读完两年医预科后，看到当时社会的腐败、动乱，受到兄长们进步思想的影响，抱着"学好医也只能治一人之病，学好社会学才能治万人之病"的理想，转而到燕京大学攻读社会学。

　　1932年我父亲在川大教书时，由于思想进步受到排挤，又因哮喘复发需要易地治疗，五叔便联系好请他到北平来，在燕京大学做特别生，继续研修法科。也正是在这段时间，为了使三哥能边治病、边学习，费孝通通过一位叫杨庆堃的同学介绍，把我父

第六部分 忆费青

亲安排到一位广东人家里住下，他本人则每逢假日去那里看望哥哥。这位广东人在铁路局工作，有一位做得一手好菜又非常好客的太太。

他们生有两个女儿，当时正直20岁上下。小女叶筠在铁路医院做护士，刚好每天能定时为我父亲打针送药。久而久之，父亲的病好转了，两人也产生了感情，几年后便结为伉俪。

据我母亲生前回忆，费氏兄弟到她家去的那天，她正爬在家中的大枣树上摘枣。当被妈妈叫下来与兄弟二人见面时，面对两位风度翩翩的大学生真有些不知所措。相处一段时间后，就深深地被他们的聪明才智所吸引，但最终还是选择了比她年长一些而生性又比较内向的哥哥。所以也可以这样认为，父亲这段姻缘，还是五叔为之牵线搭桥的呢。

1934年父亲费青参加清华大学留美"庚款"考试成功，因英美法系与中国的法系差距太大，故申请转赴德国留学获得批准。经一年德语补习后，准备去德国柏林大学留学深造。

也就是在这年，五叔费孝通同样考取了清华的公费留学资格，准备去英国伦敦大学深造。遵照导师史国禄的建议，欲到广西少数民族地区进行一年的实地调查，为今后的毕业论文收集资料。行前，他的老师吴文藻在清华自己的家中设便宴为他和王同惠举行婚礼，我父亲费青和我母亲叶筠也在那天定下了姻缘。此后不久，我父亲出国赴德留学；新婚的五叔五婶则赴大瑶山搞社会调查，既而发生费孝通夫妇深山遇难，新婚爱妻以身殉职的惨剧。

两年后，五叔赴英留学期间，曾利用暑假到柏林大学看望父亲。兄弟二人见面后感慨万分，回忆青少年时代的求索经历，憧憬祖国的美好未来。希望留学回国后，能用自己学到的知识，为国、为民、为养育自己的中华大地的振兴和富强，做出自己应有的贡献。

我父亲先后任北大法律系主任、北京政法学院教务长，主持两校院系的教学工作；①同时被国家任命为共和国最高法院委员、国家法制委员会专门委员，协助董必武同志起草、制定了新中国第一部《宪法》。

五叔费孝通除被聘为清华、北大两校的教授外，作为社会学家继续致力于为寻找富民之路而进行的社会调查；又被任命为中央民族学院副院长，参与学校的教学管理及我国少数民族历史、现状及今后发展的研究工作；同时在中国民主同盟中担任民盟中央常委、民盟中央文教部部长等职，组织广大盟员积极投身到国家各项社会政治活动中，直至1957年的"反右"。

---

① 北京大学法律系1952年院系调整时并入北京政法学院，费青先后任北京大学法律系主任和北京政法学院副教务长。——编者注

第六部分　忆费青

届时，我父亲正因病在太湖疗养。看到《人民日报》上，为自己祖国振兴而奋斗了半生的大哥费振东、五弟费孝通以及许许多多同他们一样的爱国知识分子都被划成"右派"，一气之下旧病复发，因抢救无效不幸逝世。

这里还应提到的是我的大伯父费振东，他是我父亲走上进步道路的启蒙者。20年代也遭孙传芳通缉远走南洋，但他在海外一直没有停止爱国进步活动。为支援祖国的抗日，组织南洋的爱国华侨积极筹款并送往国内、建立中国民主同盟苏门答腊支部开展民主运动……1949年回国后，作为华侨代表同样参与了新中国的筹建工作。后被任命为国家政务院华侨事务委员会委员、文教宣传司长。还主持筹建了北京华侨补习学校并任该校的首任校长，将许多归国华侨的子女培养成祖国的栋梁之材。但他同样没有逃过爱国知识分子的厄运，1957年被打成"右派"，"十年浩劫"中被四人帮之流迫害致死。

1949年初，柳亚子被邀来北平参加新政协大会，他们三兄弟前去看望时，柳亚子欣然为三兄弟赋诗一首：松陵门第旧高华，三凤齐飞汝最遐。季子北平同讲学，长君南海早乘槎。交情远溯追名父，情谊还应念舅家。漫笑文人封建习，一诗题赠喜天涯。

从中老胡同三十二号所想到的[①]

费平成

我叫费平成，是费青教授的独子，今年刚好 62 岁，是为数不多在解放前夕出生在中老胡同 32 号的孩子之一。1949 年 1 月初，正是解放军围城的紧张时期，那时我母亲已经怀我有七个多月了。这天正好赶上解放军往城里打炮，母亲为了躲避回家在院子里跑了几步，不小心摔了个大马趴。当即便被送到北大医院，不久我便呱呱坠地面见于世了。

我出生那年，父亲费青 43 岁，母亲叶笃 38 岁，是他们结婚十年后才生得的一子。听母亲说，这在当时的 32 号大院里成为轰动一时的大喜事。

[①] 原文载江丕栋、陈莹、闻立欣等编著《老北大宿舍纪事（1946—1952）：中老胡同三十二号》，北京大学出版社 2011 年版。

第六部分　忆费青

　　我的父母是抗战胜利后随西南联大的教授们一起搬进32号大院的。在我的记忆中这是一个好大好大的院子。后来才知道，这原来是清朝一位嫔妃娘家的府邸。

　　一进32号院的大门，右侧是传达室，总有一个老爷爷在那里看门。每次父母带我回家，总是让我和他打招呼，有时还从他那里拿些报纸、信纸什么的。老爷爷经常走出屋来拍拍我的脸、摸摸我的头，至今让我记忆犹新。

　　大门的左侧是一排南房，门窗总是黑洞洞的，里面住的是什么人我不得而知。这排房子的对面是一座非常漂亮的垂花门，大院里的好多家人都在这里留过影，我的父母也不例外。垂花门的里面是个四合院，非常规整气派，我当年的小朋友小橘子、小苹果（余振鹏教授的侄女）就住在北门的大房子里。

　　从垂花门往东经过一个小夹道便是一大块空地，南面是一座假山，我曾在那里玩过捉迷藏。北面好远好远处是一个高台阶，上面有一副大藤萝架和一幢大房子，这里就是我幼年时唯一上过的幼儿园。在那里，留下我许多童年的记忆。那时的幼儿园，中午饭要各家自己送。我爸爸每天中午按时来给我送饭，手里总是提着一个组合式的铝制饭盒。这个饭盒设计得十分巧妙，下面一层最深，是装菜汤用的；第二层是两个月牙形的小盒，可装一荤一素两个小菜；第三层是一个扁圆盒是装主食的；然后是饭盒盖和一个倒扣的小碗；饭盒的侧面还有一对插筷子的孔架，真可谓配置齐全。后来这个饭盒一直伴随着我，沿用到小学毕业。

我在幼儿园里，画画得特别好，经常受到老师的表扬。我的很多张画都被贴在教室的墙上向大家展示，那是我爸爸最得意的事了。

我们的幼儿园活动搞得很丰富，一到过年过节，老师就带着我们布置教室。在那里我学会了用皱纹纸做成彩链挂着房顶上，增加节日的喜庆气氛。还学会了用彩色纸糊成大礼包，里面装上各位家长送来的小礼品，在"六一"儿童节那天发给大家。平时，幼儿园的老师还经常领我们到北大红楼后面的民主广场，看大学生上体育，到沙坑里做游戏。

32号大院里垂花门的西边是一大片花圃，里面是吴（之椿）伯伯种的各种花卉。给我印象最深的是大丽花和喇叭花，一个艳丽挺拔、热情奔放，一个柔弱宛延、乖巧含蓄。每次随家人走过那里总是忍不住要多看上几眼。

走过这片花圃，便到了我家的屋后。我家的住房原是一排坐东朝西三大开间的起脊瓦房。在我出生前，由父亲自己出资在南面开间处往东，又接出两间平顶瓦房。整个建筑便成了"L"形。大门朝西，开在原瓦房的正中间，一进门是饭厅，北边一间是客厅，南面一间是我和妈妈的卧室。新接出的两间，一间是爸爸的

第六部分　忆费青

书房兼卧室,一间是我家的储藏室。卫生间和厨房则分别在客厅和餐厅的后面。

我家的大门前也有一个小花园,最引人注目的是其中一棵紫丁香。据妈妈说,这是他们搬进中老胡同那年由我爸爸亲手栽种的。每年春天丁香花开时,我家门前清香扑鼻,确实叫人心旷神怡。

我的父亲费青解放前是北京大学的进步教授之一。解放后,曾任该校的法律系主任。随着高等院校的院系调整,到北京政法学院任教务长,①并兼任国家法制委员会的特别委员、《新建设》杂志总编。解放后参加中国民主同盟。

父亲共有十一个同父异母的兄弟姐妹,其中四位比较出名。

大哥费振东,学生时代因闹学潮被军阀孙传芳通缉,被迫到南洋避难。抗战时期加入民盟,领导民盟南洋支部为抗战捐款。解放前夕回国,曾任全国政协委员,在民盟《光明日报》的印刷厂任厂长。后主持创建北京"华侨补习学校",成为该校的第一任校长。"反右"时被打成"右派","十年动乱"中被"四人帮"迫害致死,享年70岁。

二姐费达生,我国著名的丝绸专家,苏州市政协副主席。曾任苏州大学丝纺工学院副院长、顾问。一生致力于桑蚕的养殖、

---

① 应为副教务长。——编者注

培育和丝纺工业的研究、发展，被誉为"中国现代的黄道婆"。2005年逝于江苏浒墅关家中，享年103岁。

五弟费孝通，我国著名的人类学、社会学专家，清华大学教授。曾任全国人大副委员长、民盟中央主席。一生"志在富民"，自青年时代起，用自己毕生的精力深入调查研究，探索、总结出我国亿万农民发展致富的模式和规律。他1935年发表的著名论文"江村经济"，早已成为全世界了解近代中国农村经济发展的一篇瞩目之作。改革开放以来，他更加广泛地研究我国不同地域农村、小城镇以及大中城市的经济发展规律，先后发表了《小商品 大市场》、《小城镇 大问题》以及有关在新时期农村、城市"社区建设"等一系列重要论著，为我国新时期的经济发展起到了积极的推动作用。2005年病逝于北京，享年95岁。

解放初期，我国著名诗人柳亚子曾为费振东、费青、费孝通三兄弟写了一首七律："松陵门第旧高华，三凤齐飞汝最遐；季子北京同讲学，长君南海早乘槎。交情远溯追父命，亲谊还应念舅家。漫笑文人封建习，一诗题赠喜天涯。"诗中的"三凤"就指得是他们三兄弟。

我的父亲费青因出生在江南的知识分子家庭，自幼受到新思想的熏陶，思想活跃，爱好广泛。青年时代又受大哥进步思想的影响，结交了一批思想进步的热血青年，经常组织和参与当年

第六部分　忆费青

的进步学生运动。大学毕业前夕，又和五弟费孝通一起报考"庚款"，中取后到德国留学攻读"国际法律"，毕业后回国到燕京大学法律系任教。抗战期间随学校南迁到昆明，在西南联大执教"国际法"。

抗战胜利后，我父亲回京搬入中老胡同32号——这个北大进步教授云集的大宅院，使他有更多的机会参加到反对国民党反动派独裁统治、要求民主自由的进步活动之中。

在他的学生中，有几个中共地下党。他得知后便主动帮助这些学生秘密开展革命活动。听母亲说，学生们开会用的文件资料都曾藏匿在我家储藏室屋顶的夹层中。父亲还通过自己的老同学吴晗（后来得知他也是地下党）①，把一些进步学生送往延安。

听母亲说，徐悲鸿与我父亲是好朋友，不但送给我父亲他的一张亲笔画，还在我出生后专门买了一辆婴儿车送到中老胡同32号的我家。②

许多年长的人还记得解放前夕轰动全国的东单广场"沈崇事件"。事出后沈崇的父母托人找到我父亲，特聘他作为沈崇的律师出庭痛斥美国大兵的流氓行径，为中国的女学生讨回公道。

---

① 应为老朋友，另吴晗是著名的民主教授，于1957年加入中国共产党。——编者注
② 原文有关描述与费青"自传"不符，径删。——编者注

741

当时我父亲正值哮喘复发，行动十分困难，但还是义愤填膺地连夜赶写辩护书，准备赴法庭伸张正义。此事件后来因反动当局的极力阻挠未能在中国的法庭公开审理。但父亲不畏权势、主持正义、奋不顾身的高尚品格却永远留在人们的记忆中。

解放后，由于父亲在国内法学界的威望和地位，被中央人民政府任命为首届法制委员会特别委员，在协助董必武起草我国第一部《宪法》的过程中，起到了重要的作用，并同时担任第一、第二届全国政协委员，为新中国的建设和发展建言献策。1954年由于父亲的哮喘加重，被国家安排到太湖疗养院疗养，暂时脱离了社会的各类政治生活。

1957年，国内"反右"之风大作，本已疗养痊愈准备返京的父亲，忽在《人民日报》上看到自己的兄弟费振东、费孝通一日之内均被打成"右派"，一气之下旧病复发，一时高烧不退、呼吸衰竭，经全力抢救无效不幸逝世，享年50[①]岁。由于他对国家的贡献，死后骨灰被安葬于北京八宝山革命公墓。

中老胡同32号，是我的出生地，他留给我的只是童年的记忆，短暂而美好。

我将永远把它记在心底，直到永远……

[①] 原文为"51"，与费青墓碑碑文不符，径改。——编者注

费孝通先生谈费青（青哥）

（访费孝通，袁文记）

时间：1987 年 9 月 27 日
地点：中央民族学院家属院 33 单元 203 号费家

　　前记：今天星期日，天晴气朗。在北大吃过早饭后到人大卿云兄（袁方，系袁文胞兄、费孝通弟子。——编者注）家。他同费孝通先生通电话后相伴去民院看望费老。入 33 单元 2 门 2 楼东边，卿云兄敲门，小妹费宗惠开门。"袁先生来了"，她说："你是小袁先生吧，爸爸在房子里有客"，引进里间她的住室。大约过了几分钟，费先生送走六七个客人后爽朗地说："好呀，来吧"。走进他的工作室，握手道好，

---

① 此采访记系费青先生弟子袁文根据采访所记，原文存费平成处。

"你瘦了，我胖了"，他满面春风地说，一如电视中常见的神态。我们随后同去西里间看费师母，她坐在南面角隅靠墙沙发上，膝上放一本杂志。费师母静静地望着我和袁方，有一阵竖起着拇指，精神状态与1979年3月我上一回见她时不同了。"望望你"，费先生对她说。她凝望着我们会意地点点头。

之后同在费先生的工作室就坐，张世兄泡好茶。约十五平米房间，南面书桌上书物成堆，西面书架里图书堆积如山，北面东西墙上有叶公绰等人送他的字和画，一张转椅，两张沙发，两把椅子加上一个冰箱，这就是费先生的书房兼工作室。卿云兄向费老汇报了北大社会学系研究所的工作（几人从山东烟台赶回参加有关国际社会学会议及有关重建中国式社会学的几个问题）。约半小时后介绍说，袁文是费青在北大时带的研究生，这次从兰州来为写"费青传"一事想找费老谈谈。我补充道，1957年调回外交部，8月份参加费先生的追悼会上就有替费青先生写传的想法。此次离兰州前清理出费先生寄给我的信中没有烧掉的诗词，打算与几个老同学合写。"好呀，好呀，我能帮助你什么呀。"接着，他正襟危坐，谈起他三哥的往事来了。可惜当时未录音，只速记了要点，补记如下，是为费孝通谈青哥。

第六部分　忆费青

三哥费青是在吴江同里镇平成里我们老家里生的。八月十几记不清了。我父亲办教育，是吴江中学新学堂的教育督导员。母亲是蒙养院的指导员，中国第一代县幼儿园教师。我们四兄弟和达姐从小受到新式的正规教育。

青哥蒙养院毕业后上雷震殿国民小学校，之后中学在哪里上的不清楚。高中是在苏州东吴大学附中上的，毕业后到上海东吴大学医预科。当时大革命运动兴起，他思想进步，与校内争自由民主的进步同学积极参加校内外的社会政治活动。他同共产党人有联系，学生自治会通过他的关系请到恽代英、萧楚女等到东吴给学生们做讲演。北伐前他以学联代表身份参加了在广州召开的全国学联代表大会。广州回来后在乡里办平民学校，既上课也可以挣钱。北伐军打到江浙时，他同侯绍裘等组织师生员工迎接北伐军进苏州城；侯绍裘是C.P.（指共产党。——编者注），白色恐怖一来被杀了。地下党组织通知我们赶快跑，苏州住不下，他和我们回到同里镇老家躲过了当局的追捕。

他到上海上东吴大学法学院，书比我念得好。他跟吴经熊学英美法，吴经熊很赏识他的好学深思，钻研学术，以法律哲学为基础的治学精神。倪征燠（应为日字旁。——编者注），现在日内瓦的大法官，和他是校友，毕业后去瑞士。我也深受他们的影响。他东吴大学毕业后，到成都四川大学去教英美法学。大学教书，有英美法学派、大陆法学派、东洋法学派的门户之争，他是东吴英美派，在川大受到排挤。回到上海与同班同学袁仰安、查良鉴在上海的律师事务所办理律师业务并在暨南大学教书，吴经熊博士就是一面在东吴、沪江、之江大学里教书，同时办理律师业务，是有名的大律师、大法学家。其间，费青、袁仰安的律师事务所冒着风险受理爱国进步人士和中共地下党人的诉讼案件并出庭辩护。青哥伸张正义、维护民权，为共产党人的几件案子出过庭。在上海办敏感案件的律师是有危险的。人贵自立自强，没办法，我请他到北京来住。来北京时燕京大学没有法律学系，燕大收他做特别生，那是1932、1933年的事。同时又教了二三年书（在朝阳大学法学院。——编者注）。1934年他在《北平晨报》馆当编辑，张君劢非常赏识他，在《再生》杂志上写过一些文章。他认识张君劢是我介绍的，张介绍他主编《北平晨报》国际新闻版。他在《北平晨报》当编辑是1933、1934年，住在宏庙胡同，广东人杨庆堃家在宏庙一间房子里，同叶笃是先一年认识的。

青哥1934年考上"庚款"公费美国留学生。英美法他熟习，大陆法不熟，所以他要到德国马克思的故乡去留学，目的在于精通西法。他的德文、英文比我好，中德两国文学的根底和造诣都很好。1935年他去德国柏林大学攻法律哲学，我1936年到英国跟马林诺斯基学人类学社会调查方法。1938年他学成归国途经苏门答腊同大哥费振东同住了一段时间。

青哥回国后曾在东吴大学法学院教书,任副教务长兼法律学系主任。东吴大学在抗战风雨中,部分西迁重庆。1943年9月,他只身万里到内地重庆,在复旦大学任教,与张志让同过事。一年多后他到了昆明西南联大,我们又相聚了。此后,直到抗战胜利回北平,我们兄弟二人终于又走到一起了。他在复旦大学和西南联大时,写过不少文章。

谈话中间,费平成、葛平夫妇带女儿费腾来看他五叔和五婶一家人。平成谈到中秋节从苏州老家带回了月饼,费先生问"你吃掉了?",平成说"带来了"。于是大家共同品尝从费老家乡带回的月饼。

(**费孝通接着讲到**)北京解放之前,我和青哥在一起主编一报两刊。他专办《中建》(指半月刊。——编者注),我同储安平办《观察》。《中建》发行北平版,社长兼发行人是他在苏州时的老同学王艮仲,可以找王艮仲谈谈费青的事。《中建》解放后改名《新建设》,吴惟诚经青哥写信介绍给王艮仲,为此专门开《中建》改版座谈会。青哥担任《新建设》主编,孙宝毅是他的助手;孙现在是农工民主党的负责人。编委会还有吴晗、袁翰青、闻家驷、范弘等联大、北大、清华教授。董事是王晁仲、费振东、潘祖丞，社长是张志让，发行人是王晁仲。他教书认真，还喜欢画画，作诗填词。论写文章笔头快青哥比不过我，文章马上有，三分可以写成七分；青哥构思谨严，七分只可以写成三分。

我们兄弟俩从小都有气喘病，后来他死在气喘上。论学术成就，他是法学家是肯定的，公认的；在政治方面，他没有戴过帽子，不是"右派"分子；为什么不可以为他立传？可以立传，应该为他立传。他在解放之前的前半生，从同里到苏州，从上海到成都；在北平，在燕京大学，远赴德国；归国后在上海，在重庆；之后到昆明，到北大，变动比我大，总的道路我们俩是相同的。他精通中英德文，修养造诣和才华实在我们兄弟之上。

我们一母四兄弟一个姊姊，他排行第三。大哥费振东，二姊达姊姊，四哥费霍。我们费家为什么出了这么多名人？这是智力投资、教育投资的结果。前年我在全国政协一个智力投资开发人才的会议上讲话，讲到我们母亲对子女的教育，讲到我们父亲对子女教育升学的计划。我们父母在经济方面优先安排子女教育，虽经济紧张仍坚持让子女受到良好教育：老大上大学，老二上大专，老三上大学，老四上大专，老五最小听他自选。

青哥的经历，你可以找王晁仲、潘汉典谈谈。他的履历，中国政法大学有他的档案，可以找欧阳本先帮忙找到。1957年他

第六部分　忆费青

的追悼会，《人民日报》、《光明日报》记者有报道，可找两报记者查找他的档案，就说我请他们帮忙。今天就谈到这里，袁文，再有什么事，你随时到我这里来。

卿云兄和我起身道谢，告辞。再去西里间见费师母闭着眼睛在安睡中。费先生送到门口，"不远送了"。小妹，平成夫妇和费腾送我们到楼下院子外。

袁文1988年3月7日整理于兰州

（本书收录时内容略有删节，文字略有修改。——编者注）

我的叔叔费青[1]

费 皖

费青，1907年出生。天资聪慧，1924年（17岁）考入苏州东吴大学医预科，准备将来当医生。在校期间受大哥的影响，积极参加学生运动，是东吴大学学生会的领导人之一。他出面邀请共产党人恽代英、萧楚女到学校演讲，影响很大。"五卅"运动爆发时，带领同学们冲破学校阻挠，上街游行宣传，连日奋战，还跑到苏州郊区一家纱厂，支持那里的工人罢工。此外，他创办了平成工人义务夜校，教工人学文化。

1926年5月，北伐军从广东出征，拉开了北伐战争的序幕，一时间广州成了全国革命中心。这年暑假，青叔叔被选为第八届

---

[1] 本文选自费皖《我的叔叔费孝通》，辽宁人民出版社2010年版。征得作者同意，选其中有关回忆费青的部分并题为"我的叔叔费青"收录于此，谨向费皖先生致谢。

全国学生代表大会江苏省代表,秘密赴广州参加大会。会后受军阀孙传芳通缉,被迫离开苏州,在"以法治国"思想的影响下,弃医学法,进了上海东吴大学法学院学习。

1927年,蒋介石发动"四·一二"政变,革命陷入低潮。青叔叔说:"我也因学校当局暗中诬告而被反动政府列入黑名单。起初我虽冒险找寻革命朋友联系,但在当时大环境的极端恐怖和学校里小环境的权诈缓和下,终于失掉了与革命的联系,逐渐深埋到书堆里,只想求到一点专门知识,以为将来终会有用处。"[1]自此青叔叔一度消沉,远离政治,专心读书。

1929年,青叔叔从法学院毕业,因为成绩突出,校方推荐他到国立成都大学任教,教授国际公法、罗马法和英美法等课程。到了成都大学以后,他教课很卖力,但是听课的学生越来越少,私下里一打听,原来是学生嫌他没有出过洋、留过学,这下让他明白:要在大学教书,必得出洋留学。

1931年,青叔叔回到上海,在暨南大学教课,同时担任律师。当时上海律师界是日本帮的地盘,青叔叔根本挤不进去,工作并不顺利,但是他办了几件为共产党嫌疑犯辩护的案子,在律师界引起不小震动。当时国民党逮捕共产党人后,是不通过普通法院

---

[1] 引自《费青自传》。

审判的，但在外国租界抓到共产党嫌疑犯以后，必须做做样子，先在租界里的特区高等法院分院过一下堂，再交给国民党政府。通常不会有律师敢于真正为这种案件的被告做辩护。一次，青叔叔经朋友介绍接了这样一个案子：一个小学校长和两名教员在外国租界被巡捕逮捕，以共产党嫌疑犯的罪名被起诉。国民党方面搞了一个自称已经自首的共产党人做假证人，说是曾和三被告多次在学校的一间房间里开过秘密会议。青叔叔为了揭穿证人的谎言，当庭请求法官命令那个证人，把他自称去过多次的那所学校的位置和开会房间的格局画出来，然后再命令去那所学校拘捕证人的巡捕，也画了一张那样的图。糊涂法官居然同意了青叔叔的请求。结果两人画的图样完全不同，假证人被揭穿，因此也就不能证明那三个人是共产党。法官被逼到极为尴尬的地步，但是仍然毫无道理地只开释了一名被告，另外两人仍交给了国民党。这场官司虽然没有取得全胜，但是能有一名被告被开释，已经是空前绝后了。事后，许多律师朋友劝他"以后不要再如此天真，不然会有危险"。

教书和律师工作都不顺利，让青叔叔出国深造的想法更加迫切了。当时出去留学的途径有三条：一条是考官费，这条路基本被那些达官贵人把持了；第二条是有钱人家自掏腰包出去；家里没有条件的人，只有走第三条路，考公费。比如清华有以退回"庚子"赔款为名设立的留美、留英奖学金。学校每年会在报上登出公告,写明这一年有哪些科目招考公费留学生,要考哪几门功课,等等。一般一科只招收一个人,各校拔尖的学生都会报名,考上了就像中状元一样。此外还可以争取国外各学校设立的奖学金、助学金来达到留学目的。

青叔叔走的是考公费这条路。1933年,他参加了清华留英公费考试,没有成功,于是索性搬到清华园和弟弟住在一起,校方不管,也不要钱。第二年,青叔叔通过了留美公费考试,但是因为英美法系与中国法系相差较远,遂申请改去德国学习。

1935年,青叔叔赴德国,经过三年学成回国,回国途中为治疗喘病在印尼修养了半年多,然后返回昆明,由孝通叔叔介绍到云南大学任教。不久,他的哮喘病再度发作,医生劝他赶快离开高海拔的昆明。恰巧此时,上海东吴大学法学院请他回母校主持法科系工作,1940年,青叔叔回到上海。不久,太平洋战争爆发,日军占领租界区,法学院校址被占领,学校被迫关闭。他与几个同事把留在上海的学生组织起来,开办补习班,坚持上课。

待补习班走上正轨后,青叔叔于1943年再次辗转返回内地,在重庆复旦大学任法科系教授。抗战胜利后,回西南联大法商学院法律系任教。此时孝通叔叔也在该校社会学系教书,兄弟两人成了同事,经常见面倾谈。青叔叔第二次回到重庆时,这个原本偏远、不为人注目的省份已经是"抗日大后方",成了中国的政治中心,"重返内地"把青叔叔卷入了政治斗争的漩涡中,让他感到"好像进了一所政治补习学校,把我少壮时期的政治热情重新唤醒了"。①

初到复旦,青叔叔立刻面对国民党反动势力与进步学生之间的激烈斗争,虽然初来乍到还没摸清底细,但遇事仗义执言的青叔叔,在"两军"对垒面前,毫不犹豫地站到了进步学生一边。当时法科系里有一个当三青团书记的学生,经常制造事端,青叔叔就利用自己负责系务的身份,坚持要求校方开除这个人。这事一直闹到三青团特务头子康泽那里,令校长屡遭申斥,青叔叔也受到不小压力,但他依然坚持,毫不让步,直到青叔叔离开复旦后,此事才不了了之。除了支持进步学生之外,他还发起组织"教授联谊会",联络进步教授,遇有重大事件,即征集签名发表"宣言"……

抗战胜利后,青叔叔转到西南联大,由于弟弟的关系,他结识了吴晗等一批朋友,这些人政治上的积极态度,起了"助燃剂"的作用,使青叔叔被唤醒的政治热情燃烧得越来越炽烈!从此以更加积极的态度参加到反迫害、反饥饿的民主运动中,还口诛笔

---

① 引自《费青自传》。

第六部分 忆费青

伐国民党的独裁统治,在《民主周刊》、《时代评论》等刊物上发表文章;运用自己在法律界的影响,对受迫害的学生尽力援救,甚至帮助他们投奔解放区。"一二·一"惨案后,他和闻一多、潘光旦、楚图南、潘大逵、吴晗等19位教授,在孝通叔叔执笔的、反对美国给蒋介石提供军援的《致马歇尔将军书》上签了名。这个时候,虽然青叔叔和许多进步人士交往密切,也积极参加民主运动,但他认为没有加入"团体"的必要,这个看法一直到解放后才改变,后来加入民盟,已经是1952年的事了。

1946年夏,青叔叔随学校复原北平。其时国民党政府挟接收日伪政权之威,气焰十分嚣张,加紧了对民主运动的镇压。作为律师,青叔叔依然在法庭上为受迫害的进步学生辩护,痛斥反动政府的倒行逆施。这年年底,发生了一起震惊全国的美国士兵强奸北大女生沈崇案。沈崇家长请青叔叔作为首席律师出庭辩护,青叔叔"详考了法科、政治各方面的利弊,商定了应对的办法",[①]为案件开庭做了充分准备。但是,由于国民党当局和法律界某些人从中作梗,致使此案未公开审理,两名罪犯被宣告无罪。消息传出,立即引起了全国人民的极大愤慨。北平各高校联合举行示威游行,抗暴运动迅速扩展到整个国民党统治区,形成

---

① 引自《费青自传》。

了一个持续三个月之久的、声势浩大的要求美军撤出中国的反美爱国运动！

1947年春，青叔叔在吴晗、闻家驷、雷洁琼等支持下筹办了《中建》周刊（解放后改名《新建设》），为北大、清华、燕京等大学的进步教授提供了一个讲坛。

青叔叔一生精研法学，著述颇丰，可惜在"文革"中散失殆尽。后经友人搜集，仅得"从法律之外到法律之内"、"知识与智慧"、"论狂妄政治"、"悼念民主法律战士曼纽尔·布洛克"、"希特勒袒日仇我政策的由来"等寥寥七八篇。

青叔叔是个多才多艺的人，听说他歌唱得很好，也擅长绘画，当时从小患有严重的哮喘病，无法根治。发病时喘不上气，十分痛苦，一生被病魔拖累。1955年冬天，他的哮喘病发作厉害，不得不去上海医院治疗。一个多月后，病情有了好转，在一封给大哥的信中他说："弟最近一个多月来身体很有进步，药物治疗有把握，且已能开始做锻炼。后者尤为割肺以来所未有之好现象……这样锻炼再能继续三四个月，我相信能够使我恢复到以前在南洋住半年后的健康程度。"出院后，他继续留在无锡太湖疗养院修养。疗养期间，他要青婶捎去绘画颜料、纸笔，在太湖边上作画吟诗，安心养病。在一首诗里他写道：

第六部分 忆费青

童心傲骨两难驯，
已是天涯病废身；
寂寞湖楼归未得，
听风听雨又逢春。

青叔叔一身病骨，积年痛苦，表露无遗。

1957年初，一直在疗养院治疗和恢复的青叔叔，感到自己健康大有好转，计划入夏后回北京。但是就在他准备起程的时候，突然接到老朋友吴晗的来信，说是近来京城"气候不好"，建议他推迟返京。此刻，久病住院，远离政治漩涡的青叔叔，对社会上掀起的"反右"狂澜知之甚少，看着吴晗的信，一时摸不着头脑，满腹狐疑。不料几天后，他在《人民日报》上看到点名的"大右派"当中，"费孝通"三字赫然在目，铺天盖地的批判文章令他心惊，接着费振东的名字也上了报。这些消息犹如一颗颗重磅炸弹命中要害，疑惑、惊吓、担忧、愤懑一下子把他击倒，从此再也没有起来。

当青叔叔的骨灰运回北京，在嘉兴寺祭奠的时候，我分明看到父亲和孝通叔叔眼里噙着的泪花。

青叔叔生前，我和他见面的次数不多，常听爸爸妈妈提到的，多半是他发病或去南方住院治疗的消息。当我刚刚迈入社会的时候，他去世了，后来也很少听到家里人说起他的事。所以青叔叔给我留下一个体弱多病、郁郁寡欢的印象。

后来在孝通叔叔身边听他说起几个哥哥的故事,言语间充满一往情深的思念,也在我心里树立起青叔叔"病废身"之外的形象——充满激情、一身正气,是一个勇敢的、秉承了"国家兴亡,匹夫有责"传统思想的中国知识分子。

忆费青[1]

王艮仲

费青是我一生中最亲密的曾共患难的朋友之一。

1923年,我和费青同学于苏州东吴大学附中,翌年又同升入大学。东吴大学是美国基督教会所创设,通过向学生灌输宗教,企图引导学生崇美亲美。当时费青和我看到许多同学受到迷惑,认为应当抵制美帝国主义的文化侵略,结合十几位同学组成一个不公开的团体,要为国家的独立和进步而奋斗。参加这个团体的同学,迄今消之殆尽,仍存者有前北京医院院长邓家栋。其中许多人的姓名已记忆不起,使我怀念不忘者有一位国文教师姜尚愚先生亦积极参加。

---

[1] 此文系王艮仲先生为纪念费青教授作品陈列而作,原文存费平成处,个别文字有改动。——编者注

1925年，上海掀起"五卅"运动，全国学生纷起响应。东吴大学校长美国人文乃史，召开全校师生大会，告诫学生不得参加运动。费青和我们团体中人攘臂而起，痛斥文乃史粗暴压制爱国运动，引起全场同学齐声反抗，迫使校方让步，准许学生罢课并上街宣传。其时费青与中共恽代英已有联系，特邀来校演讲，影响甚大。

校方用提前（放）暑假手段，解散学生，并在假期中致函所谓闹事的学生，命令转学他校，费青与我遂告身离。

费青与我第二次合作共事，则在22年之后。1947年春，我从上海到北平，与费青相见。久别重逢，虽各有其二十多年的经历，而在爱国主义道路上受到革命熏陶，不断前进，则又如同一辙。当时我在上海，在中共地下党支持下创办《中国建设》杂志，与上海各大学教授合作，为民主运动服务。费青介绍我与北京、清华、燕京三个大学进步教授交换意见，计议在北平创办一个刊物，以适应当时民主运动的需要。商定刊物取名《中建》（北平版），以费青为主编，我为发行人。参与其事者有：吴晗、闻家驷、袁翰青、郑昕、樊弘、雷洁琼、钱伟长、朱自清、张奚若等。费青在白色恐怖下，坚持斗争，编辑出版工作仅有几个学生为助，无一专职人员。学生潘齐亮一度被北平警备司令部拘捕。1948年秋，吴晗有受迫害危险，适我来北平，费青便要我设法带他去上海。

第六部分 忆费青

刊物于 1949 年 1 月被迫停刊。

　　1949 年 4 月,我离开上海,取道香港,来到北平。费青与我劫后重逢,倍感亲切。周总理嘱可把刊物恢复。经费青与吴晗、张志让等筹划,把刊物恢复,取名为《新建设》,推张志让主持社务,费青为主编。毛主席为《新建设》题写刊名。费青患肺气肿,一度曾由陶大镛当主编。1957 年,《新建设》移归《光明日报》社接办,后又移归中国社会科学院。

　　费青因肺气肿加剧,于 1957 年春去无锡疗养。5 月我随黄炎培到沪宁一带视察,曾去无锡太湖疗养院探访,与费青见了最后一面。费青虽在病中,犹以知识分子要为社会主义建设服务为念,壮志依然。不料,不久病情突变,竟成永别。

1988 年 4 月 20 日

忆费青教授[1]

陈友松

滇燕风雨共济，
麟薮声气相投。
久仰法学新铎，
永志政教宏猷。
喜兰蕙芳百世，
庆桃李艳千秋。

---

[1] 本文系陈友松教授为纪念费青教授作品陈列而作，原文见陈琚理："32号院的长辈和我们"，载江丕栋、陈莹、闻立欣等编著《老北大宿舍纪事（1946—1952）：中老胡同三十二号》。

怀念费青先生和《中建》半月刊[①]

吴惟诚

1948年春,上海《中国建设》负责人王艮仲来北平,在欧美同学会邀请一些进步教授和讲师、助教开座谈会,向大家介绍《中国建设》,并研究《中国建设》在北平出版的问题。据费青先生告诉我,他和王艮仲先生是很要好的老朋友,因此这些教授都是通过费先生邀请的。参加会议的有吴晗、郑昕等先生。由于王艮仲先生的慷慨帮助和费青、吴晗等先生的积极主张,不久《中国建设》就以《中建》的名称在北平创刊了。编辑工作由费青先生负责。费先生当时对写稿人表示:这刊物要绝对保持进步性,不向任何压力低头,能办到什么时候就办到什么时候。这个半月

[①] 原文载《吴惟诚纪念文集》,收录有吴惟诚的部分作品及王汉斌、雷洁琼、王铁崖、芮沐、西南联大校友会等单位和个人的怀念文章,未公开发行。——编者注

刊出版以后很受读者欢迎，销路日增，使当时主张中间路线的刊物《新路》受到打击，《新路》在出版三四期后就一蹶不振了。

《中建》半月刊一共出了九期，第九期上因为登了费先生写的"论狂妄政治"遭到反动当局的忌恨，而被勒令停刊。费先生在文章中分析了"狂妄"的含义，认为狂人不一定是坏蛋，孔子甚至以"狂"、"佞"并举，而认之为不得已而求其次之好人，至于妄人则一定是个大坏蛋，"妄人"而加上"狂"则如虎添翼，一定是胆大妄为，无恶不作的"大混蛋"。"妄政治"加上了"狂政治"，乃成地道的"狂妄政治"。"狂妄政治"已非罗素所提的温和和理性主义所能医治，若是能够的话，则历史上的革命像法国革命和俄国革命也就不会发生了。这样的文章，即使今天读起来，也还有可借鉴之处，不禁使我们有点想起了文化大革命的情景，和当时的风云人物。

《中建》曾召开过几次座谈会，有时讨论专门问题如知识分子的改造等，有时交换对时局的意见，谈话记录都发表在刊物上。

解放后，《中建》在中央的关怀下，不久就以《新建设》的名义复刊。《新建设》的复刊还得到了黄炎培先生的支持。听说黄炎培先生到北京后，见到毛泽东同志时，曾谈到《中建》复刊之事，毛泽东同志说,《中建》每期他都看过，办的很好，认为应当复刊。《新建设》复刊后，费先生重新组织编委会，并任主编，同时还有郑昕先生。

　　费青先生1957年7月在太湖疗养时病逝。他离开我们到现在已经过了三十多年了，费青夫人叶筠同志也在后来过世。现在他家只有他们唯一的公子费平成，他当时还很小。

　　想到费青先生，就让我想起他解放前的住宅，中老胡同北大教授宿舍。他那里是我当时去得最多，最随便去的地方。费先生的热心肠，主持正义，勇于任事负责的精神，平易近人和人们交心的作风，使和他接触过的人都不会忘记的。那时凡是和他接近过的青年和学生也应无不受到这方面的熏陶，学到很多在课堂和书本上难以学到的高贵品质，这些应使他们在后来的工作上受益很多的。但后来由于"左"倾路线的影响，这些优良的东西反而给很多人带来过一时的不幸遭遇，当然现在还是证明他们是对的和好的。

　　费青先生因为有哮喘病，手里经常拿着一副红色橡胶头的助吸器，但他从来没有因为呼吸困难而拒绝接待你，或者减少与你的谈话。他也是这些青年学生中的一个。我想费青先生若健在，虽然年岁已高，还会像从前那样像一个热情的青年似的和青年们在一起。

写于1988年4月

太平洋战争时期的中国比较法学院

刘哲民

回忆中国比较法学院的创立史,至今已逾60多年了。因为当年参与这一工作,筚路蓝缕,兴味很浓,往事历历如在眼前。1941年冬,日本挑起太平洋战争,上海租界一瞬间就被日寇占领,在上海的高等院校,不论是国立的或外国教会办的,均被迫停课解散。东吴法学院当然也不例外。教务长盛振为先生带领部分师生前往大后方。副教务长费青(字图南)先生因肺气肿,病痛缠身,无法长途跋涉,留在上海。1942年2月,图南委托张中楒(英文教授)来访,传达图南要我去他家,有要事商量。中楒与我是美商《华美晚报》同事,当时中楒为《华美晚报》董事会秘书,

---

[1] 本文系刘哲民先生为纪念东吴大学建校百十周年所撰,原文载东吴大学上海校友会、苏州大学上海校友会编《东吴春秋:东吴大学建校百十周年纪念》,苏州大学出版社2010年版。

第六部分 忆费青

负责与美国董事长联系，我负责总管理处。我们俩经常中午在福州路西餐馆午餐。当时东吴法学院已从虹口昆山路迁至虞洽卿路（现西藏中路）慕尔堂上课。我们俩午饭后经常至慕尔堂小憩。因中楹介绍，我和图南相识，一见如故，继而认识了艾国藩、卢于舫、姚启胤教授。当时图南家在蒲石路（现长乐路）住宅的三层楼上，卧病在床。他刚结婚，夫人叶筠女士原在医院工作，因图南住院治疗而相识，从而结合。我急问图南有什么事，他说："东吴法学院部分师生已随教务长盛振为迁往外地，留在上海还有200余人，这部分师生由于爱国热情，绝对不肯入汪伪学校执教和就读，这是值得敬仰的。但目前不但教师行将失业，其中多数影响日常生活，学生失学，行将分散，一旦抗战胜利，对法学教育将是很大损失。"又说："经过半个多月的考虑，只有在上海就原有师生基础上开办一个法学院，避用东吴字眼。但有五个问题需待解决，所以请您来帮忙！"我当时觉得图南问道于盲，因为我对于教育完全是门外汉，尤其是高等教育。图南说："我下面说有五个问题，其中有两个问题非你帮忙不可。"他提出的五个问题是：(1)学校名称问题，(2)院长，(3)经费，(4)教室，(5)教职员。其中(2)(3)两个问题要我帮忙解决。首先请一位院长，但条件是：一、名义上担任院长，学校不向敌伪登记，如敌伪进行干涉，由院长进行周旋。二、院长不到职，不干预学院用人与行政

767

教课等活动。其次是关于开办经费及教室租赁费、教职员薪酬问题。我和图南、中楗会商了几次，有时候艾国藩也参加。因图南的诚恳迫切，我义不容辞。第一，院长问题，我将当时敌伪时代所谓的名流，排比了几个人，唯有新任第一特区总保甲长吴蕴斋可以请他承担。吴是上海金城银行经理，很可能他因周作民与敌伪有关系，不得不担任总保甲长的职务。吴为镇江人，当时镇江五县旅沪同乡会由吴担任理事长，我担任常务理事。我估计由特区的总保甲长担任院长，至少汪伪机关不会来过问，即使日寇知道学院是吴任院长也可能不干涉。我与吴虽相识，但无深交，因想起东吴校友李文杰也是五县同乡会常务理事，比较熟悉。即由我和张中楗访问了李文杰，李欣然同意。但他认为他一个人去力犹不足，拟约鄂森先生通往。鄂森也是东吴校友，为北四行（中南、金城、盐业、大陆银行）的法律顾问，与吴蕴斋关系较深，由李与鄂去谈，当可有望。商得图南同意，李文杰和中楗去访问了鄂森。鄂森与吴蕴斋一谈，吴慨允担任学院院长职务，但不到职，由鄂森为代表，敌伪如有问题由吴负责解决。但吴声明不负责经济上的责任。院长问题既解决后，经费问题由喻友信先生做了一个预算，大约需支付教室租金、文教用具费、教职员薪金等共9000元。在当时情况下，我责无旁贷，也就承担下来。学院名称因英美法的英文名称译为"比较法"，因此定名为"中国比较法学院"。有

第六部分 忆费青

一位女同学介绍爱文义路（现北京西路）爱国女中中学每天可下午出租八间教室、一间办公室，于是订了租约，预付了半年租金。最后商定由吴蕴斋、费青、鄂森、吴芷芳、刘世芳、俞承修、曹杰、艾国藩、张正学、李文杰、张中楹、姚启胤、刘哲民13人为院务委员。定了日期，假静安寺路（现南京西路）金城别墅鄂森家举行了第一次院务会议。推吴蕴斋为中国比较法学院院长，不到职，由鄂森代表。费青为教务长，鄂森为秘书长，吴芷芳为副教务长，安绍云为会计主任，刘哲民为会计系主任。职员方面，喻有信为图书馆主任，杨家声为注册主任，莫树德为书记。

中国比较法学院在1942年3月间开学，设法学、会计学两系，法学系教授有费青、鄂森、吴芷芳、刘世芳、俞承修、曹杰、姚启胤、张正学、艾国藩、翟晨泽、李文杰、蒋保厘、王遂征、秉格（德国籍）、金兰荪、杨宝晨等。会计系为安绍云、周正、唐庆增、蒋嘉祥、郑惠益、王成祖、周敏之、程克武、莫启欧、唐文瑞、石扛鼎、龚懋德、王宗培、胡宝昌、杨纪琬、卢贻珍、傅统先、张梦白、王佩铮、刘佛楼、张中楹、蒋戴华、刘庄业、盛谷人、张和岑、李耀时。所有两系学科，一仍其旧。为了应付日寇，加设日文课，由芮龙担任教员。

中国比较法学院成立后，安然未受敌伪干扰，图南的朋友不知内情，都很诧异。图南告其所以。一位朋友反而自告奋勇向敌伪教育部长李圣五去打招呼。李说："只要他们学生不闹风潮，我们绝不干涉。"正因为中国比较法学院安然成立一周年，原东吴大学文理学院也改名华东文理学院，分别在爱文义路几家中学复课。

比较法学院成立一学期后，消息传到大后方，东吴法学院没有得到上海成立的详细报告，因有不承认上海学生成绩的传说。上海学生闻之不安。经过图南将上海成立比较法学院详细经过，托人带往内地。盛振为先生来信，要上海造"八房子弟"名册（法学院法律、会计两系共八个班级，所以暗称"八房子弟"）寄往内地。所有师生都欢欣鼓舞。

1943年秋，图南和我谈：中国比较法学院已安定开课，他自己被云南联大多次函招，不得不离沪转赴内地。我当时很吃一惊，因为学校情况很安定，图南为什么反要离去？他一再对我声明：联大几次派人和来信促他去云南教学，无法推辞，只得负病前往，他并劝我不要因为他离去而离开学院，希望我维持到底。因为他的谆谆嘱咐，我只能承诺下来。

中国比较法学院的开办，财务方面，预付半年房租，预付教职员一月工资，以及购置文具用品等，当年共支出8900余元，与预算相差无几。在学院财务上，因当时币值日贬，一般学校还是

第六部分　忆费青

按月支付教职员工资，我认为这将影响教职员生活，因此主张学费收入后，将每人一学期工资全部发清，使教职员可以安排好生活。我垫付的款项，大概从第二年起，分学期偿还。当时通货膨胀，币值上虽有损失，但精神上收获是无可比拟的。我深深感受到：中国比较法学院虽仅仅四年，却感觉大部分师生对我有一定的好感。图南过早去世，但我同他已成了通家之好，双方儿辈们至今还不时往来。刘世芳先生，当时在学院我和他还是初交。他有一所带花园草地的住宅，他夫人是德国人，他曾两次在家里举行茶话会招待我和刘文华、潘汉典等学生。这不能不说是殊遇。1945年抗战胜利，东吴法学院全体师生回到上海，我认为应该"功成身退"了。鄂森先生一再要我继续留在东吴法学院。最后恳切地谈了一次，他才同意我引退。解放后，曹士彬先生去北京司法部任职，我每年去北京一两次，经常前去造访。1957年后即断绝音讯，士彬先生多次打探，后由林我朋先生沟通，告诉他我的情况后，立即和我通信。当时他已93岁高龄，频有函件来往。吴芷芳先生更不待言，我每次访问他，他都热情招待。1981年，我住院开刀，一种药物需要外汇券，吴先生知道了，立即派人送来给我。这是令人非常感激的。在一次东吴大学校友会中，见到了几十年不见的张梦白先生，欢然道故，热情也是令人难忘的。中国比较法学院初创时，校友如刘造时、过载青、刘驾潮、黄裳吉以及早逝的刘文华等等，每逢遇见时一股相待的热情，都使我永感不忘。回忆当年协助图南先生成立中国比较法学院，完全出于爱国热忱，万没有想到因此得到这么多的深挚的友情和关爱。我现在已经是桑榆晚景了，每想到过往的情景，是颇为欣慰的！

东吴大学与中国比较法学院的关系[①]

李文杰

东吴大学本部原设在苏州,是美国教会办的。它分为两部分:文理学院设在苏州,法学院设在上海昆山路慕尔堂。招的学生都是要在大学念过两年的,到东吴再念三年即可获得法学士的学位。学生除学中国的法律外,还要学英美法、国际法等。都是请外国的律师或中国出国留学的回国人员用英语教授,所以学生的外语水平相当高。现在国内承担涉外律师业务的老人,可以说相当一部分都是当时东吴的学生。当时东吴大学的经费都是美国教会提供的。那时东吴毕业的学生到美国去,再读一年就可获得法学博士学位。所以,美国的法学博士并不值钱。

1937年抗战初期,由于上海还未沦陷,东吴大学还照常上

[①] 本文系费青之子费平成根据李文杰口述整理而成。

课。"八·一三"以后,日本人进了租界,上海成立了伪组织。在这种情况下,东吴大学的本部被迫内迁到重庆。当时东吴的校长是杨永清,教务长是盛振为、鄂森,我同曹杰也在校内任系主任。

为了维持一部分暂不能内迁的东吴教职工的生活待遇和保证东吴法学院的教学水平,经教务当局研究决定,由鄂森任秘书长,费青任教务长,张中楹任总务长,李文杰任司库,还有刘哲民为会计系主任,在上海英租界静安路一带租赁校舍,设立中国比较法学院——即东吴法学院(Comparative Law School的英文译名)。该校没有在日伪的教育部门登记,相当于东吴大学在上海的地下组织。鄂森、费青、曹杰、李文杰等人也均在校内兼职任教。

当时的学生均为走读。分日班、晚班分别上课。每年可招学生5—6个班,200—300人。学生毕业,发的是中国比较法学院的英文文凭。由鄂森、费青、李文杰三人签名认定。同时将毕业生的情况上报重庆东吴大学本部,并在国民政府的教育部备案。抗战胜利后,又为这些学生补发了东吴大学的正式毕业文凭。

由于办学需要资金,即由鄂森、李文杰向镇江同乡以及热心于教育事业的金融企业界人士章荣初、严庆祥、丁学农、吴蕴斋、殷纪常、王孟钟、严惠宇等人筹募基金5万元,作为基金以资助学。直到抗战胜利,由于通货膨胀的影响,这笔巨额资金也就逐

第六部分 忆费青

渐贬值,化为乌有了。

抗战胜利以后,东吴大学内迁,中国比较法学院的原班人马又回归到东吴大学里去。杨永清仍任校长,鄂森任教务长,李文杰任教务主任。费青因抗战后期去了西南联大,就不在东吴大学任职了。

"孤岛"时期的东吴法学院[①]

刘造时（法学院 44 届）

东吴法学院是我国一所著名的法律学院，在旧中国法律界有"北朝阳"、"南东吴"之称。"北朝阳"指北京的朝阳法学院，"南东吴"指上海的东吴法学院。东吴除了教中国法外，并兼教英美法，因为她二者兼授，故又有中国比较法学院之称。这在当时适应了上海这个国际城市对懂得英美法人才的特别需要。

（一）慕尔堂内济济一堂

1937 年"八·一三"抗战爆发，虹口为日寇占领区，东吴法学院迁到上海租界内的虞洽卿路（现西藏中路）慕尔堂。我于

[①] 本文系刘造时先生为纪念东吴大学建校百十周年所撰，原文载东吴大学上海校友会、苏州大学上海校友会编《东吴春秋：东吴大学建校百十周年纪念》，苏州大学出版社 2010 年版。

1940年秋考入东吴,来自四面八方的七十多个青春焕发的新生济济一堂。一年级上学期的课程是基础课,有国文、英文、自然科学、哲学概论、经济学、政治学、中国通史等。一年级下学期,除继续学国文、英文外,开始学习法律专业课,计有中国法制史、刑法总则、民法总则、比较法大纲。1941年秋,升入二年级上学期,课程有英文、罗马法、国际公法、比较刑法、中国宪法、刑法分则、刑事诉讼法、法院组织法等。

当时师资是一流的,有许多有名的专家学者,如教哲学概论、民法总则、债编总则的是甫自德国归来的学者费青,他把我们引进了法学与哲学融合的园地;教经济学的是会计系主任周仲千,他为我们解读了资本主义经济学的经典著作——亚当·斯密的《国富论》;教自然科学的是生物学家王志稼,他生动概括地传授了遗传学的主要知识,等等。在这样一批优秀名师的谆谆传授下,我们打下了应有的法学基础。

(二)颠沛流离,弦歌不断

1941年12月8日太平洋战争爆发后,得到通知,临时到南京路慈淑大楼东吴文理学院迁沪后所借用的教室上课。当时的慈淑大楼嘈杂拥挤,一片混乱,勉强上了几天课被迫仓促结束了。

不久,东吴法学院在盛振为院长率领下,前去内地重庆,留沪师生顿成"孤儿",荒芜所依。值此危难之际,费青教授毅然挺身而出,为了使东吴弦歌不辍,让无法远去内地而留沪的师生"师有所教,生有所学",他不辞辛苦与张中楹、王遂征[①]等老师一起,多方奔走策划,以"董法记"名义,暂借法租界南昌路中华职业教育社的地址恢复上课,我们由此进入大二下学期。"董法记"是东吴法学院的谐音,以此隐晦之名,以避日伪的注意与迫害,真是苦心一片。

学校虽然复课,但学生人数因一部分随盛师去了内地和因家庭情况变化不再继续学而大减。但我们留者深知此学习条件来之不易,故格外珍惜用功。

在中华职业教育社只上了短时间的课,学校又迁至威海卫路原新襄职业学校旧址。在这"三迁"之地,我们匆匆结束了大二的学程,时为1942年上半年。下半年暑期开学,学校又迁至南阳路爱国女中。我们的"流亡学习"历时十月,四易其址,终于画上了句号。此时,上海的租界形势似稍见松动,学校得以由"董法记"改为以"比较法学院"名义面世。

自此,在相对稳定的环境里,在师生团结一心的共同努力下,学校元气逐渐恢复,东吴影响重现沪上,有志于法的学生纷纷来

[①] 原文为"微",似笔误,经查资料及与潘汉典老师核对,径改。——编者注

第六部分 忆费青

归，学校呈现盎然生机。我们在此度过了最后的两年大学生涯，学完了大三、大四的全部课程。1944年夏，我们终于毕业了，借震旦大学礼堂举行了在当时条件下相当隆重的毕业典礼，我们戴上了方帽子，拿到了比较法学院的毕业证书。我们就这样跌跌撞撞地在"国破山河在"的"孤岛"度过了这一段艰苦而难忘的学习时光。

（三）一个不应有的插曲

1945年抗战胜利后，重庆东吴法学院由盛振为院长率领东返上海，上海的比较法学院完成历史使命并归母校，学校迁回虹口昆山路原址，一切似乎顺理成章。不料不久却发生了一个不应有的插曲。南京国民政府教育部颁布了一道命令，不分青红皂白地要对所有沦陷区的大学毕业生进行"甄别"，"甄别"通过后才能承认学籍。这一不合理的举措极大地伤害了广大沦陷区师生的感情，激起了强烈的反应，当年留沪各院校纷纷集会上书抗议反对"甄别"。四所教会大学联合举行了记者招待会。在会上，鄂森师向记者陈述比较法学院如何苦苦维持并始终与重庆东吴保持联系的经过。会上群情激昂，喊出了"只有伪政府没有伪学生"的响亮口号。招待会取得了良好的效果，赢得了舆论与社会的普遍同情。在一片反对声中，国民政府教育部最后对"甄别"不了了之。"游子"终于重纳"母校"的怀抱。

（四）不尽的怀念

岁月无情，"孤岛东吴"迄今瞬已 70 余年，我们都已垂垂老矣，然越老越怀旧。遥想当年，虽然环境艰苦，但我们师生之间在患难中结下的情谊却格外深厚。我们曾尽可能地利用一切有限的条件进行各种课外活动以充实我们的精神生活：我们举办辩论会，辩论"死刑应否废除"；以"模拟法庭"形式搞诉讼实习，原告、被告、辩护人、审判员、书记员一应俱全；在一块小小的体育场上进行热烈的篮球、排球比赛，男女同学啦啦之声惊天动地，还多次举行师生联欢派对。华山路上的周家花园、淮海路上的瑞士领事馆园地、余庆路上的刘世芳宅邸都曾留下我们师生同乐的欢声笑语。

世事沧桑，人事无常，昔日师友星散天涯重聚无日，但魂牵梦萦旧情难忘。趁今虽届耄耋但尚未尽昏的有生之年，就所历、所知、所忆的学校变迁，撷拾若干籍为历史留些痕迹，并一抒我心底的怀念之情。

第七部分

画　作

第七部分 画 作

华东疗养院一角，吴牛写生，1955年11月21、22日。

速写小箕山内景，吴牛。

783

费青文集

大箕山南麓，1955年11月，吴牛速写。

第七部分　画　作

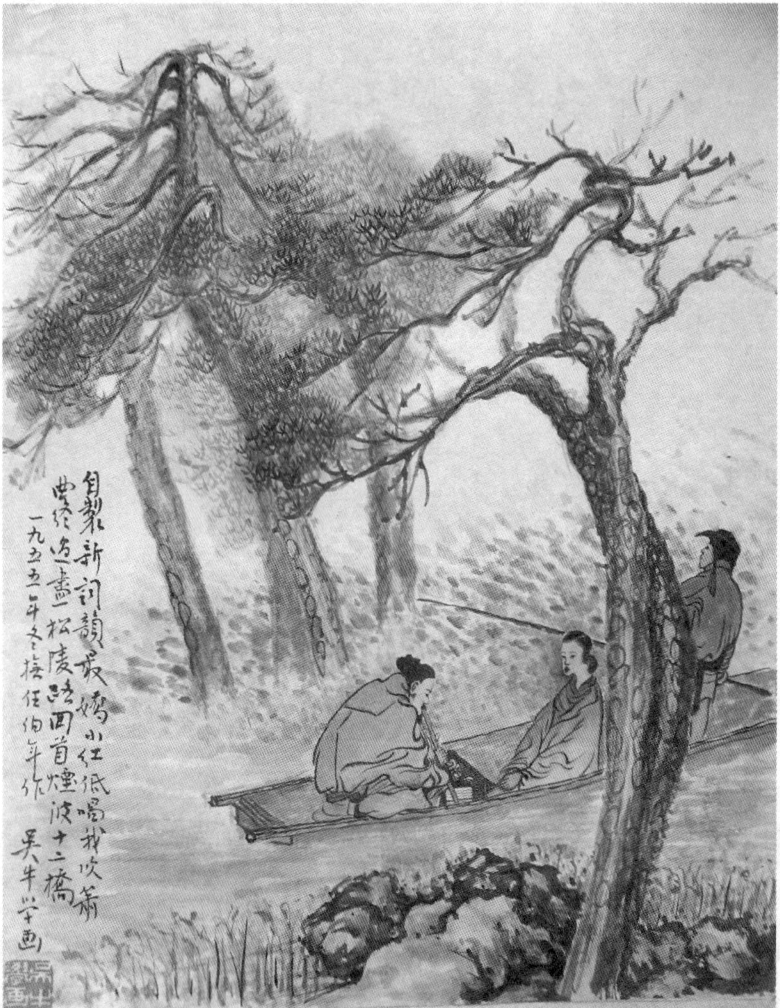
自製新詞韻最嬌小紅低唱我吹簫
曲終過盡松陵路回首煙波十二橋

第七部分 画作

屋矮逸車少，桐陰清話長

乙未春晏臨柳公韓畫冊戲墨

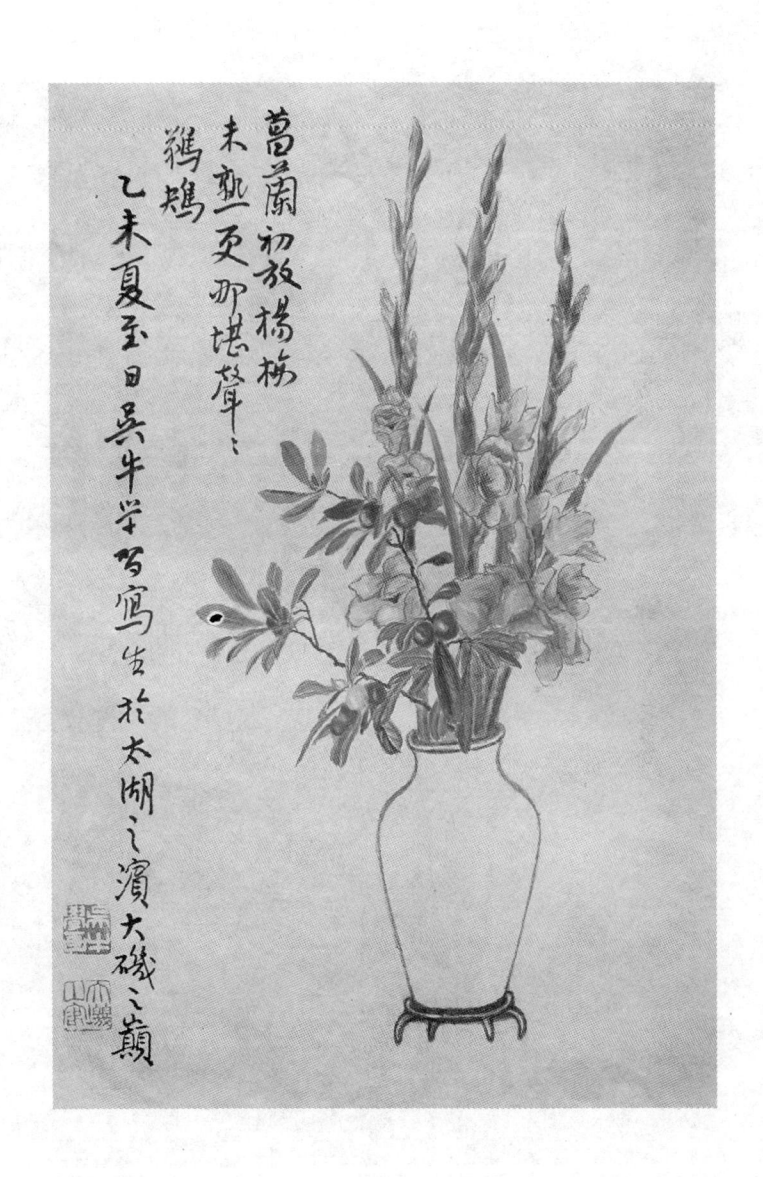

第七部分 画 作

菖蘭初放楊梅未熟一夏那堪聲々鵜鴂

乙未夏至日吴牛学写寫生於太湖之濱大磯之巓

费青文集

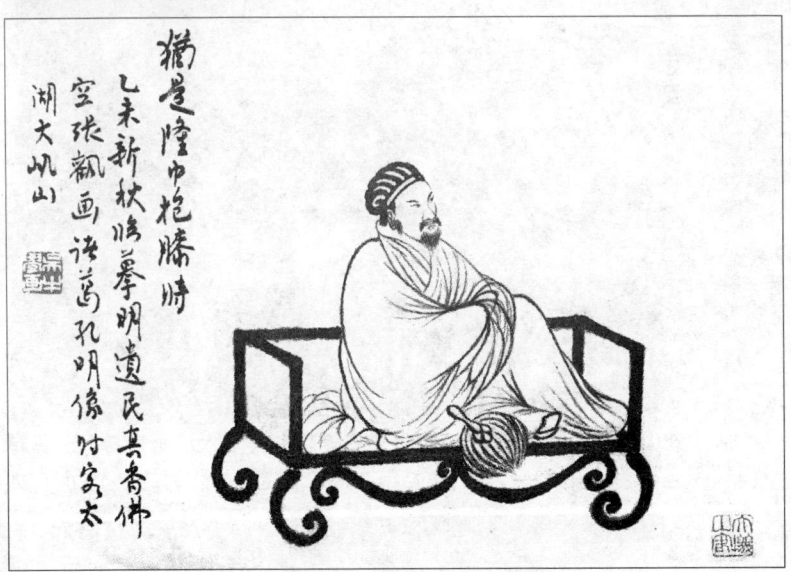

第七部分 画 作

拈任伯年竹溪观图
一九五五冬吴牛毕中画
时客太湖大岘山

猎是隆中抱膝时
乙未新秋临摹明遗民其香佛
空张飘画诸葛孔明像付实太
湖大岘山

791

从大箕山疗养院俱乐部后远眺三山岛,吴牛写生,1956年5月6日。

从太湖大矶山华东疗养院一楼北望疗养院一角及太湖饭店等景,是为予作较大幅水彩写生之始,自1956年5月6日起,时作时辍,至同月24日完成。

第七部分 画 作

从小矶遥望大矶疗养院,吴牛写生,1956年5月19日。

自大矶山好望角东眺小矶鼋渚独山,吴牛写生,1956年5月25日。

大矶好望角，1956年5月25日，吴牛写生。

自大矶山第一亭西眺，1956年5月26日，吴牛写生。

第七部分 画作

大矾东麓崖石□□间遥望三山岛，吴牛写生，1956年6月3日。

大箕山好望角远眺三山岛，吴牛写生，1956年6月5日。

795

从大箕山好望角眺鼋渚风帆，吴牛写生，1956年6月5日。

渔市归帆，吴牛写生，1956年6月11日。

第七部分　画作

大矶山好望角，1956年6月17、18日。

费青文集

第七部分　画　作

莎岸绿波,浅滩深草,黄多菱蓬底。馀杭酒清,酣复浩歌。
拟甲戌本,并原题。
一九五六年新秋于大坑山大洲疗院
吴牛芋写

第七部分 画 作

1957 年 3 月 2 日速写。

1957年立春后三日，江南大雪，自华东疗养院写生。

鼋渚小矶雪景，吴牛，2月9日写。

矶山学童，1957年3月9日速写。

第七部分 画 作

大箕山西望，1957年3月9日速写。

春江水暖

是幀稿圖始自新羅山人嗣逸
任伯年謝公展前輩迭有傳本多
頤壽長兄試以指墨臨摹未誠如
神似於万一否耳
一九五七年初春 吳牛學畫

第七部分　画　作

费青文集

第七部分　画　作

费青文集

第七部分　画　作

烟树云峰意
怨闲人家多
佳碧溪湾野
吞墨海滨谁
评品左序山二
米间

山人只合生节
莹闲香梅花
酿冷香夜崔
味归去觉处
满溪晴雪月
荒

第七部分　画　作

费青文集

第七部分 画 作

春江水暖

是帧构图始自新罗山人闹逸任伯年谢公展萧蕙迷有接牵头题寺长亦试以指墨临摹未识能神似於万一否耳

一九五七年初春 吴丈学画

费青文集

第七部分　画　作

费青文集

第七部分 画 作

炊煙一掬夕陽街

摹石濤本

第七部分 画作

傲霜冷妍 吴牛指写

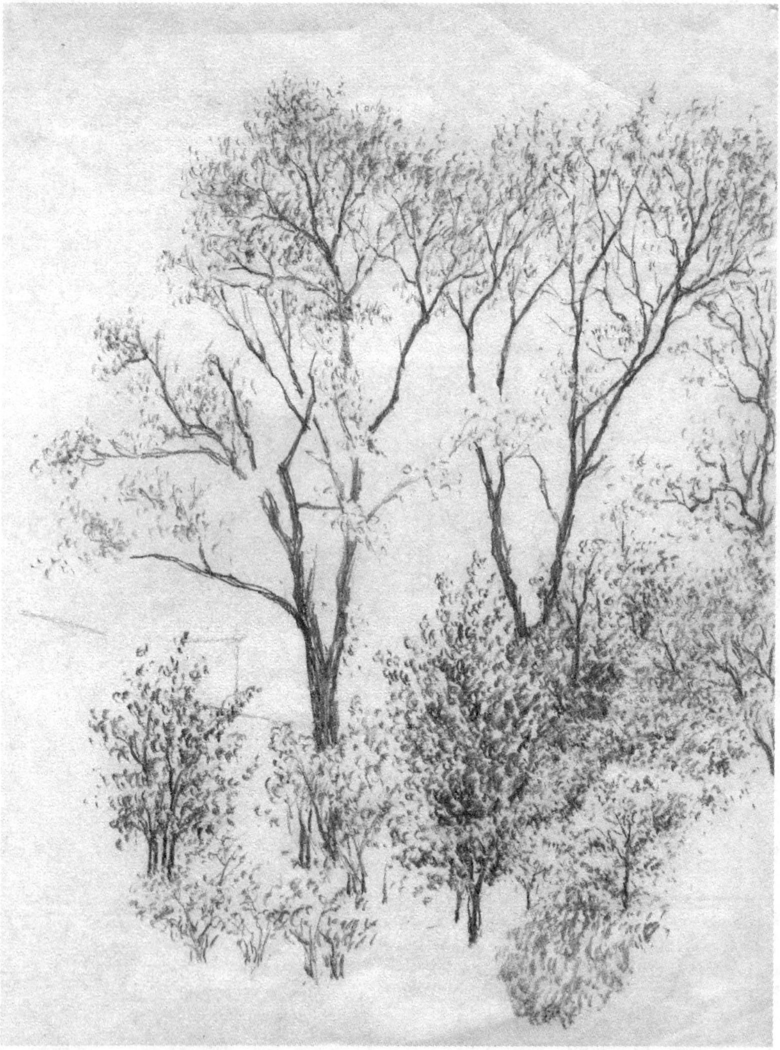

第七部分　画　作

附 录

费青先生年谱[1]

1907 年

10 月 9 日（农历八月二十二日），[2]费青（号图南，又号仲南，曾用笔名胡冈）出生于江苏省吴江县同里镇。父亲费玄韫（字璞安，以字行世），曾在科举考试中取得生员（秀才）资格，1905年东渡日本留学，专攻教育学，回国后在家乡兴办新学，曾被选为江苏吴江县议会议长，后出任江苏省教育厅视学，解放后任苏

---

[1] 本年谱由白晟编撰，并经费青之子费平成、费振东之子费皖和费孝通之女费宗惠审阅并提出修改意见，在此致谢。
[2] 在有关文献中，费青先生的出生时间很不一致。本年谱系根据费青先生自传、北京政法学院（现为中国政法大学）所撰墓碑碑文及费青户籍登记并与费青先生独子费平成核实商讨而确定。需在此说明的是，根据费青户籍登记，其出生日期为 1906 年 10 月 9 日（农历八月二十二日），其农历日期与费孝通的回忆及费青弟子袁文的回忆相一致。考虑到费青墓碑及"自传"都已写明出生于 1907 年，故出生年份不做改动，但具体出生日期以户籍登记为准，尽管 1907年 10 月 9 日与该年农历八月二十二日并不对应。

州市政协委员；一生致力于教育，著有"吴江光复前后的回忆"等文。母亲杨锡纶（字纫兰，以字行世），从小承教于家学，毕业于上海务本女学，受到过良好的教育，生前创办私立吴江松陵镇第一蒙养院（幼稚园），任蒙养院院长；著有"《女界钟》序"（《女界钟》为同乡金松岑力作）等文，是一位敢于开风气之先的杰出女性。

费青先生有兄弟姊妹五人：大哥费振东，毕业于上海南洋大学（上海交通大学前身），生前曾任政务院华侨事务委员会委员、文教宣传处处长，全国政协委员，民盟中央常委、民盟中央文教部部长；二姐费达生，江苏省女子蚕业学校毕业，九三学社社员（后加入中国共产党），曾任江苏省丝绸工业局副局长、苏州丝绸工业专科学校副校长、苏州丝绸工学院副院长、苏州市政协副主席和江苏省第一、二、三、四、五届人大代表等职，被誉为"蚕魂"；四弟费霍，大专毕业，生前在上海市政工程局任工程师；五弟费孝通，社会学博士，生前任人大常委会副委员长、全国政协副主席、民盟中央主席、北京大学教授、社会学研究所所长、中央民族学院副院长等职。费青先生另有同父异母弟弟妹妹六人。

费青自幼患有支气管哮喘病，一生多次发病，屡次因病住院或疗养。

1911 年

4 岁，母亲杨纫兰于 7 月在吴江县创办蒙养院（幼稚园），入母亲创办的幼稚园上幼儿班。蒙养院后来并入爱德女中，成为该校附设的幼儿园。

1912 年

5 岁，入吴江县第一初等小学（俗称雷震殿小学）读小学。

1919 年

12 岁，入苏州省立第二中学读初中。在"五四"运动期间，接触了《新青年》等进步刊物；跟着同学们，特别是跟着大哥费振东参加了许多街头演讲活动。

1922 年

15 岁，入东吴大学附属中学读高中。

1923 年

16 岁，与王艮仲（曾任全国政协常委、国务院参事和民建中央常委、副秘书长等职）同学。

1924年

17岁，入东吴大学理学院（医预科），参加了学生会（王艮仲时任学生会主席）。东吴大学是美国基督教会所创设，向学生灌输宗教，企图引导学生崇美亲美。当时费青和王艮仲看到许多同学受到迷惑，认为应当抵制美帝国主义的文化侵略，联络十几位同学组成一个不公开的团体，要为国家的独立和进步而奋斗（曾任北京医院副院长、中国首都医科大学副校长、血液学研究所所长的邓家栋曾参加此团体）。

1925年

18岁，受大哥费振东影响，[①]参加了学生团体的许多活动，创办了工人义务夜校（校名为"平成夜校"，后独子取名"平成"以纪念此事），帮助苏州城外纱厂工人的罢工运动。

5月，上海掀起"五卅"运动，全国学生纷起响应。东吴大学校长文乃史（美国人）召开全校师生大会，告诫学生不得参加运动。费青与王艮仲等团体中人攘臂而起，痛斥文乃史粗暴压制爱国运动，引起全场同学齐声反抗，迫使校方让步，准许学生罢课

[①] 费振东在上海南洋大学期间，是1925年"五卅"运动的积极参加者和游行队伍组织者，是当时南洋大学学生领袖之一——学生领袖包括中国共产党领袖人物之一的陆定一，1926年加入中国共产党（后来因与党组织失去联系而脱党）。

并上街宣传。

接触到恽代英、萧楚女、侯绍裘等革命人士,邀请恽代英、萧楚女到校演讲,影响甚大。

1926年

19岁,暑假期间,被选为江苏省的学生代表,秘密去当时革命策源地的广州参加第八届全国学生代表大会,看到了国共合作的革命高潮和北伐进军的盛况。闭会后代表们各自回到本省,很多人受到反革命军阀的迫害,费青也受到军阀孙传芳的秘密通缉。校方用提前放暑假的手段解散学生,并在假期中致函所谓闹事的学生,命令转学他校。费青被迫转学到位于上海的东吴大学法科。

1927年

20岁,与同学们发动了收回教育权运动,推翻了美国人在东吴大学法科的校政权。①

---

① 1927年3月,校长文乃史主动辞职,校董会紧急推荐教务长潘慎明代理校长;1927年10月,杨永清出任首任华裔校长。法科于1927年正名为法学院,原教务长刘伯穆(Blume W. W. 于1920年接替兰金任东吴法科教务长)于1926年冬辞职,1927年3月校董会议决,聘任吴经熊博士为法学院院长,盛振为博士为教务长。

1929 年

22 岁,毕业于东吴大学法学院,获法学学士(同期毕业的有查良鉴、袁仰安、何秉伦等;1928 年寒假毕业的有倪征燠、李浩培、姚启型、艾国藩、鄂森等;1927 年毕业的有丘汉平、桂裕、孙晓楼、杨兆龙等;1926 年毕业的有端木恺等;金兰荪毕业于1925 年,盛振为毕业于 1924 年;吴经熊、陈霆锐、陆鼎揆等系1920 届毕业生。——编者注)。在校期间,欣赏吴经熊的英文法学文章写得漂亮、欣赏他的法律哲学进而欣赏德国施塔姆勒的法律哲学,敬佩张君劢敢在宪法课上痛骂当时气焰正盛的国民党政权、喜欢张君劢的比较宪法学及超政治且一以贯之的理论。因为厌恶当时国民党反动政权,甚至进而厌恶政治本身,至少认为政治应该受制于法律,而法律则应该以抽象的公平观念为鹄的。

8 月,因在校学习成绩优异,经吴经熊介绍,入国立成都大学(四川大学前身)任教,讲授国际公法、罗马法、英美法等课,张澜时任该校校长。

在《法学季刊》发表论文"国际法上'情势变迁'原则之研究"和"法律不容不知之原则"。

1931 年

24 岁,因无留学经历致听课学生减少,遂返沪并坚定了出洋留学的决心。

2月入暨南大学任教，讲授罗马法等课。

经刘世芳介绍，兼做律师业务，曾在法庭上勇敢地为共产党人嫌疑犯辩护，运用林肯的辩护技巧使某被告人无罪开释。

1932年

25岁，支气管哮喘病大发作，回家乡休息。①

遵医嘱前往北京易地疗养。入北京朝阳大学任教，讲授英美法等课。经张君劢介绍任《北平晨报》国际新闻版编辑，翻译国际电讯。其间，经五弟费孝通介绍（通过其广东籍同学杨庆堃）在租住的西单宏庙胡同结识从事医护工作的叶笃女士。

在张君劢办的《再生》杂志上发表论文"捷克斯拉夫总统马萨烈克"、"西弗黎氏论法国政治"，发表译文"大战后世界政治之推演及其前途"、"现代经济学"及"中日战争目击记"（与费孝通合译）等译文。在《大公报》上发表文艺性小品文若干篇。

---

① 1910年全家从吴江同里镇迁往吴江县城所在地——松陵镇，1920年举家迁至苏州城十全街。

1934 年

27 岁，夏季，参加清华大学第二届"庚款"留美公费考试，考取了仅录取 1 名的国际私法门，此届录取的 20 名学生中还有钱学森、夏鼐、曾炳钧和赵九章等（第三届有法学家龚祥瑞，第四届有法学家王铁崖。——编者注）。因当时我国的国际私法属德国法系，而英美法系与我国法系太不相类，加之当时知识界普遍认为世界学术中心在欧洲，故特别请求转赴德国被允准。

秋后入住清华大学（与费孝通合住）为赴德国留学预备德语和搜集国际私法资料。

1935 年

28 岁，发表译著《法律哲学现状》（美国法学家霍金著）及"《法律哲学现状》译后语"。

6 月与赵九章同船出国。入德国柏林大学法学院研究院，研究国际私法、法理学及有关学科。期间，持吴经熊介绍信拜访施塔姆勒。

1936 年

29 岁，在《法学杂志》（东吴）发表"谒施塔姆勒氏记"。

1937 年

30 岁，暑假期间，与入英国伦敦经济政治学院读博士学位的费孝通在德国柏林会面，在波茨坦后面的著名风车前合影留念并一起去巴登湖度假。在《法学杂志》(东吴)发表"纪念派拉克氏"。

1938 年

31 岁，2 月赴南洋群岛（印尼）看望大哥费振东并养病。其间，费孝通获得博士学位后取道新加坡回国，费青与大哥费振东前往新加坡与五弟费孝通会面，兄弟三人时隔十多年后再次相聚。年底经越南西贡沿滇越铁路入云南，在云南大学法学院和西南联合大学法学院任教（费孝通于是年 10 月入云南大学社会学系任教）。

1939 年

32 岁，先后任国立西南联合大学（北京大学）法学院讲师、副教授、教授，讲授民法（债权总论、民法亲属、民法继承）、法理学、国际私法、诉讼实习等课（其中法理学 1938 年至 1939 年间始由费青先生开设，费青 1940 年回沪养病后由燕树棠先生担任）。因同时在西南联合大学和云南大学任教，每周需上课 20 多课时。

是年，与七年前在北平认识的叶笃女士结为伉俪。弟弟费孝通也于是年结婚（费孝通1935年与王同惠结婚，王同惠不幸在婚后前往广西大瑶山调查时遇难。此次是费孝通第二次婚姻。——编者注）。兄弟二人同时留学归来，同为大学教授，同住昆明文化巷48号院，又于同年先后结婚，实为学界一段美谈。

1940年

33岁，因工作过度加之昆明气候不利于支气管哮喘病，疾病再度发作，严重时无法躲避"空袭"，只得离开昆明取道越南回上海。

因久病以致经济窘迫，加之需凑够返沪路费，被迫将自有原版德、英、日文等图书（大部分为德文书籍）全部卖给北大法律研究所。

9月，应母校之邀，出任东吴大学法学院教授、法律系主任，讲授民法（总则、债编总则、债编分则）、法理学、国际私法和哲学概论等课（1940级本科学生有潘汉典、程筱鹤、刘造时、余伟奕等。——编者注）。

1942年

35岁，因1941年年底太平洋战争爆发，上海租界内的东吴大学法学院被占领。不久，教务长盛振为带领部分师生去往大后方。为使留沪200余名师生"师有所教，生有所学"，费青先生毅然挺身而出，与张忠盈、鄂森、刘哲民、李文杰等不辞辛苦，多方奔走策划，以"董法记"名义（东吴法学院谐音，以此隐晦之名，以避日伪的注意与迫害）恢复上课。其时，费青先生出任教务长，"事实上责任最大"（费青语），鄂森出任秘书长，吴芷芳任副教务长，安绍云为会计主任，刘哲民为会计系主任。学校在十个月里，四易其址①，历经艰难。在环境稍微稳定后，学校由"董法记"改为"中国比较法学院"（此名称为原东吴法学院英文名称"The Comparative Law School of China"之直译，以前一直译为"东吴法律专科"），使得东吴大学法学院在烽火之中，弦歌不辍。

1943年

36岁，努力使中国比较法学院工作步入正轨后，独自一人经陆路费尽周折历时两个月于8月到达重庆（与徐悲鸿住同一个院子），应复旦大学邀请担任法学院教授，讲授民法、法理学、国际私法，同时兼任私立朝阳学院法律系教授；与时任复旦大学法学院教授的张志让（曾任费青老师）和朝阳学院（分院）主任闵刚侯（系东吴大学法学院校友）多有来往。

---

① 先由慕尔堂迁至慈淑大楼，复由慈淑大楼迁至中华职业教育社（法租界，华表路），再由中华职业教育社迁至新赛职业学校（公共租界，重庆路），最后迁到爱国女中（公共租界，南洋路）。

1944 年

37 岁，因复旦大学法律系主任戴修瓒家住中央大学，距复旦大学校址较远，故经常由费青代理系务工作。其间，费青曾坚持要求校方把系里一个任全校三青团书记的学生开除学籍。在《东方杂志》发表论文"几种法律否定论之检讨"，在张志让所主编的《宪政》杂志发表论文"英国的法治制度与人身自由"，在《再生》杂志发表"英国宪政精神与人民基本权利"。徐悲鸿赠"昂首雄鸡"画作。

1945 年

38 岁，8 月应邀入西南联大（北京大学）任教授，讲授国际私法、民法（民法债编、民法物权）、法理学等课。

是年"一二·一"惨案发生后，西南联大教授会立即发表抗议声明，并推举周炳琳、钱端升、费青、燕树棠、赵凤喈五教授及两助教组成法律委员会（12 月 4 日又加请蔡枢衡、章剑、李士彤及助教丁则良参加）办理有关诉讼事宜，由法学教授、律师费青和蔡枢衡执笔撰写了两份"告诉状"，一件呈国民政府军事委员会，控告关麟征、邱清泉等现役军人，另一件呈重庆地方实验法院，控告李宗黄、周绅等行政官员，经教授会通过后发出。12 月 8 日，费孝通主编的《时代评论》出版悼念专辑，该期专辑的封面上刊印了费青撰写的一副挽联:"此处是民主堡垒,贫贱未移,威武不屈,更使尔碧血英魂常共守卫;空负了锦绣河山,豺狼当道,鸱鸮飞天,当此际阴风惨日无限悲怆";该期《时代评论》刊载了费青的檄文"民不畏死,奈何以死惧之!"。

在《时代评论》发表"悬崖沉思"、"惨案的法律解决"和"侦探与侠义"。在《文萃》发表论文"人民应该立刻注意宪法问题"。

是年,加入中国民主革命同盟。(1941年夏成立于重庆,称为中国民族大众同盟,一年后改为中国民主革命同盟,简称"民革"。以后为了与也简称"民革"的中国国民党革命委员会相区别,一般称为"小民革"。1949年9月宣布结束。俞平伯、叶丁易、潘菽等大约同期加入。)

1946年

39岁,随西南联大(北京大学)复员回北京,入住中老胡同32号北大宿舍(先后入住的有北京大学的训导长、教务长,文、理、法、工学院的院长,以及哲学、西方语言文学、数学、化学、植物、地质、法律、电机等系的系主任、教授如曾昭抡、贺麟、沈从文、吴之椿、陈友松、芮沐、蔡枢衡、闻家驷等)。在《时代评论》发表"人民应该立刻注意宪法问题"、"从人民立场批评五五宪草"、"评宪草修改原则——责任行政及司法独立"和"监察院休矣！"等文，在《民主周刊》发表"宪法与宪政"、"这次和平攻势的原因在哪里？"、"谁守卫了美国宪法？"等文，在《再生》杂志发表"从人民立场批评五五宪草"、"美国宪法上的言论自由"和"知识与智慧"等文，出版《从法律之外到法律之内》（载《时代评论小丛书》）等著作。发表文章"纪念一二·一"。

11月，参加"联大校庆九周年"，撰写"联大灵魂颂"（与朱自清的"祝词"、冯至的"招魂"等文一起刊载在《校庆纪念特刊》上）。

该年大学教授们用串连签名方式发表宣言，痛斥美帝和国民党反动派的反动行径，其中不少宣言出自费青之手。这些宣言中较著名的有费青与张奚若、钱端升、朱自清、吴之椿、费孝通、潘光旦、楚图南、闻一多、闻家驷等195名教授签名发表"昆明教育界致政治协商会议代电"，与潘光旦、闻一多、楚图南、费孝通、吴晗、潘大逵、闻家驷等20名教授签名发表"昆明二十教授致马歇尔将军书"等。

是年年底，北平发生了美兵强奸北大女生的"沈崇事件"，沈崇亲属由袁翰青伴同找到费青，费青等"详考法律政治各方面商定了应付的办法"，为案件开庭做了大量准备，后因校方原因未能出庭辩护。[①]与袁翰青、吴恩裕、马大猷、陈友松、陈占元、沈从文、周炳琳、许德珩、闻家驷、蔡枢衡、吴之椿、楼邦彦、钱端升、朱光潜等49位北大教授签名发表"为沈崇事件致司徒大使抗议书"。[②]

1947年

40岁,在《"社会贤达"考》(自由文丛之一)发表"人与人之间基本关系的瘫痪",在《雪风》杂志发表"字的魔力",在储安平主编的《观察》杂志发表"皮尔逊强奸案翻案事答问"等文章。

2月,北平警备司令部、宪兵团、警察局和国民党党部出动了8000多人,以清查户口为名,逮捕了中共地下党员、民主人士、教授、学生和无辜群众1687人。费青和吴晗出面邀请朱自清、向

[①] 据《北京大学史料》:北京大学请法律系教授燕树棠、赵凤喈、李士彤、蔡枢衡、费青、纪元组织法律顾问委员会,出庭法律代理人为赵凤喈、李士彤。

[②] 1947年1月,经美军海军陆战队第一师军事法庭在北平审理,皮尔逊被判为对所有的指控有罪,被降为列兵,判处15年监禁。普利查德随后由另一军事法庭在1月30日审判,被判犯攻击罪,以无良举止被退役,并判10个月监禁。3月5日,驻华美军陆战队第一师师长塞缪尔·霍华德将军批准了军事法庭的判决,但该判决仍需华盛顿的海军部长批准。1947年6月中旬,海军军法官以证据不足为由,建议释放皮尔逊并恢复其伍长职务。8月中旬,海军部长苏利文宣布因为缺乏证据而撤销原判决,国防部长杰姆斯·佛理斯托尔签署了最后的命令。由此激起的反美、反蒋浪潮愈演愈烈。

达、吴之椿、金岳霖、俞平伯、徐炳昶、陈达、陈寅恪、许德珩、张奚若、汤用彤、杨人楩、钱端升共13名著名教授签名发表了"保障人权宣言"。

与王铁崖、向达、沈从文、吴之椿、俞平伯、袁家骅、袁翰青、杨西孟、闻家驷、郑昕、樊弘、楼邦彦等31位北大教授签名发表"北京大学教授宣言",支持青年学生反内战、反饥饿的进步活动;与樊弘、向达、容肇祖、杨人楩、杨西孟、蔡枢衡、俞平伯等30余人联名致函校长胡适,以粉笔生涯已至难于维持之绝境,要求改善待遇。

是年,北大法学院法律学研究所(时任该所主任)开始招收硕士研究生,程筱鹤、袁文考取。

2月至9月间,在《知识与生活(北平)》发表"从法律平议人权保障"、"过了'五四'看时局"、"一句公道话有多少效力?"和"暑假里的烦恼"等文章。

11月11日,北京大学学生自治会在"民主广场"举行竞选演讲晚会,胡适和费青、周炳琳到会,并在会上讲话,介绍美国大选之情形及选举应有之条件等问题。

1948年

41岁,与王艮仲时隔22年之后见面,介绍王艮仲与北京、清华和燕京大学进步教授吴晗、闻家驷、袁翰青、郑昕、樊弘、雷洁琼、钱伟长、朱自清、张奚若等见面，决定在北平创办一个刊物，取名《中建》半月刊（北平版），出任主编（王艮仲为发行人）。费青在白色恐怖和编辑出版工作无一专职人员、仅有几个学生为助的条件下，坚持刊物"绝对保持进步性，不向任何压力低头"，直到1949年被迫停刊。期间，在《中建》半月刊（北平版）发表"学校诚然不是租界"和"论狂妄政治"等文。

在《北大半月刊》发表文章"回忆 感想 展望"和"我们为什么要反对特种刑事法庭"（居仁记）。在《中国建设》（月刊）发表文章"生生不息"。

5月5日，北京大学学生自治会召开"民主与科学"演讲晚会，费青发表"起码的权利"演讲（收录在《北大半月刊》，阿蓉记）。

6月9日，北平学生4000余人举行了壮烈的爱国示威游行，反对美国扶日政策抢救民族，游行队伍到达北大民主广场，举行"华北学生反美扶日抢救民族危机大会"，费青先生不仅参加此次活动，而且在广场发表讲演："美国扶日政策不仅我们要反对，全中国人都会起来反对。"

是年秋，吴晗有受迫害危险，正值王艮仲到北平，费青请王艮仲设法陪吴晗到达上海，后转道到达解放区。曾为被捕学生如邓特、孟宪功等出庭辩护，尽全力掩护和帮助有被捕危险的学生去解放区。

北京大学五十周年纪念活动堪为解放前一大盛举，除各项展览外，还出版了《国立北京大学五十周年纪念论文集》（法学院），费青先生的"国际私法上反致原则之肯定论"与楼邦彦、王铁崖、芮沐、汪瑄、李士彤等的相关论文均被收入。

是年，费青先生还与王铁崖、朱光潜、沈从文、吴之椿、吴晗、芮沐、周炳琳、俞平伯、陈寅恪、许德珩、费孝通、闻家驷、雷洁琼、楼邦彦、潘光旦、钱伟长、严景耀、梁思成等北平各院校104名教授签名发表"抗议轰炸开封"宣言，在"七五"大惨案发生后，与朱自清、李广田、袁翰青、张东荪、张奚若、张伯驹、梁思成、傅汉思（外籍）、许德珩、吴晗等共404人签名发表宣言，提出"最沉痛、最严重的抗议"，与周炳琳、朱光潜、朱自清、许德珩、王铁崖、楼邦彦、雷洁琼、钱伟长、严景耀等47人发表"我们对于政府压迫民盟的看法"。

1949年

42岁，1月26日，与俞平伯见面时建议"可作长句纪时事"，俞平伯受启发开始创作长诗《寒夕凤城行》。2月，诗作完成后，俞平伯用毛笔端楷书写赠予费青。解放军于2月3日举行入城仪式。2月20日，在北平的中国共产党负责人林彪、罗荣桓、董必武、聂荣臻、薄一波、叶剑英在北京饭店设宴招待北平民主人士,费青先生应邀出席。①2月28日,北平市军事管制委员会文化接管委员会对北大实行接管,并派员驻校。

春季,周恩来总理嘱可把停刊的《中建》半月刊刊物恢复。经费青与王艮仲、吴晗、张志让等筹划,恢复《中建》半月刊并取名为《新建设》,推张志让主持社务,费青为主编。

5月5日,北京大学校务委员会成立,费青被任命为北京大学校务委员之一,钱端升被任命为法学院院长。发表文章"今年'五四'话法律"。

参加北大、清华、燕京三校法学院举行的法学院教育方针座谈会(出席会议的有沈钧儒、王明、周扬、谢觉哉、何思敬、章乃器、张志让、芮沐、曾炳钧、王铁崖、楼邦彦、钱端升、陈岱孙、千家驹、严景耀、雷洁琼、潘光旦、陈达等40人);参加北平院校教授研究员第一次代表大会,会上正式成立了北平院校教授研究员联合会(简称为北平教研联),被推选为书记(推选清华大学教授张子高为临时主席)。

积极参加各项社会政治活动,是"新法学研究会"、"社会科

---

① 应邀出席者有张奚若、陆志韦、张东荪、周建人、许德珩、符定一、胡愈之、徐悲鸿、曹靖华等386人。

学工作者代表会"、"中苏友好协会"等团体的发起人之一。

9月,与北大教授、讲师、助教、职员联名发表宣言"痛斥美帝白皮书",旁听了9月21日的全国政协第一届会议。在《新建设》创刊号上发表"发刊词"和"迎接人民政治协商会议"。

秋季,被任命为法律系主任(法学院院长为钱端升,政治学系主任为王铁崖,经济学系主任为樊弘)。除讲授《国际私法》课之外,还开设了《社会发展史》课。

10月,北大教职员联合会(简称北大教联)宣告成立,与季羡林等23人被选为教联执行委员。被任命为新成立的最高人民法院委员(院长为沈钧儒,副院长为吴溉之、张志让,委员有陈绍禹、贾潜、王怀安、闵刚侯等,以教授身份出任委员的只有费青先生一人);在成立会议上,推举张志让、费青、陈瑾昆、闵刚侯、陆鸿仪五人起草最高人民法院的组织条例。被任命为政务院法制委员会专门委员(外事法规委员会主任委员),向政务院法制委员会主任推荐校友李浩培出任外事法规委员会专门委员。在《新建设》杂志发表"庆祝中华人民共和国成立"。

11月,当选为北京市第一届政治协商会议委员。

12月,被任命为中国人民外交学会理事(与王炳南、王铁崖、何思敬、邵力子、柯柏年、宦乡、费孝通、张东荪等27人被同时任命,周恩来任名誉会长,张奚若任会长,副会长有周鲠生、胡愈之、钱端升、乔冠华）。

是年，费青接到东吴大学校友、时任浙江大学法律系主任李浩培的介绍信，推荐浙江大学法律系三年级学生高铭暄转学，[1]费青批准了高铭煊的转学申请，使高铭煊在北京大学法律系继续学习并于1951年如期毕业。

1950年

43岁，6月被任命为北京市监察委员会委员（吴晗时任该委员会主任）。

与弟子程筱鹤一起在北大法律系共同开设马列主义法律理论课。

9月25日，因支气管哮喘加重被迫手术，割去部分右肺叶及肋骨三条。

10月，《新建设》杂志改为学术性月刊，与中国社会科学各研究会取得密切合作，增加编辑委员至27人，费青与沈志远、吴晗、胡绳、陶大镛、张志让、傅彬然、郑昕、谢觉哉共9人为常务编辑委员。

---

[1] 1949年，一些旧的法学院被撤销，浙江大学首当其冲。高铭煊希望继续学习，故有李浩培推荐之举。

1951 年

44 岁，12 月加入民盟，介绍人为闻家驷、闵刚侯。

1952 年

45 岁，与即将毕业的北京大学法律系学生陈光中谈话，系里需要助教，陈光中因此留法律系任助教。

8 月，出任北京政法学院筹委会委员。[①]北京政法学院成立后任教授、副教务长（另一位副教务长为雷洁琼）。

1953 年

46 岁，中国政法学会于 4 月正式成立，通过了章程，选举产生了领导机构。会长董必武，副会长沈钧儒、张志让、谢觉哉、王昆仑、柯柏年、钱端升，秘书长朱其文，副秘书长陈传纲、郭纶、雷洁琼。费青被选为政法学会理事（与王铁崖、毛铎、史良、何思敬、吴茂臻、吴德峰、周鲠生、马锡五、梅汝璈、许德珩、杨献珍、曹杰、陶希晋、曾炳钧、陈体强、费孝通、叶笃义、雷洁琼、

---

① 北京政法学院筹委会由中央政法委员会、华北行政委员会、最高人民法院华北分院及北京大学、清华大学、燕京大学政治系、法律系和社会系等单位代表 11 人组成，其中北京大学代表 3 人：钱端升、费青、程筱鹤，钱端升任筹委会主任委员。

楼邦彦、邓初民、戴修瓒、谭惕吾等 38 人同时入选）；出任政法学会研究部副主任。

1954 年

47 岁，当选为第二届全国政治协商会议代表。

1954 年宪法制定时，宪法起草委员会设立了法律小组，由钱端升任组长。费青与楼邦彦、王铁崖一起担任小组成员，参与讨论了宪法草案中有关国际法的问题。

中国政法学会所属的《政法研究》于 5 月创刊，费青出任编辑委员会委员（33 名委员中还有叶笃义、陈传纲、刘复之、王怀安、李光灿、闵刚侯、周新民、何思敬、杨化南、萧永清、孙国华、芮沐、刘昂、雷洁琼、楼邦彦、严景耀、陈守一、周鲠生、梅汝璈、王铁崖、陈体强等），与叶笃义、陈传纲、何思敬、陈守一、孙亚明 6 人出任常务编辑委员。在创刊号上发表论文"悼念民主法律战士伊曼纽尔·布洛克"。

出版译著马克思《论犹太人问题》。

1955 年

48 岁，出版译著马克思《黑格尔法哲学批判导言》。

春天因病情加重，去无锡太湖华东疗养院修养。

9月，前往上海医院治疗。

12月，继续在无锡太湖华东疗养院修养。

1956年

49岁，与北京政法学院的雷洁琼教授一起被定为二级教授。①

1957年

50岁，在《人民日报》发表诗作《浪淘沙·太湖疗养院早春即景，并吊隔湖三山岛诸烈士》。

5月，与前往华东疗养院看望的大哥费振东、四弟费霍及二姐费达生、姐丈郑辟疆、五弟费孝通相聚。

6月，"反右"运动开始，五弟费孝通在《人民日报》上不断遭到点名批判。

7月13日，五弟费孝通在全国人大一届四次会议上做了"向人民伏罪"的发言，7月14日，《人民日报》登载了会议报道和五弟费孝通的发言。7月20日，《人民日报》登载了标题为"妄

---

① 在1954年复办的北京大学法律系，王铁崖、芮沐、陈守一等教授也被定为二级教授。

图帮助罗隆基成立反社会主义的知识分子政党，钱端升（时任北京政法学院院长）是政法学界的右派阴谋家"的报道。大哥费振东也受到点名批判。

7月24日下午5时20分，病逝于无锡太湖华东疗养院。

8月初，妻子叶筠、独子费平成和妻姐叶竹崖前往无锡向费青遗体告别并将骨灰带回北京。8月8日，《光明日报》刊发了费青教授逝世的讣告，费青治丧委员会由王艮仲、刘镜西、刘昂、刘少农、邢西萍、孙承佩、李进宝、吴晗、吴恩裕、吴茂臻、胡冰、侯冠儒、郭纶、闵刚侯、曾炳钧、程筱鹤、张志让、雷洁琼、赵德洁、潘汉典和钱端升组成。

8月11日下午1时30分在北京嘉兴寺殡仪馆举行了费青教授追悼会，周恩来、邢西萍、吴晗等领导同志及全国政协、最高人民法院、《新建设》杂志、北京政法学院等单位送了花圈，邢西萍、吴晗、王艮仲、刘镜西、侯冠儒、程筱鹤、潘汉典等参加了追悼会，费振东主持了追悼会。

费青先生去世后，亲属将费青先生的所有专业书籍悉数捐给北京政法学院图书馆。

1988年

5月，北京大学法律学系为庆祝北京大学成立90周年专门举办了"费青先生作品陈列室"的纪念活动，展示了费青先生的法学著作、译作、诗词画作和师友朋辈及学生的笔谈、对话及回忆录。为此次活动，费孝通接受了袁文（系费青的学生）、袁方（系费孝通的学生）的专访，王昆仲亲笔撰写了"忆费青"的纪念文章，陈友松亲自撰写了"忆费青教授"的诗并由其女婿王诗宓以隶书字体抄录在宣纸上送到陈列室；芮沐、李文杰、潘汉典、沈叔平、孙清标（彭枫）等接受了袁文或费平成的采访。由潘汉典提交的费青先生的法理学、国际私法等课程讲义手稿也在此次活动中展出。

不该遗忘的法科学人费青

白 晟

费青先生（1907—1957）是我国著名的法学家。先生早年入东吴大学法学院学习，1934年考取清华大学留美"庚款"公派出国留学生，于1935年赴德国柏林大学法学研究院从事国际私法及相关学科的研究。先生曾先后在四川成都大学、上海暨南大学、北京朝阳大学、云南大学、西南联合大学、上海东吴法学院、复旦大学（重庆）、朝阳大学（重庆）、北京大学、北京政法学院等校任教，出任过东吴法学院法律系主任和教务长、北京大学法律系主任和北京政法学院副教务长，讲授过罗马法、英美法、德国民法、法理学、法医学、哲学概论等课程。教学之外，

---

[1] 本文首发于《政法论坛》2014年第4期。收入本书时依商务印书馆编辑体例做了适当调整，并对文字做了个别修改。

在上海曾运用林肯的辩护技巧为民主人士出庭辩护，在著名的"一二·一"运动中撰写过告诉状（与蔡枢衡合作），在1946年的"沈崇事件"中发挥过重要作用；出任过《中建半月刊》（北平版）和《新建设》的主编。生前担任过最高人民法院委员、中国政法学会理事和研究部副主任、政务院法制委员会专门委员及外事法规委员会主任委员、全国政协委员等职。

"千古文章未尽才"是费青先生的五弟费孝通在回忆吴晗的文章中开篇引用的一句话。[①]1987年，费孝通在接受费青弟子袁文的采访时谈到，费青精通中英德文，能作诗填词，喜绘画，其修养、造诣和才华都在他们兄弟之上。费青先生英年早逝，大才未尽，不仅是亲属的锥心之痛，更是我国法学的一大憾事。费青先生著文"构思谨严，七分只可以写成三分"（费孝通语），其著述今日很少面世，加之去世多年，其生平事迹连法学界也多语焉不详。中国当代比较法学家潘汉典先生对其恩师费青的评价是"一流的法学家"，笔者深信低调谦和的潘先生一定言出有据。在潘先生的肯定和鼓励下，笔者集中了一段时间收（搜）集、整理和阅读了费青先生的作品和生平事迹，尝试走近这位法学先贤。通

[①] 原文见费孝通"信得过的人：忆吴晗同志"，载《费孝通全集》第七卷，群言出版社1999年版，第252页。原句出自郭沫若为闻一多全集作序时引用的一句诗。

过本文集收录的先生的文字,特别是非常珍贵的"自传"和很多首次面世的文字、老照片和画作,我们可以更多地了解先生的多才多艺。先生的书香世家、东吴渊源、《中建半月刊》(北平版)和《新建设》的主编经历以及法学思想和翻译贡献等都可做专门研究。本文限于篇幅,仅就先生的法科翘楚、教授英姿、律师风采和学人本色等几个角度做一简单和初步探讨,意在寻求历史真相、走近先生,并求教于方家。

一、法科翘楚

1926年,费青先生从东吴大学医预科转入位于上海的东吴法学院。笔者迄今未发现费青的早期著述,所搜集到的先生最早的著述就开始于东吴法学院,而且出手不凡。收录于本文集的两篇法学论文均发表于东吴法学院的《法学季刊》。

孙伟博士曾著专文讨论《法学季刊》,称其是中国最早的大学法学期刊,[①]初由东吴大学法科学生会于1922年4月创刊,后

---

① 孙伟:"《法学季刊》之沿革及历史地位",载《东吴法学》2008年秋季卷,第277—278页。据该文介绍,大约在20世纪20年代前后高等院校才开始出现真正的专门性法学期刊,《法政学报》、《法学季刊》和《法律评论》是中国最早的一批大学法学学术期刊。《法政学报》系国立北京法政专门学校主办,创刊于1918年;《法学季刊》系东吴大学法科(后改为法学院)主办,创刊于1922年;《法律评论》系朝阳大学主办,创刊于1923年。据此,严谨地说,《法学季刊》属中国最早的大学法学期刊之一。

改为校方主办，并由东吴大学法律科法学季刊社（后改为法学院法学杂志社）出版发行。刊物起初为季刊，每两年共8期编为1卷，中英文合刊，英文部分名为 The China Law Review。时任广州国民政府大理院院长的徐谦书写刊名，并致发刊词云："中国南部之讲比较法学者，当于东吴法科大学首屈一指。《法学季刊》必能有所裨益于法学。"该刊物创办伊始就表现出极高的学术水准。孙伟的论文还提到，《法学季刊》于1927年至1929年曾中断，1929年至1937年中期定期出版。据此，费青发表论文的《法学季刊》1929年第1期和第2期（即该刊总第4卷第1期和第2期）在该刊发行史上也具有重要意义。

费青先生在《法学季刊》1929年复刊后的第1期上就发表了"国际法上'情势变迁'原则之研究"一文。从该文自署的"十七年岁底脱稿"可以得知该文完成于1928年年底，其时先生正就读于东吴法学院三年级第一学期。因笔者只找到1929年东吴年刊的前半部（至143页），其中法学院部分残缺不全，缺乏实际的课程信息。参照倪征燠（费青学长，1925年入东吴法学院）的回忆和1926年的《东吴大学法律科章程》，国际公法和国际私法课程应在第三学年第一学期开设。1929年《东吴年刊》记载的国际公法授课教师为吴经熊，国际私法授课教师为梁鋆立。据此推断，费青此文应是学习国际法课程有感而发。查阅《法学季刊》第4卷第1期目录，作者有吴经熊、陆鼎揆、何世桢等，学生作者只有徐百齐和费青。徐百齐的文章名为"荷兰领事范敦堡越权处分事件"，只有4页，费青的论文长达19页。该文具有极强的现实背景：源起于1927年国民政府外交部颁布废除一切不平等条约宣言后，招致列强的强烈反对，为此需从国际法角度予以研讨。此文虽是学生习作，但如阅读该文的内容我们会发现作者扎实的法学基础、开阔的法学视野和鲜明的爱国主义立场："情势变迁"原则源于罗马法，起初作为契约变更的依据，后经学者研究，渗入国际法领域，作为废除国际条约的一项依据。学者如格劳修斯、赫夫特、沃特福叶、霍尔、奥本海默等主张一国可据"情势变迁"原则废除国际条约，不过对于何为"情势变迁"原则须加限制。实例上，俄国、匈奥联邦国、美国 Hoopoer v. United States 一案，德国、希腊等国均有利用国际法上"情势变迁"原则的先例。因此，当时的废除不平等条约举措是合乎国际法的。本文被收录于《民国法学论文精粹》（国际法律篇）[①]足以说明其学术价值经历了时间考验。

在《法学季刊》1929年第2期上，费青再次发表论文"法

[①] 何勤华、李秀清主编：《民国法学论文精粹》（国际法律篇），法律出版社2004年版。

律不容不知之原则"。该期作者名单中有时任东吴法学院教师的陆鼎揆和高君湘,有校友陈文藻(东吴法学院第10届毕业生,同届有孙晓楼、丘汉平、桂裕、杨兆龙等),笔者所发现的学生作者只有费青一人。

本文先考察了罗马法、晚近大陆法系如法国、德国、日本及我国的法律以及英美法系的相关判例中关于法律不容不知之原则的规定,再研讨解释此原则的理由,分别引用优帝《学说汇纂》、布莱克斯通、奥斯丁、霍尔姆斯、萨尔蒙德等法学大家学说,得其利害得失,从而得出结论:"法律不容不知之原则,非若自然科学定律之由绝对性者,其理由既经过各时代各学者之盲试术而迄未抵于完善。其运用更受制于各种例外而未归划一。信哉。社会法学派之创法律相对性与归纳性也,盖深察乎人事之变化无穷,正义之时地各异,法律非得执一而不变。所贵于法者,惟人善于运用之耳。"此文即使在今天,仍不失为法理学的经典之作,理所当然地被收录于《民国法学论文精粹》(法学基础篇)。[①]此文可明显看到作者深受其法理学和法律哲学课程老师吴经熊的影响。[②]

[①] 何勤华、李秀清主编:《民国法学论文精粹》(法学基础篇),法律出版社2004年版。
[②] 据1929年《东吴年刊》记载,吴经熊为该届学生所授课程包括:侵权行为、法理学、法律哲学和国际公法。

年仅22岁的费青以学生身份在《法学季刊》这样的一流法学学术刊物连续发表两篇论文，这一事实本身就反映了东吴法学院的精英教育成就，展示了费青个人的学术才华。这一事实也预示了费青未来的学术方向——国际私法和法理学，费青的法律人生也由此起航。

1934年，费青参加了清华大学第二届留美公费考试（1933年为第一届，不同于清末"庚款"第一批1909、1910和1911年留美考试）。费青经过努力与张光斗、曾炳钧、赵九章、钱学森等20人过关斩将，最终被录取。是年法科仅录取费青一人（国际私法门）。[①]

该届公费生多数如期前往美国留学，如张光斗、宋作楠、曾炳钧、钱学森等，部分人员选择了英国，如夏鼐等，只有赵九章和费青选择了非英语国家的德国，而且共同选择了柏林大学。

以东吴法学院与美国法学院的渊源关系，特别是与美国密歇根大学法学院和西北大学法学院的渊源关系，[②]费青如前往

[①] 叶永烈著：《走近钱学森》，上海交通大学出版社2009年版，第99—100页。

[②] 东吴法科得到美国一些著名法律学校和著名大学法学院如哈佛大学法学院、密歇根大学法学院等的大力支持和合作，这些院校承认东吴法科毕业生的法学士学位。这就使得许多成绩优秀的法科毕业生从东吴大学取得法学士学位后，可经学校推荐直接到美国攻读硕士和博士学位。参见王国平著：《东吴大学简史》，苏州大学出版社2010年版，第65页。法科教务长刘伯穆毕业于密歇根大学法学院，吴经熊、何世桢、何世枚、陆鼎揆等均毕业于密歇根大学法学院，盛振为和孙晓楼等毕业于西北大学法学院。

美国攻读法学学位轻车熟路，即使去英国读学位，以其法学素养、英语水平以及"庚款"留美资格也相对容易。费青为什么会舍易求难地选择前往德国留学？对此费孝通如此解释："青哥1934年考上'庚款'公费美国留学生。英美法他熟习，大陆法不熟，所以他要到德国马克思的故乡去留学，目的在于精通西法。"①以费青在东吴法学院的优秀成绩和几所大学，特别是朝阳学院的教学经历，借留学完善知识结构，达到精通西方法制和法学也在情理之中。费青自己的说法是："我因为英美法系和我国法系太不相类，所以特别请求转赴德国。这请求被允准了。"这里用了"特别请求"，原因是"英美法系和我国法系太不相类"。这里的理由已不仅仅限于精通西方法制和法学，更在于学习西方是为了"他山之石可以攻玉"，最终是为了中国的法治建设。

二、法学教授的英姿

费青先生于1929年毕业于著名的东吴法学院，由于学习成绩优秀，经法学院院长、老师吴经熊介绍，前往四川新改为国立的成都大学（四川大学的前身，当时由张澜任校长）任教，②讲授

---

① 见本书"费孝通先生谈费青（青哥）"。
② 费青在其填写于1952年11月的"高等学校教师调查表"中，于"国立四川成都大学"的"何人介绍"一栏里填写了"吴经熊"。

国际公法、罗马法和英美法等课程。费青在自传中提到:"我教书当然很用功卖力,已教了一年半,学生突然不上我的课了。一打听,才知道因为他们不满于我没有出洋留过学。这提示给我当时一条规律:要在大学里教书必先出洋留学。"

在成都大学的教学工作受挫后,费青于1931年回到上海,经刘世芳老师介绍入暨南大学任讲师,讲授罗马法课程,同年下半年北上,经刘志敭(扬)介绍在北平朝阳学院(即朝阳大学,1930年后改名为朝阳学院)出任讲师,讲授英美法课程。

1938年春,费青学成归国,曾赴南洋群岛(印尼)看望大哥费振东并在苏门答腊和槟榔屿修养了半年多。其间,费孝通获得博士学位后取道新加坡回国,费青与大哥费振东前往新加坡与五弟费孝通会面,兄弟三人时隔十多年后再次相聚。年底经越南西贡沿滇越铁路入云南,在云南大学法学院和西南联合大学(北京大学)法学院任教(费孝通于是年10月入云南大学社会学系任教授)。

经南洋群岛修养,费青身体达到一生中最好的程度。在西南联合大学(北京大学)法学院任教期间,费青先后任讲师、副教授和教授,讲授过民法(含债权总论、民法物权、民法亲属、民法继承)、法理学、国际私法、诉讼实习和法医学等课程(其中法理学1938年至1939年间始由费青先生开设,费青1940年回沪养病后由燕树棠先生担任）。[①]因同时在西南联合大学和云南大学任教，每星期授课多达 20 多课时。

由于教学工作太过劳累，加之昆明地处高原，海拔过高，气压极低，费青的喘病逐渐加重。到 1940 年夏，日本飞机开始轰炸昆明，昆明不同于重庆——有防空设备，遇有空袭警报，唯有跑到很远的郊外去躲避，俗称"跑警报"。费青当时喘病的严重程度已使其无力逃警报，而且由于自己无法逃警报，一起住的费孝通夫妇也只能陪着不逃，使得处境更为危险。学校校医也力劝其赶快离开昆明。1940 年秋，费青携夫人叶笃取道越南回到上海。

据清华大学档案记载，西南联大法律系主任燕树棠于 1941 年 9 月 14 日函梅（贻琦）常委，因本系教授费青先生久病，以致经济窘迫，愿将自有德、英、日文全部图书出售，而大部分为德文书籍（其中有从德国购得的极其珍贵的萨维尼、耶林等法学巨子原著的早期版本。——笔者注），由北大法律研究所全部收买。[②]在此需要说明的是，此函为燕树棠事后补办手续，实际售书应为

[①] 李贵连等编：《百年法学：北京大学法学院院史（1904—2004）》，北京大学出版社 2004 年版，第 170—173 页。其中的"法医学"课源自西南联合大学北京校友会编：《国立西南联合大学校史：1937 至 1946 年的北大、清华、南开》，北京大学出版社 1996 年版，第 304 页。

[②] 清华大学校史研究室编：《清华大学史料选编第三卷》（下），清华大学出版社 1994 年版，第 332—333 页。

1940年夏秋之际。好在这些书都售给了西南联大（北京大学）法律系，这样即可解决费先生的燃眉之急，也可为法律学系的学子们增加知识的肥料。①五年之后，费青重回西南联大（北京大学）法律系，与这些倾注了深厚感情的老朋友重聚，也应是原因之一。

1940年秋，费青回到上海出任母校东吴法学院法律系主任。曾任《东吴法学院年刊》（1944年第3卷）总编辑的潘汉典在其东吴法学院"1944年级级史"（现通称1944届）里有明确记载："开学后匝月，费青先生远道来沪，归母校长法律系。吾级首受陶熔，法学阶梯即由此而升。"②曾任1940级级长的刘造时回忆："当时师资是一流的，有许多有名的专家学者，如教哲学概论、民法总则、债编总则的是甫自德国归来的学者费青，他把我们引进了法学与哲学融合的园地。"③据该期《东吴法学院年刊》，费青虽因病回到母校，但每学期都坚持授课：1940年第一学期讲授哲学概论，第二学期讲授民法总则，1941年第一学期讲授民法债编总则，第二学期讲授民法债编分则。

1941年12月7日，日军偷袭珍珠港，太平洋战争爆发。

---

① 李贵连等编：《百年法学：北京大学法学院院史（1904—2004）》，北京大学出版社2004年版，第177页。
② 载《东吴法学院年刊》1944年第3卷。
③ 见本书"刘造时：'孤岛'时期的东吴法学院"。

1942年1月8日，东吴大学校董会一致通过"停办学校案"。①盛振为带领部分师生去往内地大后方。留沪的大部分师生"彷徨四顾，存心悄悄，莫知所适"，②"顿成'孤儿'，荒芜所依。值此危难之际，费青教授毅然挺身而出，为了使东吴弦歌不辍，让无法远去内地而留沪的师生'师有所教，生有所学'，他不辞辛苦与张中楹、王遂征③等老师一起，多方奔走策划，以'董法记'名义，暂借法租界南昌路中华职业教育社的地址恢复上课，我们由此进入大二下学期。'董法记'是东吴法学院的谐音，以此隐晦之名，以避日伪的注意与迫害，真是苦心一片。"④刘哲民的回忆提供了更多的细节："1942年2月，图南委托张中楹（英文教授）来访，传达图南要我去他家，有要事商量。""因中楹介绍，我和图南相识，一见如故，继而认识了艾国藩、卢于舫、姚启胤教授。当时图南家在蒲石路（现长乐路）住宅的三层楼上，卧病在床。他刚结婚，夫人叶筠女士原在医院工作，因图南住院治疗而相识，从而结合。"图南对我说："东吴法学院部分师生已随教务长盛振为迁往外地，留在上海还有200余人，这部分师生由于爱国热情，绝对

---

① 转引自王国平著：《东吴大学简史》，苏州大学出版社2010年版，第147页。
② 前引潘汉典撰"1944年级级史"。
③ 原文为"微"，似笔误，经查资料及与潘汉典老师核对，径改。——编者注
④ 见前引刘造时文。

不肯入汪伪学校执教和就读，这是值得敬仰的。但目前不但教师行将失业，其中多数影响日常生活，学生失学，行将分散，一旦抗战胜利，对法学教育将是很大损失。"最后商定"费青为教务长，鄂森为秘书长，吴芷芳为副教务长，安绍云为会计主任，刘哲民为会计系主任"。学校在十个月里，四易其址，①历经艰难。在环境稍微稳定后，学校由"董法记"改为"中国比较法学院"（此名称为原东吴法学院英文名称"The Comparative Law School of China"之直译，以前一直译为"东吴法律专科"），使得东吴大学法学院在烽火之中，弦歌不辍。

因该校历经磨难，学生"愈体师门爱护苦心，均潜然埋首以储材报国相勉，苜蓿自甘，乐育憨憨"（潘汉典语），格外珍惜用功（刘造时语），一批法学优秀人才由此而生：1944届有刘造时、潘汉典、程筱鹤、余伟奕、钟吉鱼等；1945届有冯尔泰、高文彬等；1946届有王绍堉、王毓骅等；1947届有陈忠诚等。参加《元照英美法词典》的34位审订者中，潘汉典、余伟奕、钟吉鱼、高文彬、王毓骅、陈忠诚等均出自这一时期，王绍堉对在台湾复办的东吴大学贡献良多（自1987年起任东吴大学董事

---

① 先由慕尔堂迁至慈淑大楼，复由慈淑大楼迁至中华职业教育社（法租界，华表路），再由中华职业教育社迁至新寰职业学校（公共租界，重庆路），最后迁到爱国女中（公共租界，南洋路）。

长至今）。

1943年9月，费青冒险只身离开上海，经由蚌埠、界首、洛阳、宝鸡等地，辗转到达重庆，出任复旦大学法律系教授和私立朝阳学院（重庆分院）教授，讲授民法、法理学和国际私法等课程，与时任复旦大学法学院教授、系主任的张志让（曾任费青老师）和朝阳学院（分院）主任闵刚侯（系费青东吴法学院1932届校友）多有来往。

1945年8月抗战胜利，费青应邀再次回到西南联大（北京大学）法律系任教授，讲授国际私法、民法物权和民法债编等课程（同时在云南大学法律系兼课）。抗战胜利至1950年，费青除开设国际私法课外，还开设了社会发展史和马列主义法律理论等课程。西南联大（北京大学）的学生对于费青的授课（含1938—1940年和1945—1946年期间）给予了很高的评价："北大的缺点是老气横秋，联大的缺点在'松弛散漫'，自先生来后，不但使我们变得年'青'，而且教我们多'费'些功夫检点和振作自己。他像春风般温和，也像秋霜似的严肃；他精通大陆法，也烂熟英美法；他会讲玄奥的法理，也会讲有趣的实例。总之，他从不肯盲目地走向极端，而谨慎地求得最妥善的调和。他从不肯任血气来论断,而用理智来寻求公平和正义。"[1]这是对一名法学教授的最好肯定。

三、律师的风采

作为法科学人,费青既在多所大学教授过多门法学课程,也发表过多篇涉及不同法学部门的论文,在法律实务方面同样有上佳表现。

1932年,费青曾在上海与同学袁仰安等执行律师职务。费青在其自传中提到:

> 记得一个案件里——这案件是由从前苏州一位革命朋友,现任上海江湾中学校长,刘秉彝所介绍——有一个小学校长和两个教员以共产党人嫌疑犯被捕,国民党方面弄出来一个假证人,自称是已经自首的共产党人,他的唯一证言是曾和这三个被告在他们小学校里开过几次共产党人的秘密会议。我那时明知这证人是假的,可能他还没有到过那所学校。我就当庭先请求法官命令那个证人把他所自称曾去过几次的那所小学堂的位置和房子格局简单地画个图样出

---

[1] 西南联大《除夕副刊》主编:《联大八年》,新星出版社2010年版(原书1946年初版),第229—230页。

来，然再命令那个曾在那所小学堂拘捕被告们的巡捕——当时租界上警察的称谓——也另自画出那所学校房子的图样。当时那个法官可能猝不及备地没有想到我的请求的用意，或是他真的相信那个证人曾去过那所学校，所以他竟然依照我的请求而命令他们。结果是两个人画出来的房屋图样完全不同。这就毫无疑问地证明那个证人从未去过那所学校，更没有在那里开过共产党会议，从而不能证明那三个被告是共产党人。我的理直气壮的简短辩护引起了全堂的肃然注意、国民党政府人员的怒目相向和法官的尴尬为难。他支吾其辞地勉强开释了一个较年轻的被告，但仍把另外两个被告毫无理由地交给国民党政府人员带走。这一个被告的开释，据说是空前绝后的。律师朋友更劝我以后不要再如此天真，不然就会遇到危险。

费孝通写于1946年5月的"特务·暴力·法律"一文提供了费青此段律师生涯的细节。文中以胡冈（费青笔名）的名义讲述了费青办理过的"一个实在的案子"：

……依当时上海租界的办法，凡是由租界巡捕抓去的政治犯，在移交中国政府之前，要在特区法庭开审一次。被告所以请律师辩护。但是这只是一项不重要的手续,因为从来就没有普通律师肯出庭辩护这种案子,也从来没有因辩护而释放过一个被抓去的人。而且,大家知道,一移交到中国政府,也就没有了生路;无所谓冤枉不冤枉,总是一个死字。

……我立刻就接受了这案子。那天晚上,睡不着,感情很激动,尤其是因为有两位相熟的同事来劝我,问我是否还想在上海继续执行律务?若是还想这样的话,最好把这案子退了。他们说,那不是好玩的。他们很善意地警告我:"这是上海,这是中国呀!"我有一点好奇心,很想看看究竟会怎样。我那时想起了林肯的故事,难道中国连一个林肯都出不出么?所以第二天我准备了一下就出庭了。

我记得林肯曾经辩护过一个案子,控诉的原告无意中说发生事端的时候,天上正有月亮。美国是用阳历的,所以不容易推算哪一天有没有月亮,林肯把日历细细一查,原告所说的那天却巧并没有月亮。所以他把这事实指出了,证明这是诬告。我用了同样的方法盘问那个御用的证人。据他说他曾经在小学校里和被告一同开过会,而且开过好几次。我要他画一个图,说明这学校内部的情形和开会的房间。我又要去这学校抓人的巡捕同样画了一个图。然后把两个完全不合的图呈给法官:"除了人证之外,并没有其他可以证明被告是共产党,可是这多次在学校里开过会的证人所画的图,和巡捕所画的完全不合,可以证明这是诬告了。"

……法官显得很窘。他从未遇到过和他为难的律师。他犹豫了一时,判决了:把女的开释,男的移交。他的理由是"有嫌疑"。我当即提出抗辩:"若是我刚才提出的证据充足的话,有什么理由可以把两个男的被告移交呢?"可是,这是判决。我很懊丧地出来,一个失败了的林肯![1]

不仅如此。费青在著名的"一二·一"运动中与周炳琳、钱端升、燕树棠、赵凤喈及法律系助教被联大教授会推举组成法律委员会并与蔡枢衡合作撰写过"告诉状",费青自己在《时代评论》第7期(1945年12月13日出版)上,适时发表了"惨案的法律解决"的署名文章。联大教授会通过了费青和蔡枢衡合写的两份态度强硬的"告诉状"。为了草拟这些诉状,法律系在昆明的教授几乎都直接参加了工作,使其在法律立论上可说是天衣无缝。"告诉状"不仅指控对学生的屠杀,而且还指控了反动派顽固不化企图移花接木的阴谋,以大量事实揭穿地方当局的歪曲与掩

---

[1] 原文载《费孝通文集》第三卷,群言出版社1999年版,第432—434页。

盖,显示出教授群体不一般的潜在能量。①无疑,此案已不仅仅是个法律问题,其解决也无法仅仅依靠法律。但就法律问题而言,费青和蔡枢衡所撰的"告诉状"是精彩的,费青的法律分析也是专业的,虽然未能获得胜诉,却在历史舞台上展示了职业法律人的风采。

四、学人本色

无疑,作为法科学人,费青的经历是完整的。但笔者以为,理解费青,最重要的是其学人本色。

费青发表于1929年的论文能够经得住时间的考验,是因为他面对中国法律的真问题有感而发。取得"庚款"留美资格而"特别要求"转赴德国,是因为他有为中国法治而治学的担当。

发表于1935年的译著《法律哲学现状》和1937年的论文"纪念派拉克氏"可视为先生与英美法理学、法哲学的一次深入交流,刊载在1936年《法学杂志》(东吴)的"谒施塔姆勒氏记"一文更是先生与德国法哲学大师的直接对话。

即使在上世纪50年代,费青在哮喘病加重被迫手术后,仍拖着病体翻译了马克思的《论犹太人问题》和《黑格尔法哲学批

---

① 闻黎明:"论一二·一运动中的大学教授与联大教授会——中国40年代的自由主义考察之一",载《近代史研究》1992年第4期,第208页。

判》。他的德语水平和学术造诣深得哲学大家贺麟的信任，贺麟在翻译马克思的《黑格尔辩证法和哲学一般的批判》一书（系马克思1844年所写的《经济学和哲学手稿》一书的"序言"和"最后一章"）时，曾与费青就译稿"共同仔细认真、逐字逐句、互相商酌，讨论了两三次"，①两人的译文都使用了专用名词"异化"。

1946年，费青在"从法律之外到法律之内"一文中写道："不仅是在人民的意识中，即是在事实上，中国人民的生活，多是在法律之外，很少是在法律之内。不仅是正义与法律分了家，即是人民的生活亦和法律脱了节。我国现时'纸上的法律'尽管很多，学校里尽管讲授着分门别类的法律，而人民的实际生活却是另外一套。……所谓法治，最广义地讲，就是一种在法律之内的生活方式。于是，我国当前的大问题乃成为：如何使一向在法律之外的人民生活方式，能进到法律之内？" 60多年后，该文被《清华法学》全文收录，②"旧文新识"，说明其仍有现实意义。

费青60多年前在"悬崖沉思"一文中写道："我们了悟到：民主，不只是一个政治制度，而是一个人生态度。即是说：民主

---

① 贺麟："学习和翻译马克思恩格斯经典著作的体会"，载中共中央马克思恩格斯列宁斯大林著作编译局马恩室编《马克思恩格斯著作在中国的传播》，人民出版社1983年版，第173—174页。
② 见许章润主编：《清华法学》第11辑，清华大学出版社2007年版。

的人生态度是基础，而民主政治只是这人生态度的一个表现。"笔者初次读到这段文字时仍有震撼之感。

费青先生去世后，夫人叶筠（生前在北京政法学院医务室工作）将先生的书籍悉数捐给了北京政法学院。由于北京政法学院也历经磨难，先生所捐图书目前仍无从查询。在北京政法学院以及今日的中国政法大学学习和工作的学生和教师中，有多少人知道他／她们获得知识营养和智慧启迪的书籍中，有些是得益于已长眠于地下的学校创办人之一、副教务长之一的费青先生？！

费青先生将一生献给了中国的法治事业，包括自己钟爱的书籍，中国的法学不应忘记这位纯正的法科学人！

2013年8月20日初稿于中国政法大学法学院
2014年7月24日费青先生忌日定稿于北京三元桥畔寓所

后　记

　　2012年，笔者有缘结识了费青先生独子费平成先生。费平成先生在2012年秋季举行的《潘汉典法学文集》首发式的发言中提到，费青先生去世后家人将先生所藏的书籍悉数捐给北京政法学院。作为一名在北京政法学院——现为中国政法大学学习、工作30余年的法大人，笔者深感应为费青先生做点事情。

　　我的导师潘汉典先生特别提到费青先生的讲义遗稿。上世纪40年代，费青先生从东吴法学院前往位于重庆的复旦大学任教，曾将法理学、国际私法等讲义手稿留在了上海同窗袁仰安律师手里，袁仰安又将这些珍贵的资料转交给潘汉典先生，潘先生一直倍加珍惜，妥善保管。直到1988年，为了在北京大学法学院（当时称法律系）举办费青作品展，潘先生将这些讲义交给了负责筹办作品展的费青入门弟子袁文（北京大学1947级法科研究生，与程筱鹤同学）。其后袁文为了准备费青传记将这些资料

后　记

留在身边，后因返回兰州工作，又转交给了另一位北大法学院的师弟。笔者曾辗转找到这位北大法学院学长，可惜这位学长因患脑疾对此事已无力相助，家人也曾帮忙寻找，时至今日仍无下文。潘先生清楚地记得，费青先生的讲义都已誊清，几乎可以直接出版。未能在本文集出版之际找到这些珍贵的资料，无疑是历史的无奈，也是中国法学的一大憾事。

收集费青先生的著述虽出师不利，但也得到1988年在北京大学法学院举办的费青作品展的信息。从费平成先生提供的有关费青作品展的资料里，笔者看到了费孝通、王艮仲、陈友松、李文杰、吴惟诚、潘汉典等先生当时对费青先生的回忆和追思，感动之余，更加感到中国法学不该遗忘这样一位纯正的法科学人。

本文集得到了费青先生亲属的鼎力支持。费青先生独子费平成先生提供了极其珍贵的费青"自传"、从未面世的画作及含老照片、部分手稿复印件和访谈录音带在内的大部分资料，使得本文集有了扎实的基础。费振东（费青大哥）之子费皖先生不仅提供了若干幅珍贵的老照片、费青与费振东的来往书信和生平事迹的相关细节，还将其参与编写的全套《费孝通文集》（群言出版社版）和费孝通画册《老来依然一书生》（群言出版社版）赠予笔者，使得本文集有了权威和可靠的参考资料。费孝通女公子费宗惠和丈夫张荣华（也是《费孝通文集》和费孝通画册《老来依

873

然一书生》的编辑）审阅了笔者撰写的"费青年谱"并提出了宝贵的修改意见。年过八旬的费平成表姐冯眉老师不仅提供了相关资料、核实了若干史实，还亲自前往费青首次来京时居住过的宏庙胡同探访，确定了费青先生当年的住所和若干细节。费平成和从事美术教学的独女费腾还直接参与了费青老照片和画作的部分后期工作。没有费青先生亲属的全力支持，本文集的出版几乎无望。我们在阅读费青作品的同时，不应忘记费青先生亲属提供的无以替代的襄助。

  本文集缘起于我的导师潘汉典先生提到的费青的讲义遗稿，本文集的进程更得到潘先生的直接鼓励和肯定。两年多来，本文集是笔者与潘先生每次谈话的必然主题。每次谈到恩师费青先生，潘先生都很动情，都会谈得很久、很久，并且明确指出费青先生是中国法学发展的重要一环。很多线索都是在与潘先生的交谈中得到的。即使在2013年上半年因病住院期间，潘先生仍关注文集的每一点进展。潘先生不仅为本文集提供了部分照片——本文集收录的老照片里有若干照片就出自潘先生之手（背后有费青先生的手注：潘汉典摄），潘先生还提供了非常宝贵的费青先生1943年所写的"咏怀"诗和上世纪50年代费青致潘汉典的六封书信。更让人感动的是，先生不顾93岁高龄，坚持为本文集写序。笔者具体而真实地感受到了潘先生与自己恩师的纯洁而感人

后　记

的师生情。

　　笔者清楚地记得与中国政法大学终身教授陈光中老师的通话，陈老师明确说明当年自己留校与费青先生直接相关而且费青先生曾专门与自己谈话。笔者也忘不了程端生老师（程老师是袁方的夫人，退休前担任中国人民大学教师，袁方系袁文胞兄、费孝通的弟子），听说收集费青著述，程老师亲切而明确地说，只要事关费氏兄弟（指费青和五弟费孝通），她都愿意提供帮助。曾任钱端升秘书和北京政法学院校办工作人员的陶和谦、张效文（爱和）先生不仅愉快接受了笔者的采访，而且帮助确定了参加费青追悼会的部分人员名单。李浩培之女凌岩教授帮助笔者核实了费青推荐李浩培出任政务院法制委员会外事法规委员会专门委员一事。中国政法大学校长黄进教授不仅爽快答应作序，而且认认真真地看了笔者准备的资料，并挤出时间写了真挚感人的序言。笔者对上述种种感人之举，表示由衷的感谢！

　　必须在此说明的是，本文集"费青年谱"中费青做手术的具体时间直接源自费青弟子袁文之女袁朝晖老师提供的袁文致同窗程筱鹤的书信；费青1935年与同届"庚款"留美学生抵达后，在所乘轮船前合影的线索来自同船赴美，后来成为同事的曾炳钧的女公子曾尔恕教授，照片翻拍自纪录片《钱学森》；费青担任北京大学法律系法律学研究所主任的照片扫描件，源自费青弟子程筱鹤之女程滔老师提供的照片；费青担任北京大学法律系教授期间，1948年与同事合影的照片及与1949届毕业生合影的照片，系费青同事汪瑄之女汪静珊（北京大学法律系1979级硕士研究生、美国康奈尔大学哲学博士）提供；费青与1948届毕业生合影的照片系孙家红（李贵连等编《百年法学：北京大学法学院院史（1904—2004）》作者之一）提供；费青译《法律哲学现状》的校对文本系陈颐博士亲自复印的该书1937年版（陈颐博士也是该书在中国政法大学出版社出版的重印本的校勘者）；少量老照片源自民国期刊，如《东吴年刊》（1929年）及《东吴法学院年刊》（1944年）；部分老照片的辨认得到了费青弟子郭寿康（1948届北京大学法律系毕业生）、林道濂（1952届北京大学法律系毕业生）等先生的鼎力襄助；费青老照片和画作的扫描和后期工作得到了中国政法大学《法大人》杂志执行主编艾群无私、专业的帮助；本文集的部分资料还得到了中国政法大学档案室和民盟北京市委秘书长赵雅君女士以及众多无法一一列举的人士的帮助，笔者在此一并致谢。

需要在此补充说明的是，由于不同时期、不同出版社或刊物的编辑体例不同，使得收录于本文集的著述体例很不一致。此次集中收录，按照商务印书馆的编辑体例进行了必要的处理：一、规范了外国人名、地名的译名，以人名为例，统一以2009年版商务印

后 记

书馆《英语姓名译名手册》(辅之以《近代现代外国哲学社会科学人名资料汇编》,商务印书馆1978年版;《中国大百科全书·法学卷》,中国大百科全书出版社1984年版;《牛津法律大辞典》,光明日报出版社1988年版等工具书以及百度百科等网络资源)为准;二、汉码与阿码的使用按照编辑细则予以调整;三、对文章的序号予以必要规范;四、按照编辑加工要求对脚注进行了必要修改,等等。此外,原文中的明显排版印刷错误也都做了更正。

笔者愿借此机会介绍一下费青先生的"商务印书馆"之"缘"。费青先生多名亲属与商务印书馆有直接关系——其中费青大哥费振东翻译的《英使访华录》(内部读物),由商务印书馆于1963年出版;费青五弟费孝通早在1924年就在商务印书馆主办的《少年》杂志发表过文章,其翻译的英国人类学家马林诺斯基的《文化论》也由商务印书馆于1945年出版;费青二舅(按通常排序,应为大舅,因费青外祖父家男女平等排序,故有二舅之称)杨千里(本名杨锡骥,后改天骥)的《简易修身课本》1906年由商务印书馆出版;费青的外祖父杨敦颐更是商务印书馆1908年开始编制《辞源》的首届50名编校者之一。费青自己曾于1928年前后在商务印书馆做过编辑,商务印书馆的代表性刊物《东方》杂志1944年卷第5期曾刊载过费青的"几种法律否定论之检讨"一文。因此,笔者相信,本文集在商务印书馆出版,应该符合费青先生的心愿。

在本文集经济效益并不乐观的前景下得以在商务印书馆出版，笔者想特别感谢商务印书馆的副总编辑陈小文先生，陈总的关注和热心促成了本文集在商务印书馆的出版，政法编辑室王曦博士和责任编辑朱静芬女士专业而细致的工作减少了本文集的诸多缺点和不足。笔者也感谢北大法学院同窗刘会利律师及所属的北京市中盛律师事务所，正是他们的慷慨解囊，为本文集的资料收集和出版提供了资助和保证。

"从法律之外到法律之内"是费青先生一生的呼唤，愿法科同仁共同为此而努力。

白晟

2013 年 8 月 26 日初稿于中国政法大学法学院

2014 年 7 月 24 日费青先生忌日定稿于北京三元桥畔寓所

图书在版编目(CIP)数据

费青文集 / 白晟编. — 北京：商务印书馆，2015
ISBN 978-7-100-10520-0

Ⅰ.①费… Ⅱ.①白… Ⅲ.①费青(1907～1957)—文集②法学—文集 Ⅳ.①D90-53

中国版本图书馆 CIP 数据核字(2014)第 000718 号

所有权利保留。
未经许可，不得以任何方式使用。

费青文集
上、下册
白晟 编

商 务 印 书 馆 出 版
(北京王府井大街36号 邮政编码 100710)
商 务 印 书 馆 发 行
北 京 冠 中 印 刷 厂 印 刷
ISBN 978-7-100-10520-0

2015 年 5 月第 1 版　　开本 880×1230　1/32
2015 年 5 月北京第 1 次印刷　印张 28¼　插图 17

定价：88.00 元